現代の金融政策

理論と実際

白川方明
Shirakawa Masaaki

Modern Monetary Policy in Theory and Practice
Central Banking and Financial Markets

日本経済新聞出版社

——はじめに

本書執筆の経緯

　著者は大学卒業後、1972年4月に日本銀行に入行し、2006年7月までの約34年間、日本銀行に勤務した。この間に、金融政策や金融市場、金融機関の破綻処理、決済システム、調査・研究等、様々な分野の仕事を経験する機会に恵まれた。どの分野の仕事も面白かったが、年数という点で最も長かったのは、金融政策関係の仕事であり、これに直接関係する部署（企画局、旧総務部・総務局・企画室）にも比較的長く勤務した。1998年には新日本銀行法が施行されたが、2000年6月から約6年間は、企画室審議役ないし理事として、毎回の金融政策決定会合に出席した。

　振り返ってみると、過去20年近くは日本経済にとって激動の時代であった。1980年代後半は未曾有のバブル経済を経験した。1990年代に入ってからは、バブルが崩壊し、多額の不良債権が発生した。特に、90年代半ば以降は金融機関の破綻が相次ぎ、金融システムは動揺した。また、1998年以降は消費者物価が緩やかながら下落基調で推移した。この間の日本経済の成長率の推移を振り返ると、それ以前の時期に比べても、また他の先進国と比べても、総じて低い水準で推移した。そのような状況の中で、日本銀行は様々な政策的課題に直面した。

　この間の日本経済の推移を今振り返ってみると、金融政策当局として、あるいは「最後の貸し手」として、通貨のコントロールという仕事を委ねられている中央銀行の責任がいかに大きいかを改めて感じる。それだけに、金融政策、あるいはより広く中央銀行の行う政策や活動について、十分な議論が行われることが不可欠であるという思いを強くするようになった。

　そうした思いもあって、日本銀行を辞める1～2年くらい前から、漠然とではあるが、退職後に中央銀行ないし通貨に関する本を書いてみたいと思い始めるようになった。そのように思い始めた自分の気持ちを整理してみると、いくつかの理由が挙げられる。自分自身がこの時代に現実に経験し感じたことを何らかのかたちで書き残しておきたいという気持ちは間違いなくあったと思う。しかし、それ以上に大きかったのは、中央銀行の行う活動、あるいは金融政策という仕事について、もっと幅広い観点から議論の輪が広がってほしいという気持ちであった。わが国における金融政策をめぐる近年の議論を振り返ると、不幸なことであるが、全体として実りある議論が行われたとは言い難い。幸い、日本経済の状況も2002年を底に緩やかに回復し、本書執

筆時点（07年12月）では拡大6年目に入っている。その意味で、金融政策の運営についても比較的冷静に議論ができる時期になったように思われる。そうした思いから、ささやかではあるが、自分自身の経験に基づいて、通貨をめぐる中央銀行の仕事に関して1冊の本を書くことにも意味があるのではないかと思うようになった。

本書のコンセプト

　そのためには、どのような本を書くのがよいか、そのコンセプトをめぐっていろいろと考えた。第1は、通貨に関する本を書くとして、カバーする範囲をどうするかという点であった。このテーマに真正面から取り組むならば、金融政策だけでなく、金融システムや決済システム、国際通貨制度をはじめ、中央銀行が現実に関わっている幅広い分野の活動をカバーしなければいけない。自分自身も、1990年から93年にかけて日本銀行の信用機構局で金融システム問題に関わり、当時の様々な経験に対し強烈な印象をもっている。また、1997年から2000年半ばまでは、国際決済銀行（BIS）のグローバル金融システム委員会（CGFS）の活動に関与していたことから、アジア金融危機以降の国際金融市場の混乱に対する各国中央銀行の対応をみる機会にも恵まれた。

　そうした自分自身の限られた経験に照らしても、これらの問題抜きには通貨の問題に関する議論は完結しないという思いは強い。しかし、それらの問題をすべてカバーし統合した書物を著すことは、現在の自分の能力を超えることであり、いつ完成するかもしれない作業となる。その意味で、問題を多少絞り込み、金融政策を中心的なテーマとした本を書くことにした。

　その結果、通貨に関する本を期待した読者からは、金融政策の説明に偏しているという批判を受けるかもしれない。他方、金融政策に関する本を期待した読者には、金融政策以外の記述が多すぎるという感想をもたれるかもしれない。ただ、本書で繰り返し述べるように、金融政策と中央銀行が行うそれ以外の政策との区別は、それほどはっきりとしないというのが実態である。また、両者が関連しているところにこそ、金融政策や中央銀行の仕事の「面白さ」が存在する。

　いずれにせよ、自分自身のそうした思いを反映して、本書は金融政策に関する一般的な書物に比べると、金融政策というよりは「中央銀行論」、ないし中央銀行政策（central bank policy）の書物となっているかもしれない。

　第2は、金融政策に関する本を書くとして、どのようなタイプの本を書くかであった。過去20年近くの現実の金融政策についての評価を含めて、時期

を追って記述することも考えられるが、どのように書いても、この間に日本銀行に勤務していたことから、特定の政策に対する「批判」ないし「弁明」と受け取られる可能性が高い。それよりも、自分の書いた本が金融政策をめぐる議論になにがしか貢献できるとすれば、金融政策を運営するという立場に身を置いた場合に直面する問題を過不足なく説明し、日本銀行に限らず主要国の中央銀行で実際に意思決定に関わっている人がどのようなことに悩んでいるかを率直に説明することではないかと判断した。

このような問題意識から、金融調節の仕組み、決済システムとの関係、委員会による意思決定方式のインプリケーション、市場とのコミュニケーション、統計に関する技術的論点、中央銀行の組織運営等のテーマを含め、現実に中央銀行が直面する課題を多く取り込むように努めた。金融政策に関するテーマをできるだけ包括的に扱おうとしているという意味では、本書の性格は金融政策に関する「教科書」に近いが、マクロ経済学や金融論の教科書に書かれている金融政策に関する説明と比較すると、教科書的ではない。

第3は、「教科書」を書くとして、どのようなフレーバーの教科書を書くかであった。教科書は従来の議論を整理し、ある程度、答えを明確に書くことが期待されている。そのような意味では、本書は教科書ではない。本書で再三強調するように、現実の金融政策運営に従事すればするほど、我々自身の知識がいかに不完全であるかを痛感する。その意味で、本書で繰り返し強調しているのは「学習を続ける組織」としての中央銀行の重要性である。

現実の中央銀行は政策遂行に責任を有する当局者として、マクロ経済や金融政策に関する知識や理論の限界を明確に意識したうえで、最善と判断する決定を行い、これを遂行しなければならない。このことは、「理論と現実は別物である」とか「理論は役に立たない」ということを意味するものでは決してない。理論モデルは複雑な現実を理解するうえで非常に重要であり、そうした思考の枠組みがないと、複雑な経済を理解することはますます難しくなる。

その意味で、重要なことは、中央銀行がどのような問題に直面しているのかを説明するとともに、既存の理論で必ずしも十分には説明ができていない部分や、経済理論がカバーしていない問題の所在を明らかにすることである。そのために、政策当局者が実際に経験する状況について具体的イメージを伝えることを目的として、内外の経済や金融政策運営に関するファクトについて多く言及するように努めた。海外の例にも多く触れたのは、現在わが国が直面している問題の多くは、決して日本や日本銀行に固有の問題ではなく、

主要国の中央銀行に共通する問題であるという認識によるものである。

　第4は、記述にあたり、金融政策に関するカレントな問題と「制度」のバランスをどのようにとるかという問題であった。金融政策を運営するには、金融調節や金融政策の効果波及経路、経済予測等に関する技術的な知識が必要である。当然本書でもそれらについて多くの紙幅を割いたが、同時に、経済も金融市場も常に変化していく。従って、一つひとつの技術的知識も重要であるが、歴史的な経験や人間行動の傾向を前提としたうえで、中央銀行が正しい決定に到達しやすい仕組みや制度を考えることは、技術的な知識と同様に重要である。その意味で、本書は金融政策の「制度」についても多くのページを割いた。

　第5は、どのような読者を想定するかであった。中央銀行の金融政策をウォッチするエコノミストや市場参加者、大学ないし大学院で金融政策を学ぶ学生は当然念頭に置いた。中央銀行で実際に金融政策を運営する立場の人やこれから金融政策の運営に携わってみたいという人も意識した。さらに、より長期的な観点に立ち、金融政策、あるいは、中央銀行制度に関心を有する研究者のニーズに応えるものであることも強く意図した。

謝　辞

　本書の執筆にあたっては実に多くの方にお世話になった。著者が34年余り勤務した日本銀行で指導をいただいた上司や先輩、仕事を共にした同僚や後輩から受けた影響は非常に大きい。中央銀行の仕事の魅力は政策とバンキング業務、マクロ経済と金融市場、理論と日々の情報収集等、様々な知識や情報、感覚が融合されるところにあるように感じるが、そのような職場環境の中で育まれる文化は、多くの中央銀行に共通している。著者もそうした文化の影響を強く受けたが、そうした文化は当然のことながら、中央銀行に働いている人が作るものである。自分自身も、上司の仕事に対する姿勢をみることによって、また、先輩、同僚、後輩と議論をしたり何気ない会話を交わすなかから、多くのことを学んだ。日本銀行に勤務している当時から今日に至るまで、仕事を通じて、金融機関や一般企業の多くの方と知り合えたが、これらの方から金融取引や金融市場の奥の深さ、経済のダイナミズムを学ぶことができたのは著者にとっても大きな財産である。これらすべての人のお名前は記すことはできないが、心よりお礼を申し上げたい。

　本書執筆の直接のきっかけは、大学時代の恩師でありその後もご指導をいただいている小宮隆太郎先生（東京大学名誉教授）から、日本銀行退職直後

に、「京都大学に行ったならば、金融政策に関して『理論編』『歴史・政策編』の２部作を書くことを勧める」と言われたことである。先生の言われた『理論編』『歴史・政策編』という２部構成は、小宮先生と須田美矢子先生（日本銀行審議委員）の共著として名高い『現代国際金融論』（日本経済新聞社刊）と同様の構成である。そうした本を書くことは自分自身の能力を超えているというのが当初の感想であったが、一方で、前述したように、自分自身の経験も踏まえながら通貨に関する本を書きたいという漠然とした思いもあった。最終的に出来上がった本は現在のようなスタイルの本であり、先生の当初のお勧めとは若干異なるが、理論と歴史・政策を語りたいという気持ちだけは込めるように努めた。小宮先生には様々な著作を通じて様々なことを学んだが、永年のご指導に改めて感謝の気持ちを述べたい。

本書の草稿は６名の方に読んでいただいた。山口泰氏（前日本銀行副総裁）、植田和男氏（東京大学経済学部教授、前日本銀行審議委員）、翁邦雄氏（中央大学教授、前日本銀行金融研究所長）、吉次弘志氏（日本経済新聞政治部次長、前経済部次長）、青木浩介氏（ロンドン・スクール・オブ・エコノミックス教授）には、大部であるにもかかわらず、草稿の段階ですべての章を読んでいただき、多くの貴重なコメントをいただいた。著者の日本銀行勤務の最後の４年間、金融政策の仕事を共にした山口廣秀氏（日本銀行理事、前企画局長）にもすべての章を読んでいただき、多くの貴重なコメントをいただいた。

著者の能力不足から、これら６名の方からいただいたコメントや疑問のすべてを咀嚼したかたちで最終原稿を仕上げることはできなかったが、本書の内容や構成を改善するうえで、上記の方々からのコメントは極めて有益であった。厚くお礼を申し上げたい。

中曽宏氏（日本銀行金融市場局長）には本書第７章、第８章、第15章の草稿に目を通していただき、金融調節の最前線に立つ専門家の立場から、有益なご意見を頂戴した。清水誠一氏（日本銀行、現在IMFへ出向中）には、本書第５章、第６章、第14章の草稿を読んでいただき、中央銀行制度の国際的比較という観点から多くのことをご教示いただいた。竹内淳一郎氏（日本銀行調査統計局・物価統計担当）には、本書第３章および第４章の草稿を読んでいただき、物価統計の専門家の立場から、有益なコメントを頂戴した。本書には多くの図表が掲載されているが、衛藤公洋氏（日本銀行）、木村武氏（日本銀行）、白塚重典氏（日本銀行）、馬場直彦氏（日本銀行）には少なからぬ公表データの収集の面でご協力を賜った。また、藤木裕氏（日本銀行）には国際金融に関する論文をご教示いただいた。これらの方には、統計、デー

タ収集や文献の面だけでなく、本書にも引用している著書・論文や議論を通じて、日頃より多くのことを学んでいるが、改めてお礼を申し上げたい。

　三輪芳朗氏（東京大学経済学部教授）、齊藤誠氏（一橋大学経済学部教授）、渡辺努氏（一橋大学経済研究所教授）には、それぞれ専門分野や学問的立場は異なるが、本書執筆の過程で、論文、電子メール、雑談を通じて様々な知的刺激をいただいた。明示的にお名前を引用していない箇所も含めて、本書の随所に影響を与えており、感謝の気持ちを表したい。なお、当然のことであるが、本書の中では日本銀行の政策に関する多くの記述があるが、意見にわたる部分はすべて著者の見解であり、著者の勤務先であった日本銀行の見解ではない。また、あり得べき間違いもすべて著者の責任である。

　本書の執筆にあたっては、著者が現在勤務している京都大学公共政策大学院の教育・研究環境に負うところは大きく、この点では、特に小野紀明氏（研究科長）に謝意を表したい。また同大学院の学生からも多くの刺激を受けた。公共政策大学院は従来の研究者養成の大学院ではなく、将来政策形成に携わる専門家を養成することを目的としている。その意味で、理論と政策、理論と実践ということに向き合わざるを得なかった著者にとっては、公共政策大学院の設立目的は自分自身の問題意識と重なる部分が多く、恵まれた職場環境のなかで、本書を執筆することができた。新米教師として、2006年度後期以降、金融政策、中央銀行論、事例研究等の授業を行っているが、学生の質問や反応をみて本書の記述を改めたところも数多い。著者が客員研究員を務めている東京大学経済学部・金融教育研究センター（CARF、氏家純一会長）にも大変お世話になった。研究室での執筆、データ・ベースや図書館の利用、経済学部の親しい友人との雑談を含め、恵まれた執筆環境であった。こうした環境を提供してくださった東京大学経済学部の植田和男研究科長（当時）をはじめ、センターの役職員の方々に感謝している。また、本書を完成させるうえで、日本経済新聞出版社の堀口祐介氏には大変お世話になった。本書は著者にとって初めての単独の著書であるが、堀口氏の忍耐強い励ましと助言がなければ完成しなかった。厚くお礼を申し上げたい。

　最後に私的なことで恐縮であるが、著者の両親に感謝の気持ちを表したい。家族にも感謝している。これまで健康で楽しく仕事ができたのも家族のお陰であり、妻美惠子、長女さやか、次女もえぎに感謝している。

　　2008年1月

白　川　方　明

目 次

序章　本書の構成と執筆方針　　　　　　　　　　　　　　　　　　　　*1*

第Ⅰ部　金融政策の目的は何か？

第1章　中央銀行の活動の全体像　　　　　　　　　　　　　　　　*8*
1-1. 中央銀行の誕生と進化　　　　　　　　　　　　　　　　　　*8*
1-2. 中央銀行通貨と民間銀行通貨　　　　　　　　　　　　　　　*12*
通貨の果たす役割／中央銀行通貨／民間銀行通貨／マネーサプライ
1-3. 中央銀行のバランスシート　　　　　　　　　　　　　　　　*14*
1-4. 中央銀行の活動と金融政策　　　　　　　　　　　　　　　　*17*
中央銀行の役割／金融政策の位置付け

第2章　金融政策の目的　　　　　　　　　　　　　　　　　　　　*23*
2-1. 物価と景気をめぐる基礎概念　　　　　　　　　　　　　　　*23*
一般物価水準／物価上昇率／経済活動水準と成長率／需要ショックと供給ショック
2-2. 中央銀行法の規定　　　　　　　　　　　　　　　　　　　　*28*
主要国の中央銀行法／金融政策の目的をめぐる考え方の変遷
2-3. 物価の安定はなぜ必要か？　　　　　　　　　　　　　　　　*35*
資源配分機能の向上／将来の物価変動に関する不確実性の低下／物価変動に伴う税制・会計の歪みの縮小／物価変動に伴う資産や所得の再配分の回避／予想された物価上昇率と予想されない物価上昇率／効率性と公平性
2-4. 物価の安定と経済活動の安定との関係　　　　　　　　　　　*40*
物価情勢と景気情勢／基本的な考え方

第3章　物価上昇率の決定要因　　　45
3-1. 様々な物価変動の経験　　　45
ハイパーインフレ／中長期的な物価上昇率の趨勢／景気循環過程における物価変動
3-2. 物価の変動に関する理論　　　47
企業の価格設定行動／物価上昇率の決定要因／現実の物価のダイナミックス
3-3. 物価に対する金融政策の影響　　　54
影響を与えるルート／フリードマン命題／価格変動の粘着性／経済変動のコスト／金融政策による影響力の評価

第4章　目標とすべき物価安定　　　60
4-1. 問題の所在　　　60
目標物価上昇率の水準／物価指数の選択
4-2. 物価指数の概要　　　62
物価指数の概念
4-3. 物価指数の選択　　　64
物価指数の用途／金融政策運営上の物価指数
4-4. 物価指数の測定誤差　　　67
測定誤差の発生原因／測定誤差の大きさに関する評価／物価指数の測定誤差と金融政策運営の関係
4-5.「デフレの糊代」　　　74
「デフレの糊代」の理論／日本の経験
4-6. コア物価指数と総合物価指数　　　76
コア物価指数作成の目的と方法／コア物価指数の優劣の判断基準／石油価格の扱いをめぐる論点
4-7. 主要国の目標物価上昇率についての考え方　　　81
主要国の現状／物価安定のタイムスパンの重要性

第Ⅱ部　誰が金融政策を決定するか？

第5章　独立性とアカウンタビリティー　　　86
5-1. 過去のインフレと経済変動の経験　　　86
1960年代後半から70年代の米国／日本の1970年代前半の高

インフレ／日本のバブル期以降の経験
　5-2．金融政策運営の制度設計　　　　　　　　　　　94
　　　「失敗」の原因／中央銀行の独立性を設計する思想
　5-3．独立性の意味　　　　　　　　　　　　　　　97
　　　目的の独立性と手段の独立性／民主主義と中央銀行の独立
　　　性との関係
　5-4．独立性を支える仕組み　　　　　　　　　　　102
　　　総裁と委員会メンバーの任命／委員の任期／解任事由の限
　　　定／政府に対する直接的な与信の禁止／予算・財務面の独
　　　立性
　5-5．政府の経済政策との関係　　　　　　　　　　106
　5-6．アカウンタビリティーを実現する仕組み　　　108
　第6章　委員会による意思決定　　　　　　　　　　111
　6-1．意思決定の方法　　　　　　　　　　　　　　111
　　　近年の潮流／委員会制度の長所と短所
　6-2．委員会制度の設計　　　　　　　　　　　　　113
　　　委員会の性格／委員会のタイプと金融政策運営との関係／
　　　スタッフの果たす役割／委員会制度と専門性
　6-3．委員会制度の実際　　　　　　　　　　　　　118
　　　委員会のメンバー数／委員の任命／意思決定のスタイル
　6-4．委員会制度に固有の論点　　　　　　　　　　122
　　　将来の経済見通し／将来の金融政策運営／各国中央銀行の
　　　工夫

第Ⅲ部　金利の誘導とは何か？

　第7章　金融調節方針とオーバーナイト金利　　　126
　7-1．金融調節方針　　　　　　　　　　　　　　　126
　　　金融政策委員会の定期開催／金融調節方針の性格／緊急時
　　　の対応
　7-2．短期金融市場の役割　　　　　　　　　　　　129
　　　インターバンクのオーバーナイト資金市場
　7-3．中央銀行当座預金の需要と供給　　　　　　　132
　　　中央銀行当座預金の需要：決済需要／中央銀行当座預金の

需要：準備預金制度に伴う需要／中央銀行当座預金の供給
 7-4. オーバーナイト金利の決定： 136
   準備預金制度のない場合
  基本的なメカニズム／決済需要曲線の形状／当座預金残高の分布
 7-5. オーバーナイト金利の決定： 142
   準備預金制度のある場合
  準備預金制度に基づく需要曲線の形状／準備預金制度の平準化機能
 7-6. 金融調節方針の変遷 146
  直接的なコントロールと間接的なコントロール／公定歩合の意味

第8章 金融調節の実務 150
 8-1. 金融調節の基本的な仕組み 150
 8-2. 公開市場操作 152
  取引の相手方／オペレーション手段の使い分け／一時的オペ／永続的オペ／オペ期間／買い入れ資産／競争入札によるオペレーションの実行
 8-3. 相対的な金融調節手段 161
  貸出ファシリティー／預金ファシリティー／公開市場操作と貸出
 8-4. 決済システムと金融調節 163
  時点ネット決済と即時グロス決済／日中与信
 8-5. オーバーナイト金利の変動 168
  資金繁忙日における金利変動／突発的な金利変動／準備預金制度の積み最終日の金利変動／日中の金利変動／オーバーナイト金利変動の国際比較
 8-6. オーバーナイト金利の誘導に関する実践的論点 174
  目標とするオーバーナイト金利／オーバーナイト金利の安定と変動のバランス

第9章 金融政策の効果波及経路 176
 9-1. イールドカーブ 176
  金利の期間構造理論／金融政策の影響
 9-2. 様々な効果波及経路 179

　　　　金利チャネル／資産チャネル／信用チャネル／為替レート・チャネル／ファイナンシャル・コンディション
　9-3．リスク・プレミアムの変動　　　　　　　　　　　*186*
　　　　リスク・プレミアムの重要性／リスク・プレミアムの決定要因
　9-4．金融政策の効果波及経路の変化　　　　　　　　*192*
　　　　金融市場の発展
　9-5．他の経済政策の目標との関係　　　　　　　　　*194*
　　　　経済成長／所得分配

第Ⅳ部　金融政策をどのように運営するか？

第10章　経済の現状判断と予測　　　　　　　　　*198*
　10-1．経済予測の役割　　　　　　　　　　　　　　*198*
　　　　必要とされる予測の内容
　10-2．経済予測から得られる教訓　　　　　　　　　*199*
　　　　予測の実績／不確実性の源泉／予測作業への教訓
　10-3．経済予測の方法　　　　　　　　　　　　　　*205*
　　　　情報源／経済理論の役割／経済予測のアプローチ／予測の実践
　10-4．予測の具体例　　　　　　　　　　　　　　　*211*
　　　　潜在成長率の推定／需給ギャップの推定／物価上昇率の予測
　10-5．経済予測の公表方法　　　　　　　　　　　　*216*
　　　　予測の主体／政策金利の前提／予測期間／見通し計数の公表の方法

第11章　政策金利の変更　　　　　　　　　　　*223*
　11-1．金融政策運営をめぐる論争　　　　　　　　　*223*
　　　　「ルール」対「裁量」／「制約された裁量」／金融政策ルールの役割
　11-2．主要国中央銀行による政策金利の変更パターン　*226*
　　　　過去の政策金利の変更パターン／テイラー・ルール／テイラー・ルールの位置付け

11-3. 供給ショックへの対応　　　　　　　　　　　　*231*
　　供給ショックの概念整理／供給ショックへの金融政策の対応
11-4. 望ましい金融政策運営の原則　　　　　　　　*234*

第12章　金融政策の説明　　　　　　　　　　　　　*239*
12-1. 主要国中央銀行による説明の現状　　　　　　*239*
　　説明の要素／説明の現状と主要国の比較／情報発信の実務的側面
12-2. 先行きの金融政策に関する情報発信　　　　　*245*
　　3つのアプローチ／情報発信に関する判断基準／次回の金融政策委員会での決定に関する情報発信
12-3. 金融政策運営の説明のスタイル　　　　　　　*249*
　　イングランド銀行／連邦準備制度／日本銀行
12-4. インフレーション・ターゲティング　　　　　*255*
　　インフレーション・ターゲティングとは？

第13章　マネーサプライの位置付け　　　　　　　　*258*
13-1. 金融政策分析の出発点　　　　　　　　　　　*258*
13-2. マネタリーベース・ターゲティング　　　　　*260*
　　金融調節／機械的な信用乗数論
13-3. 量を目標とした金融調節の経験　　　　　　　*265*
　　米国の新金融調節方式／日本の量的緩和政策
13-4. マネーサプライ・ターゲティング　　　　　　*267*
　　マネーサプライをめぐる主要国の経験／マネーサプライの測定の困難化
13-5. マネーサプライの金融政策上の位置付け　　　*272*
　　フリードマン命題とマネーサプライ／現時点でのマネーサプライの位置付け

第Ⅴ部　適切な金融政策運営には何が必要か？

第14章　為替レートに関する制度と政策　　　　　　*280*
14-1. 為替レートに関する制度　　　　　　　　　　*280*
　　オープンエコノミー・トリレンマ／為替レート制度選択の

現状／為替市場介入の実行状況／制度的枠組み

14-2. 為替レートの変動と金融政策　　287
金融政策運営上の為替レートの位置付け／為替レートの変動による経済への影響／為替レート指標

14-3. 為替市場介入の効果　　289
為替市場介入の効果と評価／「不胎化介入」と「非不胎化介入」の区別

14-4. 為替市場介入と金融政策　　294
金融政策に関するシグナル効果／為替市場介入の位置付け

第15章　金融市場と金融システム　　298

15-1. システミック・リスク　　299
古典的なシステミック・リスク／市場型のシステミック・リスク／システミック・リスクの発生原因／システミック・リスク発生の影響

15-2. キャッシュ流動性と市場流動性　　306
キャッシュの流動性と市場流動性の概念／市場流動性の決定要因／キャッシュ流動性と市場流動性の関係

15-3. 中央銀行の対応　　309
金利引き下げと流動性供給／ソルベンシーと流動性／中央銀行の直面する問題

15-4. バンキング政策　　312
市場型システミック・リスクへの対応／バンキング政策の手段

15-5. 金融システムに関する政策の制度的枠組み　　315
金融システムに関する政策の内容／金融政策との関係

第16章　財政運営と金融政策　　321

16-1. 財政のレジームと物価　　321
ドイツのハイパーインフレの経験／フィスカル・ドミナンス

16-2. 財政に関する制度　　324

16-3. 財政政策の運営　　325
財政政策の役割／デフレ下の財政政策／日本における財政政策と金融政策の議論

第17章　よりよい金融政策への道　　*330*

17-1．中央銀行に求められる条件　　*330*
中央銀行の専門家としての高い能力／中央銀行に対する国民の支持／金融政策の目的に関する国民的な認識の共有

17-2．望ましい慣行の確立　　*334*
独立性の尊重／学界と中央銀行間の知的交流／エコノミストによる多様な見方／メディア報道／金融市場の発展に向けた市場参加者の努力／統計改善に向けた努力

17-3．中央銀行間の協力　　*338*

第Ⅵ部　近年の金融政策運営をめぐる論点

第18章　量的金融緩和政策　　*344*

18-1．量的緩和政策の枠組み　　*345*
量的緩和政策の採用／量的緩和政策の展開

18-2．ゼロ金利制約下の金融緩和政策のオプション　　*349*

18-3．量的緩和政策の効果：景気と物価　　*351*
時間軸効果／中央銀行の購入する資産の構成の変化／量拡大の効果

18-4．量的緩和政策の効果：金融システムの動揺回避　　*360*
金融システムの動揺回避のルート／金融市場安定化効果の副作用と限界

18-5．量的緩和政策運営上の論点　　*365*
時間軸効果／不確実性のある金融政策に関する情報発信／非伝統資産の購入

第19章　デフレの危険とゼロ金利制約の評価　　*371*

19-1．近年の日本の物価下落　　*371*
物価下落に関する事実／デフレ・スパイラルの議論

19-2．デフレ・スパイラルに陥らなかった理由　　*377*
名目賃金の下方硬直性／ゼロ金利制約／為替レートの減価／金融恐慌の回避

19-3．ゼロ金利制約の評価　　*383*
「ゼロ金利制約」の意味／ゼロ金利制約の発生する状況／

　　　　2001年以降の日本の経験の解釈
　19－4．暫定的な評価　　　　　　　　　　　　　　　　　*387*
　　　　近年の日本の経験の評価
第20章　資産価格上昇と金融政策　　　　　　　　　　*393*
　20－1．バブル経済の特徴とバブル崩壊の影響　　　　　*393*
　　　　1980年代後半の日本のバブル経済／バブルの発生頻度の増
　　　　大傾向／バブル崩壊の影響
　20－2．資産価格上昇への金融政策の対応：　　　　　　*399*
　　　　　2つの考え方
　　　　FRB view／BIS view
　20－3．バブルはなぜ物価安定の下で発生するか？　　　*401*
　　　　物価安定下のバブルの発生：日本の経験／バブルと物価安
　　　　定の逆説的な関係：3つの仮説
　20－4．バブルは認識できるか？　　　　　　　　　　　*405*
　20－5．プルーデンス政策の役割　　　　　　　　　　　*406*
　　　　金融機関によるリスク管理体制／監督当局と中央銀行の役
　　　　割
　20－6．バブル崩壊後の積極的な金融緩和は有効か？　　*407*
　　　　日本のバブル崩壊後の金融政策の評価
　20－7．資産価格上昇への対応　　　　　　　　　　　　*413*
　　　　基本的な考え方／資産価格上昇下の金融政策の説明

終　　章　金融政策運営の課題　　　　　　　　　　　*418*
　　　　物価変動のダイナミックスの理解／金融市場のモニタリン
　　　　グ／金融政策の効果波及経路をどのように理解するか？／
　　　　金融政策の目的をどのように理解するか？／金融システム
　　　　の安定における貢献／中央銀行の組織文化／中央銀行間の
　　　　協力

引用文献……*423*
索引……*440*

装丁・斉藤よしのぶ

序章　本書の構成と執筆方針

本書の構成

　本書は全体で 6 部から構成されている。第Ⅰ部から第Ⅴ部までは金融政策について順を追って体系的に説明することを目的としており、本書の中では基礎編という位置付けである。これに対し、第Ⅵ部は現実の日本経済が過去20年間に直面した金融政策運営上の具体的な問題に焦点を当てており、応用編の位置付けである。

　第Ⅰ部では、金融政策は何を目的として運営すべきかを説明する。第 1 章では、中央銀行の活動の全体像を説明する。中央銀行の具体的な活動の範囲は国によって異なるが、金融政策の運営以外にも、決済システムの運営、「最後の貸し手」としての資金供給、金融機関に対する監督等、多様な活動を行っている。金融政策の果たす意味や役割を理解するためには、金融政策を中央銀行の行う活動全体の中に位置付けることが不可欠である。第 2 章では、金融政策の目的について説明する。現在では多くの中央銀行法において、物価の安定が金融政策の主たる目的として掲げられるようになっている。本章では中央銀行法の規定を解説した後、物価の安定が金融政策の目的とされる理由を説明する。中央銀行が金融政策を通じて物価の安定を実現するためには、物価水準がどのような要因によって変動するかを知る必要がある。第 3 章では、物価上昇率の決定要因について説明する。第 4 章では、金融政策の目的である「物価安定」とはどのような状態であるかを説明する。その過程で、物価指数の概念と指数作成の技術的な側面を解説するとともに、「デフレの糊代」の議論を紹介する。この議論は第Ⅵ部でデフレの問題を扱う際に詳しく議論する。

　第Ⅱ部では、誰が金融政策を決定するかという、金融政策の決定体制の問題を扱う。20年前の時点では、中央銀行が独立性を有している国は、米国、ドイツ、スイス等限られており、金融政策を独立した中央銀行に委ねるという考え方は一般的ではなかった。これに対し、今日では、日本を含む世界の多くの国で、独立した中央銀行が金融政策を運営するという法律的枠組みが

採用されるようになっている。第5章では、独立した中央銀行に金融政策の運営が委ねられるようになった理由を説明するとともに、独立性が与えられることの帰結として、中央銀行には十分なアカウンタビリティーが求められることを説明する。第6章では、金融政策の意思決定を扱う。中央銀行による金融政策の意思決定としては総裁個人が決定する方式もあるが、現在では多くの場合、「委員会」によって決定されるようになっている。本章では、金融政策の決定方式としてみた場合の委員会方式の長所を最大限活かすための具体的論点について解説する。

第Ⅲ部は金利の誘導に関係するテーマを扱う。金融政策の運営方針は通常は短期金利の誘導目標というかたちで決定される。この目標が設定されると、中央銀行の市場部署は誘導目標金利を実現するために資金の供給や吸収（金融調節）を行う。第7章では、金融調節方針について説明したうえで、オーバーナイト金利と呼ばれる超短期の金利水準がどのようにして決まるかを説明する。第8章では、公開市場操作を中心に、金融調節の実務を詳しく解説する。金融政策の効果は、オーバーナイト金利の変化が金融市場における価格の変化を通じて経済全体に波及するかたちで実現する。第9章では、基本的に金融市場が正常に機能している状況を前提にして、金融政策の効果波及経路について解説する。

第Ⅳ部では、実際に金融政策を運営する場合に直面する必要な様々な作業や活動について順次説明する。金融政策を運営する場合、まず経済の先行きを予測することが必要となる。第10章では、経済の現状判断と予測の方法について説明する。現状判断と先行きの予測が完了すると、実際に金利の変更の是非を決定しなければならない。第11章は、政策金利の変更を判断する際の基本的な原理について説明する。金利変更に関する方針が決定されると、今度はその方針を国民や市場参加者に説明しなければならない。第12章では、金融政策の説明の方法について解説する。第13章では、それまでの説明から少し逸れるが、金融政策をめぐる議論で登場することの多かったマネーサプライをどのように位置付けるべきかを説明する。

第Ⅴ部では、金融政策を適切に運営するために何が必要であるかをテーマに議論する。歴史が示すように、経済は時として、通常の景気循環という程度を超えて非常に大きな変動や混乱を経験してきた。その原因は様々であるが、為替平価の調整といった為替レートのレジームの変更、預金の取り付けに象徴されるような金融市場・金融システムの動揺、ハイパーインフレーションの経験に代表されるような財政の破綻等が原因となっているケースが多

い。そうした経験に照らすと、金融政策と関連の深い制度について考察することには大きな意味がある。第14章では、為替レートに関する制度と政策について説明する。第15章では、金融市場と金融システムに関する制度と政策について説明する。特に、バブルの崩壊や金融市場における流動性の枯渇といった現象について重点的に説明する。第16章では、財政運営と金融政策の関係について説明する。第17章では、よりよい金融政策への道というテーマの下で、適切な金融政策運営に必要な基盤ともいうべきいくつかの条件を説明する。

第Ⅵ部では、1980年代後半の日本のバブル期以降のマクロ経済や金融政策運営を踏まえたうえで、近年活発に議論された金融政策運営上の論点を取り上げる。第Ⅴ部までは教科書としての性格を考慮し、対立する見解がある場合には論点を明らかにしてバランスをとるように努めているが、第Ⅵ部では、著者自身の考えを説明することに重点を置いている。もとより、この時期の金融政策やマクロ経済の経験について評価を行うためには、今後さらに実証的な研究の蓄積が必要であるが、「はじめに」で述べたように、この間の政策について関与した当事者のひとりとして、現時点での著者の考えを明らかにすることにも意味があると判断した。説明の順序は、時間の順序とは逆にして、第18章では、量的緩和政策の効果と副作用について検証する。第19章では、デフレの危険とゼロ金利制約に関する評価を行う。第20章では、バブルないし資産価格の上昇に対する金融政策の対応のあり方について考察する。

終章は本書全体の締め括りとして、金融政策をめぐる環境の変化を概観し、金融政策運営の課題を提示する。

本書は教科書としてできるだけ体系的に記述することを心掛けたが、説明が多少重複する面があることをお許しいただきたい。例えば、第2章では金融政策の目的が「物価の安定」であることを説明しているが、このことの意味を深く考えるためには、「金融システムの安定」という、中央銀行にとって重要なもうひとつの目的との関係に照らした検討が不可欠である。この点では、近年資産価格上昇ないしバブル的な現象への対応のあり方が活発に議論されるようになっている。さらに、1980年代まではインフレ抑制が大きな政策課題であった環境の中で議論されてきたこともあり、物価安定の議論は主としてインフレ抑制の文脈で行われてきたが、近年はデフレとの関係でも関心が高まっている。もうひとつの例を挙げると、重要性が指摘されているアカウンタビリティーの構成要素のひとつである金融政策の透明性の問題は、金融政策の意思決定が委員会という合議体で行われていることや、経済予測

には大きな不確実性が伴うことを抜きには議論できない。このため、本書の構成上、問題意識だけが先行的に登場し、答えが当該の章には書かれていないケースや、問題が複数の章にまたがっているケースもある。これらは大半が執筆にあたっての著者自身の構成力の弱さの反映であるが、テーマ自体が関連しあっているために、そうした構造とならざるを得ない面もある。その意味で、本書は各章を読み進むうちに議論が螺旋状に展開し、最後にストーリーが完結するという構成になっている。

　上述したように、金融政策に関する多様なテーマを取り上げており、また分量的にもかなり大部の書物となっている。このため、読者の関心事項に応じて読むことが可能となるように章の構成に配慮した。金融政策をめぐる具体的な論点（資産価格上昇やバブル崩壊への対応、デフレ、量的緩和政策、インフレーション・ターゲティング）に関心のある読者は、最初に第Ⅵ部を読んだうえで、第Ⅰ部から第Ⅴ部までの関連する章を読むという順番も考えられる。金融政策の面における中央銀行制度のあり方というテーマに関心のある読者は、第Ⅰ部（第1章、第2章）、第Ⅱ部、第Ⅴ部の順番で読んでもアウトラインはつかめると思う。

執筆にあたって配慮したこと

　本書執筆の問題意識や本書の目指すコンセプトについては、すでに「はじめに」で述べたので、ここでは執筆にあたって配慮したことをもう少し具体的に述べることとする。

　■　**ファクトの重視**　取り扱っている問題の具体的イメージやファクトを読者に伝えることに努めた。おそらくどの分野でもそうだろうが、直面している問題について「感覚」が共有されていないと、実りある議論は難しい。例えば、近年日本では「デフレ」をめぐって活発な議論が行われたが、デフレの経験を扱った章（第19章）では、日本の物価下落率は過去の内外のデフレの経験と比較して大きかったのか小さかったのか、また大きい場合でも小さい場合でも、数字で表現すると、どれくらいの違いであったのかについても言及している。そうしたファクト重視の観点から、紙幅の制約の範囲内ではあるが、取り上げる問題に応じて、必要な数字、制度、歴史的経験等に多く言及した。そうしたファクトは本文でも触れたが、やや詳しい紹介が必要な場合は、BOXというかたちで整理した。当然のことながら過去の金融政策の運営事例を扱ったが、日本については1990年代半ば以降、多少の変動はあるも

のの、事実上、ゼロに近い金利水準で推移してきている。このため、オーソドックスな政策金利の変更事例については、海外中央銀行の事例の引用が多くなっている。

■ **技術的・実務的テーマをカバー**　本書は、一見すると「技術的」「実務的」と映る事項も幅広くカバーした。例えば、望ましい物価上昇率を扱った章（第4章）では消費者物価指数の作成方法についても詳しく説明している。金融調節を扱った章（第7章、第8章）では公開市場操作に関する実務やオーバーナイト金利の変動を議論している。金融市場を扱った章（第15章）では、市場流動性の枯渇といった現象を含め、市場機能の変化という問題についての感覚を伝えようと努力した。しばしば指摘されるように「本質は細部に宿る」ことが多い。これらは、技術的な細部にわたる知識や実行（implementation）という観点を欠いた「政策論」は、時として空虚であるという著者の考えによるものである。

■ **理論面の動向に配慮**　本書は、マクロ経済学における理論面の動向にも配慮した。マクロ経済や金融政策を議論する場合、経済学界で現在主流となっている考え方はニューケインジアン経済学であろう。ニューケインジアン経済学は過去15年くらいの間に発展し、金融政策運営のあり方を議論する際にも、有用な見方を提供している。しかし、それと同時に、この理論の現実的な適用にあたっては様々な限界があることも意識されている。これはニューケインジアン経済学だけでなく、他の経済理論にも当てはまる。本書では、取り上げる問題に応じて理論モデルを適宜使い分けている。あるいは、そもそも理論モデルに言及していないケースも多い。この点は理論モデルに基づく一元的な説明を求める読者には不満を残すかもしれないが、著者としては既存の理論が十分説明できない事実を示すことによって、専門的な学者による理論構築を願っている。逆に、理論モデルへの不信、ないし限界を感じている読者には、理論モデルに中途半端な言及をすること自体に不満を感じられるかもしれない。しかし、たとえ不十分であっても、そうした理論モデルに基づいて政策の議論が行われている現実を踏まえると、理論モデルに即して、考え方の違いを明らかにしていく努力も必要である。さもないと、いつまでたっても意見対立の溝は埋まらない。

■ **政策論議の争点の明確化**　本書では内外の数多くの金融政策の事例を取り上げているが、金融政策論議の争点を明確にすることに努め、「後知恵」での批判とならないように心掛けた。これは、経済は常に変化し、問題は毎回少しずつ形を変えて登場するため、単なる「後知恵」での批判だけでは将来に活きてこないからである。政策を実行するということは、経済の先行きも政

策の効果も不確実な中でどのようにして最善の決定を下すか、また、どのようにして、政策変更の必要性について国民のサポートを得るかということではないかと思う。そのような観点から、どのような論点をめぐって意見が分かれたのか、なぜ失敗したのか、どのような意味で失敗したのかなどの論点を中心に、政策の評価を行うように努めた。

■　**海外中央銀行の事例への言及**　本書は海外中央銀行の事例に多く言及した。特に米国の連邦準備制度（FRS）と欧州中央銀行（ECB）には多く言及したが、このほかにも、英国、カナダ、スウェーデン、スイス、ニュージーランド等の中央銀行の事例も取り上げた。また、必要に応じてエマージング諸国の中央銀行の事例にも触れている。著者が日本銀行勤務時代に海外中央銀行のカウンターパートと話をするたびに感じたことは、「直面している問題の性格や決定にあたっての問題意識はいかに共通しているか」ということであった。どの中央銀行も中央銀行業務を担っている以上、「そのようなことは当たり前ではないか」と言われそうであるが、大変参考になった。もちろん、具体的な対応の仕方は国によって異なることも多いが、相違がある場合には、その相違を生み出している要因について考察することが有益である。それぞれの国の統治機構の違いや歴史的な経緯、現在置かれている経済環境の違い等、いくつかの仮説を立てながら、中央銀行制度や金融政策の運営方法のあり方を考えるというアプローチは重要である。

■　**中央銀行制度の説明**　金融政策に関する議論はもっぱらどのような分析や政策が正しいかという点に議論が集中する傾向があるが、金融政策は中央銀行という組織で決定される以上、どうすれば「正しい決定」に至りやすい組織を作れるかという視点も重要である。一般企業についてガバナンス論や組織論が議論されているのと同様に、中央銀行についても、そうした議論は重要である。そうした観点から、中央銀行法、組織運営、スタッフの役割等も説明した。

■　**引用文献**　引用文献については、中央銀行関係者による比較的読みやすい講演記録や解説論文を多く掲げるようにした。海外中央銀行の首脳による講演を読むと、理論的バックグラウンドを背後にもちながら明晰なロジックと平易な言葉を使って、中央銀行ないし金融政策の直面する課題を取り上げた講演が多く、大変参考になる。これらの講演ないし解説論文は各国中央銀行のホームページを通じて入手できるが、本書の性格やアクセスの容易さ等を考慮し、そうした講演、論文を多く引用した。背後にある理論モデルに関する著作も多少は引用したが、さらに興味のある読者は、それぞれの講演、論文の末尾に付されている文献リストを参考にしていただきたい。

第 I 部
金融政策の目的は何か？

第I部では、金融政策は何を目的として運営されるのかを説明する。第1章では、中央銀行の活動の全体像を説明する。金融政策の果たす意味や役割を理解するためには、金融政策を中央銀行の行う活動全体の中に位置付けることが不可欠である。第2章では、金融政策の目的が物価安定であることを説明する。第3章では、物価上昇率の決定要因について説明する。第4章では、金融政策の目的である「物価安定」とはどのような状態であるかを説明する。

第1章　中央銀行の活動の全体像

本章では、中央銀行がどのような経緯で誕生し、どのような活動を行っているかを説明する。本書の第1章を中央銀行の誕生と活動に関する説明から始めるのは、金融政策の果たす意味を説明するためには、中央銀行の行う活動全体の中に金融政策を位置付けることが不可欠だと考えるからである。

以下、第1節では、中央銀行の誕生とその後の進化の過程を振り返る。第2節では、中央銀行通貨および、それと対置される民間銀行通貨について解説する。第3節では、中央銀行の活動が反映されるバランスシートについて説明する。第4節では、金融政策を含め、中央銀行の行う様々な活動の全体像を説明する。

1－1. 中央銀行の誕生と進化

世界最古の中央銀行はスウェーデンのリクスバンク（Sveriges Riksbank）であり、1668年に設立された。2番目に古いのは英国のイングランド銀行（Bank of England：BOE）であり、1694年に設立された。日本銀行の設立は1882年である（表1-1-1）。中央銀行の数の推移をみると（表1-1-2）、20世紀の初頭でも18行とあまり多くはなく、米国は1913年、カナダは1934年になって中央銀行が設立されている[1]。中央銀行の数はその後増加し、第2次世界大戦終了後には約50行、1970年には108行、1980年には137行、1990年には161行と増加している。近年の中央銀行数の増加が示すように、従来は中央銀行が存在しなかった国でも、新たに中央銀行を設立する動きがみられる[2]。

1　1791年に設立された米国で最初の中央銀行（The First Bank of the United States）は1811年に免許が更新されなかった。
2　2007年版のCentral Bank Directory（Central Banking Publication発行）には、164の中央銀行が記載されている。

● 表1-1-1　1900年以前に設立された中央銀行

銀　行	設立年	銀行券の独占的発行	「最後の貸し手」
リクスバンク	1668	1897	1890
イングランド銀行	1694	1844	1870
フランス銀行	1800	1848	1880
フィンランド銀行	1811	1886	1890
オランダ銀行	1814	1863	1870
オーストリア国民銀行	1816	1816	1870
ノルウェー銀行	1816	1818	1890
デンマーク国民銀行	1818	1818	1880
ポルトガル銀行	1846	1888	1870
ベルギー国民銀行	1850	1850	1850
スペイン銀行	1874	1874	1910
ライヒスバンク	1876	1876	1880
日本銀行	1882	1883	1880
イタリア銀行	1893	1926	1880

（注）「最後の貸し手」の時期は、それぞれの中央銀行について、この役割が認識されるようになった年代を示す。
（出所）Capie, Goodhart, and Schnadt（1994）, Table 1.1

● 表1-1-2　中央銀行の数

年	数
1900	18
1910	20
1920	23
1930	34
1940	41
1950	59
1960	80
1970	108
1980	137
1990	161

（出所）Capie, Goodhart, and Schnadt（1994）, Table 1.2

　もっとも、何をもって中央銀行と定義するかは必ずしも明確ではなく、初期の中央銀行は今日的な意味での中央銀行ではなかった。今日では銀行券の独占的発行と「最後の貸し手」（lender of last resort、第4節参照）機能は中央銀行を特色づける本質的な機能であると理解されているが、表1-1-1が示すように、19世紀初頭の時点では両方の機能を備えた中央銀行は存在しなかった。この2つの機能に加えて、「政府の銀行」としての機能を併せ持つように

なった組織を「中央銀行」と定義すると、今日的な意味での中央銀行が誕生したのは19世紀後半に入ってからであった（Capie, Goodhart, and Schnadt, 1994）。

中央銀行の設立の経緯は国によって異なる。例えば、イングランド銀行をみると、設立の目的は、政府の財政のファイナンスであり、その後1844年に銀行券の発行を独占するようになった。イングランド銀行は、この機能を背景として、信用供与、決済等の様々な銀行サービスを提供するようになり、1870年代に入ってから、銀行危機の発生時に「最後の貸し手」として資金を供給し銀行システムの動揺を回避するという役割が認識されていくようになった。19世紀以降、銀行システムの動揺には正貨である金や銀の国際的移動が密接に関連していたことから、イングランド銀行は同行が主導するかたちで、比較的早い段階から国際的な金融市場の安定を目的とした活動にも関わっていた[3]。

日本銀行は前述のように1882年に設立された。この設立時期は国立銀行条例による民間銀行の設立（1871年）よりもかなり遅く、民間銀行間の決済を行う手形交換所の発足（1879年）の後のことである（表1-1-3）[4]。よく知られているように、日本銀行は西南戦争後の不換紙幣の整理を目的として設立されたが、日本銀行の創立の必要性を述べた「日本銀行創立の議」等の文書に示されているように、全国的な金融市場と効率的な金融システムを作り上げていくことが日本銀行設立の目的のひとつとして明確に意識されていた。そのような経緯で誕生した日本銀行は、近代的な銀行システムの整備を行うとともに、折々の銀行システムの動揺に対処した。

●表1-1-3　明治初期の日本における金融システムの形成

1871年	第一国立銀行営業開始
1875年	郵便貯金の取り扱い開始
1878年	東京株式取引所開業
1879年	大阪交換所設立（わが国の手形交換制度の始まり）
1880年	横浜正金銀行開業
1882年	日本銀行開業

3　各国中央銀行の設立の経緯については、Capie, Goodhart, and Schnadt (1994) 参照。
4　日本銀行設立の狙いは、大蔵卿である松方正義が三条太政大臣に提出した「日本銀行創立の議」およびその付属資料である「日本銀行創立旨趣の説明」に述べられているが、設立当初から、銀行のコルレス網を整備し全国各地の金融の繁閑を調整・平準化すること、言い換えると、全国的な金融市場と効率的な決済システムを作り上げていくことが意識されていた（武藤、2004）。

米国の中央銀行である連邦準備制度（Federal Reserve System：FRS）の設立の大きな目的は、通貨を弾力的に供給すること（"to furnish an elastic currency"）であった。中央銀行の設立によって、当時間歇的に生じていた預金取り付けによる銀行システムの動揺に対処することが可能になっただけでなく、季節的な資金需要の変動に応えたり、地域間の資金偏在を調整することも可能になった[5]。

以上の説明に示されるように、今日的な意味での中央銀行の役割として最初に意識されたことは通貨の供給や決済システムの運営であった。また、このことと密接な関連を有するが、中央銀行による資金供給は、金融システム、銀行システムの動揺や不安定化への対応であった。実際、日本銀行設立の根拠法である日本銀行条例をみても、「金融政策」や「物価の安定」を連想させるような用語や概念は一切使われていない。米国の連邦準備制度の場合も、当初のFederal Reserve Actでは、その目的について、"to provide for the establishment of Federal Reserve banks, to furnish an elastic currency, to afford means of rediscounting commercial paper, to establish a more effective supervision of banking in the United States, and for other purposes."と規定するだけで、金融政策は"other purposes"のひとつという扱いであった。

中央銀行はそうした受動的活動を通じて経済の安定に対して大きく貢献した[6]。1950年代から60年代にかけて米国財務省、ニューヨーク連銀で活躍したローザの言葉を借りると、中央銀行の最初の仕事は「『防衛的な』責任」（"defensive" responsibilities）を果たすことであった[7]。中央銀行はそうした「防衛的な」責任を着実に果たしていくにつれて、次第に、通貨供給の中長期的な帰結としての経済活動のトレンドにも関心を向けるようになっていった。ローザはそうしたオペレーションを「『動態的な』責任」（"dynamic" responsibilities）と呼んでいるが、中央銀行は通貨の量をコントロールすることによって通貨の価値の安定を図り、これを通じて経済の持続的な発展に貢献するという役割を徐々に認識するようになっていった。これが、今日、「金融政策」（monetary policy）と呼ばれる中央銀行の仕事につながっていく。

5　1880〜1908年中の米国の金融危機について発生月をみると、春と秋の発生が多かった（Miron, 1986）。

1月	2月	3月	4月	5月	6月	7月	8月	9月	10月	11月	12月
0	1	3	2	2	1	1	0	6	1	0	4

6　本節の以下の記述はMikitani and Kuwayama（1998）に負うところが大きい。
7　Roosa（1956）参照。

1−2. 中央銀行通貨と民間銀行通貨
通貨の果たす役割

　中央銀行の最も根源的な役割は、通貨を供給することである。通貨の果たす役割としては、決済（交換）手段、計算単位、価値の保蔵手段の3つが挙げられる。このうち、決済手段としての役割は通貨の最も基本的な役割である。通貨という決済手段が存在しなければ、取引は物々交換とならざるを得ず、分業の利益を実現することは難しくなる。共通の計算単位が存在しない場合は、財・サービスの価格について割高、割安の比較が難しくなる。最後に、安心できる価値の貯蔵手段がないと、貯蓄が行われず、将来の生産能力を高めるための投資も行われなくなる。通貨はこれら3つの役割を同時に果たす存在である。

　このように通貨には3つの役割があるが、その中で、特定の金融資産が通貨として機能するための最も基本となる条件は、その通貨を誰もが決済手段として受け入れてくれるという安心感、すなわち、一般的受容性である。現代の経済では、中央銀行通貨（central bank money）と民間銀行の預金（民間銀行通貨）が一般的受容性のある通貨として使用されている[8]。

中央銀行通貨

　中央銀行通貨とは、具体的には、銀行券と中央銀行当座預金を指す。このうち、中央銀行当座預金とは民間銀行等が中央銀行に保有する当座預金である。ちょうど、一般の企業や個人が民間銀行に預金を有するのと同じように、民間銀行等も中央銀行に預金を保有している。民間銀行の預金と異なり、通常は当座預金しか存在せず、無利子、ないし利子が払われる場合も市場金利よりも低いケースが多い（第7章参照）。日本銀行のケースに即して説明すると、2007年7月末で銀行券の残高は75.5兆円、日本銀行当座預金の残高は8.8兆円である（表1-2-1）。銀行券は主として小額の決済に利用される。一方、中央銀行当座預金は、国債市場や外国為替市場といった金融市場での取引をはじめとして、相対的に大口の取引の決済手段として利用されている。中央銀行通貨は、国家が破綻に直面しているというような特殊な状況を除くと、通常は発行体の倒産という信用リスクを意識しないという意味で安全確実な通貨である。日本銀行法は「日本銀行が発行する銀行券は、法貨として無制限に通用する」（第46条第2項）と規定しており、銀行券を使って債務の支払いを行う場合、誰も受け取りを拒むことはできない。なお、上記の銀行券、中

---

[8] 中央銀行通貨とほぼ同義の言葉としてマネタリーベース（monetary base）、あるいはベースマネー（base money）という言葉があるが、マネタリーベースについては第13章で取り上げる。

央銀行当座預金のほかに、政府の発行する硬貨（コイン）も存在する。日本のケースに即していうと、硬貨の発行残高は銀行券の5％程度である[9]。

● 表1-2-1　日本における中央銀行通貨の残高
(2007年7月末、単位：兆円)

銀行券	75.5
貨幣	4.5
日本銀行当座預金	8.8
（参考）日本郵政公社を除く日本銀行当座預金	5.3
マネタリーベース	88.9

(出所) 日本銀行「マネタリーベースと日本銀行の取引」

　民間銀行の預金と比較して、中央銀行通貨の最大の特質は、支払い完了性（ファイナリティー〈finality〉）を有することである。一般に、取引が行われた後、決済が行われるが、中央銀行通貨を引き渡した場合は、その時点で、決済が完全に終了する。これに対し、民間銀行の預金で決済する場合は、最終的に、民間銀行相互間の債権・債務関係が中央銀行通貨（当座預金）で決済されるまでの間は、決済は完全には終了していない。
　中央銀行通貨のうち、銀行券については、言うまでもなく誰もが利用することができる。多くの場合、銀行券はその銀行券の発行国の中で流通するケースが大半であるが、米ドルについては海外での流通が6割程度を占めている。最近では、ユーロ銀行券もユーロエリア以外の地域での利用が増加している。

民間銀行通貨

　民間銀行通貨とは民間銀行の預金であり、決済手段として、また、価値の貯蔵手段としても広く使われている。民間銀行は預金者からの要求があればいつでも自行の預金を他の民間銀行の預金や中央銀行通貨に引き換えることを約束している。中央銀行通貨と比べると、発行体の倒産という信用リスクが存在するため、債務の支払いを受ける際に、銀行預金での受け取りを拒むことはできる。しかし、通常は、最終的に中央銀行通貨との引き換えが可能であるという安心感を背景に、民間銀行預金は通貨として機能している。民間銀行通貨は要求払い預金と定期性預金に分けられる。日本のケースに即し

9　硬貨は「通貨の単位及び貨幣の発行等に関する法律」（第7条）に基づき、強制通用力が付与されているが、1回当たりの使用枚数が多すぎると受け取り側で計算や保管にコストがかかるため、同一種類の貨幣が1回につき20枚を超える場合は受け取りを拒否することができるものとされている。

てみると、要求払い預金としては当座預金や普通預金等が挙げられ、いつでも直ちに決済に用いることが可能である。定期性預金はそれ自体としては決済手段として使えないが、比較的容易に要求払い預金や銀行券に交換することが可能であるため、広義の通貨の一部を構成している。

マネーサプライ

通貨の残高のうち、通貨を発行する中央銀行および預金取り扱い民間金融機関以外の民間経済主体が保有する通貨のことを、マネーサプライと呼んでいる（マネーサプライ統計の定義や意味については第13章参照）。マネーサプライを統計として把握する場合、具体的にどの範囲の金融資産を「通貨」として定義するか、どの範囲の経済主体を「通貨保有主体」とみなすかが問題となる。これらの点については絶対的な基準はなく、経済・金融環境の変化とともに、変化していく性格のものである。日本の場合は、現金通貨、預金通貨（要求払い預金）、準通貨（定期性預金）、譲渡性預金（CD）を合計したM2＋CDが最も代表的なマネーサプライ統計として利用されている。2007年7月末のM2＋CDの残高は726.9兆円であり、名目GDP（国内総生産）の約1.4倍の水準である（表1-2-2）。

●表1-2-2　マネーサプライ残高
(2007年7月末、単位：兆円)

M2＋CD	726.9
M1	389.4
（現金通貨）	72.3
（預金通貨）	317.1
準通貨	315.8
CD（譲渡性預金）	21.7

(出所) 日銀ホームページ

1－3. 中央銀行のバランスシート

中央銀行の当座預金勘定を直接保有できる主体は、各国の歴史的な経緯や金融構造等を反映して異なっている（表1-3-1）。中央銀行当座預金については、個人や企業による保有は認められておらず、銀行等の限られた範囲の主体が中央銀行に口座を有しているケースが多い[10]。一般的にいうと、中央銀行は公共政策上の十分な理由がある場合、例えば、決済の過程で生じるリスクがシ

10　欧州大陸の中央銀行は歴史的な経緯から、個人や企業の預金口座も有していたが、近年、そうした取引口座を整理してきている。

ステミックな性質をもっており、これを除去することを中央銀行当座預金の利用が助けるというような場合に限り、当座預金口座の開設が認められている[11]。日本銀行の場合でいうと、預金取り扱い金融機関のほか、証券会社、短資会社、各種の民間決済機関も中央銀行に預金口座を有している（表1-3-2）。一方、銀行券については、個人や企業等、一般の民間経済主体が民間銀行の預金を引き出すことによって供給されるが、銀行は銀行券が不足する場合には、中央銀行当座預金を引き出すことによって、銀行券を受け取る。民間銀行は企業や個人から、手許現金を超えて銀行券による預金引き出しがあると、中央銀行当座預金を取り崩して銀行券を入手する（BOX参照）。

●表1-3-1　中央銀行の決済口座残高に占める銀行の残高の割合

国名	割合	国名	割合
ベルギー	90％以上	オランダ	69％
カナダ	100％	シンガポール	9％
フランス	74％	スウェーデン	40％
ドイツ	99％	スイス	80％
香港	100％	英国	約100％
イタリア	100％	米国	88％
日本	85％		

（注）2000年の計数
（出所）BIS（2003）

●表1-3-2　日本銀行の当座預金取引先　　　　　（2007年8月末現在）

銀行	信託銀行	外国銀行	信用金庫	協同組織中央機関	証券会社	証券金融会社
124	21	62	273	4	35	3
外国証券会社	短資会社	証券取引所	銀行協会	その他	合計	
7	3	1	33	11	577	

（出所）日銀ホームページ

　中央銀行通貨は中央銀行が資産を買い入れることを通じて増加する（BOX参照）。中央銀行が通貨の供給ないし回収を目的として民間の銀行等を相手に

11　BIS Committee on Payment and Settlements（2003）参照。

資産の売買を行うことを公開市場操作（open market operation）というが、日本ではこれを略してオペレーションと呼ぶことも多い。日本銀行の場合、主力の資金供給手段は「共通担保資金供給オペレーション」と呼ばれるものである（第8章参照）。これによって日本銀行のバランスシートの資産サイドでは当該勘定科目が増加し、負債サイドでは民間銀行が保有する中央銀行当座預金が増加する。中央銀行が資金供給を行うということは、中央銀行が民間銀行に対し与信を行っているということを意味する。中央銀行は相手の銀行の信用度を判断し、また十分な担保を受け入れているので、通常は負担する信用リスクは極めて小さくなっているが、それでも信用リスクをなにがしか負担していることには変わりはない。従って、中央銀行は与信にあたっては、民間銀行と同様、信用供与先である民間銀行の信用度について調査を行っている。民間銀行が他の民間銀行と取引を行い、資金決済を行う場合は、この中央銀行当座預金が振り替えられることによって完了する。

　以上の説明からわかるように、中央銀行の活動は銀行業務（banking）を通じて実行される点に大きな特色がある。中央銀行関係者はこのことを指して、「中央銀行は自らのバランスシートの大きさや構成を変えることによって政策を実践する」という表現を好んで使っている。中央銀行がバランスシートを使って金融政策を実行するということは自明のようにも聞こえるが、金融政策の問題を議論する際、時として生じる微妙な考え方の相違は、この点に関する理解や感覚の違いから生じているように思われる[12]。バランスシートの変

● 表1-3-3　日本銀行のバランスシート

(2007年7月末、単位：億円)

金地金	4,412	発行銀行券	755,408
買現先勘定	10,909	当座預金	88,244
長期国債	508,555	政府預金	30,929
短期国債	215,634	売現先勘定	144,541
金銭の信託	15,819	引当金勘定	32,244
共通担保資金供給オペレーション	261,089	資本金	1
外国為替	52,597	準備金	25,829
その他とも資産計	1,077,171	その他とも負債・自己資本計	1,077,171

(出所) 日本銀行「営業毎旬報告」

12　こうした状況は現在もあまり変わっていない。『新訂 通貨調節論』は戦前に日本銀行総裁を務めた深井英五による戦前期の代表的な中央銀行論であるが、これには以下のような表現がある。
　「……先づ貸借対照表上の径路を看取して、而して後窮極原因の考察に遡るのが便宜である。それが考察を精確にする所以である。直接の原因を正しく理解したる上、窮極の原因に就いて見解の分かれるのは已むを得ないが、貸借対照表上径路を閑却したる議論は、往々空粗にして無用の紛争を惹起する」（深井, 1938：321頁）

化自体は因果関係を説明するものではないが、起きる変化は必ずバランスシートに反映されるので、バランスシートで点検するという思考習慣は有用である（表1-3-3）[13]。

BOX　中央銀行の活動とバランスシート

国債オペ

　本オペレーションを実行すると、資産サイドでは「国債」の中の「長期国債」の科目が増加する。長期国債の買い入れ代金は、オペ対象先の当座預金に入金されるため、オペを実施すれば「当座預金」の科目が増加する。

▽国債買い入れオペ	
長期国債＋	当座預金＋

銀行券の引き出し

　銀行等の取引先は、取引先の顧客（企業や個人等）が預金の引き出しや預け入れを行った場合等に、銀行券の受払いを行っている。取引先が顧客に払い出す銀行券は、日本銀行から払い出される。日本銀行が取引先に対して銀行券を払い出した場合、日本銀行はその取引先の当座預金を引き落とすため、負債サイドにおいて、「発行銀行券」の科目が増加する一方、「当座預金」の科目が減少する。銀行券受け入れの場合には、逆の動きとなる。

▽銀行券払い出し	
	発行銀行券　＋
	当座預金　　－

1－4.　中央銀行の活動と金融政策

中央銀行の役割

　中央銀行の最も根源的な機能は、中央銀行通貨という、信用リスクのない通貨を発行することであり、中央銀行は、この機能に支えられて様々な役割を果たしている。その役割や範囲は国によって、また時期によって異なるが、主要なものを挙げると、以下の通りである。

　第1は決済サービスを提供することである。前述のように、銀行券は小口の決済手段として企業や個人に幅広く利用されている。一方、中央銀行当座預金は大口取引ないし金融市場取引の決済に利用されることが多く、主とし

---

[13] 日本銀行の行う様々な業務がバランスシートにどのように記録されるかについては、日本銀行企画室（2004）を参照。

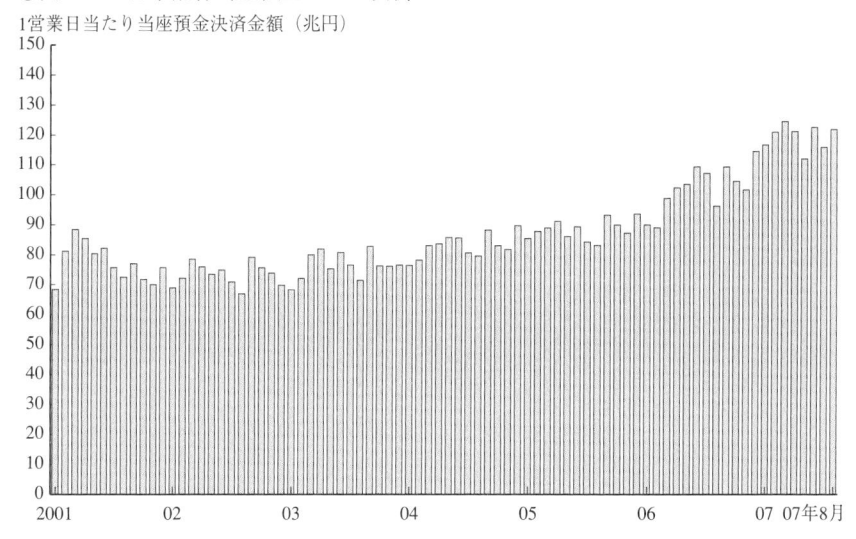

●図1-4-1　日本銀行当座預金による決済

1営業日当たり当座預金決済金額（兆円）

て民間銀行間の資金決済に利用されている[14]。こうした資金決済が安全に効率的に行われることは、様々な経済取引が行われるための最も基礎的な条件である。2007年7月中の日本銀行当座預金の決済金額（片道ベース）は1営業日平均で115.9兆円に上り、1営業日当たりの名目GDPの約60倍に達する（図1-4-1）。

　第2は、「最後の貸し手」（Lender of Last Resort：LLR）として流動性（資金）を供給することにより、金融システムの安定を維持する役割である。前述のように、通貨は中央銀行通貨だけでなく、金額としてははるかに多い民間銀行の預金通貨の両方から構成される。民間銀行の預金通貨は、通常はいつでも中央銀行通貨への引き換えが可能であるという安心感を背景に、信用リスクを意識することなく通用している。しかし、預金者が銀行券への引き換えに不安を感じ預金を大量に引き出すようになると、当該銀行は預金引き出しの要求に応じることができなくなる。いったんそうした事態が生じると、他の銀行の預金者も不安を感じ、預金を引き出して銀行券に引き換えるようになる。そうした行動が広がると、銀行の信用仲介機能、すなわち、預金を受け入れ、これを貸出に振り向けることによって貯蓄と投資の間の仲介

14　今久保・千田（2006）参照。

●図1-4-2　日本銀行の「特融」残高の推移

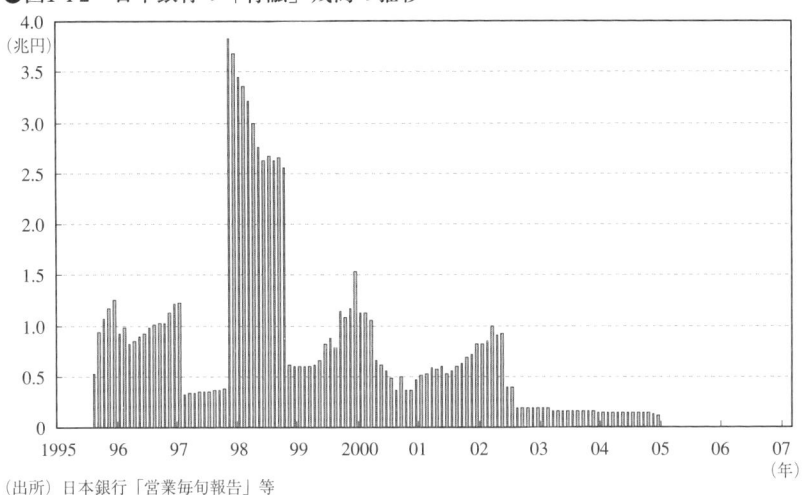

(出所)　日本銀行「営業毎旬報告」等

●図1-4-3　公定歩合およびコールレートの推移

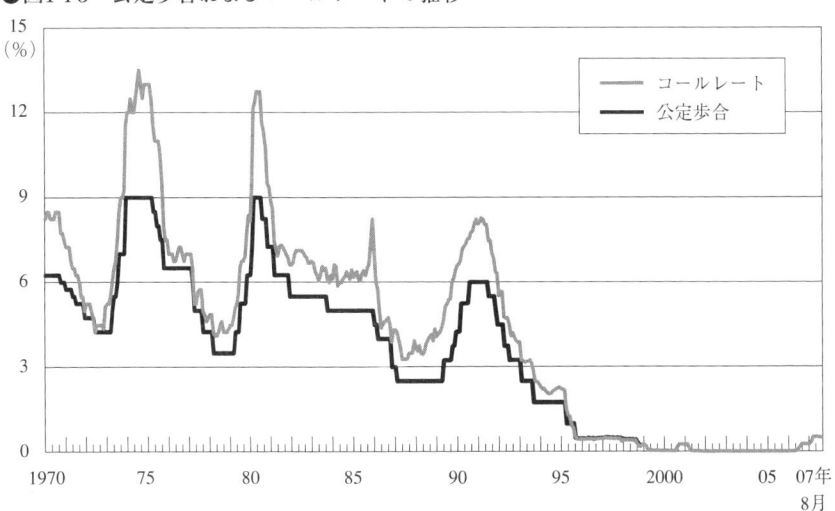

(注)　公定歩合については1998年8月まで表示。

を行うという機能自体が発揮できなくなる。金融システムの一角で生じた支払い不能が他の参加者にも連鎖的に影響する事態をシステミック・リスクというが、そうした事態を防ぐために、中央銀行は流動性（資金）不足に直面した銀行に対し「最後の貸し手」として流動性を供給する（システミック・リスクについては第15章参照）。中央銀行がこうした役割を果たすことが可能なのは、危機に直面したときでも誰もが受け取りを拒否しない通貨（中央銀行通貨）を供給できるのは中央銀行だけだからである。図1-4-2は日本銀行が1990年代後半以降行ってきた「特融」の残高の推移を示しているが、特に金融機関の破綻が増加した1997年から98年にかけて残高が急増している[15]。

第3は、物価の安定を実現する役割、すなわち、金融政策を運営するという役割である（図1-4-3）。金融政策は通常は金利のコントロールを通じて実行される。中央銀行が金利水準をコントロールできるのは、中央銀行通貨の供給を独占しているため、この供給量を増減させることによって金利水準をコントロールできることによる（第7章参照）。

第4は、金融機関に対する規制・監督を行う役割である。前述の3つの役割は大半の中央銀行が担っているが、規制・監督については、国によって異なっている。第5は、「政府の銀行」としての役割である。その具体的な内容は国によって異なるが、中心的な役割としては、政府預金を預かり、国庫金の受払い等の業務を行うことが挙げられる。

各国の中央銀行が担っている役割は、歴史的な経緯もあって全く同一というわけではない。表1-4-1は主要国の中央銀行の担っている役割を比較したものであるが、米国の連邦準備制度は上述のすべての役割を担っている。これに対し、ユーロを採用している各国の中央銀行は、金融政策の決定に参加はしているが、メンバーのひとりとして参加するという立場である。この間、日本銀行は上述した中央銀行の役割の大半を担っている（金融機関の規制・監督という面では、「考査」を行っている）。

金融政策の位置付け

以上、中央銀行の活動や役割を述べたが、金融政策との関係を意識すると、中央銀行の役割は以下の2つに大別される。

第1の役割は、通貨あるいはより一般的に金融システムそれ自体が経済活動の不安定化要因となることを防ぐことである。通貨は決済手段、計算単位、価値の保蔵手段として機能し、経済の発展を支える不可欠の存在である。ま

15　日本銀行が信用秩序の維持を目的として行う貸出のうち、通常の担保の条件を緩和して行う貸出のことを「特融」と呼んでいる（法律的には日本銀行法第38条等に基づく貸出）。

●表1-4-1　主要国中央銀行の役割・活動

	日本銀行	連邦準備制度	欧州中央銀行	(ブンデスバンク)	(イタリア銀行)	イングランド銀行
金融政策	○	○	○	○ (ユーロ参加国中央銀行のひとつとして決定に参加)	○ (ユーロ参加国中央銀行のひとつとして決定に参加)	○
決済システム	○	○	○	○	○	○
金融機関の規制・監督	(金融機関考査を実施)	○ (他の監督当局も存在)			○	
「最後の貸し手」	○	○		(伝統的に「最後の貸し手」としての活動は行っていない)	○	○
政府の銀行	○	○		○	○	△ (DMOと呼ばれる組織の役割が大きい)

た、金融システムは資金の効率的な配分やリスクの移転、「価格の発見」等の機能を担っており、経済の発展を支える重要なインフラストラクチャーである。しかし、過去の金融恐慌や金融市場の動揺の例が示すように、通貨や金融システムは時としてそれ自体が経済の不安定化要因となることもある。その意味で、中央銀行にはまず金融システムの安定を実現することが期待される。さらに、不安定化の防止という消極的な役割を超え、金融システムの機能を高めていく積極的な役割も期待される。

　第2の役割は、物価の安定を実現することである。第2章で説明するように、価格メカニズムは資源の効率的な配分を実現するが、これが可能となる大きな前提は、全体として物価が安定し、個々の財・サービスの希少性が価格シグナルというかたちで正確に認識されることである。

　中央銀行は上述の2つの役割を担っているが、いずれの役割も安定的な通貨や金融システムという「環境」を提供するという点で共通している。フリードマンはアメリカ経済学会における有名な会長講演において上述の2つの役割を共に「金融政策」と呼び、共通する目的を"stable monetary background"の提供と表現している[16]。もっとも、今日では「金融政策」という言葉は後者の役割を指す場合に用いられることが多く、通常は前者は金融政策とは呼ばれていない[17]。この場合、前者の役割をどのような言葉で表現するかが問題となるが、本書では必要に応じバンキング政策（banking policy）という言葉を使うこととする[18]。図式的に表現すれば、バンキング政策の目的は金融システムの安定であり、金融政策の目的は物価の安定である。それぞれの政策において中心的な手段は、金融政策では金利の変更であり、バンキング政策では流動性（中央銀行当座預金）の総量や配分調整である（これらの具体的な意味は第2章以下で順次説明していく）。

しかし、両方の政策ははっきりと分かれているわけではなく、密接に関連している。中央銀行の政策の目的である物価の安定と金融システムの安定との関係も複雑である。以下、本書では説明の便宜上、金融政策とバンキング政策という二分法に基づいて金融政策の目的や運営方法を説明するが、読者には常に金融システムの安定と物価の安定の関係を意識して本書を読み進めていただきたい。いくつかの章では両方の政策の相互作用に触れ、特に、第15章、第20章ではこの問題を真正面から取り上げることとする。いずれにせよ、中央銀行の役割はフリードマンの言う"stable monetary background"を提供することを通じて経済の持続的な成長の実現に貢献することである。

---

16 "The first and most important lesson that history teaches about what monetary policy can do-and it is a lesson of the most profound importance-is that monetary policy can prevent money from being a major source of economic disturbances. ... A second thing that monetary policy can do is (to) provide a stable background for the economy-keep ... . Our economic system will work best when producers, employers and employees, can proceed with full confidence that the average level of prices will behave in a known way in the future-preferably that it will be highly stable." (Friedman, 1968)
17 ただし、「金融政策」はmonetary policyの訳語としては必ずしも適切ではない。金融はファイナンスに対応する言葉であり、訳語としては本来は、通貨政策、貨幣政策のほうが適切であったと考えられる。
18 プルーデンス政策という言葉が使われることもあるが、プルーデンス政策は金融機関の規制・監督に係る政策を含む概念である。現実の中央銀行は金融機関の規制・監督権限を有していないケースもあることを考えると、中央銀行に固有のプルーデンス政策としては、決済システムや「最後の貸し手」に係る政策が挙げられる。

第2章　金融政策の目的

　前章の最終節では金融政策の目的が物価の安定であることを述べたが、本章では金融政策の目的について、より詳しく説明する。以下、第1節では、金融政策の説明に必要な物価と景気をめぐる基礎概念を解説する。第2節では、金融政策の目的が中央銀行法においてどのように規定されているかを述べる。第3節では、物価の安定が必要とされる理由を説明する。第4節では、物価の安定と経済活動の安定の関係について考察する。

2−1.　物価と景気をめぐる基礎概念
一般物価水準

　市場で売買される財・サービスにはすべて価格がついている。消費者は個々の財・サービスの物価をみて、何をどれくらい購入するかを決定する。企業も自らが生産(販売)する財・サービスの価格や原材料の価格をみて、生産(販売)量を決定する。消費者や企業が経済的な意思決定を行う際の価格は、すべて貨幣単位で表示されているが、意思決定を左右する価格は、絶対的な価格水準ではなく、他の財・サービスの価格との関係でみた当該の財・サービスの価格、すなわち相対価格である。物価とは個々の財・サービスの価格ではなく、それら全体の価格水準のことをいい[1]、一般物価水準(general price level)とも呼ばれる。物価水準は物価指数によって測られる。最も代表的な物価指数として消費者物価指数が挙げられる(物価指数については第4章参照)。

物価上昇率

　図2-1-1・図2-1-2は、戦後の日本の消費者物価指数の水準および前年比上昇率の推移を示している。終戦直後の水準を100とすると、現在は約3,800にも達しているが、激しいインフレは終戦直後の時期と1973年から75年にかけての時期に集中している。物価上昇率は1980年代に入り徐々に低下し、バブル期の1987年から88年にかけてはゼロ近辺にまで低下した。物価は1990年代初め

---

[1] 物価指数やGDPをはじめ、以下で説明する基本的な統計の概念や作成方法については、梅田・宇都宮(2006)を参照。

● 図2-1-1　日本の消費者物価指数：水準（自然対数）
（1946年第4四半期＝1）

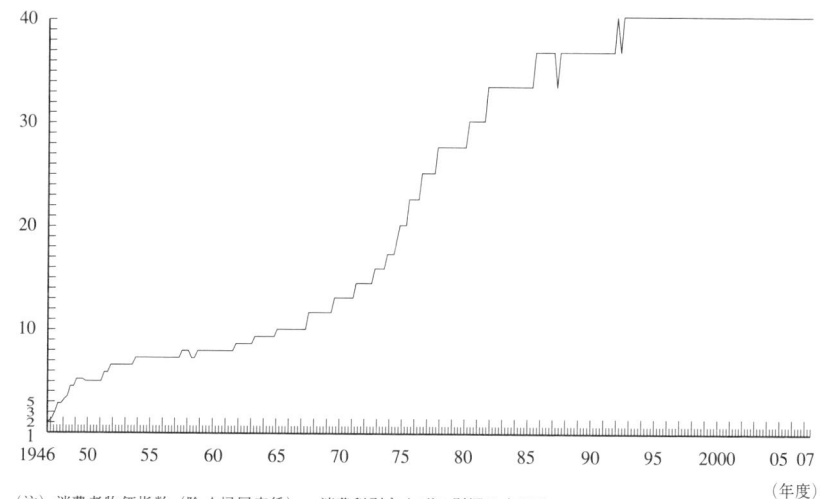

（注）消費者物価指数（除く帰属家賃）。消費税引き上げの影響は未調整。
（出所）総務省

● 図2-1-2　日本の消費者物価指数：前年比上昇率

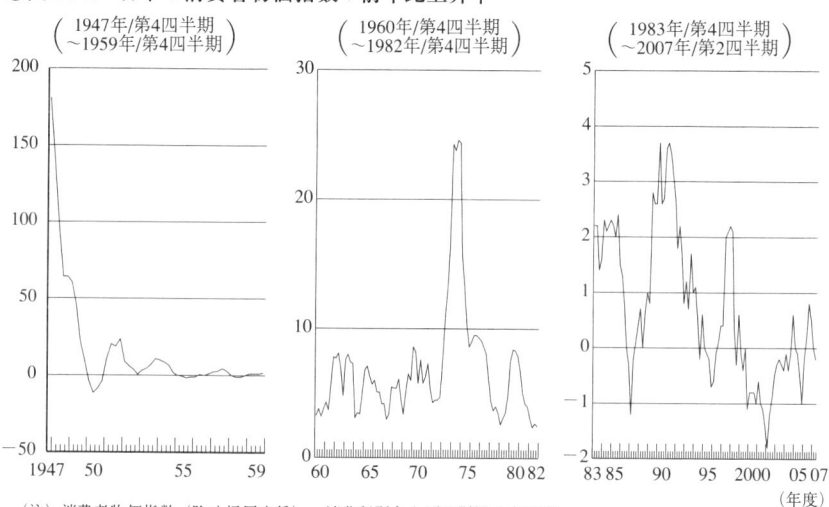

（1947年/第4四半期〜1959年/第4四半期）

（1960年/第4四半期〜1982年/第4四半期）

（1983年/第4四半期〜2007年/第2四半期）

（注）消費者物価指数（除く帰属家賃）。消費税引き上げの影響は未調整。
（出所）総務省

にかけて幾分上昇したが、それ以前の時期に比べると、上昇率は小幅であった。1990年代に入り物価上昇率は再び低下傾向をたどり、98年にはマイナスを記録し、2005年までは緩やかながら物価水準が下落した。2006年以降は概ねゼロ近辺で推移している。

経済活動水準と成長率

経済活動の水準を捉えるうえで、最も代表的な指標は国内総生産（GDP）である。図2-1-3は、1956年以降の日本の実質GDPの成長率の推移を示している。成長率の水準をみると、56年から70年にかけては平均すると年率10％前後の高い成長率が続いたが、60年代末をピークに趨勢的に徐々に低下していった。成長率はバブル期にはいったん6％程度にまで高まったが、90年代以降は、景気循環を繰り返しながら趨勢的に低下傾向をたどった。2002年以降は、景気は拡大局面に入っている。

経済活動水準の変動は、概念的には経済成長、すなわち潜在的な生産能力（潜在GDP）の増加と、その周辺での変動とに分けられる[2]。潜在GDPとは、労働、資本設備という生産要素が正常な水準で稼働した場合の生産水準であ

●図2-1-3　日本の実質GDP成長率の長期推移

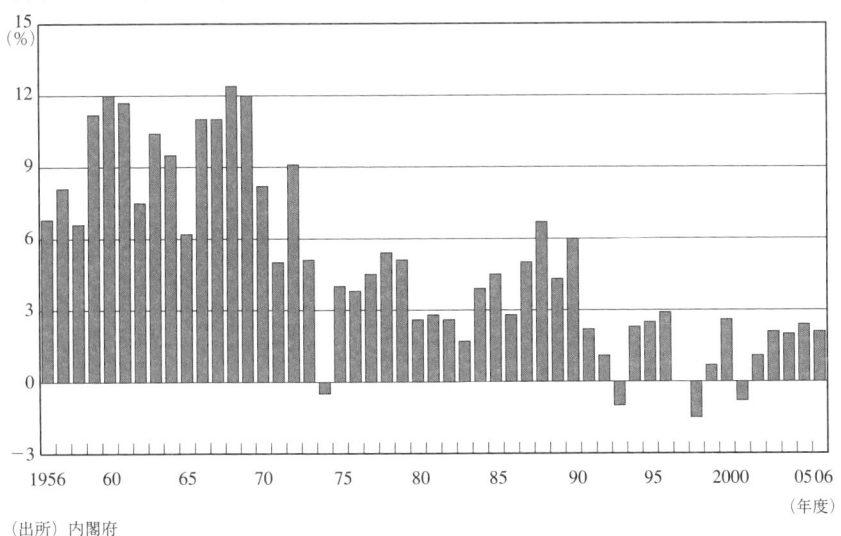

（出所）内閣府

---

[2] 伊藤・猪又・川本・黒住・高川・原・平形・峯岸（2006）参照。

り、その成長率を潜在成長率と呼ぶ。現実のGDPと潜在GDPの乖離は、GDPギャップないし需給ギャップと呼ばれる（第10章参照）。需要が潜在生産能力を上回る（下回る）結果、現実のGDPが潜在GDPを上回る（下回る）場合は、正（負）の需給ギャップが存在するという（図2-1-4）。潜在GDPの周辺での経済の変動は景気循環（business cycle）と呼ばれ、景気拡大と景気後退に分かれる。経済活動がどのような状態のときに景気拡大ないし景気後退と定義するかについて、各国に共通の定義があるわけではない。日本では内閣府の判

●図2-1-4　需給ギャップと消費者物価上昇率
（消費者物価指数〈除く生鮮食品〉、前年同期比、％）

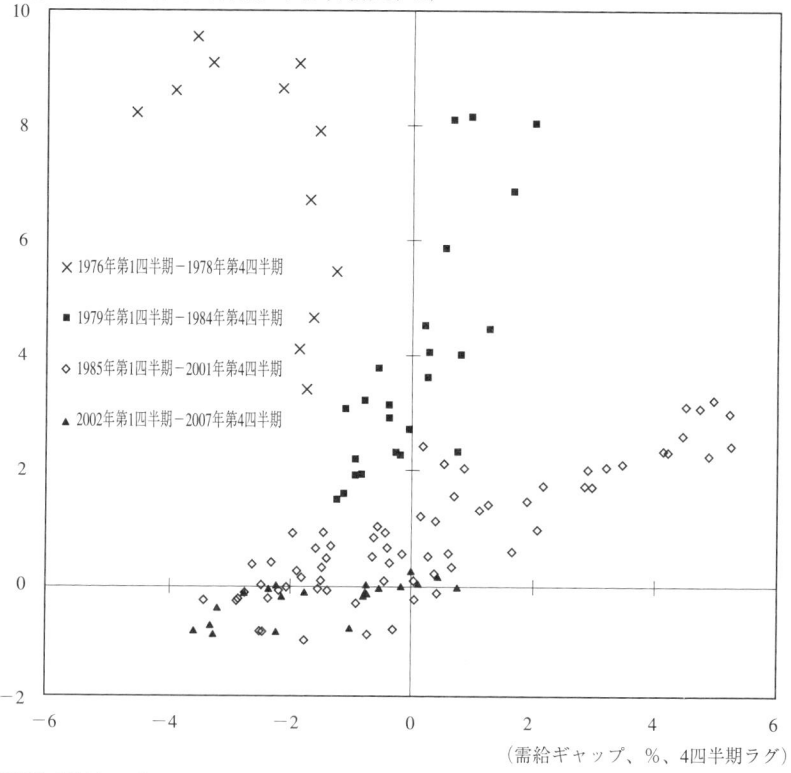

× 1976年第1四半期－1978年第4四半期
■ 1979年第1四半期－1984年第4四半期
◇ 1985年第1四半期－2001年第4四半期
▲ 2002年第1四半期－2007年第4四半期

（需給ギャップ、％、4四半期ラグ）

（出所）西村（2007）

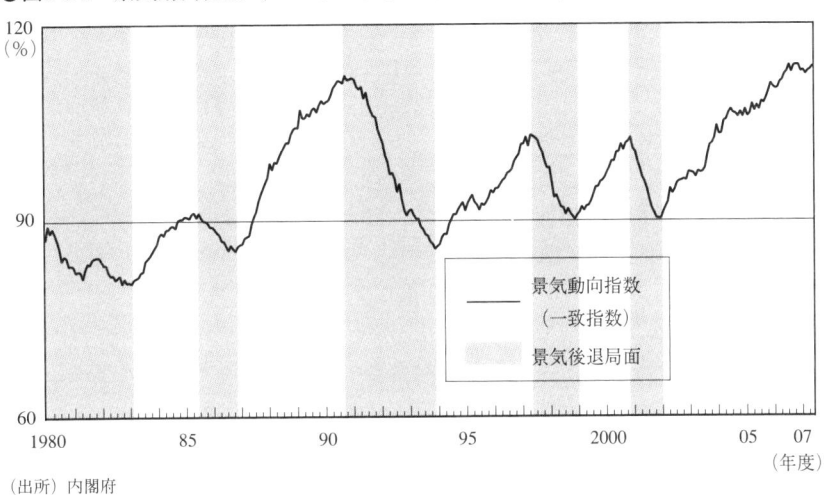

●図2-1-5　景気動向指数（コンポジット・インデックス）

(出所) 内閣府

定する景気基準日付が用いられることが多い[3]。景気基準日付を決定する際の基本的な判断基準としては、景気動向指数が用いられている（図2-1-5）[4]。同指数は景気の水準を表すと考えられる様々な経済指標から構成されており、指数を構成する各指標が全体として3カ月前に比べて上昇しているか下落しているかによって景気の拡大・後退を判断している。

需要ショックと供給ショック

現実の経済は様々な要因で変動するが、概念的には「需要ショック」と「供給ショック」に分けられる。需要ショックとは、海外景気の動向を反映した輸出の変化、政府の財政支出の変化や増減税、投資ブームを反映した設備投資の変動等、経済全体の総需要を変化させるショックのことをいう。需要ショックが発生する場合は、価格と数量、すなわち、物価上昇率と景気が同じ方向に変化する。一方、供給ショックとは、原油価格の変動、自然災害による供給能力の減少、技術革新等による生産性の向上など、経済全体の総供給を変化させるショックのことをいう。通常は、経済活動水準に与える影響

---

[3] 経済社会総合研究所の所長が主催する景気動向指数研究会の議論を経て、景気の山や谷として設定すべき年月が決定されている。米国では民間団体であるNBER（全米経済研究所）が景気の山・谷の判断を行っている。

[4] 景気動向指数は景気との関係で、先行的に変動する指標（先行系列）、同時に変動する指標（一致系列）、遅れて変動する指標（遅行系列）がある。各系列の指標は経済構造の変化に応じて適宜見直しが行われているが、本書執筆時点では、一致系列として、生産指数（鉱工業）や有効求人倍率（除く学卒）等、11の指標が採用されている。

に着目し、GDPを押し上げる方向のショックをプラスの供給ショック、押し下げる方向のショックをマイナスの供給ショックと呼んでいる。典型的なマイナスの供給ショックとしては、1973年に発生した第1次石油ショックが挙げられる。米国では1990年代以降、80年代に比べ生産性が向上したが、これはプラスの供給ショックの例である。

2−2. 中央銀行法の規定

本節では、各国の中央銀行法において、金融政策の目的（goal, objective）が現在どのように規定されているかを説明する（BOX 1参照）。

主要国の中央銀行法

主要国の中央銀行法において、金融政策の目的は以下のように規定されている。

■　**日本（日本銀行法）**　1998年4月に改正施行された日本銀行法第1条では、「日本銀行は、我が国の中央銀行として、銀行券を発行するとともに、通貨及び金融の調節を行うことを目的とする」と規定したうえで、第2条では「日本銀行は、通貨及び金融の調節を行うに当たっては、物価の安定を図ることを通じて国民経済の健全な発展に資することをもって、その理念とする」と規定している。第1条でいう「通貨及び金融の調節」が金融政策と解されている。

■　**ユーロエリア（マーストリヒト条約）**　欧州連合（EU）の創設を定めたマーストリヒト条約（1993年発効）および欧州中央銀行法に当たる同条約付属議定書（Protocol on the Statute of the European System of Central Banks and of the European Central Bank）は、物価の安定を維持することを欧州中央銀行の行う金融政策の主たる目的（the primary objective）として規定している。

■　**英国（イングランド銀行法）**　イングランド銀行法には、同行の目的が物価安定の維持であることが規定されている。

■　**米国（Federal Reserve Act）**　連邦準備制度（Federal Reserve System：FRS）[5]の根拠規定である連邦準備法（Federal Reserve Act）では、物価の安定（stable prices）と並んで、最大雇用（maximum employment）、長期金利の安定（moderate long-term interest rates）の3つが金融政策の目的として掲げられている。もっとも、このうち長期金利の安定は物価の安定の下で実現されることから、今日では、一般に連邦準備制度（FRS）の金融政策の目的は物価の安定と景気の安定の2つであると解されている。

前記のように、今日では金融政策の主要な目的は物価の安定であることが中央銀行法で明確に規定されている。このことは今日では当然のこととして受け止められるかもしれないが、20年くらい前までは、必ずしもそうした認識は一般的ではなかった。例えば、旧日本銀行法（1942年施行）をみると、第1条で「国家経済総力ノ適切ナル発揮ヲ図ル為国家ノ政策ニ即シ通貨ノ調節、金融ノ調整及信用制度ノ保持ニ任ズルヲ以テ目的トス」と規定し、第2条で、「日本銀行ハ専ラ国家目的ノ達成ヲ使命トシテ運営セラレルベシ」と規定するだけで、金融政策の目的に関する具体的規定は存在しなかった[6]。イングランド銀行についても、1946年成立のイングランド銀行法は、「大蔵省が公共の利益に照らして必要と考えることをイングランド銀行に指示できる」(The Treasury may from to time to time give such directions to the Bank as, after consultation with the Governor of the Bank, they think necessary in the public interests) ことを規定するだけで、金融政策の目的についての具体的規定はなかった。

　このように、以前は金融政策の目的として物価安定が中央銀行法に規定されているわけでは必ずしもなかったが、その中で大きな例外はドイツの中央銀行であるブンデスバンクであった[7]。1957年に創設されたブンデスバンクは第1次世界大戦後のハイパーインフレーションの苦い経験に基づく教訓から、金融政策の目的として「通貨価値の安定」という表現で物価安定が最初から強く規定された。実際にもブンデスバンクは、先進国では例外的に一貫して物価安定重視の姿勢で金融政策運営を行ってきた。

5　連邦準備制度の最高意思決定機関はワシントンにある「連邦準備制度理事会」(Board of Governors of Federal Reserve System) である。理事会は連邦政府の一機関であり、12の連邦準備銀行 (Federal Reserve Banks) の業務に関し、広範な監督権限を有する。公開市場操作は連邦公開市場委員会 (FOMC) によって決定されるが、同委員会は理事会の7名の理事 (governor) と地区連銀総裁によって構成される（投票権を有するのは5名）。公開市場操作以外の連邦準備制度の業務は地区連銀総裁によって行われる。各地区連銀には、9名の行外取締役から成る取締役会が置かれている。このように、連邦準備制度は複雑な組織であり、厳密に表現するときは、連邦準備制度 (FRS)、連邦準備制度理事会 (FRB)、地区連邦準備銀行（地区連銀）等の言葉を使い分けなければならない。
6　1882年成立の日本銀行条例では、そもそも日本銀行の目的に関する規定が置かれていなかった。
7　スイスでも物価安定が重視されてきた。

BOX 1　金融政策の目的に関する中央銀行法の規定

日本銀行
（目的）
第1条　日本銀行は、我が国の中央銀行として、銀行券を発行するとともに、通貨及び金融の調節を行うことを目的とする。
　　2　日本銀行は、前項に規定するもののほか、銀行その他の金融機関の間で行われる資金決済の円滑の確保を図り、もって信用秩序の維持に資することを目的とする。
（通貨及び金融の調節の理念）
第2条　日本銀行は、通貨及び金融の調節を行うに当たっては、物価の安定を図ることを通じて国民経済の健全な発展に資することをもって、その理念とする。
（日本銀行の自主性の尊重及び透明性の確保）
第3条　日本銀行の通貨及び金融の調節における自主性は、尊重されなければならない。
　　2　日本銀行は、通貨及び金融の調節に関する意思決定の内容及び過程を国民に明らかにするよう努めなければならない。
（政府との関係）
第4条　日本銀行は、その行う通貨及び金融の調節が経済政策の一環をなすものであることを踏まえ、それが政府の経済政策の基本方針と整合的なものとなるよう、常に政府と連絡を密にし、十分な意思疎通を図らなければならない。

欧州中央銀行
"The primary objective of the ESCB shall be to maintain price stability. Without prejudice to price stability, the ESCB shall support the general economic policies in the Community with a view to contributing to the achievement of the objectives of the Community as laid down in Article 2. The ESCB shall act in accordance with the principle of an open market economy with free competition, favouring an efficient allocation of resources, and in compliance with the principles set out in Article 3a."（マーストリヒト条約 Article 105（1））

イングランド銀行
"In relation to monetary policy, the objectives of the Bank of England shall be to maintain price stability, and subject to that, to support the economic policy of Her Majesty's Government, including its objectives for growth and employment."
（Bank of England Act）

FRB
"The Board of Governors of the Federal Reserve System and the Federal Open

Market Committee shall maintain long run growth of the monetary and credit aggregates commensurate with the economy's long run potential to increase production, so as to promote effectively the goals of maximum employment, stable prices, and moderate long-term interest rates". (Federal Reserve Act SECTION 2A)

金融政策の目的をめぐる考え方の変遷

　前述のように、金融政策の目的として物価の安定が中央銀行法に明確に規定されるようになったのは比較的最近のことである。この間、現実の日本の金融政策の推移を振り返ってみると、比較的最近までその時々の国家的な優先目標を色濃く反映した運営がなされてきた。例えば、高度成長期には「国際収支の天井ギリギリの成長の追求」が、高度成長の末期には「1ドル＝360円の為替レートの維持」が、2回の石油ショックの発生時には「インフレの鎮静化」が、1985年のプラザ合意以降は「国際政策協調と為替相場の安定」が重視された。そのような状況の中で、金融政策の事実上の目的は変遷をたどらざるを得ず、物価安定は「いくつかの目的のひとつ」という域を出なかったようにみえる。

　この点は、日本における金融論の教科書等での金融政策の目的の記述の変遷を振り返ってみることによっても、確認することができる（BOX 2 参照）。金融政策の目的に関する考え方は時期あるいは論者により異なるが、大きな傾向としては以下の点を指摘できる。

　第1に、固定為替レート制度が採用されていた時期においては、国際収支の状況と無関係には金融政策を運営することができないことから、物価の安定だけでなく、固定為替レートの維持が目的として強く意識されていた（為替レート制度との関係については第14章参照）。

　第2に、1980年代頃までは、物価の安定と並んで、国際収支の均衡や為替レートの安定だけでなく、完全雇用や経済成長の達成も金融政策の目的として並行的に意識されていた。当時の経済学界の議論を振り返っても、金融政策の目的として、物価の安定が強調されることは比較的少なかった。もっとも、この点は日本だけの現象ではなく、海外主要国でもある時期までは同様であった[8]。

8　英国の状況についてはTucker (2007)を参照。

第3に、物価上昇率がどの程度であれば物価安定が達成されていると判断するかという点についてみると、具体的な数字が意識されることは非常に少なかった。ただ、高度成長期には消費者物価のほうが卸売物価よりも上昇率がかなり高かったことを反映し、消費者物価と卸売物価のいずれの安定を目標とすべきかという問題は活発に議論されていた（第4章参照）。

　この間に書かれた日本銀行関係者の著作を読むと、政府や経済学者の議論との比較では、金融政策の目的として通貨価値の安定が重視されており、その中でも物価の安定が重視されていた。ただし、物価（ないし通貨価値）の安定が達成されれば経済の安定が自動的に達成されるわけではないことも意識されており、物価安定を金融政策の主たる目的としながらも、最終的には総合的な判断が必要という立場をとっていたように窺える。

　今日では、金融政策の目的は物価の安定の実現を通じて持続的な成長に貢献することであるという理解が、世界的にも一般的になっている。金融政策の目的に関する考え方が変化するに至った大きな背景としては、以下の2点を挙げることができる。第1の背景は、1971年の米国の金・ドル交換の停止を経て、主要国が固定為替レート制度から変動為替レート制度に移行したことである。変動為替レート制度に移行して初めて、金融政策の目的が真剣に意識されるようになったともいえる。第2の背景は、1960年代から70年代にかけて、インフレが高進する下で経済成長率が低下するという、スタグフレーションと呼ばれる事態を経験したことである。このような経験を通じて、持続的な成長を実現するうえで物価安定が非常に重要であること、そして、中央銀行が金融政策を通じて長期的に貢献しうるのは物価の安定であることが、徐々に理解されるようになっていった。

BOX 2　金融政策の目的に関する教科書等における記述の推移

　以下は、「通貨」「金融」「金融政策」「日本銀行」といったタイトルを含む、過去の代表的な著作、および日本銀行関係者の著作における金融政策の目的に関する記述をサーベイしたものである。

■ **深井英五『新訂 通貨調節論』（1938年）**　「通貨の価値が安定して居らねばならぬと云うのは、普通に容認せられて居る所の概念である。左すれば通貨の価値の安定が通貨調節の目的、少なくとも其の目的の一であらねばならぬ」（59頁）、「通貨の価値は対内的と対外的に分かれて表現する。尤も通貨に二種の価値ありと云う意味ではない。通貨の価値は是等両方面を総合したものでなければなら

ぬ。然しながら両方面を総合して測定することが実際に困難であるから、其の表現する所を別々に考察するの外はないのである」(62頁)、「対内的に通貨の価値を表現するものは主として物価である。(中略)次に対外的に通貨の価値を表現するものは外国為替相場である。(中略)然るに国内物価も、外国為替相場も、各々常に多少の変動は免れることは私共の実験する所であり、又両者必ずしも歩調を同じくして動くものではない。随って通貨価値の絶対的安定と云うことは実際に期待し難い。(中略)然しながら、物価及び為替相場の変動が大なるとき、殊にそれが急激なるときは、経済生活の堅実なる発達を妨げ、更らに進んでその紛糾を醸し、結局社会の福祉を害するに至る。此の如き激甚なる変動のない状態が、通俗に云う所の通貨の価値の安定であろう」(62～64頁)、「然しながら、所謂通貨の価値の安定のみを以って通貨調節の能事了れりとすべきではない。其の影響の如何に拘わらず通貨の価値の安定をさせるだけにて宜しいならば、通貨調節は簡単にして容易なる業であるかも知れぬが、通貨の価値の安定を図るのも、畢竟社会の福祉の為めに之れを望ましいとするからである。随って社会の福祉の為めに必要となる他の条件を併せて考慮に入れなければならぬ。其等の条件は必ずしも通貨の調節によって左右し得ぬであろうが、苟も通貨の状態に関係ある限り、時の事情に応じて軽重を斟酌し、妥当な裁量を為さねばならぬ」(71頁)、「通貨の価値に関する政策の決定には、物価指数が不完全のものであることを承知したる上、之を参考にするの外はない」(82頁)

■ **吉野俊彦『日本銀行』(1963年)**「金融政策の目的はまず第1に金融の手段である通貨の価値を安定させることにおかれなくてはならない。通貨の価値は国内の物価水準と外国為替相場に現れるが、外国為替相場のうち基準となるものは金平価から割り出されるもので、中央銀行にとっては所与のものであり、中央銀行としてはその金平価あるいは基準外国為替相場の枠内で極力物価水準を安定させることがその任務である。(中略)このように通貨価値の安定は中央銀行の金融政策の直接の目標であるが、通貨価値の安定さえ達成されれば万事終われりというわけのものではない。通貨価値の安定という条件の許す限りにおいて、経済が高度に成長ししかも増加する国民総生産が可及的に公平に国民生活をうるおすものにならなければならない。経済の成長のためには、先だつものは資本としての通貨であろうが、妥当な経営を行う企業が必要とする資本の不足を公平に補い得るようなメカニズムの形成を、中央銀行は間接にもせよバックアップしなければならない。中央銀行の通貨価値の安定と並ぶ金融の円滑化の意味は、具体的にはこのようなものである。要するに安定は自己目的ではない」(147頁)

■ **舘龍一郎・浜田宏一『金融』(1972年)**「金融政策の主要な目標としては今日ふつう次の三つないし四つが挙げられる。(1)物価の安定、(2)完全雇用ないし低い失業率、(3)適度の成長、および(4)国際収支の均衡。(中略)さて、このような金融政策の目標についての第1の問題は、これらの目標が曖昧であって、その具体的内容が必ずしも明確でないということである。まず第一に、物価安定という場合の物価とは何か、GNPデフレーターをいうのか、あるいは卸売物価水準、

消費者物価水準をいうのか、明確でない。また卸売物価や消費者物価を基準とする場合にも、物価指数作成上の問題とくに新製品や製品の質の向上、支出パターンの変化が十分に物価指数に反映されないといった問題がある。さらに、物価の安定という場合の安定とは、物価水準がまったく変わらないことをいうのか、多少の物価水準の変動は認められるのか、もし、多少の物価変動は物価の安定のうちに含まれるとすれば、何パーセントの物価変動までは物価安定と認められるのか、といった問題がある。(中略)ただ、これらの目標について共通にいえることは、そこに許容し得ない限度が存在するということである。すなわち、物価をどのように定義するにせよ、GNPデフレーターが年率10%も15%も上昇するとか、消費者物価が年率10%も15%も上昇するといった事態はとうてい容認し得ないという意味で、そこにはおのずから一定の限度が存在する」(233～235頁)

- **呉文二『金融政策』(1973年)**「金融政策の担当者としての日本銀行の立場からすると、日本銀行は他の経済諸政策との調和をはかりながら、独自の立場から金融政策を運営すべきである。その場合、独自の立場の基礎となるものは、金融政策の目標を通貨価値の安定におくということであると思う。(中略)私は、日本銀行も経済成長というようなことを考える必要はあるが、それを金融政策の目標の一つと考える必要はないと思っている。それは他の政策担当者が主として考える政策目標である。(中略)日本銀行だけでは通貨価値の安定が実現できないことは明らかである。これは、金融政策の効果には限界があるというようにも表現できる。しかしそれだからといって、日本銀行が通貨価値の安定のために努力しないでいいというわけではない。日本銀行はできる範囲で最大限の努力をしなければならない」(17～19頁)、「金融政策が終局的には国民の福祉に役だつべきである以上、消費者物価の安定が金融政策の目標であるということを否定するわけにはいかないように思う」(21頁)、「経済的意味からすれば、消費者物価の安定を目標とすべきであろうが、消費者物価を安定させるためには卸売物価をかなり下落させることが必要と思われる。(中略)現実には卸売物価の安定さえ期待しにくいのに、政策としては消費者物価の安定を目標としなければならないというところに大きな矛盾がある。そこで消費者物価の安定といっても、その上昇をまったくなくそうということは無理であるから、許容限度として何パーセントかを認めたらという意見もでてくる。(中略)しかし、日本銀行の金融政策の目標として数パーセントの上昇許容限度を設けるということは適当でないと思う。(中略)日本銀行には日本経済を自分の欲するように動かす力はないから、見通しとしては物価の上昇は認めざるをえないとしても、その力の許す範囲で物価の安定を目標にして努力すべきであると思う」(23～24頁)

- **中川幸次『体験的金融政策論』(1981年)**「ところで、いまのわが国でまずまず安定と呼びうる許容限度は一体どの辺だろうか。物価上昇率ゼロを目指すが、結果として年2－3%の上昇ならば、まずまず許されるのではないかと私は考える。もちろん2－3%という数字に、確たる根拠があるわけではないが、①

卸売物価の上昇率がゼロないし若干のマイナスでも、消費者物価はサービス業などの生産性格差から、どうしてもこの程度は上昇するだろうということ、そして、②この程度なら、物価が上がったという実感をあまり国民にもたれずにすむだろうからである」(169頁)、「私も金融政策の目標を通貨価値の安定にのみ限定すべきだとは考えない。しかし、中央銀行は設立の当初から通貨と金融の番人として設けられたものである。したがって中央銀行が行う金融政策が、まず物価の安定を優先させるのは当然だろう。かりに物価安定と完全雇用との間にトレードオフの関係がある場合でも、中央銀行はまず物価の安定を目指すというのは本来のあり方だと思う」(180頁)

- 岩田規久男・堀内昭義『金融』(1983年)「金融政策とは、金融当局が金融政策のこのような影響、効果を依りどころにして、たとえば雇用状態、物価上昇率、金融市場の安定性等、経済のいくつかの側面を社会的に望ましい方向に誘導したり、あるいは望ましい状態を維持しようとすることと理解することができる」(193頁)
- 鈴木淑夫『日本の金融政策』(1993年)「変動相場制下の金融政策の最終目標は『物価安定最優先』に絞ってよい。外生的ショックで経済が激動し、物価安定の下での不況が長引くような局面にかぎり、金融政策は積極的な景気刺激に動くべきである」(182頁)

2－3. 物価の安定はなぜ必要か？

前節では中央銀行法において物価の安定が金融政策の目的とされていることを述べたが、本節では、物価の安定が必要とされる理由を標準的な経済理論に基づいて説明する[9]。

資源配分機能の向上

物価の安定が必要とされる最も大きな理由としては、市場メカニズムによる資源の効率的配分機能は物価水準が安定している下で最も発揮されやすいことが挙げられる。このことは常識的にも理解しやすいが、経済理論的には以下の2つの理由が挙げられることが多い。

第1は、価格のシグナル機能の向上である。市場メカニズムは効率的な資源配分を達成するが、これが可能となる前提は、企業や家計が相対価格の変化というシグナルを正確に認識できることである。物価水準が変動すると、個別の財・サービスの相対価格の変化を正確に認識することが難しくなり、

---

[9] 物価安定の必要性について、各国中央銀行とも様々なかたちで説明を行っている。日本銀行については日本銀行(2006b)、FRBについてはBernanke(2006b)を参照。

●図2-3-1　日本の物価上昇率と相対価格の変動のバラツキ
(1) 1970年以降
①全体

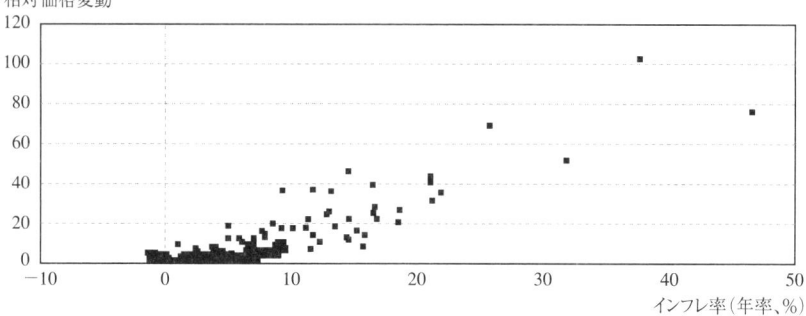

②物価上昇率が10%以下

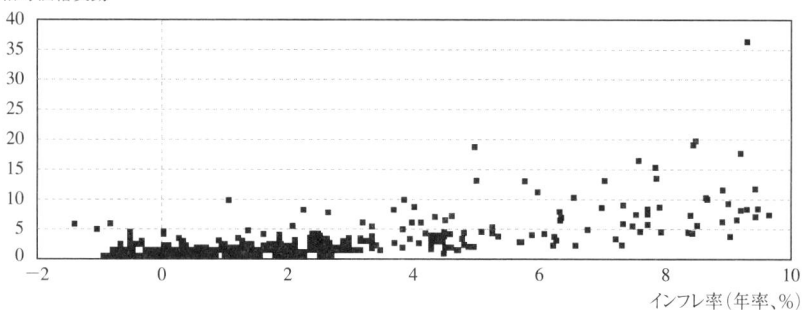

(2) 1981年以降

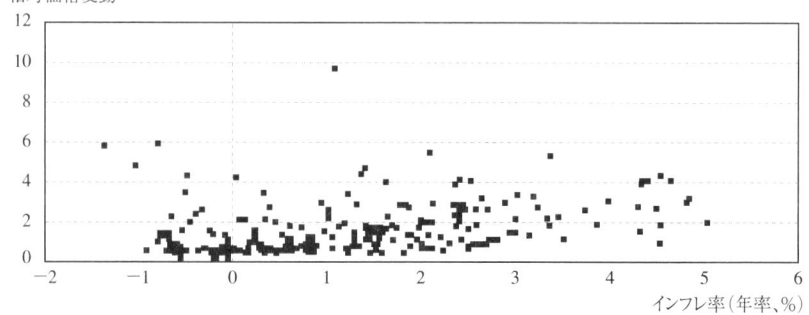

（注）相対価格変動は消費者物価指数を構成する各品目の価格上昇率の平均物価上昇率に対する加重分散。
（出所）上田・大沢（2000）

自らが観察している価格の変化が、特定の財・サービスの相対価格の変化であるのか、全般的な物価水準の変化を反映した変化であるのかを正確に区別できなくなる。図2-3-1は日本の物価上昇率と相対価格の変動のバラツキの関係を示したものであるが、物価上昇率が高くなると、相対価格のバラツキも拡大するという関係が観察される。

　第2は、物価安定の下では、価格変動の粘着性に起因する資源配分の歪みが小さくなることである（価格変動の粘着性については第3章参照）[10]。この点は、近年、ニューケインジアン経済学に立つ経済学者が強調しているものである（ニューケインジアン経済学については第3章参照）。価格の変更には様々なコストがかかることから、企業はある程度先行きの需要やコストの動向をみながら価格を設定しており、頻繁には価格を変更しない。ニューケインジアン経済学が主張するように、価格改定のコストが高いとすると、何らかの理由で需要やコストが変化しても、比較的直近に価格改定を行った企業は、直ちには価格を変更しないだろう。これに対し、長く価格改定を行っていなかった企業は、コストの上昇を眺め、価格を変更する可能性が高い。このように、価格の粘着性がある経済では、企業によって価格改定タイミングにバラツキが生じる。そのため、技術やコスト構造等が同じ企業でも、生産する製品の相対価格が変化し、結果として、需要量・生産量に違いが生じ、その分、経済全体の効率性が低下する。

将来の物価変動に関する不確実性の低下

　物価の安定が必要とされる第2の理由は、物価水準が安定していると、将来の物価変動に関する不確実性が低下する結果、経済主体が長期的な視野に立った意思決定や計画を行いやすくなることである。経済が成長するためには、設備投資や人的資本への投資、研究開発に代表されるように、長期的な視野に立った決定（コミットメント）が行われることが不可欠である。この点で、経済主体が将来の物価水準が大きく変動するリスクを意識しなくてもすむようになると、その分正確な経済計算が容易になる。また、物価水準の変動に起因する不確実性を埋め合わせるために要求するリスク・プレミアムが小さくなり、資本コストが低下し、その面からも長期的な視野に立った決定が行いやすくなる（第9章参照）。その結果、設備投資や研究開発が増加し、経済成長が促進される。

10　以下の記述は、木村・藤原・黒住（2005）に負っている。

物価変動に伴う税制・会計の歪みの縮小
　物価の安定が必要とされる第3の理由は、物価変動に起因して税制や会計ルールが資源配分に対し与える歪みを小さくすることである。税制や会計ルールの設計にあたっては、一般に物価水準の変動は前提とされていない。このため、物価水準が変動すると、税制や会計ルールが結果として意図しないかたちで価格のシグナル機能を歪める効果をもつことになる。言い換えると、物価の安定が必要とされる。このことをインフレによる企業の売上げ増加を例に考えると、減価償却は過去の設備投資に見合って行われるために直ちには増加しないため、結果的には利益が過大に計上される。この場合、法人税は過大に計上された利益に対して課されるため、実質的な売上げは増加していないにもかかわらず、税負担額は増加する。企業の投資決定の前提となる収益率は税引き後の収益率であるが、課税区分は名目ベースで行われるため、物価上昇率の変化によって実質収益率が変化する。財務会計上も物価変動に対する調整が十分でない限り、利益が過大（過小）計上される可能性がある。このようなことが起こると、技術や嗜好といった実体的な変化が全く生じていない場合でも、物価変動に伴って資源配分が変化してしまう。

物価変動に伴う資産や所得の再配分の回避
　物価が変動すると資産や所得の再配分が生じる。物価の安定が必要とされる第4の理由は、物価変動に伴う資産や所得の意図せざる再配分を回避することである。物価変動に伴う資産や所得の意図せざる再配分はそれ自体として不公平である。さらに、そうした再配分が大規模に起こると、市場メカニズムに対する国民の不信感が高まる結果、社会の安定が損なわれ、ひいては経済の持続的な成長も阻害される。

予想された物価上昇率と予想されない物価上昇率
　これまでの説明では、物価水準の変動について、それが予想されたものであるか、予想されていなかったものであるかの区別をしてこなかった。現実の物価水準の変動はある程度は予想されているケースが多いであろうが、物価変動が予想されたものである場合には、それに備えた行動が広がると考えられる。物価変動が予想されたものであるかどうか明確に区別した場合、これまでの議論はどのような修正が必要であろうか。仮に、企業が将来の物価水準の変動を正確に予想できるケースを考えると、企業は相対価格の変化と一般物価水準の変化を正確に区別できることになる。長期金利についても、将来の物価上昇率の不確実性を埋め合わせるリスク・プレミアムは発生せず、予想される物価上昇率の変化分だけ長期金利の水準が変動する。このような

状況の下では、物価が変動しても経済活動には影響が生じない。所得や資産分配への意図せざる悪影響という点についても、予想される将来の物価上昇率の変化を反映して金利水準が変化するため、実質ベースでみた金利は変化せず、意図せざるかたちでの再配分は起こらない（第10章参照）[11]。

　しかし、現実には将来の物価上昇率を正確に予想することは難しい。また、正確に予想できたとしても、すべての経済主体間のすべての経済取引について、物価上昇率に合わせて契約内容を完全に調整することは極めてコストが高くつくため、そうした調整を行うことは事実上不可能である。また、現役世代の所得は賃金所得をはじめ物価上昇率に合わせて調整がなされることが多いが、高齢者は相対的にそうした調整を行う途は限られている。また、金融資産・負債については予想される物価や金利の変化に対してヘッジを行う途は開かれているが、所得水準の低い個人の場合は、ヘッジの途も限られている。その結果、資産・所得分配の公平は損なわれることになる。その意味で、資産・所得分配の観点からみても、民間経済主体が「中長期的にみて物価は安定している」という安心感や信頼感を常にもてるような状態を維持することが重要となる[12]。

効率性と公平性

　本節ではこれまで、物価の安定が必要である理由として4つを挙げ、その意味を説明してきたが、これらの理由は突き詰めていくと、効率性と公平性という2つの基準に帰着する。最初の3つの理由、すなわち、資源配分機能の向上、将来の不確実性の低下、物価変動に伴う税制・会計の歪みの縮小は、いずれも基本的には「効率性」を理由とするものである。この場合、物価の安定はそれを達成することによって効率性が向上し、経済活動水準が高まることに最終的な意義が認められている。これに対し、第4の理由である資産や所得の意図せざる再配分の回避は、「公平性」を理由とするものである。

　効率性と公平性のいずれを重視するにせよ、物価安定はそれによって最終的に何を実現しようとしているのかを意識しておかないと、金融政策をめぐる議論は判断基準を失うことになる。例えば、公平性の観点からは、目標物価上昇率は理想的な物価指数でみてゼロが望ましいことになる。他方、効率性の観点からは、最終的に経済活動水準への影響如何が判断基準となる（第4章参照）。

11　ただし、後述するゼロ金利制約が存在する場合は、物価下落が完全に予想されていても、実質金利は変動する（第4章、第19章参照）。

12　King（2006b）参照。

2−4. 物価の安定と経済活動の安定との関係

　金融政策の目的が何であるかと問われた場合、主たる目的が物価の安定であることについては、今日では大方の合意がある。実際の金融政策の運営にあたって問題となるのは、必要とされる金融政策の方向という観点からみて、物価と景気が異なる動きを示す場合に、どのように対応すべきかという問題である。実際、過去の内外の経験を振り返っても、金融政策の運営が難しかったのは、そのような局面であった。例えば、日本の高度成長期のように物価上昇率が高い時期においては、物価安定に対する支持は必ずしも強くはなく、成長率優先の議論が強かった（第5章参照）。他方、バブル期のように、景気は過熱しているが物価上昇率はほとんどゼロに近いという状況の下では、足元の物価安定を理由に、金融引き締めへの反対論が強かった。金融政策の運営にあたり、景気変動をどのように考慮するかということは重要な論点である。

物価情勢と景気情勢

　経済の状態を物価の安定と経済活動の安定という2つの次元で捉えると、物価上昇率が高いか、低いか、需給ギャップがプラスかマイナスかで、4つの状態に区分される。

　過去50年の日本経済の中で典型的な事例を挙げると、「高インフレ・好況」としては列島改造ブーム（1972〜73年前半）の時期が挙げられる（第5章参照）。「低インフレ・好況」としては日本のバブル経済が挙げられる。「高インフレ・不況」としては、石油ショックの影響や金融引き締めから景気が悪化した1974〜75年が挙げられる。「低インフレ・不況」としては、物価が下落し景気が後退局面にあった1998年や2001年を挙げることができる（第19章参照）。

　前述の区分の中で、仮に、足元の状況がどのケースに属するかがわかっているとしよう。その場合、「高インフレ・好況」「低インフレ・不況」のケースについては、金融政策で対応すべき方向はそれぞれ明確である。問題となるのは、「低インフレ・好況」「高インフレ・不況」のケースである。「低インフレ・好況」のケースで展開される議論を分類すると、以下の通りである。第1の議論は、「物価上昇率は現在は低いが、タイムラグを経てやがて物価上昇率が高まる」というものである。このケースでは、金融引き締めが主張される。第2の議論は、「現在の好況はやがてピークを迎え、景気は後退に向かう」というものである。このケースでは金融緩和が主張される。第3の議論は、「潜在成長率が高まったので、高成長率と低インフレが共存する」というものである。このケースも金融緩和の継続が必要とする議論である。他方、

● 図2-4-1　日本の物価上昇率と成長率

(消費者物価上昇率の水準と変動)

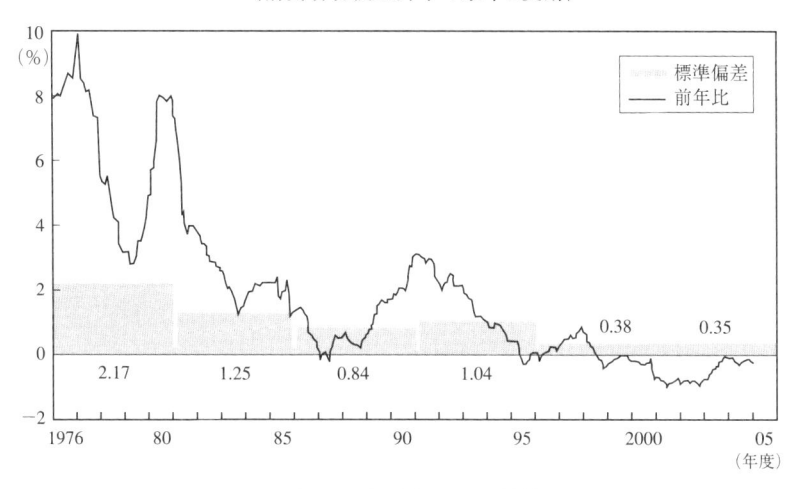

(トレンド成長率からの乖離)

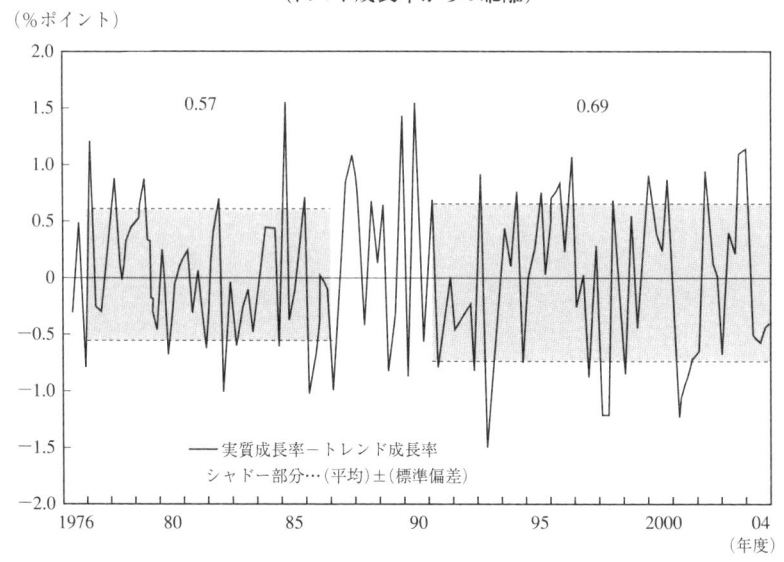

(注) 1.「トレンド成長率」は、HPフィルター（$\lambda=1,600$）により抽出した、実質GDPのトレンド成分の成長率。
　　 2. 下の図中の数字は、前半・後半の標準偏差の値（シャドー部分の大きさ）。
(出所) 桜・佐々木・肥後（2005）

「高インフレ・不況」のケースでは、不況を重視して金融緩和を行うと、高インフレはさらに加速する。他方、高インフレを重視して金融引き締めを行うと、不況はさらに悪化する。

　第2節では物価安定が必要とされる理由を説明したが、物価と同様、景気（経済活動）についても安定は望ましい。GDPの水準は同じであっても、GDP水準の変動が大きい経済と小さい経済を比較すると、危険回避的な経済主体を前提とする限り、変動は小さいほうが望ましい。ただし、景気循環のメカニズムをみると、景気拡大期に非効率な投資を行った企業が景気後退期に淘汰されることを通じて、リスク評価の適正化が図られ、より動態的にみて経済の発展が実現するという側面があることも指摘されている。その意味で、経済主体の行動への影響まで考慮した場合、「最適な経済変動」を正確に定義することは難しい。また、不況期には企業は新規の雇用に消極的になるが、これは人的資本の蓄積に対し悪影響をもたらすと考えられる。その場合には、景気変動は経済の効率性だけでなく、所得分配の公平という面でも悪影響を与えることになる[13]。

　図2-4-1は日本の物価上昇率と成長率の変動状況の推移を示しているが、1990年代以降においては、実質成長率の変動は拡大（分散が拡大）する一方で、物価上昇率の変動は小幅化（分散が縮小）している[14]。他方、米国は成長率も物価上昇率も変動が小幅化しており、Bernanke（2004b）はそうした状

●図2-4-2　安定性の可能性フロンティア（テイラー・カーブ）

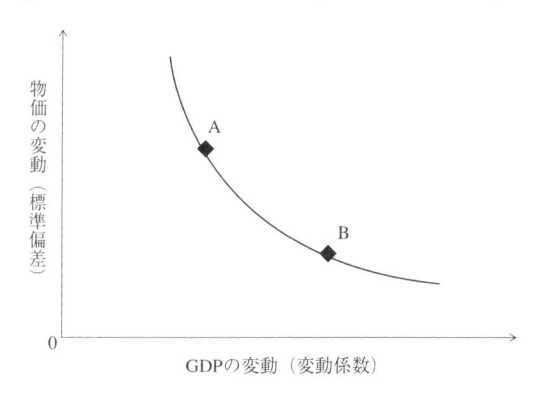

13　大竹（2005）参照。同書は、好況期に就職した世代は、不況時に就職した世代よりも生涯賃金が高くなるという実証分析結果を報告している。
14　桜・佐々木・肥後（2005）参照。

態を"great moderation"と呼んでいる。
基本的な考え方
　物価と景気が異なる方向に動く場合、金融政策の対応についてシンプルな答えが用意されているわけではないが、金融政策運営を考えるにあたって、以下の２つの点を意識することが必要である。第１に、中央銀行が金融政策という手段を使って最も有効に貢献できることは物価の安定である。これは、中長期的な成長率の水準は人口増加率や生産性の伸び等、実物的な要因によって決定され、金融政策によってコントロールできるものではないことによる。第２に、経済に加わる様々なショックを考えると、金融政策が常に一定の物価上昇率を達成することを目指すと、結果的に、経済成長率の変動が大きくなりすぎることも意識しておく必要がある。図2-4-2は物価上昇率の変動と経済成長率の変動との関係を示しており（テイラー・カーブと呼ばれる）、両者の間にはトレードオフの関係がある[15]。
　各国の中央銀行は物価安定を支える諸条件が持続可能であるかどうかを注意深く点検しながら金融政策を運営している（上述の第１の視点）。そして、予想される物価の経路がすでに安定の範疇から逸脱していると判断する場合には、最適なスピードを考えながら、物価安定の領域に戻るように努めている（上述の第２の視点）。例えば、金融政策運営に当たり、中央銀行Aは景気変動を小さくすることを優先し、物価上昇率の比較的大きな変動を許容しているのに対し、中央銀行Bは物価上昇率の変動を小さくすることを優先し、景気の比較的大きな変動を許容している。
　金融政策の目的に関する中央銀行法の規定の仕方は下記の通り、いくつかのタイプがあるが、どの国も上述のような弾力的な対応を可能にする規定の仕方となっている点では共通している。
　第１のタイプは、金融政策の目的を物価安定に絞ったうえで、物価安定を厳格に追求することに伴う経済変動のコストも意識しながら、中央銀行が弾力的に金融政策の運営を行うことを可能にするような枠組みを用意するものである。多くのインフレーション・ターゲティング採用国の運用はこのタイプである（第12章、第20章参照）。第２のタイプは、金融政策の目的を物価安定と規定したうえで、物価安定が究極的にどのような目的に貢献することを期待するかを法律に規定するタイプである。因みに、日本銀行法は「物価の

15　長期的には物価上昇率と成長率の水準の間にはトレードオフの関係はないが、変動についてはトレードオフの関係が存在する（第3章参照）。

安定を図ることを通じて国民経済の健全な発展に資することをもって、その理念とする」と規定している。第3のタイプは、物価の安定と景気の安定の両方を金融政策の目的として規定するタイプであり、FRBがこれに該当する。

　法律的にどのように規定するにせよ、上述の説明からわかるように、金融政策の目的として意識されていることは、短期的に厳格な物価安定を追求することではなく、中長期的に持続可能な物価安定を実現することである。

第3章　物価上昇率の決定要因

　前章では金融政策の目的が物価の安定であることを述べたが、本章では、物価上昇率がどのような要因で決まるかを説明する。以下、第1節では、議論の出発点として様々な物価変動の経験を振り返る。第2節では、そうした物価変動の経験を念頭に置きながら、物価上昇率の決定要因に関する理論を概観する。第3節では、物価変動に対する金融政策の影響力について考察する。

3−1．様々な物価変動の経験

　物価水準や物価上昇率はどのような要因によって決まるのだろうか。以下で説明するように、物価変動の状況は多様であり、上記の問いに対する答えも、非常に激しいインフレを念頭に置くのか、比較的マイルドなインフレを念頭に置くのかによって変わってくる。タイムスパンについても、10年単位のかなり長いタイムスパンでの物価変動なのか、景気循環の中での物価変動なのか、さらに数カ月のタイムスパンでの物価変動なのかでも答えは違ってくる。インフレとデフレとでも答えは変わってくるかもしれない。また、物価変動の直接的な原因を議論するのか、それとも背後にあるファンダメンタルな原因を議論するのかによっても、答えは変わってくる。本節では物価変動に関するいくつかのファクトを振り返る（デフレの経験については主として第19章で扱う）。

ハイパーインフレ

　インフレの経験として最も有名なものは、第1次世界大戦後のドイツにおけるハイパーインフレであろう。ドイツの卸売物価指数の推移をみると、第1次世界大戦開始前は100前後の水準であったが、1923年12月には126兆という水準にまで上昇し、この間のインフレ率は1兆％を記録した（第16章参照）。過去20年くらいの期間をみても、ブラジルやアルゼンチン、ロシア等、少なからぬ国で、ハイパーインフレが発生した。日本でも終戦直後に200％近い激しいインフレを経験した（第2章参照）[1]。

1　日本において消費者物価指数の前年比が計算可能な時期は1947年8月以降である。

中長期的な物価上昇率の趨勢

図3-1-1は世界の物価上昇率の推移を示したものであるが、先進国の物価上昇率は1960年代後半から徐々に上昇し、70年代に入ってから大きく上昇した。

●図3-1-1　世界の物価上昇率の推移

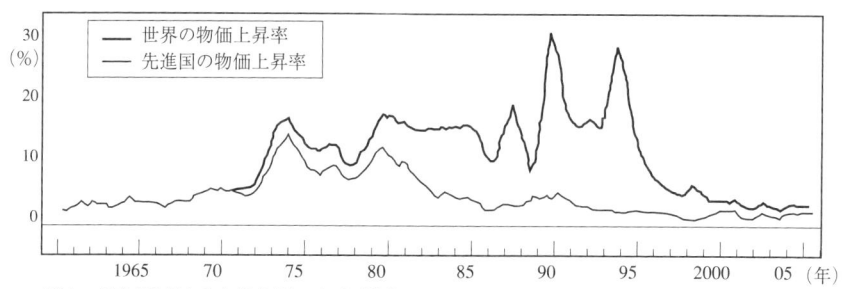

(注) 1. 消費者物価上昇率(前年比)の加重平均値。ウエートは2000年のGDPおよび購買力平価に基づく。
　　 2. 先進国はOECD加盟国中の16カ国。
(出所) BIS (2006)

●表3-1-1　先進国の物価上昇率の動向

	1961～70年	1971～80年	1981～90年	1991～2000年	2001～05年
G10諸国					
米国	2.8	7.9	4.7	2.8	2.5
ユーロエリア	3.4	9.2	5.9	2.4	2.2
日本	5.8	9.1	2.1	0.8	−0.4
ドイツ	2.6	5.1	2.6	2.4	1.6
フランス	4.1	9.7	6.4	1.7	1.9
英国	4.1	13.8	6.6	3.1	2.4
イタリア	2.9	14.1	9.9	3.8	2.4
カナダ	2.7	8.1	6.0	2.0	2.3
オランダ	4.2	7.3	2.5	2.5	2.5
ベルギー	3.0	7.4	4.6	2.1	2.1
スウェーデン	4.1	9.2	7.6	2.3	1.5
スイス	3.3	5.0	3.4	2.0	0.8
その他の工業国					
スペイン	6.1	15.4	9.4	3.9	3.2
オーストラリア	2.5	10.5	8.1	2.2	3.1
オーストリア	3.6	6.3	3.5	2.3	2.0
ノルウェー	4.5	8.4	7.7	2.3	1.7
ニュージーランド	3.8	12.5	10.8	1.8	2.4

(出所) Borio and Filardo (2007)

その後は、国によって時期は多少異なるが、物価上昇率は80年頃をピークに徐々に低下し、特に90年代に入ってからは、物価は安定傾向を強めた。表3-1-1は10年単位でみた先進主要国の平均物価上昇率の推移を示したものであるが、各国の物価上昇率の動きはかなり異なっている。例えば、日本は1960年代は物価上昇率は高いほうに属していたが、80年代以降は低いほうに属している。また、2000年以降、特に、2003年前後は世界的に「デフレの危機」が意識された（第19章参照）。

景気循環過程における物価変動

　物価上昇率は景気循環の中で変動する。前出の図2-1-4は横軸に需給ギャップを、縦軸に消費者物価上昇率をとって現実のデータをプロットしたものであり、フィリップス曲線と呼ばれる。1970年代から80年代前半にかけては、需給ギャップがプラスになると物価上昇率が高まるという関係が観察される。しかし、時期によっては両者の関係はほとんど垂直となっており、需給ギャップのわずかな変化は物価上昇率の変化となって表れている。他方、近年は需給ギャップが変化しても物価上昇率はほとんど反応しないという状況が続いており、特に2000年以降はその傾向が強まっている。

3−2. 物価の変動に関する理論

　本節では前節で説明した物価変動に関するいくつかのファクトを念頭に置きながら、物価上昇率の決定要因に関する標準的な理論を概観する（ハイパーインフレの原因については第16章で取り扱う）。

企業の価格設定行動

　物価は無数の財・サービスの価格の集合である以上、物価の変動要因を理解するためには、個々の財・サービスについての企業の価格設定行動から議論を始めるのが有用である[2]。図3-2-1は、日本の消費者物価指数作成の原データとなる「小売物価調査」に基づいて、消費者物価指数を構成する個別の品目についての月間の価格改定頻度をみたものである[3]。これによると、1999年から2003年の5年間の平均でみると、消費者物価指数を構成する品目のうち、月間で価格改定が行われた品目の割合は23.1％である。図3-2-2は個別品目の価格改定頻度の分布を示しているが、品目間で大きなバラツキが存在している。これらの図が示すように、企業は自らの販売する財・サービスの価格を頻繁

---

[2] 日本における価格改定に関する様々なファクトについては、才田・高川・西崎・肥後（2006）、才田・肥後（2007）を参照。
[3] 才田・高川・西崎・肥後（2006）参照。

に変更しているわけではなく、ある程度の粘着性（stickiness）が存在する。このような傾向は日本の企業だけでなく、海外の企業についても共通に観察される[4]。

●図3-2-1　消費者物価指数：品目別の価格改定頻度

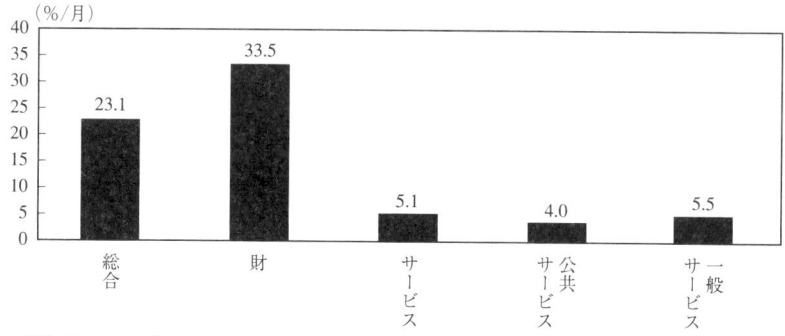

（％/月）
- 総合：23.1
- 財：33.5
- サービス：5.1
- 公共サービス：4.0
- 一般サービス：5.5

（注）1999〜2003年
（出所）才田・高川・西崎・肥後（2006）図表4からの抜粋

●図3-2-2　価格改定頻度の分布

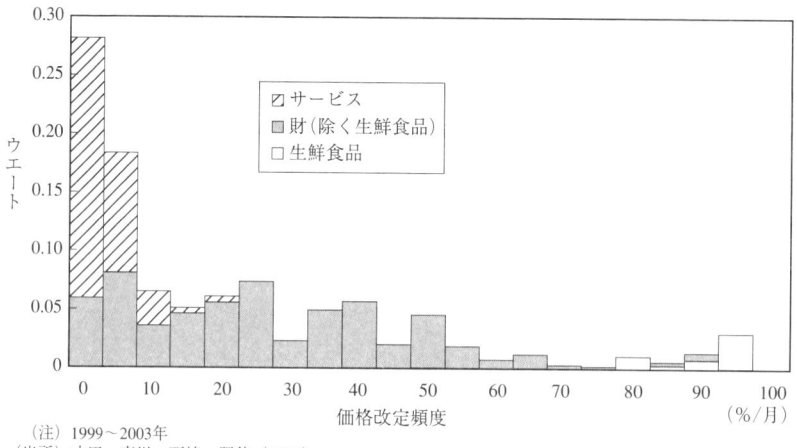

凡例：サービス／財（除く生鮮食品）／生鮮食品
縦軸：ウェート
横軸：価格改定頻度（％/月）

（注）1999〜2003年
（出所）才田・高川・西崎・肥後（2006）

---

[4] 日本銀行調査統計局（2000）は東証１部上場企業630社に対して行ったアンケート調査の結果を報告しているが、これによると、価格改定は年1〜2回行う企業が最も多い。

物価上昇率の決定要因

　それでは、個々の価格の集合である物価上昇率はどのような要因で決まってくるのであろうか。物価上昇率の決定メカニズム、特に短期的な物価の変動メカニズムに関して、現在、満足すべき理論が存在するわけではない。現在学界で主流となっている理論はニューケインジアン経済学に立つフィリップス曲線の理論であるが（BOX参照）、実証的なパフォーマンスは必ずしも良好ではない。現実の中央銀行による分析や議論をみても、ニューケインジアン経済学の影響は受けつつも、必ずしもこれに全面的に依拠しているわけではなく、折衷的なアプローチをとっている。このため、以下では特定の理論に全面的に依拠するというより、多くの中央銀行が物価上昇率の変動を分析する際に用いている枠組みを説明する。

■　**需給ギャップ**　物価上昇率を左右する最も基本的な要因は経済全体としての需給ギャップである（第10章参照）。現実の需要が生産能力を上回って（下回って）いる状態、すなわち、需給ギャップがプラス（マイナス）の状態である場合は、物価は上昇（下落）する。他の条件が同一であれば、需給ギャップと物価上昇率の関係（フィリップス曲線）は右上がりとなる（図3-2-3）。現実の需給ギャップと物価上昇率の関係（フィリップス曲線）をみると、他の条件も変化するので、必ずしも右上がりの関係が観察されるわけではない（前出図2-1-4）。

●図3-2-3　構造型フィリップス曲線

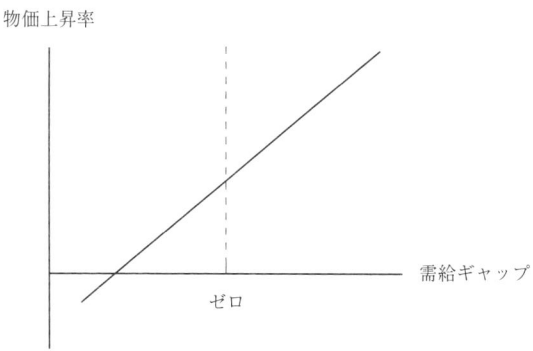

■　**予想物価上昇率**　どの経済主体も先行きの物価上昇率に関して何らかの予想を立てており、そうした予想を前提に、様々な経済的意思決定を行ってい

る。例えば、企業が先行きの物価水準はあまり変化しないと予想する場合には、需給面やコストの面で一時的な変化が生じても、企業は価格設定をあまり変えないだろう。逆に、全体として物価が上昇（下落）すると予想する場合には、自らの生産・販売する財・サービスの価格についても引き上げ（引き下げ）を行う企業が多くなる。労働者も先行きのインフレを予想する場合には、それに見合った賃金の引き上げを要求するだろう。

■ **ユニットレーバー・コスト**　ユニットレーバー・コストとは、GDP 1 単位当たりの賃金支払い総額である。式で表現すると、GDP（py）は賃金所得（wL）と資本所得（rK）に分解されるが、賃金所得を実質GDPで除した比率（wL/y）がユニットレーバー・コストである（p：GDPデフレーター、y：GDP、w：賃金、L：労働投入量、r：資本収益率、K：資本ストック）。これは名目賃金と労働生産性の比（$w/\langle y/L\rangle$）となっている。一方、資本所得を実質GDPで除した比率はユニット・プロフィットと呼ばれる。

賃金は企業のコストの約70%（2005年度法人企業統計）を占めることに示されるように、賃金の動向は物価に影響する大きな要因である（日本のユニットレーバー・コスト、図3-2-4）。名目賃金の上昇はコスト面からは物価上昇要因となるが、生産性が上昇している場合には、賃金の上昇によるコストの上昇を吸収できるため、企業は直ちに価格引き上げのインセンティブをもつわけではない。すなわち、ユニットレーバー・コストが変化しない場合には、物価上昇圧力は高まらない。他方、生産性が上昇していないにもかかわらず賃金が引き上げられる場合には、ユニットレーバー・コストが上昇し、物価上昇圧力が高まる。ユニットレーバー・コストの変化が現実の物価上昇率の変化として顕在化するかどうかは、ユニット・プロフィットの水準にも依存

●図3-2-4　ユニットレーバー・コストの推移

（出所）日本銀行「展望レポート」（2007年4月）

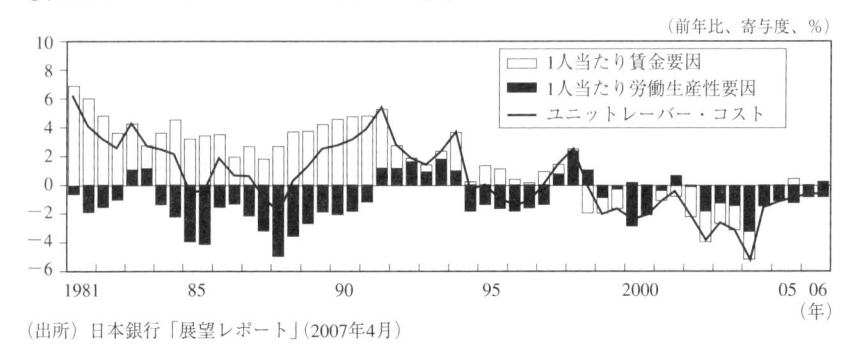

する。ユニットレーバー・コストが上昇していても、ユニット・プロフィットの水準が高い場合には、企業が当面の利益率の低下を受け入れることで、コスト圧力をそのまま価格には転嫁しないかもしれない。

■ **輸入コスト** 国内の需給ギャップに変化がない場合でも、輸入コストが変化すると、少なくとも短期的には物価は変化する。消費者物価の場合を例にとると、輸入消費財の価格の変化は物価に直接影響する。素原材料や中間財の価格の変化は、コストの変化を通じて最終的に消費財の価格に影響する。そうした輸入コストは、当該輸入財の海外での米ドル建て（ないし現地通貨建て）価格の変化に加えて、為替レートの動向によっても影響を受ける。近年における先進国の物価安定については、グローバル化の影響を指摘する議論も多い。ここで言うグローバル化は主として、輸入コストの低下によってもたらされる直接・間接の効果のことを指している。そうした効果が生まれる第1のルートは、旧計画経済諸国の市場経済への参入である。この結果、賃金、特に非熟練労働力の賃金に低下圧力がかかり、これが労働集約的な財の価格低下をもたらした。第2のルートは、国際貿易の拡大である。その場合の影響は、単に輸入が増加することだけでなく、輸入の増加に伴い国内の競争が激化し、その結果、企業の価格設定政策が変化することも含むものである。第3のルートは、グローバル化による競争圧力の強まりが経済全体としての生産性を向上させることを通じて物価を下落させるルートである。

■ **流通業のマージン** 物価として消費者物価指数を念頭に置いた場合、物価上昇率を決定する要因として、流通業のマージンも挙げられる。消費者物価指数は平均的な消費者の購入するバスケットへの支出金額の変化を表すが、流通業における様々な効率化の動きは小売マージンの縮小を通じて、消費者物価指数の上昇率にも影響を与える[5]。

BOX　ニューケインジアン経済学に基づくフィリップス曲線の理論

　　ニューケインジアン経済学では、企業が差別的な財・サービスを生産し、独占的な競争状態にある状況を想定する[6]。このような状況では、企業は差別的な財・サービスを供給しているため、個々の市場ではある程度の価格支配力をもつが、代替的

---

[5] 消費者の購入する財の価格は、厳密にいうと、財自体の価格と小売サービスの価格の両方から成り立っている。流通業における様々な効率化の過程では、財自体の販売価格の変化と同時に、提供される小売サービスの内容も変化している可能性がある。その場合、小売サービスの内容の変化を調整すると、価格がどの程度変化しているかは必ずしもよくわからない（第5章の物価指数の品質調整の議論を参照）。

な財・サービスとの競争関係にもあるので、一方的な価格引き上げを行うことはできない。企業の利益最大化は、価格が伸縮的である場合には限界費用と限界収入が一致する点で実現するが、限界収入の決定要因である需要動向やコストは日々変化しており、そうした変化に合わせて価格を日々変更することには様々なコストがかかる（価格改定のコストは「メニュー・コスト」と呼ばれるが、文字通りメニューを書き換えるコスト以外のコストを含む概念である）。また企業の中には、ある一定期間同一の価格の下で取引をするという契約を結んでいる先もあるだろう。このような状況では、企業は今期価格を改定する際には、価格を来期以降も毎期改定することはできない可能性も考慮に入れる。言い換えると、企業は価格を改定する際には、足元の短期的な需要動向やコストだけでなく、将来の需要動向やコストの変化も予想しながら、今期のみならず将来も含めた利益の割引価値を最大にするような価格を設定していると考えられる。

　以上のようなニューケインジアン経済学に立つ物価の決定理論の特徴としては、以下の2点が挙げられる[7]。第1に、フォワード・ルッキングな予想が重要な役割を果たす。これは、価格の粘着性がある下で、現在から将来にわたる予想利益の割引現在価値を最大化するという企業の行動原理を反映している。例えば、将来、他の企業が価格を引き上げると予想する（すなわち、インフレが高まると予想する）場合、今期価格を改定する企業は現在の需要動向やコストに変化がなくとも、価格を引き上げる。これは、将来実際にインフレが高まったときに自らが価格を改定できない可能性を考慮した行動である。言い換えると、今期の物価上昇率は将来の物価上昇率の予想に依存する。第2に、限界費用が物価上昇率を決定するうえで重要な役割を果たす。これは、一定の価格支配力をもつ企業（独占的競争企業）が限界費用の変動に応じて価格を設定するという行動原理を反映している。生産関数に一定の仮定を置くと、実質限界費用はユニットレーバー・コストに等しくなる。また、労働市場に硬直性がないという前提の下では、実質限界費用の変動と需給ギャップの変動との間には一定の比例関係が存在する（Woodford, 2003）。その意味で、需給ギャップとユニットレーバー・コストの間には密接な関係がある。

　ニューケインジアン経済学に基づく物価決定理論（フィリップス曲線）に関しては膨大な数の実証研究が存在する。ただし、現実のフィットをみると、必ずしも良好ではなく、物価上昇率のラグ項も重要な役割を果たしているという実証結果が得られている。物価上昇率のラグ項はバックワード・ルッキングな予想を表しているという解釈もできる。物価上昇率の決定メカニズムにおいて予想が重要な役割を果たすことについては中央銀行、学界を問わず広範な合意があるが、予想がどのようにして形成されるかについては合意は得られていないのが現状である。

6　ニューケインジアン経済学に関する教科書としては、Woodford（2003）等が、平易な解説としては鵜飼・鎌田（2004）が挙げられる。ニューケインジアン経済学に立つ物価決定の理論についての平易な解説は加藤・川本（2005）を参照。

7　ここでの記述は、敦賀・武藤（2007）に負うところが大きい。

現実の物価のダイナミックス

　現実の日本経済のフィリップス曲線は図2-1-4（前出）に示されるように、時期により形状が異なる。図3-2-3（前出）はその他の条件を一定にして、需給ギャップと物価上昇率の関係だけに焦点を当てた場合の概念図であり、「構造型のフィリップス曲線」と呼ばれる。これに対し、現実の経済のデータに基づいて両者をプロットした曲線は「誘導型のフィリップス曲線」と呼ばれる。現実の経済では「その他の条件」も変化するため、「誘導型のフィリップス曲線」は図3-2-3のような形状を示さないが、物価変動のダイナミックスを議論する際には用いられることが多い。

　■　**垂直なフィリップス曲線**　1970年代は現実のフィリップス曲線は全体に垂直に近く、需給ギャップのわずかな変化に対し物価が敏感に感応している（図2-1-4）。逆にいうと、このような状況の下では、インフレを許容しても好景気が実現するわけではない。これには、前述の予想物価上昇率が関係している。物価が上昇すると、実質賃金が低下し、労働者は物価の上昇による実質賃金の低下を埋め合わせる賃金の上昇を要求する。企業も、物価上昇は自社の生産する財・サービスに対する需要増加とは認識しなくなる。これは物価上昇率が高まっていくため、予想物価上昇率もこれにキャッチアップして高まっていくことによる。

　言い換えると、右上がりのフィリップス曲線が観察されるのは、何らかの理由により経済主体の予想物価上昇率が現実の物価上昇率にキャッチアップしていない期間、すなわち、「短期」に限られる。経済主体の予想と現実が一致する「長期」では、物価上昇率が高まっても名目賃金は物価上昇率と同率上昇するので、実質賃金も変化しない。そのような状態の下では、生産、所得水準は潜在GDPの水準に規定される。予想物価上昇率がどのようにして形成されるかは複雑であるが、いずれにせよ、予想物価上昇率が上昇（下落）すると、それに応じて短期のフィリップス曲線は上方（下方）にシフトする。その結果、長期的にはフィリップス曲線は垂直となる。

　■　**右上がりのフィリップス曲線**　1980年代後半から90年代は、緩やかではあるが、明確に右上がりの関係が観察される（図2-1-4）。この時期は1970年代ほどには予想物価上昇率は変動しなかったと考えられる。そのような時期においては、需給ギャップと物価上昇率の関係がそのままのかたちで表れてくる。

　■　**非常にフラットなフィリップス曲線**　2000年以降は、フィリップス曲線は非常にフラットになっている（図2-1-4）。すなわち、景気が悪化して需給ギャップがマイナスになっても、逆に景気が改善して需給ギャップがプラスになっ

ても、物価上昇率の変化は小幅である。このような現実は、「フィリップス曲線がフラット化している」という言葉で表現されており、日本だけでなく、近年、先進国に共通に観察される。この原因については様々な仮説が出されている。第1の仮説は、物価上昇率の低下に伴い価格改定頻度が低下していることに原因を求めるものである。物価上昇率が高いときには相対価格が大きく変動するため、価格を据え置くと、最適な価格からの乖離が大きくなる。しかし、物価上昇率が低下すると、最適な価格からの乖離が小さくなり、その分需給ギャップの変化（限界費用）に対応して価格を改定しようとはしなくなる。第2の仮説は、物価安定が長く続いたことを背景に、金融政策に対する信認が高まったことに理由を求めるものである。この場合には、需給ギャップが変化しても、企業は金融政策によって物価安定が維持されると予想するので、価格改定のインセンティブは低下する。第3の仮説は、経済のグローバル化が物価上昇率を低下させているというものである（前述）。

　これらの仮説のいずれを重視するかは意見が分かれている。ただ、いずれの要因を重視するにせよ、そうした要因が永続的に作用するわけではない。第1の仮説についていうと、物価安定の実績が前提となっている。第2の仮説についていうと、需給ギャップの変化に対応して中央銀行が適切な金融政策行動をとるということが前提になっている。第3の仮説についても、グローバル化が進行する過程では先進国の物価上昇率は低下するが、いつまでも進行するわけではない。例えば、中国からの労働集約的な財の輸入増加は先進国の物価上昇率の低下に寄与したが、これによる中国の賃金上昇と所得増加は、コスト面、需要面から中国自身の物価上昇率を引き上げていく。その段階に到達すると、グローバル化は物価上昇率の低下要因ではなくなる。

3-3. 物価に対する金融政策の影響

　物価上昇率は上述のような要因によって変動する。金融政策はこれらの要因の多くに影響を与えることを通じて物価水準を左右する。

影響を与えるルート

■　**需給バランス**　金融政策は金利の変化やそれによって引き起こされる為替レート、株価といった金融市場の価格の変化、金融機関の与信行動の変化等を通じて、経済主体の支出に影響を与える。支出の変化は需給ギャップを変化させ、やがて物価上昇率に影響を与える（金融政策の効果波及経路については第9章参照）。

■　**予想物価上昇率**　民間経済主体が将来の物価上昇率について予想を形成す

るメカニズムは複雑であるが、現実の物価上昇率が変化すると、それに応じて予想物価上昇率を修正するという行動パターンが考えられる（バックワード・ルッキングな予想形成）。これに対し、中央銀行のとる金融政策行動から将来の物価上昇率の変化を予想するという行動パターンも考えられる（フォワード・ルッキングな予想形成）。現実の民間経済主体の予想形成には、上述の両方の要素が存在すると考えられるが、いずれの立場に立つにせよ、中央銀行は需給ギャップに働きかけることによって物価上昇率に影響を与えることが可能であれば、民間経済主体の抱く予想物価上昇率にも影響を与えることが可能となる。

■　**ユニットレーバー・コスト**　ユニットレーバー・コストの構成要素のうち、趨勢的な生産性の動きに対しては、金融政策は直接的な影響を与えることはできない。一方、賃金に対しては、予想物価上昇率に与える影響を通じて、金融政策は間接的に影響を与える。

■　**輸入価格**　輸入価格の変動のうち、外貨建てでみた輸入価格は、当該国からみると外生的な要因であり、当該国の金融政策が直接的に影響を与えうるものではない。ただし、大国については外貨建て輸入価格は完全に外生変数というわけではなく、自国の金融政策の影響もある程度受ける。為替レートについては、長期的には購買力平価が成立すると考えると、独立的な物価決定要因ではないが、短期的には、為替レートは金利差を含め様々な要因によって変動する。為替レートと金利差の関係は複雑であるが、金融政策は為替レートに影響を与える程度に応じて、物価上昇率にも影響を与えることになる。

フリードマン命題

以上の説明からわかるように、金融政策はある程度の時間をかけると、物価上昇率の水準に影響を与えることができる。それでは、その影響力の程度については、どのように評価すべきだろうか。金融政策を議論する場合のひとつの論点は、金融政策の効果が波及するまでのタイムラグである。フリードマンの有名な言葉を借りれば、金融政策の効果が波及するまでのタイムラグは「長く、かつ可変的」（long and variable）であるため、一義的に述べることは難しいが、一般的にはタイムラグは1年から2年くらいの長さであると考えられている（第9章参照）。

もうひとつの論点は、金融政策の運営方針の変化と物価上昇率の変化がどの程度厳密に対応しているかということである。この点に関連して、「インフレはいつでもどこでも貨幣的現象である」（"Inflation is always and everywhere a monetary phenomenon") というフリードマンの命題がしばしば引用されるが、この命題はどのように解釈されるべきだろうか[8]。この命題は、元来はインフレとマネーサプライとの間に高い相関関係が観察されるという実証研究に基づいて、インフレの決定要因としてのマネーサプライの重要性を述べたものであるが、1980年代以降、金融の技術革新を背景にマネーサプライと物価や名目GDPとの関係は不安定化している。このため、今日では、この命題は物価上昇率の決定要因としてのマネーサプライの重要性を示すものとしては理解されていない（第13章参照）。

フリードマン命題の今日的な意義は、物価上昇率の決定要因としての金融政策の重要性を正しく指摘した点に求められる。フリードマンがこの命題を述べた当時の時代環境を振り返ってみると、主流派のケインズ経済学に立つ経済学者は物価の決定要因として金融政策の影響を軽視していた。実際、FRBの当時の議長であるバーンズも「高インフレは金融政策の責任ではない」と主張し、所得政策の必要性を強く主張していた[9]。そのような時代環境の中で、インフレを抑制するうえでの金融政策の重要性を正しく指摘したフリードマンの功績は非常に大きかった。

そのことを指摘したうえで、フリードマン命題の解釈にあたっては、以下の２つが重要な論点として挙げられる。第１に、物価上昇率は金融政策以外の要因にも影響されるが、金融政策運営にとって意味のあるタイムスパンで考えた場合、金融政策と物価の対応関係をどの程度と考えるべきだろうか。この点については、以下で述べるように、金融政策の短期的な影響力を過度に強調することは適当でない。第２に、インフレではなく、デフレについても「いつでもどこでも貨幣的現象である」という命題は妥当だろうか。以下では、上述の第１の論点を取り上げる（第２の論点については第13章で取り上げる）。

価格変動の粘着性

物価に対する金融政策の短期的な影響力を過度に強調することは、以下の理由から適当ではない。その第１の理由は、価格変動には粘着性が存在することである。フリードマン命題が成立する世界は、価格が伸縮的に変動する経済、ないし、伸縮的な価格変動が実現するようなタイムスパンを前提としているが、実際には、価格は短期的には伸縮的に変動せず、ある程度の粘着

---

8 Friedman（1963）17頁参照。
9 例えば、バーンズ議長は、"The severe rate of inflation that we have experienced in 1973 cannot responsively be attributed to monetary management." と述べている（Nelson, 2007に基づく）。

性が存在する（以下の説明は渡辺・細野・横手〈2003〉、渡辺〈2003〉に基づく）。例えば、輸入原油価格が上昇した場合を考えよう。この場合、石油関連製品への支出は増加するが、所得水準が一定であれば、石油製品以外の財・サービスへの支出が減少し、これらの価格が低下する。その結果、原油価格が上昇しても、そのことによって物価水準が自動的に上昇するわけではない。フリードマンの想定する世界では、物価上昇率を規定するのはあくまでも総需要であり、これを大きく左右するのは金融政策である。この議論によると、相対価格の変化は物価水準の変化をもたらすことはないということになる。

　ここで重要なポイントは価格の伸縮性の程度に関する評価である。図3-3-1は、日本の第1次石油ショック当時における消費者物価の品目別価格上昇率を示したものである（渡辺〈2003〉）。これによると、石油ショックの起こる直前の1972年12月時点では分布はゼロをやや超えたところにピークがあり、そこを中心にほぼ左右対称の形状をしている。しかし、石油ショック発生直後の1973年12月時点では、石油製品価格の上昇を反映して、分布の右裾が長く、かつ厚くなっている。一方、分布の左裾については顕著な変化はみられない。このことは、価格は短期的には完全には伸縮的でなく、ある程度の粘着性が存在することを示している。このように、現実の経済には価格変動の粘着性があるため、経済全体の総需要に変化がない場合でも、石油価格の上昇というショックが物価上昇率に影響を与えることがある。

　そうした供給ショックとしては、石油ショック以外にも、生産性の変化、

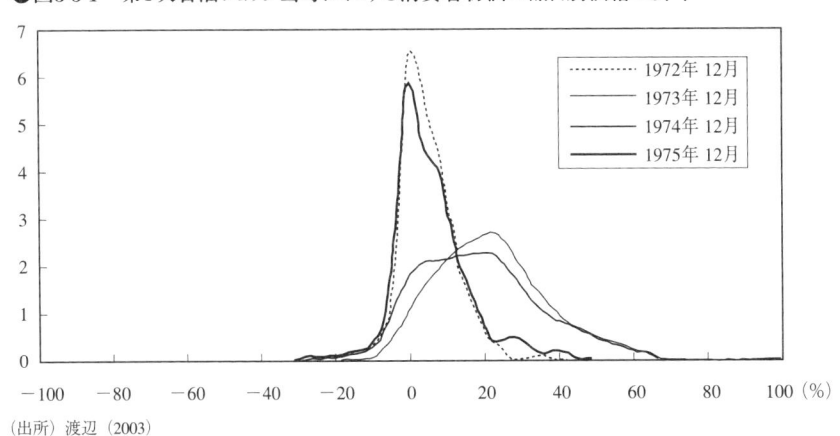

●図3-3-1　第1次石油ショック当時における消費者物価の品目別価格上昇率

（出所）渡辺（2003）

輸入コストの変化、流通マージンの変化等が挙げられる。前述したグローバル化の進展による物価下落を指摘する議論に対しては、「一般物価水準の変化と相対価格の変化とを混同した議論である」と主張されることがあるが、少なくとも、そうした議論を短期の議論として展開することは適当ではない。現実の経済をみると、様々な供給ショックが発生しており、数カ月から1年という期間でみた物価上昇率の変動には、そうしたショックの影響も大きい。しかも、そうしたショック自体がかなり長い期間継続的に発生することもある。このような状況を反映して、海外の中央銀行による物価上昇率の分析をみても、供給サイドの要因への言及が多くみられる[10]。

経済変動のコスト

金融政策の物価への短期的な影響力を強調することが適当でない第2の理由としては、金融政策の運営にあたって経済変動のコストを無視できないことが挙げられる。そうした考慮が必要なケースとしては、供給ショックやバブルの発生が挙げられる。供給ショックでいうと、自然災害の発生により生産能力が低下し物価が上昇する場合に、金融引き締めで物価上昇を抑制すると、経済活動はさらに落ち込む。バブルは多くの場合、物価上昇率はそれ以前に比べて低いケースが多いが、バブル拡大のリスクが意識されるような状況の下で、物価上昇率の引き上げを目的として金融緩和を進めると、バブルをさらに拡大させる可能性がある。そのような状況では、短期的に厳格なかたちで物価安定の実現を目指すことは、経済の変動を大きくしてしまう。言い換えると、短期的には物価上昇率が安定領域から乖離しても、中央銀行は景気変動のコストも意識しながら、中長期的にみた物価の安定を実現するように金融政策を運営することが必要となる（第2章参照）。

金融政策による影響力の評価

第1節では物価変動に関する様々な事実を説明した。第2節以降では物価

---

10 英国では2004年9月には消費者物価上昇率が1.1％に低下し、あと0.2％低下すれば大蔵大臣宛の公開書簡を発出しなければならない状況となった。同年11月のインフレーション・レポートをみると、物価上昇率の低下を説明する仮説として、生産性の向上に伴うユニットレーバー・コストの低下、グローバルな競争圧力の強まり、流通効率化の進展等にもかなりの言及がなされている。また、具体例として衣料品の価格低下に関する詳細な分析が紹介されている。スウェーデンは、2004年3月には消費者物価上昇率が見通しを大幅に下回り前年比マイナス0.3％となったが、直後の2004年第1回（2004年4月）のインフレーション・レポートをみると、原油価格の低下や原油以外の輸入価格の低下、生産性の向上が挙げられている。原油以外の輸入価格の低下の典型例として輸入衣料品の価格低下が取り上げられ、為替レート上昇と過剰な輸入の影響が指摘されている。スイスは2004年3月に消費者物価上昇率が前年比マイナス0.1％となったが、スイス国民銀行季報（2004年3、6月）では輸入品価格の低下の影響を指摘しており、特に衣料品やパソコンの価格下落に言及している。

上昇率の決定要因について説明したが、物価変動のダイナミックスに関する我々自身の知識は、現状ではなお限られている、そのような留保条件を述べたうえで、物価に対する金融政策の影響力については、以下のように評価することがバランスのとれた結論であろう。

第1に、中央銀行は金利の変更を通じて需給ギャップの水準を左右し、これによって物価上昇率に影響を与える手段を有している。

第2に、そうした金融政策の物価に対する影響力は短期的には限られている。価格変動にはそもそも粘着性があることに加え、金融政策の効果が波及するのには1〜2年程度のタイムラグが存在する。

第3に、経済に加わる供給ショックを考えた場合、中央銀行が厳格な物価安定を短期間に目指すことは適当でないと判断するケースもある。また、資産価格が急激に上昇し、バブル発生の危険を意識する場合も、短期間のうちに物価上昇率の引き上げを目指す政策は適当でない。中央銀行は厳格な物価安定の実現に伴う経済変動のコストも考慮しなければならない。

第4に、予想物価上昇率は重要な役割を果たす。いったん根付いた予想はゆっくりとしか変化しない。その意味で、10年くらいの単位でみた場合、予想物価上昇率の水準は現実の物価上昇率の違いを説明する最も大きな要因である。

第4章 目標とすべき物価安定

金融政策の目的は物価の安定であるが、中央銀行が追求する「物価の安定」とはどのような状態をいうのであろうか。物価上昇率で表現すると、どの程度の上昇率を目標とすべきなのだろうか。本章では目標とすべき物価安定の意味について考察する。以下、第1節では問題の全体像を明らかにする。第2節では物価指数の概要を解説し、第3節では物価安定が実現されているかどうかを判断する際、どの物価指数を用いるべきかという問題を議論する。第4節では物価上昇率の測定誤差の問題を、第5節では「デフレの糊代」について解説する。いずれも目標物価上昇率の下限を考える際の重要な論点である。第6節では、物価変動の基調的な動向を把握するためのコア物価指数について解説する。第7節では、主要国の目標物価上昇率について考え方を説明する。

4-1. 問題の所在
目標物価上昇率の水準

物価安定が求められる最も基本的な理由は、第2章で説明したように、効率性と公平性の2点に求められる。物価が大きく変動すると、価格のシグナル機能が低下するため、資源の効率的な配分が阻害され、持続的な経済成長が損なわれる。さらに、分配の公平性も損なわれる。その意味では、「物価の安定」とは、「家計や企業等の様々な経済主体が物価水準の変動に煩わされることなく、消費や投資などの経済活動にかかる意思決定を行うことができる状況である」と定義されよう[1]。もっとも、この定義では物価安定が達成されているかどうかを具体的に判断することは難しい。中央銀行が金融政策によって達成しようとしている「物価の安定」とは、物価指数に即して表現するとどのような状態のことをいうのであろうか。

図4-1-1は、物価上昇率が1％と2％の場合の物価指数水準の長期的な推移を示している。1％であっても2％であっても当初はそれほど大きな差はな

---

[1] この表現は、日本銀行が2006年3月に公表した文書(「『物価の安定』についての考え方」)で使われている。同趣旨の定義は、FRBの前2代の議長であるボルカー議長、グリーンスパン議長によって繰り返し言及されている。

いが、時間が経過すると、当然のことながら大きな違いを生み出す。日本人の平均余命（ゼロ歳時点）が男性78.5歳、女性85.5歳（平成17年簡易生命表）であることを考えると、1％の場合は生涯で物価指数は2倍強、2％の場合は5倍前後となる。あるいは、18歳で働き始め65歳で現役を退くことを想定すると、現役期間中（47年）、1％の場合は59％の上昇、2％の場合は149％の上昇となる。その意味で、どの程度の目標物価上昇率を追求すべきかは、金融政策運営上の重要な論点である。

●図4-1-1　目標物価上昇率と物価指数水準の推移

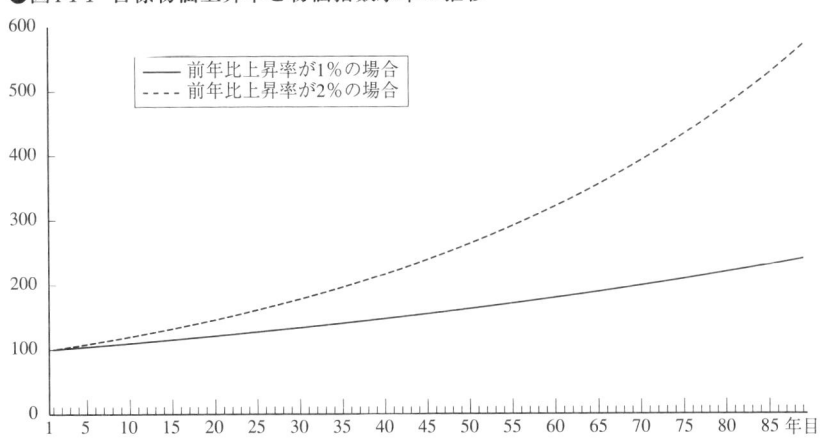

物価指数の選択

物価水準は、長期的にはどの物価指数でみてもほぼ同じような変動を示すが、短期的には異なる動きを示す。例えば、1960年代から70年代初めまでの高度成長期をみると、卸売物価指数（現在の企業物価指数）は比較的安定的に推移する一方、消費者物価指数は卸売物価指数よりも高い上昇を示した（表4-1-1）。近年でいうと、消費者物価指数の上昇率は概ねゼロ近辺の動きであるのに対し、企業物価指数はプラスの上昇率である（図4-1-2）。この間、GDPデフレーターの上昇率はマイナスとなっている。このような物価指数間の上昇率の違いは、物価上昇率の水準が高いときは実際的には大きな問題とはならないが、近年のように物価上昇率が低くなってくると、どの物価指数を用いて物価情勢を判断するかという問題は現実的にも重要な問題となる。

●表4-1-1 高度成長期の消費者物価指数と卸売物価指数の動向

(前年比、単位：％)

	平均	最大	最小
消費者物価指数	5.7	8.6（1970年第1四半期）	3.0（1967年第2四半期）
卸売物価指数	1.4	4.7（1970年第1四半期）	－2.9（1962年第3四半期）

(注) 計算期間は1961～70年。

●図4-1-2 各種物価指数の推移
(前年比、％)

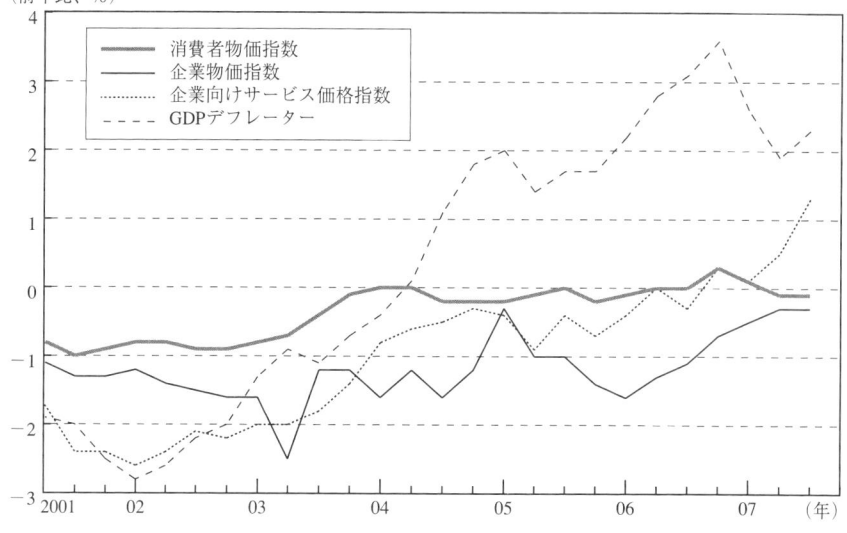

4－2. 物価指数の概要

目標物価上昇率について検討するためには、まず、どの物価指数でみて物価安定を実現するのかを決定しなければならない。本節ではまず各種の物価指数の概念を説明する[2]。

物価指数の概念

様々な経済主体は多種多様な財・サービスを購入しており、物価水準の変

---

[2] 物価指数については、白塚（1998）、早川・吉田（2001）、鵜飼・園田（2006）、梅田・宇都宮（2006）を参照。

化を測るためには、価格の変化を測る対象となる財・サービスの範囲や、物価指数におけるウエートをあらかじめ定めなければならない。基準となる財・サービスの範囲やウエートを定めた支出パターンは「バスケット」と呼ばれる。物価指数とは「基準時において固定化されたバスケットの品質が一定の下での支出金額の変化を指数化したもの」と定義される。こうした考え方に基づく物価指数はCOGI（Cost Of Goods Index）と呼ばれる。日本で作成されている物価指数としては、消費者物価指数、企業物価指数、企業向けサービス価格指数がある。消費者物価指数は平均的な消費者が購入する財・サービスをバスケットとしているのに対し、企業物価指数では平均的な企業ではなく日本全体で取引されている財をバスケットとして捉えているという違いはあるが、これらは基本的にはCOGIの考え方に基づいて作成されている。

　これに対し、「基準時において固定されたバスケットから得られた効用水準を実現するための費用の変化を指数化したもの」と定義する概念もあり、生計費指数（COL：Cost Of Living Index）と呼ばれる[3]。現実には効用に影響するすべての要因（例えば、天候、犯罪、公共財等の「環境」要因）をカバーすることができないため、文字通りの生計費指数は存在しない[4]。ただし、生計費指数作成の考え方は、COGIに基づいて作成されている現実の物価指数にも影響を与えている（後述）。

■　**消費者物価指数**　消費者物価指数（CPI：Consumer Price Index）は、平均的な消費者の購入する財・サービスのバスケットに基づいて計算され、月次の統計として総務省より公表されている。消費者物価指数は一定のバスケットへの支出金額の変化を指数化したもの（前述のCOGI）であるが、バスケットの品質を一定にするという作成方法に表れている通り、本指数を作成する場合の基本的な指針として生計費指数の考え方は影響を与えている。バスケットは「家計調査」に基づいて5年に1度見直され、本書執筆時点の消費者物価指数は2005年を基準年としている。指数採用品目は、家計の消費支出の中で重要度が高いこと、価格変動の面で代表性があること、さらに継続調査が可能であることなどの観点から選定した580品目に、持家の帰属家賃4品目を加えた584品目となっている。財・サービス別にみると、財とサービスが約半々（財が49.4％、サービスが50.6％）のウエートとなっている。物価指数の変化率は、バスケットを基準年で固定するラスパイレス方式で計算され

3　生計費指数は消費財を対象とする物価指数についての概念である。
4　Lebow and Rudd(2006)参照。

ている[5]。

■ **企業物価指数** 企業物価指数（CGPI：Corporate Goods Price Index）は企業間で取引される財を主として対象にする物価指数であり、月次の統計として日本銀行より公表されている[6]。同指数には国内企業物価指数、輸出物価指数、輸入物価指数がある。このうち、国内企業物価指数をみると、バスケットは「工業統計表」（品目編）に基づいて定められており、5年に1度見直され、2007年12月公表の11月指数より2005年基準に移行した（採用品目数は2005年度基準では857品目である）。

■ **企業向けサービス価格指数** 企業向けサービス価格指数（CSPI: Corporate Service Price Index）は企業間で取引されるサービスを対象にする物価指数で、月次の統計として日本銀行より公表されている。バスケットは産業連関表に基づいて定められており、非製造業が生産し、企業が中間需要するサービスの価格を捉えている。本書執筆時点のバスケットは2000年を基準とするもので、指数採用品目は事務所家賃、テレビ広告、産業機械リース、機械修理、労働者派遣サービス、警備等110品目から構成されている。

■ **GDPデフレーター** 物価指数ではないが、いわゆるインプリシット・デフレーターとして、GDPデフレーターおよびGDPを構成する需要項目別のデフレーター（内需デフレーター、個人消費デフレーター等）が実質GDPや名目GDPとともに、四半期ごとに内閣府より公表されている。

4－3. 物価指数の選択

物価指数の用途

物価指数は金融政策運営上、重要な統計であるが、物価指数は様々な用途で使われている。最も代表的な物価指数である消費者物価指数は、厳密な意味での生計費指数ではないが、基準時のバスケットを購入するための支出金額の変化を求めており、その上昇は実質所得の下落を意味する点で、生計費

---

5 消費者物価指数については2007年3月以降、価格およびウエートの基準時を変えて作成するラスパイレス連鎖基準方式による指数が参考指数として公表されるようになっている。なお、企業物価指数については2000年基準から、連鎖ラスパイレス指数算式に基づく指数が公表されている。

6 2000年の基準改定の際、従来は卸売物価指数（WPI：Wholesale Price Index）と呼ばれていた指数を企業物価指数と改めた。本改定の際、「需給動向を敏感に反映する価格指数」としての性質に反しない範囲内で、価格調査段階を一部変更した結果、生産者段階での価格調査比率が上昇（68％から85％に上昇）したことなどから、「卸売物価指数」という名称が実態にそぐわなくなったことを受けて、「企業物価指数」に変更された。これは、海外諸国における生産者物価指数と呼ばれる指数に対応している。なお、日本では卸売段階で需給が調整されている商品がまだ残っており、すべての調査段階を生産者とした場合、企業物価指数の本来の目的である需給動向を敏感に反映する価格指数から乖離することになるため、いくつかの商品については、引き続き卸売段階の価格が調査されている。

指数としての性格を帯びている。そのような性格を反映して、消費者物価指数は経営者と組合が賃金交渉を行う際には参考材料として使われている。また、公的年金の物価スライドの基準としても使われている。国によっては、消費者物価指数はインフレの進行に合わせて課税区分金額を調整する際にも用いられている[7]。

一方、金融政策が物価の安定を目標とする場合の理由は、第2章で述べたように、効率的な資源配分を容易にするという理由と、所得・資産分配の意図せざる再配分を防ぐという2つの理由が挙げられる。概念的にいうと、後者については生計費指数で測れるが、前者については生計費指数に対応したものではない。

すなわち、価格のシグナル機能という側面を重視すると、安定を実現すべき物価は経済全体の特定部門の財・サービスの価格ではなく、概念的には、消費財、投資財、あるいは素原材料、中間財、最終財を問わず、何らかの意味で「総合的な」物価の安定になる。また、ニューケインジアン経済学の立場に立つと、物価変動の問題は価格の粘着性に伴う資源配分の歪みに帰着する。その場合、物価安定が必要となるのは粘着性のある財・サービスの価格という結論になる。

生鮮食品をはじめ伸縮的に価格が変動する財・サービスについては、価格が変動しても資源配分の歪みという問題が生じない。これに対し、粘着的な財・サービスの場合は、コスト条件が変化してもすべての企業が直ちに価格を調整するわけではないので、資源配分の歪みが大きくなる。

金融政策運営上の物価指数

以上で述べたように、生計費指数の考え方と金融政策運営に必要な物価指数の考え方は概念的には同一ではないが、物価統計に限らず、どの統計についても概念との間に若干の乖離が生じることは避け難い。実践的な観点からは、金融政策の目的に最も適った物価指数を選択するとともに、物価指数の作成方法や性格を十分理解したうえで、選択した物価指数を適切に利用していくという姿勢で臨むことが重要である。

そのように考えた場合、金融政策運営上は、以下の理由から消費者物価指数が基本となると考えられる。第1に、金融政策の目的は物価の安定を実現し、これを通じて究極的には国民の厚生の向上を図ることであることを考えると、物価安定の達成度を測る指数としては、国民（消費者）の生活に直接

---

7 例えば、米国では法律 (The Economic Recover Tax Act) で、所得税区分や税控除金額を消費者物価指数で調整することが求められている (The Advisory Commission To Study the Consumer Price Index, 1996参照)。

関係する消費者物価指数が最も自然である。第2に、消費者物価指数は国民からみて最もわかりやすく身近な物価指数である。

現実に各国の中央銀行が物価安定の目標や定義を定める際に使っている物価指数をみると、日本を含め多くの国で消費者物価指数が採用されている。他方、米国では、現在はGDP統計の消費支出に係るデフレーターであるPCEデフレーター（Personal Consumption Expenditure）が重視されている[8]。いずれにせよ、家計の消費支出を対象とする物価指数を用いているという点で主要国は共通している。

このように、物価安定を判断するにあたっては、消費者物価指数が基本となるが、他の物価指数も指数の性格に応じて活用することが必要となる。この点、企業物価指数は基本的に製造業での価格に限られるが、需給バランスやコスト条件の変化をいち早く反映するという長所を有している。もっとも、企業物価指数は企業の中間取引をカバーすることを反映し、同一の生産工程に投じられる財が多段階にわたって重複計上されるため、川上の財の価格が変動した場合には、指数の変化率が大きくなることには留意する必要がある。企業向けサービス価格指数は、企業物価指数が対象としていない企業間のサービス取引の価格動向を把握できるという長所を有している。もっとも、サービスについては、財の場合以上に、品質調整を行うことが難しい点には留意する必要がある。

GDPデフレーターは経済取引を包括的にカバーしているという点は長所として挙げられるが、以下のような欠点が指摘されている。第1に、現実に市場で取引されていない取引（政府支出や家計の非市場取引等）の価格を推定する必要があるため、物価の把握はその分難しくなる。第2に、交易条件の変化がデフレーターの変化となって表れる。例えば、輸入原油価格が上昇する場合、輸入コスト上昇の影響が最終財の価格に転嫁されるまでの間は、GDPデフレーターは低下する（図4-3-1）。第3に、統計発表までのタイムラグが長く速報性に欠けるほか、統計の事後改訂幅が時として非常に大きい（第10章参照）。このように、GDPデフレーターは金融政策の判断材料としては適していないが、GDPデフレーターを構成する個別の需要デフレーターである内需デフレーターについては、上述の第1、第2の問題が相対的に少なく、

---

[8] FOMCは、2000年3月に議会に提出した半期報告書から、インフレ予測の対象物価指数を消費者物価指数からPCEデフレーターに切り替えた。半期報告書では、PCEデフレーターの長所として、以下の2点を指摘している。第1に、PCEデフレーターのほうが対象となる消費支出の内訳を包括的・正確に捉えている。第2に、PCEデフレーターは基準時点を頻繁に変更する連鎖基準を採用しており、しかもラスパイレス指数とパーシェ指数を幾何平均したフィッシャー指数であるため、指数バイアスを回避することができる（鵜飼・園田, 2006）。

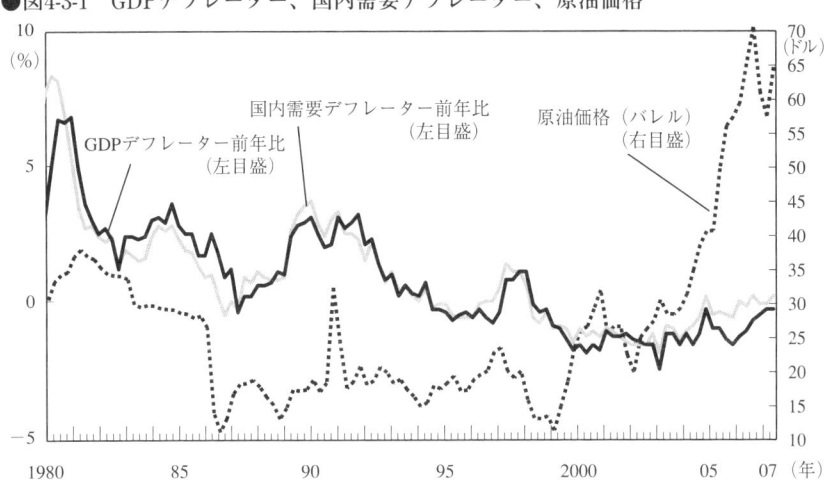

●図4-3-1　GDPデフレーター、国内需要デフレーター、原油価格

（グラフ中の凡例）
- GDPデフレーター前年比（左目盛）
- 国内需要デフレーター前年比（左目盛）
- 原油価格（バレル）（右目盛）

消費者物価指数を補完する物価指標として利用されている。

4－4. 物価指数の測定誤差

　本節では、物価上昇率の目標水準は何パーセントかという問題を取り上げる。この問題を検討する際の重要な論点としては、物価指数の測定誤差と「デフレ防止の糊代」の問題がある。以下、第4節では物価指数の測定誤差を、第5節では「デフレ防止の糊代」の問題を取り上げる。

測定誤差の発生原因

　物価指数は物価水準の変化を正確に捉えることを目的としているが、現実には物価指数にはいくつかの測定誤差（バイアス）が発生する。近年のように、物価上昇率が低くなってくると、測定誤差は金融政策運営上も重要な問題となってくる。測定誤差の発生原因は、大別すると、指数計算方法の問題、調査価格の精度の問題、ウエートの問題という3つの要素に還元できる。これらの問題を引き起こす原因は様々であるが、以下では、代替効果、品質変化、新商品の登場に伴う問題を取り上げる[9]。

■　**代替効果**　相対価格が変化すると、消費者の購買行動は変化する。例えば、

---

[9] 以下の説明は主として白塚（2005）に負っている。消費者物価指数の測定誤差については、The Advisory Commission To Study the Consumer Price Index (1996)を参照。

相対価格が上昇すると、購入数量は減少するが、物価指数はウエイトが基準時のバスケットで固定されているため、当該品目の上昇の影響が過大に評価される。その結果、指数計算上、上方バイアスが発生する。代替効果による上方バイアスは相対価格の変動が大きくなるほど拡大する。物価上昇率が高いほど、相対価格の変動も大きくなる傾向があるため、一般論としては、低インフレ国は高インフレ国に比べ、代替効果による上方バイアスは小さいと考えられる。

■ **品質調整**　物価指数は品質を一定に保った場合の価格変化を捕捉するものである。従って、名目価格が不変であっても、品質が向上すれば、物価指数上の価格は品質向上分だけ下落したという処理が行われる。しかし、「品質」を正確に測定することは難しい。実際には観察することのできない品質変化率を一定の方法で推計し、それを観察された名目価格変化率から控除することになる。このため、品質調整が不足すると、品質調整済み価格の上昇は実勢よりも大きくなり、上方バイアスが生じることになる。ただし、品質調整の問題は常に上方バイアスの問題としてのみ存在するわけではなく、場合によっては、下方バイアスの問題としても存在する。例えば、コストの上昇に直面した企業は単純な値上げを回避し、消費者の関心を呼ばない程度に、従来供給していた財・サービスの質を低下させる価格戦略をとるかもしれない。この場合は、表面価格は一定であっても、品質調整後の価格動向を測定する物価の概念に照らせば、物価は上昇していることになる。このように、物価の測定には品質調整が重要な鍵を握るが、一般的にいうと、サービスについては財の場合以上に、品質調整は難しい[10]。物価指数では、特定の商品の価格を継続的に調査しているが、商品の移り変わりが生じるため、これに合わせて、調査銘柄を入れ替える必要が生じる。その場合、新旧商品の品質差を調整し、品質調整後の価格を物価指数に反映させる必要がある[11]。品質調整にはいくつかの方法があるが、日本の消費者物価指数で最も多く使われているのはオーバーラップ法と呼ばれるものである。例えば、ある商品が1個1,000円で販売されていたところに、品質の向上した新商品が1個1,100円で販売されるケースを考える。この場合、単純に名目価格変化率を計算すると、価格変化率は10%となるが、新旧商品の価格差100円は品質の差を反映しているとみなし、品質調整済み価格は1,000円と考えるのがオーバーラップ法である。こ

10　西村 (2007) 参照。
11　日本銀行調査統計局物価統計課 (2001) は企業物価指数や企業向けサービス価格指数について品質調整の方法を解説している。

●図4-4-1　日米の消費者物価指数におけるパソコン価格の推移

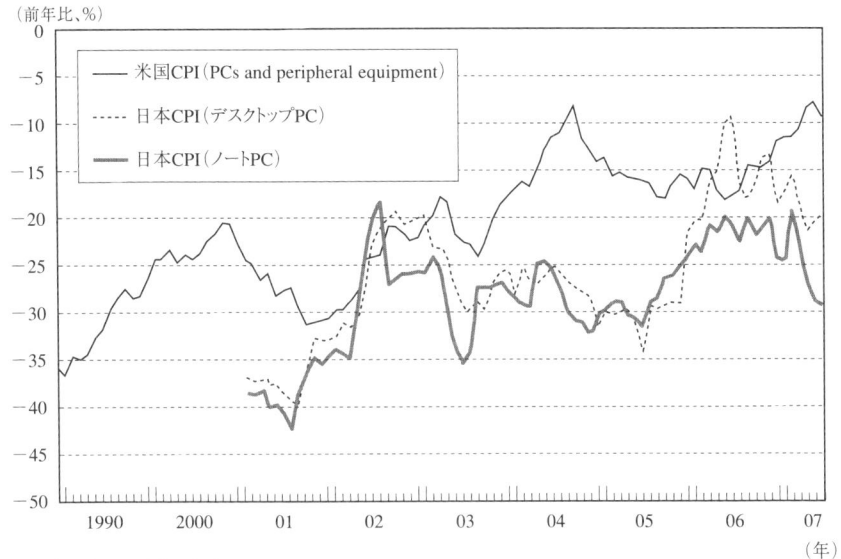

(前年比、%)

凡例：
― 米国CPI（PCs and peripheral equipment）
‥‥ 日本CPI（デスクトップPC）
― 日本CPI（ノートPC）

(出所）日本：総務省、米国：Bureau of Labor Statistics

の場合、オーバーラップ法では、品質調整済み価格変化率はゼロとなる。

　品質調整にあたっては、ヘドニック法と呼ばれる方法も使われている。これは、機能を表す定量的な情報（例えば、パソコンの計算速度）に基づいて推定式を使って統計的に品質変化の影響を推定する方法である。ヘドニック法は、日本の消費者物価指数ではパソコン、デジタルカメラ、（パソコン用）プリンターで使用されている。因みに、図4-4-1は日米の消費者物価指数におけるパソコンの価格推移を示したものであるが、2001年以降の日本のパソコンの前年比下落率は米国のパソコンの下落率よりも約10％ポイント大きい。これはどちらの品質調整が正しいということではなく、もともと品質調整にはかなりの幅があること、また国際比較を行う際には留意が必要であることを意味している。

■　**新商品の登場と物価指数への採用**　新商品が登場し普及していく過程では、消費者が新商品を、既存商品に比べて品質調整済みのベースで相対的に割安と判断していると考えられる。このため、物価指数への新商品の取り込みが遅れると、調査対象品目の調査対象外品目に対する相対価格が上昇し、結果として、物価指数に上方バイアスがもたらされる。

測定誤差の大きさに関する評価

　消費者物価指数の測定誤差については、1996年に公表された米国のボスキン委員会のレポートが有名である。同レポートは米国の消費者物価指数の前年比上昇率について1.1％という測定誤差（範囲でいうと、0.8～1.6％）を報告した。日本では、白塚（1998）が1990年基準の消費者物価指数をもとに推計した0.9％という計算結果がしばしば引用される（現在の基準時点は2005年）。そうした消費者物価指数の測定誤差に対しては、近年、各国ともその縮小に向けて努力している。その結果、米国では、消費者物価指数の測定誤差の縮小を報告する研究が多い。カナダも5年ごとのインフレーション・ターゲティングの改定期（2006年）を迎えた際に、誤差は最大0.75％、蓋然性が高い推定値として0.5～0.6％という数字を発表している[12]。日本の消費者物価統計の作成当局である総務省も測定誤差の縮小に取り組んでおり、そうした努力を反映して、測定誤差は以前に比べ縮小していると指摘されている[13]。

　ただし、物価指数については他の統計と同様、一定の約束に従って作成せざるを得ず、以下の理由から、そもそも「真の物価上昇率」を精密に測定すること自体が難しいことも認識しておく必要がある。

　第1に、物価指数の計測は個々の財・サービスの価格の調査から始まるが、「価格」自体を客観的に把握することが難しくなっている。例えば、携帯電話には様々な契約形態があり、「携帯電話の価格」を特定することは容易ではない。また、近年は購入時に加算される「ポイント制」が広がっている。航空運賃のマイレージ・サービスや各種のカード利用はその典型である。購入数量が増加すると価格が低下する価格設定はノンリニア・プライシング（非線形価格）と呼ばれているが、「ポイント制」はその一例である。第2に、品質調整については、パソコンはもとより、様々な商品の品質を客観的に計量化することは難しい。特に、サービスについては、さらに調整が難しい。このことは、住宅の帰属家賃、小売、金融、娯楽、医療等のサービスを思い浮かべると、容易に想像がつく。今後の高齢化社会への移行を考えると、医療サービスへの支出はますます増大すると予想されるが、技術進歩の激しい状況下、「医療サービス」の価格を把握することも難しい。

　前述のように、海外諸国でも消費者物価指数の測定誤差は近年縮小の方向にあるといわれているが、そこでいわれている測定誤差は基本的に指数算式に伴うバイアスや新商品の取り込みの遅れといった、言わば数量化しやすい

12　Bank of Canada（2006）10頁参照。
13　日本銀行（2006b）参照。

測定誤差である。家計の効用水準は一定という生計費指数の概念に文字通り忠実に従い、すべての財・サービスについて「真の品質調整後の価格」を認識することは不可能に近い。物価指数を改善する努力自体は重要であるが、金融政策の運営にあたっては、足元の物価指数の細かな変動というより、現在の物価動向が持続的な経済の成長と整合的であるかどうかを総合的に判断する姿勢のほうがより意味があり、重要である（BOX 1 参照）。

BOX 1　物価指数の概念と金融政策の目標とする物価安定の関係[14]

物価指数は統計理論上は、「当該物価指数で所得水準をデフレートすることによって得られる実質所得が効用水準を評価する適切な代理変数となりうる」ように設計されている。本文で述べたような品質調整が必要となるのもそのような理由に基づく。

Nordhaus（1997）は、1800年以降のロウソク、ランプ、ガス灯、電灯の価格を調査したうえで、これらの価格をつなぎ合わせて作った通常の物価指数では「照明」の価格が1992年時点で1800年当時の3倍であるのに対し、一定の明るさを得るための費用で測定した物価指数は1800年当時の1,000分の3にまで低下しており、前者の指数水準は後者の約1,000倍（年率3.6%の乖離）に達したことを報告している（図1）。これは、ロウソク、ランプ、ガス灯、電灯について、「明るさ」を単一の特性とするヘドニック法を適用したとみることができる。

一方、金融政策上の「物価安定」とは、「一般物価水準の変動が経済主体の意思決定に影響を与えない状態」である。そうした状態が前述の効用水準を測るデフレーターと一致するとは限らない。「一般物価水準の変動が経済主体の意思決定に影響を与えない状態」がどのような状態であるかについては、経済学者の間でも意見は分かれる。例えば、ニューケインジアン経済学では、賃金や価格の硬直性に起因する物価変動のコストを重視する。しかし、企業が、物価指数作成上の産物としてのみ存在する価格に反応するとは考えにくい。名目価格が一定の下で品質向上によって物価指数上の品目の「価格」が下落する場合、そうした下落が意思決定に影響し本文で説明したような資源配分上の歪みをもたらすことはない。統計作成当局は近年、品質向上を物価指数に反映させる努力をしており、その分、上昇率は低下している。価格の硬直性に伴うデフレの危険については、そうした統計作成方法の違いによって変化するものではなく、企業が現実に操作しうる表面価格の硬直性である。

14　以下の説明は早川・吉田（2001）に基づくところが多い。

●図1　「照明」の物価指数の長期推移
（1800年＝100）

凡例：
- 通常の物価指数
- 一定の明るさ（1,000ルーメン）を得るための費用で測った物価指数

（出所）Nordhaus（1997）

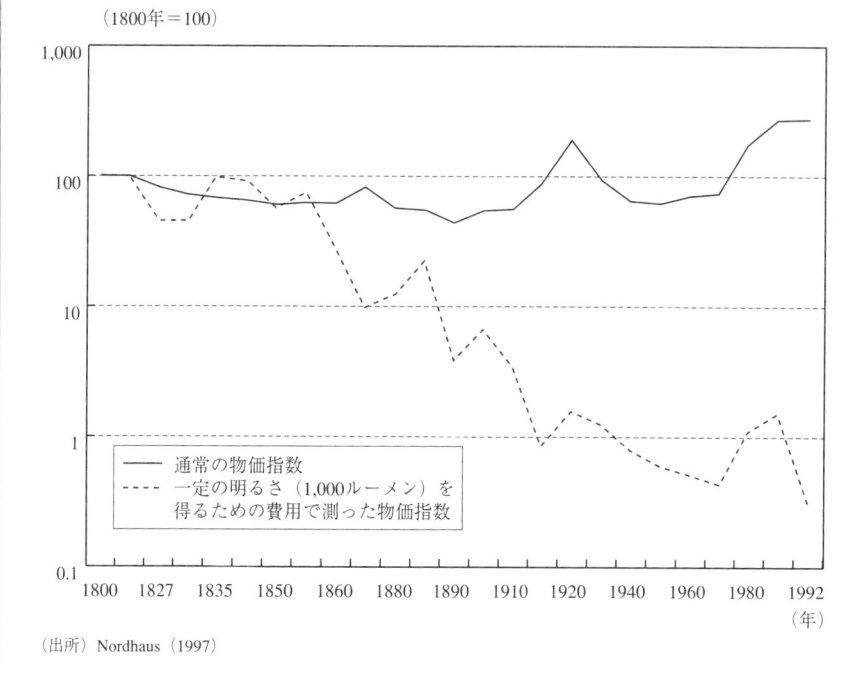

物価指数の測定誤差と金融政策運営の関係

　第3節で述べたように、物価指数の用途は様々である。生計費の変化を正確に認識するという点では、消費者物価指数のバイアスは重要な論点である。その意味では、品質の変化を測定することは、賃金の交渉や公的年金の物価スライドにとって重要であろう。しかし、金融政策の運営上は、物価指数をみる目的はこれとは異なっている。物価安定が必要とされる理由のうち、資産・所得の意図せざる再配分の防止という理由については、生計費指数の動きが重要となる。一方、経済理論においては物価安定の必要性を説明する際、物価が安定しているほうが効率的な資源配分が達成されやすいという理由が強調されている。しかし、個々の経済主体は物価指数における記録のされ方如何で行動を変えるわけではないので、物価指数の下落が品質調整による場合、物価指数の下落自体が資源配分の効率性に悪影響を与えるわけではない。言い換えると、金融政策運営にとって意味のある物価安定は生計費指数の安定とは必ずしも一致しない。

仮に、金融政策運営上、生計費指数が重要であるとしても、前述のように、「真の測定誤差」を捉えることは難しい[15]。このように考えると、測定誤差についてあらかじめ固定的な大きさを想定し、公表される物価上昇率からこれを機械的に差し引くことによって、「真の物価上昇率」を捉えうるという思考方式は適当でない[16]。

なお、物価指数については、近年作成方法の改善が図られるとともに、作成方法に関する情報も充実する方向にあるが、そのような観点からは、統計作成方法についての透明性の向上も重要である。表4-4-1は、日本銀行が国内企業物価指数について毎年公表している品質調整効果の大きさを示したものである。物価上昇率が低下すると、品質調整の影響は相対的に大きなものとなってくるだけに、毎年の物価指数の変化率のうち品質調整による影響度に関する情報を公開することも重要となっている。

●表4-4-1　国内企業物価指数における品質調整の影響

(前年比、単位：%、%ポイント)

年	基準	物価上昇率 (品質調整後) (A)	物価上昇率 (品質調整前) (B)	品質調整の影響 (A)−(B)
1995	1990年	−0.7	−0.4	−0.3
2000	1995年	−0.1	0.3	−0.4
2001	1995年	−1.4	−1.0	−0.4
2002	1995年	−0.2	0.1	−0.2
2003	2000年	−0.2	0.3	−0.5
2004	2000年	1.9	2.3	−0.4
2005	2000年	2.3	2.7	−0.5
2006	2000年	2.5	2.8	−0.3

(出所) 日銀ホームページ

15　早川・吉田（2001）は企業物価指数の作成に関わった自らの経験に基づいて、「筆者らが物価指数作成の現場で学んだことを言えば、統計メーカーが『理想的なデフレータ』を意識して真剣に取り組むほど、物価指数は下がり易いということである」(24頁)という興味深い感想を述べている。

16　Lebow and Rudd (2006) は、同様の指摘をしている。
"More problematically, if measurement errors in inflation vary over time in unknown ways, central banks could respond inappropriately to movements in observed inflation rates."

4−5.「デフレの糊代」

　これまではもっぱら物価指数の問題を議論してきたが、物価指数の問題を離れて考えた場合、あるいは何らかの理想的な物価指数が存在する場合、中央銀行はどの程度の物価上昇率を目指すべきであろうか。この点については、既存の経済理論は決め手となる理論を提供していないようにみえる。これは、経済理論においては実物（real）と貨幣（money）の二分法がとられており、成長率に対し貨幣は長期的には中立という理論体系となっていることの帰結である。言い換えると、何らかの「硬直性」を前提としない限り、目標物価上昇率を一意的に決めることはできない。そうした経済理論の現状を評して、サンフランシスコ連銀のイエレン総裁は以下のように述べている。

　　"But what inflation rate should we strive for as a long-run objective? Existing theoretical work, grounded in neoclassical models, provides surprisingly little guidance." (Yellen, 2007)

　そのような留保条件を述べたうえで、本節では、目標物価上昇率を考える手掛かりとなる理論を紹介する。物価安定の必要性に関する第2章の説明では、物価の上昇と下落を区別せずに、物価変動一般に共通するコストを取り上げた。金融政策運営上、高いインフレは望ましくないことはスタグフレーションの経験を通じて徐々に認識されるようになっていったが、どの程度までであれば許容されるかという点については、理論に基づくガイダンスが存在するわけではない。他方、下限についても、比較的最近まであまり意識されることはなかったが、1990年代に入って「デフレの糊代」(safety margin) というテーマの下で関心がもたれ始め、特に、日本の物価上昇率がマイナスに転じてからは活発に議論されるようになっている[17]。

「デフレの糊代」の理論

　「デフレの糊代」の必要性を強調する論者（特にニューケインジアン経済学の影響を受けた経済学者）は、以下の理由から、目標物価上昇率は若干のプラスであると主張することが多い。

■ **名目賃金の下方硬直性**　名目賃金に下方硬直性がある場合、物価の下落によって実質賃金が上昇するため、労働需要は減少する。その結果、雇用と所得が減少し、消費が減少するが、これによって物価の下落が加速される。すなわち、物価下落と景気後退の悪循環（デフレ・スパイラル）が生じる。仮に名目賃金の引き下げに強く抵抗する労働者が多いとすれば、物価上昇率が

17　Summers (1991) 参照。

低いときには、名目賃金変化率がマイナスにならないため、右方向への分布の歪みが観察される（図4-5-1）。もし、名目賃金に下方硬直性があるとすれば、ある程度の物価上昇があったほうが、物価上昇によって実質賃金を引き下げるという調整が容易になる。この議論は、労働者は名目賃金の引き下げによる実質賃金の引き下げには強く抵抗するが、名目賃金が上昇していれば、物価上昇率よりも低い名目賃金上昇率、すなわち実質賃金の引き下げを受け入れるという行動様式（貨幣錯覚）が前提となっている。

●図4-5-1　名目賃金変化率の分布の歪みと物価上昇率
＜名目賃金が下方硬直的なケース＞

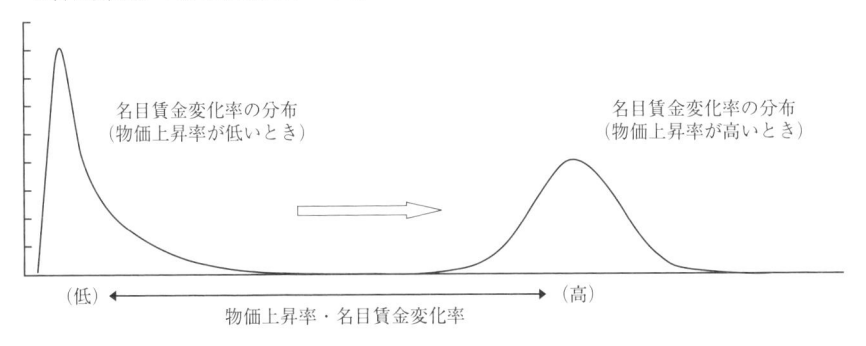

名目賃金変化率の分布
（物価上昇率が低いとき）

名目賃金変化率の分布
（物価上昇率が高いとき）

（低）　　　　　　　　　　　　　　　　　　　（高）
物価上昇率・名目賃金変化率

（出所）黒田・山本（2006）20頁

■　**名目金利のゼロ金利制約**　名目金利はマイナスにはなりえないため、物価下落予想が広がると、実質金利が上昇する。その結果、支出はさらに減少し、物価下落が加速されることによって、物価下落と景気後退の悪循環が生じる。ゼロ・インフレを追求していると、経済に大きな負の需要ショックが加わった場合、金利引き下げによって需要を高める方法がなくなる。そのような事態に陥ることを防ぐためには、あらかじめ若干高めの物価上昇率を維持しておいたほうが望ましいという議論になる。

■　**債務デフレ**　物価が予想外に下落すると、債務の実質価値は増加する一方、債権の実質価値も増加する。しかし、支出性向は通常は債務者のほうが高いので、債務者の支出減少が債権者の支出増加を上回る。その結果、物価はさらに下落し、物価下落と景気後退の悪循環が生じることになる。

日本の経験

以上のような議論が現実に妥当するならば、その程度に応じて、物価下落

には物価上昇にはない危険を意識する必要があり、中央銀行はゼロ・インフレではなく、若干高めの物価上昇率を目指すべきことになる。この点に関連して興味深いのは、近年における日本の物価下落の経験である。日本の消費者物価（全国、除く生鮮食品）は1998年以降、緩やかに下落に転じた。前年比の変化率でみると、下落幅が最も大きかったのは2000年5月で、マイナス1.1％に達した。物価指数が下落に転じ始めた1998年7月からの下落率は約3％である。この間の日本経済の推移をみると、1999年から2000年にかけては世界的なITブームを反映した拡大局面、2000年12月以降は景気の後退局面、2002年1月以降は拡大局面と、景気循環を経験した。そうした景気循環を通しての平均的な成長率は他の主要国と比較して低く、満足すべき経済状態ではなかったが、物価上昇率がマイナスとなったことによってデフレ・スパイラルが生じたかということについていえば、スパイラルは生じなかった（デフレ・スパイラルが発生しなかった原因や金融政策へのインプリケーションについては第19章で詳しく検討する）。

4－6. コア物価指数と総合物価指数
コア物価指数作成の目的と方法

毎月の物価指数は様々な要因の影響を受けて変動する。このため、現実の物価指数の動きの中から一時的な要因による変動を除去し、基調的な物価上昇率の動向を把握する必要が生じる。物価変動のパターンを概念的に整理すると、3種類の変動から構成される（図4-6-1）[18]。第1は、基調的な変動である。これは需給バランスやコストの基調的な変化を反映した動きである。第2は、天候要因に代表されるような不規則で攪乱的な変動である。第3は、消費税率の変更等の制度変更による一時的な変動である。図4-6-1の最上段は物価指数の前年比上昇率を示しているが、この数字の動きは、その下の基調的な変動、攪乱的な変動、制度変更等による変動を単純に合成することによって作られている。

上記の3つの変動のうち、攪乱的な変動と制度要因による変動は一時的な変動であり、価格のシグナル機能や将来の物価の不確実性という問題を引き起こす程度は小さいし、その影響は時間が経過すれば減衰する。また、前年比上昇率という数字の動きに即していうと、制度変更による変動の影響は、1年後には消えることになる。しかし、我々が現実の物価指数として観察で

---

18 以下の説明は白塚（2006b）に負っている。

●図4-6-1　基調的な物価変動の抽出

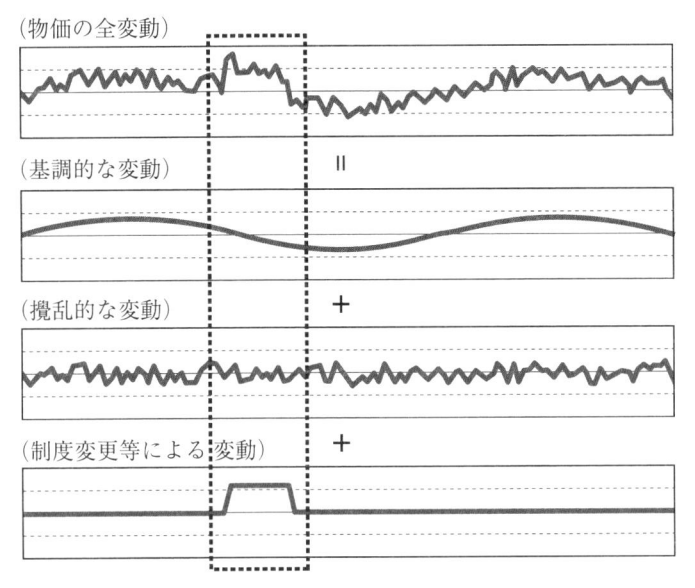

（物価の全変動）

（基調的な変動）

（攪乱的な変動）

（制度変更等による変動）

（出所）白塚（2006b）

きるのは、上段の指数の動きだけなので、金融政策の運営にあたっては、その次の段で表されるような物価の基調的な変化を把握する必要がある。

　そうした物価変動の基調的な変動を把握することを目的として、「コア指数」が計算されている。コア指数を計算するためにいくつかの方法が用いられている。第1の方法は、変動の大きな品目をあらかじめ特定し、そうした特定の品目を除いた物価指数をコア物価指数とする方法である。例えば、日本では、生鮮食品を除いたベースで消費者物価指数をコア指数と呼ぶことが多い。米国では食料品とエネルギーを除いた指数をコアと定義している。第2の方法は品目別価格変動分布の両端の一定割合を機械的に控除する方法であり、刈り込み平均（trimmed mean）と呼ばれる（図4-6-2）。この方法の長所は除外品目を決める際に生じる恣意性を排除できることであるが、同時に、最もビビッドな変化を示す品目を除外することによって、基調的な変化の先駆けとなる動きを除去してしまう危険もある。

●図4-6-2 「刈り込み平均」の概念

平均＝2.00%

品目	(1)	(2)	(3)	(4)	(5)
ウエート	10	30	30	20	10
上昇率	−1.8	0.5	2.0	2.8	8.7

10%刈り込み平均＝1.64%

品目	(1)	(2)	(3)	(4)	(5)
ウエート	~~10~~	30	30	20	~~10~~
上昇率	~~−1.8~~	0.5	2.0	2.8	~~8.7~~

（注）通常の平均は、各品目の上昇率をそのウエートで加重平均している（上段）。これに対し、10%刈り込み平均は、上昇率の低い品目、高い品目それぞれ10%ずつを控除したうえで、加重平均を行う（下段）。ここでは、上昇率が最も低い品目と高い品目がそれぞれ10%のウエートを有しているため、これらを控除したうえで、加重平均される。
（出所）白塚（2006b）

コア物価指数の優劣の判断基準

　何をコア指数とするか、またコア指数を重視するかどうかは国によって異なっている。コア指数を作成しその動向に着目するのは、適切なコア指数を作成すれば、コア指数のほうが総合指数よりも物価の基調的な動きを表すとともに、先行きの総合指数に対する予測力も高いと期待するからである。

　このように考えると、コア指数を利用するかどうか、何をコア指数として定義するかは、それぞれの国の経済構造、支出構造を反映して決まってくる優れて実証的な問題である。また、同じ国でも時代によって変化しうるものである。例えば、食料品への支出ウエートが高い国では、食料品を除いた物価指数をコア指数とすることは説得的ではなかろう[19]。エネルギー価格にしても、米国では石油にかかる税率が低いことから、原油価格の変動に対する小売価格の変動の弾性値は高いが、日本や欧州のように米国に比べ石油関連の税率の高い国では、原油価格の変動に対する弾性値は低くなる。従って、エネルギー価格が変動した場合、物価指数の計算上、米国ではその分、攪乱的な変動が生じやすく、これを除いてコア指数を計算することには合理性がある。日本でも、米国と同じコア指数を用いて物価動向を判断すべきであるという議論が聞かれることがあるが、白塚（2006b）は日本の消費者物価指数についていくつかのコア指数を計算し、「生鮮食品を除く消費者物価指数」と「10%刈り込み平均」のパフォーマンスがよいという計算結果を報告している

19　例えば、フィリピンの消費者物価指数における食料品のウエートは46.6%（2000年基準）である。

(BOX 2 参照)。

　金融政策におけるコア指数の利用という観点から各国中央銀行の対応を比較すると、日本銀行は「生鮮食品を除く消費者物価指数」を重視している。米国の場合は、エネルギーと食料品を除いた消費者物価指数や消費支出デフレーターをコアの物価指数と定義すると同時に、コア指数を金融政策の判断や説明において重視している。欧州でもエネルギーと食料品を除いたベースの消費者物価指数は計算されることはあるが、欧州中央銀行、イングランド銀行ともに、金融政策の説明にあたっては総合指数を重視する姿勢を明らかにしている。

BOX 2　日本の消費者物価指数に関するコア指数
―白塚の実証分析―

　コア指数の優劣を評価するための基準としては、以下の2つが考えられる。

　第1の基準は、消費者物価指数の趨勢的な動きとの乖離が小さいことである。表1の上段は日本の消費者物価指数について、一定の手法で計算した趨勢的な動きといくつかの概念のコア指数との乖離幅であるが、これによると、生鮮食品を除く消費者物価指数、次いで10%刈り込みの乖離が小さく、食料・エネルギーを除く消費者物価指数の誤差は相対的に大きい。

　第2の基準は、先行きの総合指数に対するコア指数の予測力が高いことである。具体的には、将来の総合指数前年比を現時点のコアと総合の前年比の乖離で説明する回帰式を推計し、乖離に係る係数が有意に1と異ならなければ、コア指数は一時的な攪乱要因の影響を正確に捉えていることになる。この点でも、生鮮食品を除いたベースの消費者物価指数および刈り込み物価指数の予測力が高い（表1下段）。

●表1　日本のコア物価指数のパフォーマンス比較
（乖離の平方平均二乗誤差）

期間（年）	総合	生鮮食品を除く	食料・エネルギーを除く	農水蓄産物・エネルギー・公共性料金を除く	10%刈り込み平均
1982～2005	0.506	0.325	0.523	0.396	0.294
1982～1993	0.623	0.401	0.663	0.502	0.338
1994～2005	0.353	0.226	0.328	0.249	0.242

(総合とコアの乖離の情報価値：βの推計値)
総合・前年比のh期先までの変化＝$\alpha+\beta$（現時点のコアと総合の前年比の乖離）（　）は標準偏差

予測期間	生鮮食品を除く	食料・エネルギーを除く	農水蓄産物・エネルギー・公共性料金を除く	10％刈り込み平均
1年先	1.022 (0.126)	0.624 (0.080)	0.692 (0.100)	1.065 (0.106)
1年半先	0.424 (0.105)	0.365 (0.066)	0.351 (0.081)	0.723 (0.085)
2年先	0.348 (0.091)	0.346 (0.057)	0.329 (0.071)	0.670 (0.072)

（出所）白塚（2006b）

石油価格の扱いをめぐる論点

前述のように、対外説明にあたっては特定のコア物価指数ではなく、総合的な消費者物価指数を使うケースが多いが、物価動向の分析にあたっては、どの中央銀行も内部的には様々なコア指数を利用している。どのようなコア指数を利用するかは優れて実証的な問題であり、どの国にもどの時期にも妥当するコア物価指数が存在するわけではない。以下では、近年の石油価格の上昇の扱いを例にとりながら、コア物価指数をめぐる論点を説明する。

第1に、石油価格の上昇が一時的な価格変動であれば、これを除いてコア指数を計算することには一定の合理性はある。第1次および第2次の石油ショックの場合、石油価格は上昇したが、その後、価格は低下した。その意味で、価格上昇の持続性に関する判断が重要となる。

第2に、石油価格の上昇がどのような背景で生じているかが問題となる。第1次石油ショックのように、産油国のカルテル強化によって原油価格が引き上げられたケースは、石油の輸入消費国からみて、純粋な供給ショックの色彩が強い。この場合、現実にも生じたように、石油消費を節約するような動きや代替エネルギー開発が進み、最終的には石油価格は低下する。これに対し、近年の石油価格の上昇は中国をはじめBRICsと呼ばれる新興国の急速な経済発展による影響が大きいが、中国等の急速な経済発展、市場経済への参入は労働集約的な財・サービスの価格低下をもたらしていることも同時に考慮する必要がある。すなわち、共通の出発点から発生している現象のうち、石油価格の上昇だけを一時的要因として除去する一方、労働集約的な財・サ

ービスの価格低下のほうは除去しないという扱いをすると、結果として、石油製品を除くかたちで定義されるコア物価上昇率は実勢を過小評価することになる。例えば、日本でも、石油価格上昇の影響を除去したコア指数で金融政策の運営を判断すべきという議論が聞かれることがあるが、そうした論者は輸入消費財の価格低下についてはコア指数に含めて判断するという非対称的な立場をとっているようにみえる。

第3に、国民の予想物価上昇率が石油価格の変動によってどのような影響を受けるかが問題となる。この点で、石油製品や食料品のように国民生活にとって身近なものである場合には、その変動によって予想物価上昇率が影響を受ける可能性がある。

結局、コア指数の計算にあたり石油価格の変動をどのように扱うべきかは以上のような要因に依存し、普遍的に妥当するコア物価指数が存在するわけではない。コア物価指数という考え方は重要であるが、コア指数の具体的な作成方法はそれぞれの国の経済の特質や経済環境に照らして実証的に判断する以外にない。

4－7．主要国の目標物価上昇率についての考え方

以上説明してきたように、現状では目標物価上昇率の水準について狭い範囲に特定できるほどの理論的な根拠があるわけではない。物価安定の状態を数字で表現する場合、目標物価上昇率は経済主体の行動の中長期的な行動の前提となるものだけに、立場を超えて多くの国民から支持されるものでなければならないし、短期的に変更が加えられることはないという安心感をもったものでなければならない。そのような点も考慮しながら、各国は自国の状況に合わせて工夫を行っている。各国ともこれまでの経験を踏まえながら、実践的に目標を定めているように思われる。本節ではこの点に関する各国の現実の対応を説明する。

主要国の現状

最初に、主要国における目標物価上昇率をめぐる扱いを説明する（表4-7-1）。

望ましいと考える物価上昇率の表現の仕方は国によって異なるが、第1のタイプは、インフレーション・ターゲティング採用国のように、目標物価上昇率を公表するものである。第2のタイプは欧州中央銀行やスイスのように、物価安定の数値的定義を公表するタイプである。日本銀行は2006年3月に「中長期的な物価安定の理解」を公表し、各政策委員が中長期的にみて物価が安定していると考える消費者物価指数の前年比上昇率が「0～2％」の範囲

●表4-7-1　各国の目標物価上昇率ないし物価安定の数値的表現

	対象とする指標	目標物価上昇率または物価安定の数値的定義等	備考
日本	CPI総合	0〜2%（中央値の大勢は1%前後）	「中長期的な物価安定の理解」
ニュージーランド	CPI総合	1〜3%	
カナダ	CPI総合	1〜3%（ただし、2%が目標）	
英国	CPI総合	2%	2%から上下1%以上乖離したときは、イングランド銀行総裁は大蔵大臣宛に公開書簡を発出
スウェーデン	CPI総合	2±1%	
オーストラリア	CPI総合	2〜3%	
ユーロエリア	HICP総合	2%未満かつ2%近傍	定義
スイス	CPI総合	2%未満	定義

（注）HICP（Harmonized Index of Consumer Price）はユーロエリア域内の各国CPIの比較を可能にするため、作成方法を共通化した消費者物価指数。

に入ること、中央値は大勢として概ね1％前後に分布していることを明らかにした（BOX 3参照）。第3のタイプは、米国のように数字を公表しないものである。

次に、主要国について公表されている数字の範囲を比較可能なかたちで整理すると、低いグループは日本とスイスで「1±1％」、高いグループは英国、カナダ、スウェーデン等で「2±1％」、その中間に欧州中央銀行が位置するという関係にある[20]。日本は高いグループに比べると1％低いが、いずれの国も現在の数字はそれぞれの国で論理的・実証的に決定されたというより、過去の実績や直前の物価上昇率も睨みながら、実際的な配慮から決定された面が大きいように思われる[21]。インフレーション・ターゲティングを採用している先進国の例をみると、目標数値は採用時点では若干の「努力目標」であったか、低下傾向にあった物価上昇率の実績を「ロックイン」した数字に近い。スイスは日本とほぼ同様の数字を公表しているが、これはスイスも日本と同

20　カナダは2006年12月に目標物価上昇率の据え置きを発表したが、その際、先行き5年間における検討事項のひとつとして、目標物価上昇率の引き下げがネットで便益をもたらすかどうかを挙げている（Bank of Canada, 2006）。
21　日本に関する実証的な分析については、鵜飼・小田・渕（2007）を参照。

●表4-7-2　ユーロエリア各国の物価上昇率

	オーストリア	ベルギー	フィンランド	フランス	ドイツ	ギリシャ	アイルランド	イタリア	ルクセンブルク	オランダ	ポルトガル	スペイン
1998年	0.8	0.9	1.4	0.7	0.6	4.5	2.2	2.0	1.0	1.8	2.2	1.8
2003年	1.3	1.5	1.3	2.2	1.0	3.4	4.0	2.8	2.0	2.2	3.3	3.1
2006年	1.7	2.3	1.3	1.9	1.8	3.3	2.7	2.2	2.7	1.7	3.1	3.6

(注) 欧州中央銀行は1998年10月に「金融政策のストラテジー」を公表し、その中で、物価安定の数値的定義（be low 2%）を明らかにした。2003年5月には「金融政策のストラテジー」の明確化を図り、現行の定義（be low, but lose to, 2%）を発表した。ギリシャはユーロの当初参加国ではない。
(出所) IMF World Economic Outlookのデータベース

様、他国に比べて物価上昇率が低かったことと関係しているように思われる。欧州中央銀行についても域内各国の物価上昇率が大きく異なるなかで、物価上昇率が高い国にも低い国にも片寄せするのは難しいことを考えると、「2％未満かつ2％近傍」という表現は現実的な選択肢のように思われる（表4-7-2）。この間、発展途上国をみると、インフレーション・ターゲティング採用国の目標物価上昇率は先進国と比較して高めに設定されているが、これは過去の物価上昇率が高かったことを反映しているように思われる[22]。

　実質的な論点は、物価指数のバイアスとデフレの危険に備えた糊代である。このうち、前者については、物価指数の作成方法のレベルまで遡って実務的な検討が必要であるが、現状ではそうした国際間の厳密な比較研究は不足している。

BOX 3　「『物価の安定』についての考え方」

「本日の政策委員会・金融政策決定会合では、金融政策運営に当たり、中長期的にみて物価が安定していると各政策委員が理解する物価上昇率（『中長期的な物価安定の理解』）について、議論を行った。上述の諸要因のいずれを重視するかで委員間の意見に幅はあったが、現時点では、海外主要国よりも低めという理解であった。消費者物価指数の前年比で表現すると、0〜2％程度であれば、各委員の『中長期的

22　例えば、ブラジルは2.5〜6.5%、メキシコは2〜4%である。

な物価安定の理解』の範囲と大きくは異ならないとの見方で一致した。また、委員の中心値は、大勢として、概ね1％の前後で分散していた。『中長期的な物価安定の理解』は、経済構造の変化等に応じて徐々に変化し得る性格のものであるため、今後原則としてほぼ1年ごとに点検していくこととする」

(出所)「『物価の安定』についての考え方」(日本銀行, 2006b)

物価安定のタイムスパンの重要性

　目標物価上昇率に関する議論は数字に議論が集中しがちであるが、厳格な物価安定の実現を目指すことに伴う経済変動のコストを考えると（第2章参照）、物価安定の達成期間も重要な論点である。この点について、インフレーション・ターゲティングを採用している国の対応をみると、スウェーデンのように2年と定めている中央銀行もあるが、概していうと、具体的に明示している中央銀行は少ない。例えば英国では、前述のように、目標から1％以上乖離する場合に、イングランド銀行総裁は大蔵大臣宛に公開書簡を発出しなければならないが、物価安定の達成期間については明示していない。イングランド銀行宛の指示（remit）では、"The real stability that we need will be achieved not when we meet the inflation target one or two months in succession but when we can confidently expect inflation to remain low and stable for a long period time." とのみ記されている。

第 II 部
誰が金融政策を決定するか？

第Ⅱ部では金融政策の決定体制を扱う。第5章では、独立した中央銀行に金融政策の運営が委ねられるようになった理由を説明するとともに、独立性が与えられることの帰結として、中央銀行には十分なアカウンタビリティーが求められることを説明する。第6章では、金融政策の意思決定を扱う。現在では多くの中央銀行において、金融政策は「委員会」で決定されるようになっているが、この委員会方式の長所を最大限活かすための具体的論点について解説する。

第5章 独立性とアカウンタビリティー

　第2章では金融政策の目的が物価安定であることを、第3章では物価上昇率の決定要因を、そして第4章では目標物価上昇率について説明した。本章では、誰が金融政策を決定すべきかという問題を取り上げる。この点については過去20年くらいの間に大きな変化が生じた。以前は、多くの国で政府が金融政策を決定する、ないし、政府が中央銀行の決定に大きな影響を与えていたが、現在では、独立した中央銀行が金融政策を決定するという体制に移行している。第1節では、そうした変化をもたらした最も大きな背景である1970年代の高インフレを中心に、過去の経験を振り返る。第2節では、過去の経験を踏まえると、金融政策運営について、どのような制度設計が必要であるかを説明する。第3節では、中央銀行の独立性の意味について考察する。第4節では、独立性を具体的に支える仕組みを説明する。第5節では、政府の経済政策との関係について述べる。第6節では、独立性と対をなすアカウンタビリティーを実現する仕組みについて説明する。

5-1. 過去のインフレと経済変動の経験

1960年代後半から70年代の米国

　米国では1960年代後半から70年代にかけてインフレが高進し、ピークの1980年には14％近くにまで達する一方、成長率はマイナス2％にまで低下した（図5-1-1）。こうした高インフレと低成長の組み合わせは、当時、スタグフレーションと呼ばれた。スタグフレーションが発生した理由としては、「金融政策の失敗」が挙げられることが多いが、それでは、金融政策はなぜ失敗したのだろうか。この点では、「FRBによる経済予測の失敗」が挙げられること

● 図5-1-1 米国の「新金融調節方式」採用時の経済・金融情勢

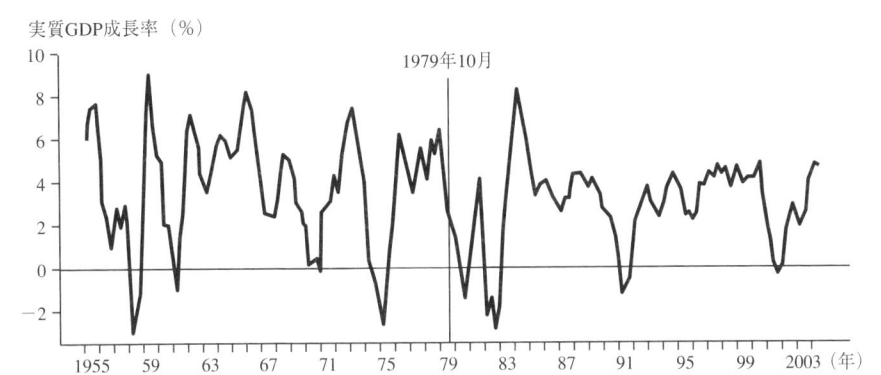

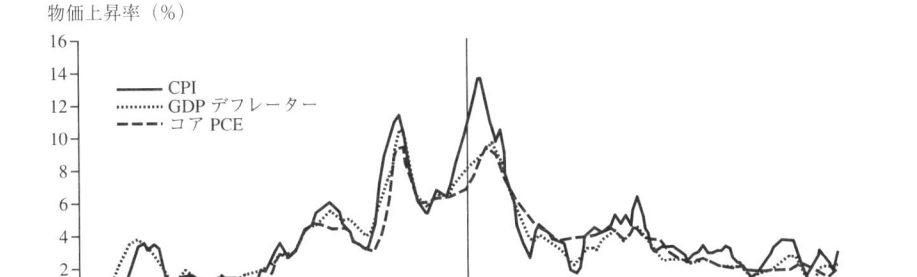

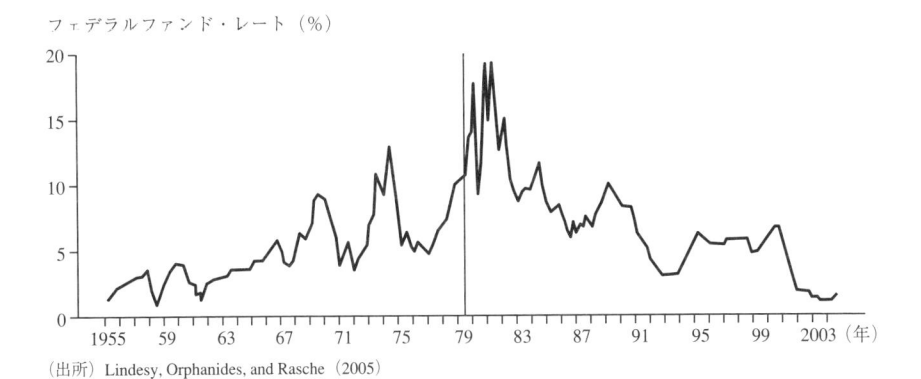

実質GDP成長率（％）

1979年10月

物価上昇率（％）
—— CPI
……… GDPデフレーター
--- コアPCE

フェデラルファンド・レート（％）

（出所）Lindesy, Orphanides, and Rasche（2005）

も多い。しかし、予測の失敗を指摘するだけでは説明として不十分であり、なぜ予測の失敗が生じたのかを考える必要がある。「政府の圧力」がいわれることも多いが、そうした圧力がなぜかかったのだろうか[1]。金融政策の失敗の原因を考察する場合には、以下で紹介するFRBのコーン副議長と経済学者のメルツァーの見解に示されるように、失敗の原因を現実の金融政策の決定プロセスに即して多面的に考察することが必要である。

■ **Kohn（2007b）の分析**　1970年代に入ると、FRBだけでなく政治家も物価上昇率が高すぎるという認識を有するようになっていたが、それにもかかわらず、インフレの抑制に踏み切れなかった。インフレを抑制しようとすると、大幅な失業率の上昇や成長率の低下を招かざるを得ず、FRBも政治家もそのコストが大きいと認識していたことがインフレ抑制に踏み切れなかった大きな理由として挙げられる。このほか、成長率低下の要因としては、実体経済面で、生産性の低下や石油ショック等のマイナスの供給ショックが発生したことも影響している。

■ **Meltzer（2005）の分析**　インフレの発生には、当時のFRBには経済理論の枠組みに従ってインフレや成長率について理解しようという姿勢が乏しかったこと、また、インフレや成長率の決定メカニズムに関するメンバー間の意見の相違が大きく、コンセンサスを作れなかったことも影響している。当時支配的であった失業とインフレ率との間の恒久的なトレードオフ論やGDPギャップの過小推計については、インフレの発生要因ではある[2]が、それだけでは長期にわたるインフレを説明できない。イーブン・キール政策（"even keel policy"）[3]と呼ばれる金融調節に示されるように、財政政策と金融政策の協調が必要であるという考え方も引き締めの遅れをもたらす一因となった。

1970年代以降の米国の高インフレは最終的に、1979年10月にFRBが採用した「新金融調節方式」と呼ばれる強力な金融引き締め（いわゆるボルカー・ショック）によって徐々に終息に向かっていった[4]。この強力な金融引き締めの結果、短期金利（フェデラルファンド・レート）はピーク時には20％近く

1　Kettl（1986）、Bremner（2004）はFRB議長と歴代政権との関係について詳しく記述している。

2　需給ギャップを計測する際には、当然のことながらその時点で利用可能なデータで推計するしかないが、データはその後、改定される。また、データが蓄積されて初めて、トレンド成長率の推計も可能になる。そのため、事後的に判明する需給ギャップとリアルタイム・データで推計した需給ギャップは異なる。Orphanides, Porter, Reifshneider, Tetlow, and Finan (1999)は、事後的にみると、プラスの需給ギャップの大きさを過小推計し、結果として、インフレを許容したという実証結果を報告している。

3　"even keel policy"とは、財務省が国債を発行する期間中、国債が円滑に消化されることを目的として短期金利の上昇を防ぐように資金供給を増やした金融調節のことをいう。

4　Lindesy et al. (2005) 参照。

にまで上昇し、その結果、景気は大きく落ち込んだが、物価上昇率は徐々に低下していった。これによって実現した物価安定は1990年以降の持続的経済成長の基盤を作ったとして、今日では高く評価されている[5]。

　ボルカー・ショックを振り返ると、いくつかの興味深い事実が観察される。第1は、中央銀行のトップによるリーダーシップの果たす役割の重要性である。ボルカー議長が新金融調節方式を採用したのは1979年10月であるが、この直前にFRB議長を務めたバーンズは「セントラルバンキングの苦悩」("The Anguish of Central Banking")と題する有名な講演を行っている（Burns, 1979）。この講演の中でバーンズは、社会に存在するインフレ傾向を指摘し、中央銀行がそうしたインフレ傾向を「ファイナンス」せざるを得ない苦悩について語っている。しかし、中央銀行がすべて受動的であれば、そもそも中央銀行の存在意義はない。現実の中央銀行は社会の影響を受けるが、全く受動的な存在というわけではない。事実、バーンズがそうした講演を行った直後に、ボルカーは強力な金融引き締めを実行に移している。これに先立つFOMC内部の1979年初め以降の議論を振り返ると、景気悪化の回避とインフレ抑制のどちらを優先するかをめぐって意見は鋭く分かれていたが、ボルカーは当初はニューヨーク連銀総裁として、1979年8月以降はFRB議長として、インフレ抑制策の採用に向けて強力に議論をリードしている。

　第2は、政府サイドの対応の重要性である。インフレ高進期のジョンソン大統領、ニクソン大統領は、マーティン議長、バーンズ議長の率いるFRBの金融引き締めに対し反対の姿勢を示すことが多かったが、ボルカー議長当時のカーター大統領はFRBの強力な金融引き締めに対して支持の姿勢を明らかにしている[6]。ボルカー議長が現実に強力なインフレ抑制策を採用したことをみると、中央銀行や中央銀行のトップの果たす役割が大きいことを示している。しかし同時に、ボルカー議長が強力なインフレ抑制策を行いえたのは、インフレが異常な高水準にまで上昇したこと、また、それを背景に、大統領の支持があったからという側面も無視できないように思える。この点に関し、ボルカーは以下のように述べている（Volcker, 1990）。

　"In the broadest sense, a central bank operating in an open democratic society will need to develop and sustain its basic policies within some

---

5　セントルイス連銀は、ボルカー議長のイニシアチブで実現した新金融調節方式採用25周年を記念して、2004年にコンファレンスを開催した。同コンファレンスに提出された論文は2005年に発行されたセントルイス連銀のReviewに収録されている。興味深い内容の論文が多いが、新金融調節方式採用前の経済情勢やFOMC内の議論、政府・市場関係者・学者らの反応については、Lindesy *et al.* (2005) が詳しい。

broad rang of public understanding and acceptability."

日本の1970年代前半の高インフレ

　日本は第2次世界大戦終了後に高率のインフレを経験したが、その時期を除くと、最も高いインフレ率を経験したのは1973年から75年にかけての時期であり、消費者物価上昇率（除く生鮮食品）は74年1月に24.7％もの高水準を記録した（図5-1-2）。もっとも、この時期は世界的にインフレが高進しており（第3章参照）、高インフレや金融政策の失敗の原因についても、日本に固有の原因と先進国に共通する要因の両方を考える必要がある。

　最初に先進国に共通する要因をみると、石油ショックの発生に加え、高い成長を実現させるためには多少のインフレは許容せざるを得ないという認識が挙げられる。一方、日本で特に強く作用した要因としては、円高の影響による景気後退への強い警戒感から、金融緩和が長期にわたって続けられたことが挙げられる。1971年8月の米国の金・ドル交換の停止後、一時的なフロートの時期を経て、同年12月には円の為替平価は切り上げられたが、産業界では円切り上げによる景気への悪影響に対する恐怖感が非常に強く、これを背景に大幅な金融緩和政策がとられた。その後、景気は拡大に転じ物価上昇率も高まっていったが、円切り上げによる景気後退への懸念から、金融引き締めへの転換は大幅に遅れた[7,8]。金融政策の推移をみると、預金準備率が引き上げられたのが1973年1月、公定歩合が引き上げられたのは同年4月になってからであった。

　このように、公定歩合の引き上げは遅れたが、最初の引き上げが行われた後は累次にわたって引き上げられ、特に石油ショック発生直後には一挙に2％という大幅な引き上げが行われた。日本銀行の金融政策担当ラインであった中川（当時、総務部長）は、インフレ高進とこれを許した金融政策を振り返り、日本銀行自身の経済情勢の判断の甘さを認めたうえで、引き締めへの転換の時期が政治的な反対から遅れたことに言及している（中川, 1981）。

6　新金融調節方式の発表当日、ホワイトハウスは以下の大統領声明を公表している（Lindesy *et al.*, 2005に基づく）。
　"The administration believes that the actions decided upon today by the Federal Reserve Board will help reduce inflationary expectations, contribute to a stronger U.S. dollar abroad, and curb unhealthy speculations in commodity markets. Recent high rates of inflation, led by surging oil prices, other economic data, as well as developments in commodity and foreign exchange markets, have reinforced the administration's conviction that fighting inflation remains the Nation's number one economic priority. The administration will continue to emphasize a policy of budgetary restraint. Enactment of effective national energy legislation to reduce dependence on foreign oil is vital to long-term success in this effort. The administration believes that success in reducing inflationary pressures will lead in due course both to lower rates of price increases and to lower interest rates."

●図5-1-2　1970年代前半の日本の経済・金融情勢
（前年比、％）

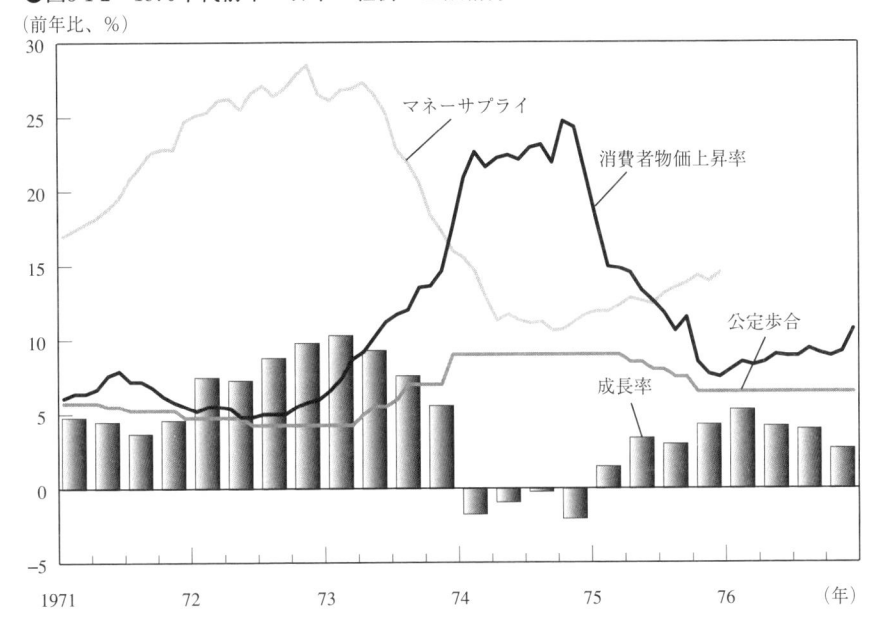

グラフ中のラベル：マネーサプライ、消費者物価上昇率、公定歩合、成長率

　この時期のインフレ高進の原因を考える際には、以下の点が重要である。第1に、為替レートを固定することのマクロ経済的な帰結への認識が希薄であった。内外にインフレ率格差があるなかで、為替レートを固定することはペッグ相手国である米国の高いインフレを輸入することを意味するが、近代経済学者グループによる政策提言を除けば、そうした基本的な政策論が主張されることは少なかった（為替レートと金融政策に関する議論は第14章参照）。

7　1972年10月の国会での総理の所信表明演説では、以下のように述べられている。
　「物価、特に消費者物価の安定は、国民生活の向上にとって必要不可欠の条件であります。従来から中小企業、サービス業等の低生産性部門の構造改善、生鮮食料品を中心とした流通機構の近代化、輸入の促進、競争条件の整備などの施策が進められてきました。しかし、なお努力を要する点のあることも事実であります。今後とも、総合的な物価対策を推進するとともに、消費者の手にする商品の安全性の確保など消費生活上の質的問題についても万全を期してまいります」

8　小宮（1988a）は以下のように述べている。
　「政府・日銀が意図的にインフレ政策をすすめたというのは言いすぎであろう。その当時でも、インフレが望ましくないものであるという考え方は、国民の間に広く強固にゆきわたっており、政府も日銀もインフレの抑制が経済政策の重要な課題の一つであることは十分認識していたと思われる。（中略）むしろ政府も日銀も優柔不断で、依然として円再切り上げの回避を最重要の政策目標と考え、スミソニアン・レートを放棄する決断ができず、一方では物価がそれほど上昇しないことを願い、他方では国際収支の黒字が縮小することを願って、成算もなくずるずるとスミソニアン・レート維持、金融超緩和の政策を続けたとみるべきであろう」（49頁）

第2に、政府の対応如何によって金融政策運営に大きな影響が生じている。政府内では当初金融引き締めに対して強い反対が存在し、金融引き締めへの転換は遅れた。その後、実際にインフレが高進してからは、政府は強力な引き締めをサポートする側に回っているようにみえる。金融政策の基本的な運営方針について政府の理解があるかどうかは、金融政策に大きな影響を与えていたようにみえる。第3に、マネーサプライの異常に高い伸びに対する警戒感があまり表明されていない。マネーサプライ（M2）の前年比増加率は1971年11月には28.5％という高い伸びを記録したが、当時、マネーサプライの高い伸びに対して警告を発したエコノミストや経済学者は少なかった[9]。

日本のバブル期以降の経験

　1985年9月のプラザ合意後、為替レートは急激に円高に向かい、これに伴う景気後退に対処して累次にわたる金融緩和政策がとられ、公定歩合は1987年2月には当時としての既往最低水準である2.5％にまで引き下げられた。景気は1986年秋頃から回復に転じ[10]、87年頃からは次第に過熱の様相を呈すると同時に、地価・株価が急激に上昇し、マネーサプライ・信用も大幅に膨張した。いわゆるバブル経済の拡大である（第20章参照）[11]。

　日本銀行はそのような状況に対し強い警戒感を有していたが、物価が安定状態を続ける下で、金利引き上げに対しては理解を得られず、日本銀行が金利引き上げに踏み切ったのは、1989年5月であった。

　景気や資産価格のピークをみると、景気は1991年初め、株価（日経平均株価）は1989年12月末、地価（市街地価格指数）は1990年9月であった。その後、バブルの崩壊に伴い、景気は長期にわたって低迷するとともに、不良債権の大幅な増加から金融システムが不安定化した。しかし、1990年代初頭の時点では、バブル崩壊が経済に及ぼす深刻な影響を的確に予測した予測機関やエコノミストは非常に少なかった（第10章参照）。事後的にみて予測が楽観的であったという点では、政府も日本銀行も同様であった。

　1990年代以降の日本経済の長期にわたる低迷の背景は複雑であり、バブルの崩壊は低迷の唯一の原因ではないが、バブルとその崩壊が日本経済の低迷

9　小宮（1988a）は、以下のように述べている。
　「1973年～74年のインフレーションを引き起こした責任の大部分は、金融政策当局（日本銀行）にある。（中略）インフレとの関連では、72年後半の為替政策が大きな失敗であった。第2次フロートへの移行が半年早く行なわれ、同時に金融政策がもっと速やかに引き締めに展開していたならば、事態は著しく異なっていただろう。したがってインフレをひき起した責任の何割かは、為替政策当局（大蔵省、とくに国際金融局）にある」（58～59頁）
10　政府の景気基準日付によると、景気の谷は1986年11月である。
11　翁・白川・白塚（2001）参照。

をもたらす大きな要因のひとつであったことは間違いない。金融政策の運営上、資産価格の上昇にどのように対処すべきかという点については、現在なお意見の一致はみられない。しかし、バブルとの関係を措いて、景気の過熱を考えると、金融政策はもう少し早めに引き締め方向に転換すべきであったというのが現在の大方の評価であろう。

それでは、金融引き締め政策への転換はなぜ遅れたのであろうか。当時のエコノミストや国際機関の議論、マスコミの論調をみると、金融引き締めに対しては非常に否定的であった（第20章BOX１参照）が、その背景をたどっていくと、第１に物価が安定していたことが挙げられる（図5-1-3）。第２に、米国との貿易摩擦が激化するなかで、内需拡大を通じる経常収支黒字圧縮の必要性が強く意識されていたことである。第３に、世界最大の債権大国として「国際政策協調」が重要であり、日本が利上げを行って政策協調を乱すことは不適切であるといった議論が有力であったことも指摘できる。

●図5-1-3 バブル期の物価上昇率と成長率の推移

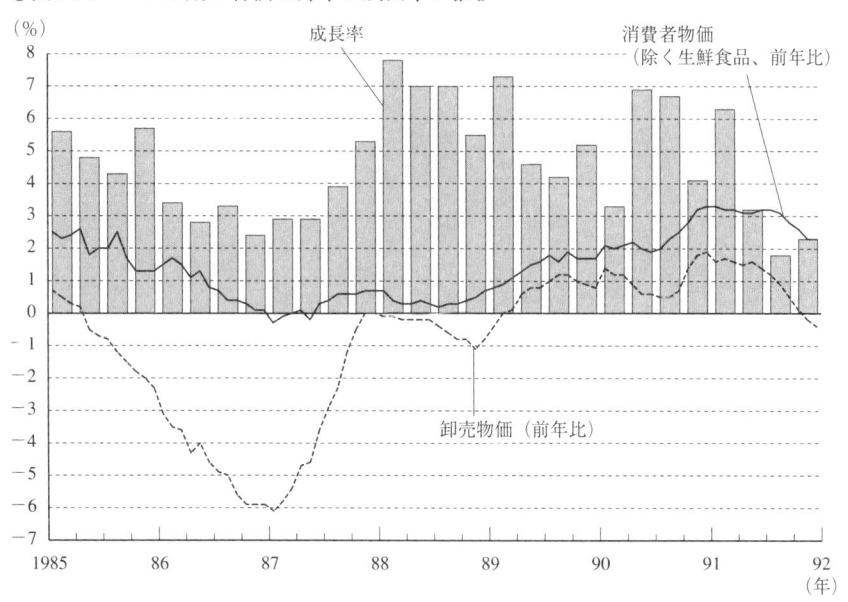

（出所）内閣府、日本銀行

5-2. 金融政策運営の制度設計
「失敗」の原因

　過去の金融政策運営に対する評価にはある程度の時間の経過が必要である。また、経済の状態の好不調には金融政策以外の要因の影響も大きいことから、マクロ経済のパフォーマンスの違いを金融政策だけで説明することも適切ではない。このような留保条件を述べたうえで、以下では金融政策の失敗の原因について考察しよう。金融政策の失敗の原因に関する議論は、2つのタイプに分けられる（以下の議論はRomer and Romer, 1996に負うところが大きい）。

　第1のタイプの議論は、短期的な利害と長期的な利害が衝突する結果、短期的な利害が優先されることに失敗の原因を求めるものである。経済理論の用語を借りると、動学的非整合性（dynamic inconsistency）あるいは、時間的非整合性（time inconsistency）の問題である（Kydland and Prescott, 1997）。例えば、インフレと失業の間に長期的なトレードオフ関係は存在しないことを知っているにもかかわらず、目先の失業率低下を優先する誘惑に駆られて拡張的金融政策を採用し、結果的にインフレ率が上昇するケースがこれに該当する。

　第2のタイプの議論は、そもそも正しい金融政策に関する知識が不足していることに失敗の原因を求めるものである。知識の不足によって失敗が生じるケースは様々であるが、そうしたケースとしては、経済学者や政策当局者を含め、そもそも社会全体として正しい金融政策についての知識が不足していたために、金融政策の運営に失敗するケースが挙げられる。例えば、前述のように、1960年代までは経済学者の間でも、インフレと失業の間にはトレードオフ関係があるというのが支配的な見解であった。もうひとつのケースとしては、経済学者は正しい金融政策を認識していたが、中央銀行の知識が不十分であったため、金融政策の運営を誤るケースが挙げられる。これは正しい経済理論が政策当局に浸透するまでのタイムラグに起因する失敗である。例えば、インフレと失業の間に長期的なトレードオフ関係は存在しないことが次第に学界の支配的な意見になりつつあるときに、中央銀行がそうした最先端の理論動向を知らなかった場合の失敗がこれに該当する。最後のケースとしては、中央銀行は正しい金融政策を認識していたが、政府や国民、あるいは経済学者の知識が不完全であるために支持が得られず、金融政策の運営に失敗するケースである。

　金融政策の失敗の原因として、上述のいずれのケースが多いのであろうか。

「時間的非整合性」は、長期的な帰結を認識しているにもかかわらず目先の利益を追求する行動である。これは関係する様々な主体のインセンティブの構造に起因する問題である。もし、これが失敗の原因であるとすれば、金融政策の運営に関するガバナンス・メカニズムを工夫し、金融政策の運営主体が長期的な観点から金融政策を運営することが可能となるように制度を設計することが重要となる。一方、「知識の不完全性」は、そもそも長期的な帰結自体を正しく認識していないことに起因する問題である。もし、これが金融政策の失敗の原因であるとすれば、金融政策を運営する組織に専門的知識が蓄積されるように制度を設計することが本質的に求められる要件となる[12]。

　実際には「時間的非整合性」と「知識の不完全性」は関連しており、金融政策の失敗には両方の要素が存在している。確かに「時間的非整合性」の議論が強調するように、人間には長期的帰結を無視して短期の利害を追求するという傾向がみられることは事実である。しかし同時に、長期的には望ましくない結果をもたらすことを知っているにもかかわらず、単純に短期的利益だけを追求し続けるほど人間が非合理であると考えるのも説得的ではない。短期的利益を追求しているようにみえる行動も、短期的利益と比較すべき長期的利益（損失）についての知識自体が不足していることに起因するケースが多い。経済の現状や先行きを予測するとともに金融政策の長期的帰結を認識するためには、多くの時間と労力を投入する必要があるが、通常はそうしたコストをかけてまで知識を習得するインセンティブは働きにくい。その結果として、短期の利益が追求されるケースも多いと考えられる。

　金融政策の失敗を議論する際に取り上げられることの多い「政治的圧力」の影響については、どのように考えるべきだろうか。各国の金融政策の失敗の歴史を振り返ると、そうした政治的な圧力がなければ、現実の金融政策の展開は明らかに異なっていたと考えられるケースは多い。少なくとも政府首脳が金融引き締めに対し強い反対の意思を明らかにするケースとそうでないケースを比較すると、中央銀行にとって前者のほうが物価安定を目標とした金融政策の運営が行いやすいことは明らかである。そのことを指摘したうえで、そうした「政治的圧力」の背後にある国民の意識についても考える必要

12　中央銀行の独立性という考え方が正確にいつ頃から登場したかはわからないが、第1次世界大戦後の欧州で中央銀行の独立性という考え方が出てきたように思われる。例えば、1922年のジェノア国際経済会議の決議事項においては、「銀行、特に発券銀行は政治的中立性を維持すべきである」との提言がなされている（日本銀行金融研究所, 2000）。中央銀行の独立性の根拠を議論した経済学者の文献は数多いが、Blinder (1996) は中央銀行の独立性についてバランスのとれた考察を行っている。独立性に関する法律的な観点からの議論については、日本銀行金融研究所（2000）が参考になる。

がある。金融政策は最終的に国民の生活に大きく影響するものであり、「政治」は最終的には選挙民である国民の声を反映している。この点で、目に見えやすい短期的な動きに比べ金融政策の長期的な帰結はわかりにくい。そのため、長期的な帰結について必ずしも十分に認識されないまま世論が形成されることをどのように防ぐかは、重要な論点である。ちょうど、患者が手術を受ける前に医者から手術の内容や危険について十分に知らされたうえで、手術を受けることに同意（インフォームド・コンセント）することが重要であるのと同様に、金融政策についても長期的な帰結を十分に認識したうえで世論が形成されるかどうかが重要である。

中央銀行の独立性を設計する思想

　金融政策の失敗の原因を以上のように整理すると、適切な金融政策が行われるための制度設計にあたっては、以下の2つの観点が重要になる。

　第1に、金融政策は短期的な利害に影響されずに長期的な視点に立ち、責任をもって決定される必要がある。責任の所在が明確でないと、主体的に決定することができなくなる。また、組織も、その組織を構成する人間も、自覚が生まれず、結果として政策を誤る危険性が高くなる。そのために、金融政策の決定を中央銀行に委ね、長期的な視点に立った意思決定と整合的になるように、中央銀行の組織や意思決定に関する制度設計を行うとともに、政府や議会（国会）との関係についても、短期的な利害に基づく圧力がかからないように法的枠組みを設計することが重要となる。

　第2に、金融政策は、専門的な知識に基づいて決定される必要がある。そのためには、中央銀行に専門的知識が不断に蓄積されていくような制度の設計や運営を行うことが重要となる。この点も、自らの判断で金融政策を決定し、失敗すると批判を受けるという関係があるからこそ、専門的知識を蓄積するインセンティブが生まれる。また、これを確実にする。

　中央銀行の独立性とは、以上の2つの考え方を背景とするものである。一般に中央銀行の独立性の問題が議論される際には、前者の観点が強調されることが多い。確かに前者の観点は重要であるが、後者の視点も同様に重要である。実際、金融政策をめぐる過去の経済政策の展開を振り返ってみても、経済のメカニズムに関する人間の知識は限られていることを思い知らされることが多い。景気と物価のトレードオフの議論の変遷が示すように、ある時点で支配的であった経済理論が、時間の経過とともに他の経済理論に置き換わっていくことは決して稀ではない。また、経済・金融構造の変化を反映して、現実のデータに基づいて現状を判断し先行きを予測する作業に求められ

るスキルも絶えず変化していく。イングランド銀行のキング総裁は、この点を以下のような言葉で表現している[13]。

"Since we cannot hope to describe *ex ante* what it is we expect to learn, and since new ideas are unlikely to be uniformly recognised and instantly accepted, it may be sensible to delegate both the immediate policy decision and the process of learning to the same institution."

言い換えると、中央銀行の独立性を支える実体的な条件は、専門的な知識を不断に蓄積し、それに基づいて的確な判断を下せる能力である。

5-3. 独立性の意味

「中央銀行の独立性」(central bank independence, central bank autonomy) とは、一般的には「金融政策を決定する権限が中央銀行にあり、中央銀行の決定がそれ以外の主体の判断によって覆えることはない」という意味で使われる[14]。言い換えると、中央銀行に独立性がないということは、政府が金融政策を決定する、あるいは中央銀行が金融政策を決定する場合でも、政府の承認が必要である状態をいう。そのように定義した場合、1980年代において独立性を有していたのは、主要国では米国のFRB、西ドイツ(当時)のブンデスバンク、スイスのスイス国民銀行等、限られた中央銀行であった。その後、1990年代に入って多くの国(地域)で中央銀行に独立性が与えられるようになった。すなわち、日本については1998年4月に施行された新日本銀行法で、「日本銀行の通貨及び金融の調節における自主性は、尊重されなければならない」と規定され、金融政策の独立性が与えられるようになった[15]。欧州では1992年にマーストリヒト条約が調印され、1999年には欧州中央銀行が業務を開始した。この結果、従来は中央銀行の独立性が低かった欧州諸国(フランス等)においても、独立性を有した中央銀行である欧州中央銀行によって金

---

13 King(2004)参照。
14 中央銀行制度に関するIMF(国際通貨基金)の文献では、central bank independenceという言葉に代えて、central bank autonomyという言葉が使われることが多い。
15 日本銀行法改正以前は、国会における大蔵大臣演説でも、以下のような表現で金融政策に関して言及されることが通例であった。
 「金融面では、現在我が国の公定歩合は依然として極めて低い水準にあり、また、量的にも緩和された状況にあります。今後とも、金融政策の運営につきましては、内外の経済動向及び国際通貨情勢を注視しつつ、適切かつ機動的に対処してまいる所存であります」(1989年2月、通常国会における大蔵大臣による「財政演説」)
16 欧州中央銀行はドイツのブンデスバンクに範をとって独立性が付与された。そこに至るプロセスについては、独立性という考え方を支持する国(ドイツ等)と否定的な国(フランス等)の間の交渉を含め、Tietmeyer(2005)が参考となる。

融政策が運営されるようになった[16]。英国でも1998年の法改正により、イングランド銀行に独立性が与えられた。さらに、エマージング諸国でも金融為替危機の経験を経て、中央銀行の独立性が強化された（BOX参照）。

BOX　中央銀行の独立性指数

中央銀行の独立性強化に対する認識の高まりを背景に、中央銀行の独立性の程度を中央銀行の独立性指数というかたちで定量化し、これとその国の経済パフォーマンスとの関係について実証研究が行われるようになっている[17]。中央銀行の独立性指数は、独立性という観点からみてどのような側面を重視するか、どのような制度設計が望ましい[18]かによっていくつかの指数が考案されており、絶対的な尺度があるわけではない。また、独立性指数の水準についても、研究者の主観を反映して各項目に関する現状評価が異なっているためバラツキがある。

最近の中央銀行制度改革の動きまでカバーした独立性指数としてArnone, Laurens, and Segalotto（2006）の指数をみると（表1）、OECD加盟国の中央銀行の独立性は1991年と2003年の間に大幅に高まっている。独立性の程度を先進国、エ

●表1　OECD加盟国中央銀行の独立性指数

	エマージング諸国	発展途上国	OECD加盟国	OECD加盟国
	2003年	2003年	2003年	1991年
political autonomy	3.75	3.40	6.10 (8.0)	2.90 (3.0)
economic autonomy	5.50	5.80	6.50 (5.9)	4.70 (4.0)
総合指数	9.25	9.20	12.60 (13.9)	7.60 (7.0)

（注）1. political autonomyとは、総裁の任命主体（中央銀行委員会、政府等）、総裁の任期（6年以上、5年以下）、金融政策の決定権限（政府も部分的に権限を有するか否か）、金融政策の目的（物価安定以外の目的の有無）、政府と意見の対立が生じた際の処理等の観点からみた独立性の評価。economic autonomyとは、政府に対する直接的な信用供与の可否、信用供与の上限設定等の観点からみた独立性の評価。
　　2. （　）内はユーロエリア内の中央銀行。
（出所）Arnone, Laurens, and Segalotto（2006）

---

[17] 藤木（1998）、第5章参照。
[18] ただし、通常計算される独立性指数は金融政策の意思決定に焦点を当てたものが多く、他の政策や業務、組織運営、予算等の独立性の定量化について確立した方法論があるわけではない。例えば、日本銀行法では日本銀行の業務や組織運営、予算等の面で、大臣による認可、承認を定めた規定があるのに対し、FRBやECBについては、そうした規定はないが、通常の独立性指数はそうした側面はカバーされていない。

●図1　OECD加盟国中央銀行の独立性指数

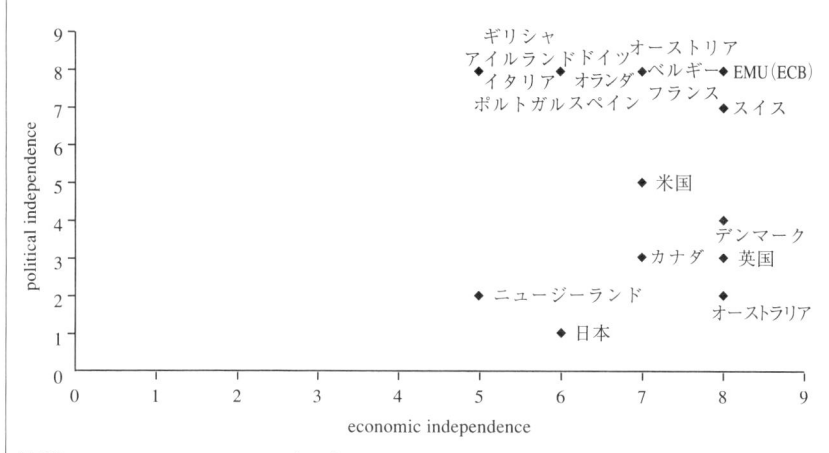

```
9
8       ギリシャ        オーストリア
        アイルランド ドイツ
        イタリア オランダ ベルギー  EMU（ECB）
7       ポルトガル スペイン フランス
                              スイス
6
5                  ◆ 米国
4                              デンマーク
3                    ◆ カナダ  ◆ 英国
2         ◆ ニュージーランド
1              ◆ 日本          オーストラリア
0
 0  1  2  3  4  5  6  7  8  9
          economic independence
```

political independence（縦軸）

（出所）Arnone, Laurens, and Segalotto（2006）

（参考）political autonomy指数の比較

	日本銀行	FRB	欧州中央銀行
総裁が政府以外によって任命される[19]			○
総裁の任期が5年超である			○
委員会メンバーが政府以外によって任命される			○
委員会メンバーの任期が5年超である			○
委員会への政府の出席がない		○	○
金融政策の変更に政府の承認が不要		○	○
中央銀行は複数目的の中のひとつとして物価安定の追求を求められている	○	○	○
政府と意見が対立した場合に、中央銀行の立場を強める法的保護規定が存在する		○	○
総合点	1	4	8

（出所）Arnone, Laurens, and Segalotto（2006）

19 どのような任命方法が望ましいかは、その国の統治制度にも依存し一律的な解はないが、Arnone, Laurens, and Segalotto（2006）をはじめ、中央銀行の独立性指数に関する研究では、独立性が高い順に、中央銀行の委員会による決定、立法府による任命、政府による任命、政府を構成する省による任命が挙げられることが多い。

マージング諸国、発展途上国とで比較すると、エマージング諸国、発展途上国における中央銀行の独立性は、OECD加盟国の現在の水準と比べると低いが、1991年当時のOECD加盟国の水準よりは高い。また、主要国中央銀行の中では、欧州中央銀行やスイス国民銀行の独立性が高い（図1）。

　経済学者は独立性指数を使って、独立性指数の水準とインフレ率の関係について分析を行っており、概していえば、独立性指数の高い国ほどインフレ率が低いという結論が導き出されている。この場合、独立性の高い中央銀行が良好な経済パフォーマンスをもたらしているという解釈も可能であるが、他方、物価の安定を重視する国民や政府の意思が中央銀行の独立性強化の立法となって表れ、その下で、中央銀行が物価安定を重視した金融政策を運営しているという解釈も可能である。著者には後者の解釈のほうが実態に即しているように思われる。

目的の独立性と手段の独立性

　中央銀行に独立性があるということは、中央銀行が何の制約もなく自由に行動できるということを意味するものではない。金融政策の目的は議会の審議を経て、中央銀行法で明確に規定されている。日本銀行の場合でいうと、「物価の安定を通じて国民経済の健全な発展に資する」という表現で、金融政策の目的が明確に定められている。その意味で、「目的の独立性」（goal independence）と「手段の独立性」（instrument independence, operational independence）という2つの独立性の概念を明確に分けて考える必要がある。

　「目的」という言葉は、金融政策の「目的」（goal）という意味で使われることもあるが、「具体的な目標」（target）という意味で使われることもある。現在、どの国の中央銀行も法律で金融政策の目的は規定されており、その意味では、「目的の独立性」を有している中央銀行は存在しない。一方、「具体的な目標」（target）という意味では、各国の対応は異なっている（表5-3-1）。この点で、インフレーション・ターゲティングを採用している国の対応をみると、3つのケースが存在する。第1は英国のように、政府が目標物価上昇率を決定するケースである。第2はカナダのように、政府と中央銀行が共同して目標物価上昇率を決定するケースである。第3はスウェーデンのように、中央銀行が目標物価上昇率を決定するケースである。この間、ユーロエリア、スイスは物価安定の数値的定義を中央銀行が公表している。日本も中央銀行が「中長期的な物価安定の理解」を公表している。また、米国のように、目的は議会が決定したうえで、目的の具体的な運用は中央銀行に委ねられている国もある。その意味で、独立性の問題を議論する際には、「目的」（goal）、

●表5-3-1　目標物価上昇率の設定主体

	政府	政府・中央銀行	中央銀行
オーストリア		○	
ブラジル	○		
カナダ		○	
チリ			○
コロンビア			○
チェコ		○	
ハンガリー		○	
アイスランド		○	
インドネシア		○	
イスラエル	○		
韓国		○	
メキシコ			○
ニュージーランド		○	
ノルウェー	○		
ペルー			○
フィリピン		○	
ポーランド			○
ルーマニア		○	
スロバキア		○	
南アフリカ		○	
スウェーデン			○
タイ			○
トルコ		○	
英国	○		
（参考）			
ユーロエリア			○
日本			○
スイス			○

（注）ユーロエリア、スイスは物価安定の「数値的定義」、日本は「中長期的な物価安定の理解」。
（出所）Heenman,Peter,and Roger（2006）

「具体的目標」（target）、「手段」（instrument）を明確に分けることが必要である。いずれにせよ、「具体的な目標」ないし、物価安定の数値的定義の公表の仕方は国によって異なるが、政府が単独で行っているケースは少なく、政府と中央銀行が共同で設定するか、中央銀行が単独で設定するケースが多い。

民主主義と中央銀行の独立性との関係
　中央銀行の総裁、あるいは中央銀行の委員会メンバーは国民の選挙で選ばれているわけではないが、以下で述べるように、中央銀行は当然のことなが

ら民主主義に基づくコントロールに服する組織である。実際、中央銀行に独立性を付与する場合も、民主主義に基づくコントロールを十分に意識したうえで、注意深く制度設計が行われている[20]。

第1に、中央銀行の行う金融政策の目的は、選挙で選ばれる国民の代表から成る議会で定められる法律において、明確に規定されている。第2に、中央銀行の総裁や委員会メンバーについては、政府や議会が任命し、民主的にコントロールされている[21]。第3に、中央銀行制度について法律で規定しているということは、法律を改正すれば中央銀行制度を変えられることを意味しており、当然のことながら、中央銀行の独立性は絶対的なものではない[22]。第4に、中央銀行は様々なかたちでアカウンタビリティー（後述）を果たすことが求められている。中央銀行の場合、アカウンタビリティーを果たす最も重要な手段は、金融政策の決定や決定に至る判断の根拠、プロセスを国民に対し明確な言葉で説明すること、すなわち、透明性を確保することである。

5-4. 独立性を支える仕組み

前節では、中央銀行が金融政策を適切に運営するための制度設計として長期的な視点に立った金融政策の決定を容易にすることと、専門的知識が蓄積されるようにすることの重要性を述べたが、以下では、そのような観点から、現実の中央銀行制度やその運用について説明する。

総裁と委員会メンバーの任命

中央銀行の行う金融政策は国民生活に大きな影響を与えるものであることから、独立性の趣旨、すなわち、中長期的な観点から専門的知識に基づいて金融政策を運営するという趣旨を踏まえたうえで、中央銀行の行動を民主的にコントロールしなければならない。この点で最も重要なことは総裁や中央銀行の委員会メンバーの任命である。任命の具体的な手続きは国によって異なるが、総じてみると、政府による任命を基本としつつ、中央銀行自身も選任のプロセスに関与するという法的枠組みが採用されているケースが多い。

---

20 Blinder (1996)、Meyer (2000) 参照。
21 この点に関しては、憲法第65条（「行政権は、内閣に属する」）との関係が議論される。日本銀行法改正を議論した中央銀行研究会の報告書（1996）では、「日本銀行の独立性と憲法の関係については、物価の安定のための金融政策という専門的判断を有する分野においては、政府からの独立性を認める相当な理由があり、人事権等を通じた政府のコントロールが留保されていれば、日本銀行に内閣から独立した行政的色彩を有する機能を付与したとしても、憲法65条等との関係では違憲とはいえない」としており、「日本銀行が内閣の統制下にあるというためには、内閣が予算権を把握していなければならない」という考え方はとられていない。
22 改正の難易度は独立性が法律的にどのレベルで規定されているかにも依存する。欧州中央銀行の場合は、加盟国間の条約によって規定されているため、その分、法的な安定度は高いとみられている。

■ **日本** 政策委員会メンバー（総裁、副総裁、審議委員）は衆議院および参議院の同意を得たうえで、内閣が任命する（日本銀行法第23条）。

■ **米国（FOMC）** FOMCメンバーのうち、FRB理事は大統領が指名し、上院の助言と承認を経て任命される。FOMCの構成メンバーのうち、地区連銀総裁（12名）については各地区連銀の取締役会が任命し、FRBが承認するという手続きがとられており、政治任命の仕組みはとられていない[23]。

■ **欧州中央銀行** 金融政策は本部理事会メンバー（6名）および各国中央銀行総裁から成る政策理事会（governing council）で決定される。本部理事会メンバーは欧州中央銀行理事会の推薦を経て欧州理事会が任命するが、任命にあたっては欧州中央銀行の政策理事会と欧州議会の意見を事前に徴する（consult）ことが求められている（マーストリヒト条約第109条）。各国中央銀行総裁の任命は各国の国内法制による。

■ **イングランド銀行** 金融政策を決定する委員会（MPC）の構成メンバー9名のうち、総裁、副総裁は国王の任命、4名の外部委員は大蔵大臣の任命であり、議会の承認は必要とされていない。残り2名は金融政策分析担当理事と金融市場調節担当理事となっており、イングランド銀行総裁が大蔵大臣との協議（consultation）を経たうえで任命している。

●表5-4-1　中央銀行委員会メンバーの任期

	法定任期	再任の可否
日本銀行（政策委員会）	5年	可
FRB（FOMC）	理事は14年	禁止（前任者の残り任期を務めた後の任命は可能）
	FRB議長としての任期は4年	可
	地区連銀総裁の任期は5年	可
欧州中央銀行	本部理事会の理事は8年	禁止
	各国中央銀行総裁5年以上（各国の国内法政による）	
イングランド銀行（MPC）	総裁、副総裁は5年。それ以外のメンバーは3年	外部委員は禁止

23　地区連銀の取締役会は3つのクラス（A、B、C）の取締役各3名、合計9名から成り、クラスAは連邦準備制度加盟銀行から選ばれ、クラスBとCは公益代表である。このうち、クラスAとBは加盟銀行が選任し、クラスCはFRBが任命する。

委員の任期

　金融政策を決定する委員会のメンバーの任期が短いと、長期的な観点からの金融政策運営を行いにくくなる。また、専門的知識の蓄積という観点からも、ある程度長い任期が必要である。このような配慮から、多くの中央銀行では委員会メンバーの任期は長めに設定されている（表5-4-1）。任期の長さとは別に、任期の分散も重要である。委員の任期が同時に到来すると、その時点で金融政策が非連続的に変化する危険があるため、多くの中央銀行では、委員は任期満了時期がずれるように任命されている（staggering）。海外主要国と比較すると、日本は、委員会メンバーの任期はやや短いほうに属する。また、総裁と副総裁の任期が同時に到来するという点で、海外主要国とは異なる制度となっている。

解任事由の限定

　金融政策を決定する委員会メンバーは、政府と意見を異にするという理由で解任されないことが、独立性を担保するうえで重要である。日本銀行法に則していうと、第25条において、あらかじめ定められた事由を除き、「在任中、その意に反して解任されることがない」ことが規定されている[24]。

政府に対する直接的な与信の禁止

　中央銀行が自らのバランスシートの大きさを自由にコントロールできないと、金融政策の運営に失敗する可能性がある。この点、政府に対する直接的な与信の途が開かれていると通貨の過剰発行に陥る危険があることから、そうした危険を未然に防ぐため、直接的な与信は禁止されている。日本の場合、日本銀行法第34条の規定により、財政法第5条の但し書きに基づく国債の応募・引き受けおよび政府短期証券の応募・引き受けが認められている。財政法第5条は、国債の日銀引き受けを禁止するとともに、「特別の事由がある場合において、国会の議決を経た金額の範囲内」で引き受けることを認めている。現在、日本銀行による引き受け実績があるのは、長期国債オペ（第8章参照）で買い入れた国債の満期到来時の借り換えと、政府の外国為替市場介入の原資を調達する際の政府短期証券の限定的な引き受け等である（第16章参照）[25]。

予算・財務面の独立性

　金融政策は具体的なバンキング業務を通じて実行される。また、金融政策

---

[24] 日本銀行法では、「破産手続開始の決定を受けたとき」「禁錮以上の刑に処せられたとき」「心身の故障のため職務を執行することができないと委員会により認められたとき」などが規定されている。

[25] 「対政府取引に関する基本要領」（1999年3月26日、日本銀行政策委員会決定）参照。

と金融政策以外の政策や業務とをはっきりと区別することは難しい（第１章参照）。このため、中央銀行の独立性は狭義の金融政策の意思決定に関する独立性だけでは実効性を欠くと考えられており、中央銀行の業務や組織運営、財務、予算についても独立性が重要な要素として位置付けられている[26]。

■ **予算の独立性**　中央銀行の運営には様々な経費が必要となる。金融政策に直接関係する経費はそれほど多くないが、人件費、建物、決済システムの開発・運営費、銀行券の発行・回収関連の費用をはじめ、様々な費用を要する。これらの予算について政府の承認が必要であると、金融政策の独立性を維持できなくなるおそれが生じる。このような配慮から、海外主要国の中央銀行は予算の独立性を有しており、中央銀行は自ら予算を作成し、議会や政府による予算承認は必要とされていない[27]。日本銀行の場合は、予算について財務大臣の認可が必要とされているが、金融政策の経費に関する予算については認可の対象外とされている（日本銀行法第51条）[28]。

■ **出資者**　無資本の中央銀行も存在するが、多くの中央銀行は自己資本を有している[29]。日本銀行は55％が政府出資、残り45％が民間出資である。米国の地区連銀は加盟民間銀行が出資者である。欧州中央銀行は加盟国の中央銀行が出資者である。

■ **自己資本の水準**　中央銀行が金融政策を独立した判断で行うためには、一定程度の自己資本が必要である。その第１の理由は、財務的に政府に依存せざるを得なくなると、仮に中央銀行の金融政策がそのことによって影響を受けない場合でも、市場参加者や国民が中央銀行の適切な政策遂行能力に疑念をもつ可能性があるからである。第２に、債務超過になっても政府から自動的に補填がなされるという制度が用意されていると、金融政策だけでなく、それ以外の業務についても、中央銀行の政策運営や経営規律が甘くなる可能

26　Mikitani and Kuwayama（1998）は以下のように述べている。
　"The fashion for endorsing central bank 'independence' has captured academic and journalistic attention in recent years, but the public discussion has focused almost entirely on the narrow area of monetary policy.（中略）Attempting to separate 'monetary policy' from other responsibilities of the central bank ultimately leads to contradiction and ambiguity that undermine the legislation's purpose of setting a clear mandate for an independent and accountable central bank."（pp.6-7）

27　例えば、FRBでは予算は連邦政府予算の付属書に掲載されており、議会承認の対象とされていない。

28　日本銀行法第51条第２項では、「財務大臣は経費の予算を認可することが適当でないと認めるときは、速やかに、その旨及びその理由を日本銀行に通知するとともに、当該提出に係る経費の予算の詳細及び当該理由を公表しなければならない」ことが規定され、第３項では、日本銀行は「財務大臣に対し意見を述べ、又は必要に応じ当該意見を公表することができる」と規定されている。

29　中央銀行にとっての自己資本の意味については、福井（2003）、植田（2003）を参照。主要国中央銀行の会計処理に関する事実を含め、古市・森（2005）は広範な論点をカバーしている。

性がある。因みに、アジアのエマージング諸国の中央銀行は為替市場で外貨の多額の介入を行っているが、自国通貨の為替レートが上昇した場合の損失処理をどのように行うかは、中央銀行の独立性との関係では微妙な問題をはらんでいる。もちろん、中央銀行は目的遂行上必要があるときには短期的に損失が生じる可能性があってもその政策を実行しなければならないし、また、通常は債務超過というような事態は予想されない。その意味で、中央銀行の自己資本は決して多額である必要はないが、国民の信認を維持するために一定水準の自己資本は必要となる。日本銀行の自己資本比率（自己資本を銀行券の平均残高で除した比率）は欧州中央銀行と比較するとやや低く、FRB、イングランド銀行と比較するとやや高い水準にある（表5-4-2）。

●表5-4-2　主要国中央銀行の自己資本比率

(単位：%)

	日本 (日銀)	米国 (FRB)	英国 (BOE)	欧州 (ECB単体)	(ECB統合)	(主要NCB)			
						独	仏	伊	蘭
1999年	4.5	1.9	2.3	6.7	6.9	2.1	1.9	5.6	6.9
2000年	4.3	2.3	2.2	5.9	6.9	2.0	2.2	6.8	9.0
2001年	3.7	2.2	3.3	6.6	7.8	2.1	2.4	7.1	10.6
2002年	3.7	2.3	3.0	5.4	8.1	2.1	2.1	9.0	9.7

(出所) 植田(2003)

■　**中央銀行の利益処分**　中央銀行の利益処分については、政府との間の調整を通じて恣意的な運営がなされないように、国庫納付についてあらかじめ一定のルールが設けられていることが多い。日本銀行の場合は、自己資本の水準として自己資本比率を10％の概ね上下2％の範囲となるように運営することが定められている（日本銀行会計規定）[30]。

5-5.　政府の経済政策との関係

　中央銀行の行う金融政策は一国の経済に大きな影響を与える。その意味で、金融政策と政府の経済政策の関係が問題になる（第16章参照）。この点については、物価安定を目的とする中央銀行の判断と、他の経済政策を追求する政府の意見が異なる場合の調整の仕方が問題となる。この点に関する法的な枠組みについて各国中央銀行法の規定の仕方でみると（表5-5-1）、日本の場合は、

30　米国の連邦準備銀行の場合は、当期剰余金から、準備金の積み立ておよび出資者への配当(払込済資本金の6％相当額)を控除した残額を国庫に納付する。準備金については払込済資本金と等しい額まで積み立てるルールとなっている(古市・森, 2005)。

●表5-5-1　中央銀行の金融政策と政府の経済政策との関係

日本銀行（日本銀行法）	（日本銀行の自主性の尊重及び透明性の確保） 第3条　日本銀行の通貨及び金融の調節における自主性は、尊重されなければならない。 2　日本銀行は、通貨及び金融の調節に関する意思決定の内容及び過程を国民に明らかにするよう努めなければならない。 （政府との関係） 第4条　日本銀行は、その行う通貨及び金融の調節が経済政策の一環をなすものであることを踏まえ、それが政府の経済政策の基本方針と整合的なものとなるよう、常に政府と連絡を密にし、十分な意思疎通を図らなければならない。
FRS（The Federal Reserve System Purposes and Functions,〈pp.2-3〉）	The Federal Reserve System is considered to be an independent central bank because its decisions do not have to be ratified by the President or anyone else in the executive branch of government. The System is, however, subject to oversight by the U.S. Congress. The Federal Reserve must work within the framework of the overall objectives of economic and financial policy established by the government; therefore, the description of the System as "independent within the government" is more accurate.
欧州中央銀行（マーストリヒト条約 Article 107）	When exercising the powers and carrying out the tasks and duties conferred upon them by this Treaty and the Statute of the ESCB, neither the ECB, nor a national central bank, nor any member of their decision-making bodies shall seek or take instructions from Community institutions or bodies, from any government of a Member State or from any other body. The Community institutions and bodies and the government of the Member States undertake to respect this principle and not seek to influence the members of the decision-making bodies of the ESCB or the national central banks in the performance of their tasks.
イングランド銀行（Bank of England Act 1998, PART II, Monetary Policy）	10　Operational responsibility The Treasury may from time to time give such directions to the Bank as, after consultation with the Governor of the Bank, they think necessary in the public interest, except in relation to monetary policy. 11　Objectives In relation to monetary policy, the objectives of the Bank of England shall be- (a) to maintain price stability, and subject to that, to support the economic policy of Her majesty's Government, including its objectives for growth and employment.

　日本銀行法第3条で「日本銀行の通貨及び金融の調節における自主性は、尊重されなければならない」と規定したうえで、第4条で「日本銀行は、その行う通貨及び金融の調節が経済政策の一環をなすものであることを踏まえ、それが政府の経済政策の基本方針と整合的なものとなるよう、常に政府と連絡を密にし、十分な意思疎通を図らなければならない」と規定されている。また、財務大臣および経済財政担当大臣（もしくはその代理）の金融政策決

定会合への出席が認められている（日本銀行法第19条）。ただし、議決権は認められていない。金融政策決定会合では、政府の議決延期請求権、議案提出権が認められている（日本銀行法第19条）。

　一方、海外主要国の対応をみると、FRBについては連邦準備法で金融政策の目的として物価の安定と最大雇用が掲げられているが、政府の経済政策との関係についての明示的な規定はみられない。他方、欧州中央銀行についてはマーストリヒト条約に、「物価安定の達成を妨げない範囲で、政府の経済政策をサポートする義務がある」（第105条）という規定が置かれるとともに、政府や議会が中央銀行に対し影響力を行使したり、逆に、中央銀行が意見を求めることを禁止する規定が明示的に置かれている（第107条）。金融政策を決定する政策理事会には閣僚理事会議長と欧州委員会委員１名が出席することが可能であるが、議決権はない。イングランド銀行の場合は、金融政策の目標である物価安定の達成を妨げない範囲で、政府の経済政策をサポートする義務があるという規定が置かれている。目標物価上昇率は大蔵大臣が設定し、イングランド銀行は目標の達成に対し自らの判断で金融政策を運営する。

5－6. アカウンタビリティーを実現する仕組み

　中央銀行は金融政策運営の独立性を与えられているが、独立した判断に基づいて金融政策を行う以上、アカウンタビリティー（accountability）が求められる。アカウンタビリティーを欠いた独立性は無責任な政策運営や独善に陥る危険が大きい。その意味で、独立性とアカウンタビリティーは対をなす重要な原理である。アカウンタビリティーはどの組織についても求められるものであるが、その具体的な形態は組織の目的に応じて異なる。中央銀行の行う金融政策の場合は、具体的にどのようなアカウンタビリティーが求められるのだろうか。アカウンタビリティーという言葉を一般的に解釈した場合、通常は以下の２つの要素が念頭に置かれることが多いように思われる。

　第１の要素は、自らの過去ないし将来の行動や決定について、その内容を説明するとともに、そうした行動や決定に至る判断や根拠、プロセスを正当に説明できるということである。第２の要素は、そうした行動や決定の結果、望ましくない結果が生じた場合、そうした事態を生んだことに対し、何らかのペナルティーを受けることである。第１の要素が重要であることは言うまでもない。金融政策の場合、難しいのは第２の要素である。中央銀行に金融政策の独立性が与えられるようになったのは、目先の好景気という短期的な利益を追求すると、長期的には物価安定が阻害され経済成長率も低下すると

いう反省に立脚するものである。しかし、短期的な観点から成功や失敗を評価することが行きすぎると、長期的なプラスの影響が実現する前に、金融政策の決定当事者が解任されたり、非常に短期的なタイムスパンで金融政策を判断し、本来期待されている役割を放棄する可能性も否定できない。その結果、中長期的な観点に立った金融政策運営自体が困難化する。その意味で、金融政策の決定に責任を有する当事者は常に歴史の審判を意識しながら、決定に臨むという自己規律を求められる。

　法的な枠組みの設計という観点からいうと、各国中央銀行は独立性とアカウンタビリティーの最適なバランスを実現するように様々な工夫を行っている。現在、多くの中央銀行において、アカウンタビリティーの重要な構成要素として、金融政策の意思決定の過程を国民に対して明らかにすることが求められている。中央銀行は、例えば、将来の経済状態をどのように予測したか、どのような根拠に基づいてそのような予測を行ったか、金融政策の効果の波及についてどのような判断をしたか、さらに、物価安定と景気の安定の間のトレードオフに直面したときに、どのように優先順位をつけたかといったことについては、明瞭な言葉で説明しなければならない。もちろん、現実の金融政策運営は、常に将来の不確実性に直面しており、中央銀行の決定は結果的に間違っていることもある。また、金融政策の効果波及のラグや、経済主体の予想の変化への影響を考えると、政策の最終的な評価には相当長い時間を要することも多い。従って、中央銀行にまず何よりも求められることは、その時点で利用可能であった情報に基づき、最善の決定を行うために最大限の努力を行うことである。そのためには、中央銀行以外の主体が中央銀行の行動を検証することができるように、決定過程を明らかにすることが求められる。日本銀行法の規定に則していうと、第3条第1項で「日本銀行の通貨及び金融の調節における自主性は尊重されなければならない」と規定したうえで、第2項で「日本銀行は、通貨及び金融の調節に関する意思決定の内容及び過程を国民に明らかにするよう努めなければならない」という、透明性の規定が置かれている。

　金融政策の説明の具体的内容は国によって異なるが、主要なものを挙げると、第1は金融政策の決定内容の公表である。この点では、政策変更当日の記者会見、議事要旨・議事録の公表が挙げられる。第2に、国会への説明である。具体的には、金融政策報告書の提出、委員会での質疑等が挙げられる。第3に、金融政策の決定の背後にある考え方についての詳しい説明である。インフレーション・レポートないし金融政策報告書の公表、委員会メンバー

による講演、各種の調査・研究等が挙げられる。

　中央銀行が金融政策の決定過程を説明することは、民主主義社会において独立性を与えられた組織の当然の責務であるが、そうした理由に加えて、金融政策の有効性の向上にも貢献する（この点については第12章参照）。

第6章　委員会による意思決定

　中央銀行が金融政策を決定する場合、具体的には中央銀行の誰が金融政策を決定すべきであろうか。中央銀行に独立性がなかった時代は、政府が実質的に金融政策を決定する以上、中央銀行の誰が金融政策を決定すべきかという問題を議論する実益は乏しかった。しかし、中央銀行に独立性が与えられるようになると、この問題は現実的に重要な問題となる。中央銀行が金融政策を決定する場合、決定主体としては総裁個人と委員会（committee, board）の両方が考えられる。実際、現在でも世界の中央銀行をみると、総裁による決定と委員会による決定という両方の決定方式が存在しているが、近年の潮流としては、委員会による決定方式を採用する中央銀行が圧倒的に多くなっている。本章では金融政策の意思決定、特に委員会による意思決定について説明する。第1節では、多くの中央銀行において委員会で金融政策が決定されるようになった理由について考察する。第2節では、委員会の性格、特性を述べたうえで、委員会のもつ長所を最大限引き出すために、委員会制度をどのように設計すべきかを議論する。第3節では、主要国中央銀行における委員会制度の実際の運営状況を解説する。第4節では、委員会制度に固有の金融政策運営面での課題を述べる。

6-1. 意思決定の方法

　前章では独立した中央銀行が金融政策を決定することの重要性を説明したが、そこで述べたように、独立性が必要とされる根拠は長期的な視点に立って決定を行う必要性と専門的な知識に基づいて決定を行う必要性の2つであった。そのように考えると、中央銀行の意思決定の方式を設計する際も、また、その運用を行う際も、中央銀行の独立性に託した思想が最大限活かされることが不可欠である。その意味では、決定主体の問題、また、決定をサポートする中央銀行という組織運営の問題は非常に重要である。

近年の潮流

　金融政策の決定権限の所在という観点から主要国中央銀行をみると、現在では委員会で決定するという枠組みを採用しているケースが圧倒的に多い。

例えば、日本銀行の場合、金融政策は総裁、2名の副総裁、6名の審議委員、合計9名のメンバーで構成される「金融政策決定会合」で決定されている[1]。米国の場合は、金融政策の決定主体は連邦準備制度理事会の理事7名（うち、議長、副議長が各1名）、地区連銀総裁12名、合計19名から成る公開市場委員会（FOMC：Federal Open Market Committee）である（投票権を有するのは、連邦準備制度理事会の理事7名と地区連銀総裁5名）[2]。欧州中央銀行の場合は、本部理事会（Executive Board）の理事6名とユーロ加盟15カ国（2008年1月以降）の中央銀行総裁から成る政策理事会（Governing Council）で金融政策を決定している。イングランド銀行の場合は総裁、副総裁2名、理事2名（金融市場担当、調査担当）と非常勤の外部委員4名の計9名から成る金融政策委員会（MPC：Monetary Policy Committee）が金融政策を決定している。これに対し、カナダやニュージーランドの中央銀行のように、総裁が金融政策を決定するという枠組みを採用している中央銀行も存在する。ただし、その場合でも、総裁が金融政策を決定するために、中央銀行内部に総裁への助言を行う委員会が設けられていることが多い[3]。

委員会制度の長所と短所

それでは、なぜ、近年多くの国で中央銀行の意思決定が委員会でなされるようになったのだろうか[4]。その理由としては、通常、以下の2つが挙げられる。第1に、ひとりで決定するより、多くの人の知恵を集めたほうが正しい決定に到達する可能性が高い[5]。第2に、総裁ひとりが決定する方式に比べ、委員会で金融政策を決定するほうが決定の正当性（legitimacy）が高まると期待される[6]。

もちろん、どのような制度も最終的には運用如何であるが、Blinder（2006）は金融政策の決定方法としてみた場合の委員会制度の長所として、多様性（diversity）、知識の持ち寄り（pooling）、チェック・アンド・バランス、ボラ

---

1 日本銀行の政策委員会は金融政策だけでなく、その他の政策や組織運営に関する事項を含め、重要事項をすべて決定する委員会である。このうち、金融政策を決定する政策委員会については、他の事項を決定する政策委員会とは区別して、委員会の開催等に関する規定が設けられており、「金融政策決定会合」という名称で呼ばれている。
2 ニューヨーク連銀総裁以外の地区連銀総裁は、一定のルールで議決権行使のメンバーを交代している。
3 Lybeck and Morris（2004）によると、2003年末時点で、101の中央銀行のうち95の中央銀行が委員会を有しており、委員会のメンバー数の中位数は7から9である。
4 中央銀行の委員会制度については近年多くの文献があるが、藤木（2005）、Blinder（1998）（第1章の特に36～39頁、第3章の特に120～122頁）、Blinder（2004a）を参照。
5 Blinder（2006）参照。
6 この点については、近年、実験経済学の手法を用いて複数メンバーで金融政策の意思決定を行うケースと単独で意思決定を行うケースを比較し、前者のほうが正しい決定に到達する確率が高いという実験結果がいくつか報告されている（Blinder and Morgan, 2005）。

ティリティーの低下の4つを挙げている。すなわち、不確実性に満ちた経済の先行きを的確に予測することは難しいが、それだけに、多様なバックグラウンドをもつ委員が決定に参加することのメリットは大きい。また、様々な見方や意見が委員会の場に出されることによって、各委員が刺激を受けるメリットも大きい。さらに、複数の委員で決定する結果、チェック・アンド・バランスが働き、極端な政策が実行される危険が小さくなる。最後に、委員の任期をずらすことによって、決定内容が大きく変化することを避けることができる[7]。委員会制度は上述したような長所を有するが、そうした委員会制度に期待される長所が発揮されるための前提条件は、当然のことながら中央銀行の委員会の目的に照らして適格者が総裁や委員会メンバーとして任命されることである。

一方、制度の運用如何によっては委員会制度に期待される長所が発揮されない可能性もある。第1に、委員の数が多くなりすぎると、各委員が的確な経済予測を行ったり、望ましい金融政策を自ら考える作業、すなわち、「情報生産」を行うインセンティブが低下する。第2に、多数説の意見に異論を唱えることが難しくなり、「集団思考」に陥る危険も存在する[8]。第3に、経済が大きく変化し、正しい政策が変化する場合には、ボラティリティーの低下は長所ではなく短所に転じる可能性もある（もっとも、この議論に対しては、委員会のほうが大きな政策転換を行いやすいという反論も可能である）。

上述したように、委員会制度にも総裁個人による決定にも、それぞれ長所と短所があるが、いずれの方式を選ぶにせよ、中央銀行に独立性を与えた趣旨を踏まえ、長所が最大限発揮されるような制度の具体的設計を行うことが重要である。

6-2. 委員会制度の設計

委員会の性格

最初に、「委員会」という言葉が意味する内容を明確にしよう。これまでは、「中央銀行の委員会」という言葉を使ってきたが、委員会の目的として何を想定するかによって、委員会制度の設計と運用の議論は変わってくる。Lybeck

---

[7] サンフランシスコ連銀のイエレン総裁は以下のように述べている(Yellen, 2005)。
「たとえ意見の相違が大きくても、金融政策が委員会をもつことの利点は、新しい委員が時間をかけて継続的に交代していくことによって、総裁の交代によって不連続な政策変更が生じてしまうひとりの総裁しかいないケースに比べて、より大きな継続性を生み出す傾向がある点である。さらに、集団は協調や意見の一致を促すという上述の社会学からの知見に照らし合わせても、新しい委員は前の委員会が推奨した目標を支持することが考えられる」

[8] 藤木(2005)は委員会制度の長所や短所や最適な委員会制度の設計に関して、詳細なサーベイを行っている。

and Morris（2004）は中央銀行の委員会を機能的な観点から6つのタイプに分けて概念的な整理を行っているが、その中でも特に重要なのは以下の4つである。第1は、「基本政策委員会」（Policy board）、すなわち、金融政策の目的（goal）や決められた目的の中での具体的な目標（target）を決定する委員会である。第2は、「金融政策実行委員会」（Implementation board）、すなわち、目的（goal）や具体的目標（target）が与えられたうえで、政策金利の変更を行う委員会である。第3は、「業務監督委員会」（Supervisory board）、すなわち、中央銀行の目標達成状況、財務状況、内部管理等の監督を行う委員会である。第4は、「業務執行委員会」（Management board）、すなわち、日々の業務執行を行う委員会であり、総裁、副総裁、主要局長等から構成される委員会である。上述の分類は概念的な整理であり、実際にはひとつの委員会が上述の複数の委員会の機能を担っているケースも多い。

　そうした委員会のあり方、特に「基本政策委員会」や「金融政策実行委員会」のあり方を考える際、そもそも当該中央銀行の担う活動範囲によっても議論は変わってくる（第1章参照）。中央銀行は金融政策だけでなく、銀行券の管理、決済システムの運営、国庫業務等の政府の代理人業務をはじめ、多様な業務を行っている。また、金融機関に対する規制・監督権限を有している中央銀行も存在する。規制・監督権限を有していないケースでも、多くの中央銀行は「最後の貸し手」として、金融システムの安定に責任を有している。国際金融市場の安定という面でも、主要国の中央銀行は深く関与している。さらに、中央銀行も組織である以上、組織運営、人事管理、システム開発等、多様な仕事を行っている。例えば、日本銀行の経費予算の中で最もウエートが高い業務分野は発券関係業務（40％）であり、次いで、国庫・国債・その他政府関係業務（29％）、決済システム関係業務（13％）の順番となっており、金融政策関係業務のウエートは10％弱にすぎない（表6-2-1）。このように、中央銀行は金融政策以外の活動も幅広く行っており、予算や人員という組織の経営的な資源の使途という点では、どの中央銀行も金融政策に直接関係する活動のウエートはあまり高くはない。

　次に、金融政策の決定という観点から中央銀行の委員会をみると、概念的には2つのタイプに分けられる。第1のタイプは、金融政策も金融政策以外の業務も、共に同一の中央銀行委員会のメンバーが決定するというものである。第2のタイプは、金融政策を決定するという目的だけのために、金融政策決定の委員会を設置するというものである。後者の場合、金融政策の決定には参加するが、それ以外の業務の決定には参加しないというメンバーが存

●表6-2-1　日本銀行の業務分野別の経費

	構成比（％）
発券関係業務	40.3
金融政策関係業務	9.4
金融システム関係業務	8.1
決済システム関係業務	12.9
国庫・国債・その他政府関係業務	29.3
合計	100.0

（出所）日本銀行「平成18年度業務概況書」

在することになる。この点で主要国中央銀行の委員会を比較すると、以下の通りである。

■　**日本銀行**　第1のタイプに属しており、メンバーは金融政策を決定する場合も金融政策以外の業務に係る事項を決定する場合も同一である。

■　**イングランド銀行**　金融政策委員会（MPC）メンバー9名のうち、総裁、副総裁（2名）、総裁の指名する理事（2名）以外の4名は外部委員と呼ばれ、金融政策決定会合以外の事項の決定には関与していない。その意味で、イングランド銀行は、金融政策決定に特化した委員会メンバーで金融政策を決定している。

■　**FRB**　FOMCは金融政策に特化した委員会であるが、メンバーのうちFRBの理事は、理事会において金融政策以外の事項も決定している。また、FOMC参加メンバーである地区連銀の総裁（president and executive officer）は、それぞれの管轄地域において銀行監督や決済サービスの提供といった金融政策以外の日常業務も執行している。このように、米国の場合は金融政策を決定するメンバーが金融政策以外の業務も行っているという意味で、第1のタイプに属する。

■　**欧州中央銀行**　金融政策は本部理事と各国中央銀行総裁から成る政策理事会で決定し、それ以外の事項は本部理事会で決定しているが、各国中央銀行総裁は自国の中央銀行法の規定に従い、それぞれの国で決済サービスの提供や銀行監督を行っているという点では、日本銀行やFRBと同様、第1のタイプに属する。

委員会のタイプと金融政策運営との関係

　金融政策を決定する委員会には2つのタイプが存在するが、金融政策を決

定する委員会のカバーする範囲をどのように設計するかは、以下の理由から金融政策の運営の仕方や判断に潜在的に影響を与えるものである。

第1に、銀行監督や決済システムの運営等の面における活動を通じて得られる様々な情報や感覚が、金融政策の判断にとっても重要である。例えば、日本のバブル崩壊期を振り返ってみると、大蔵省（当時）や日本銀行は検査・考査を通じて、不動産やノンバンク向けを中心とする膨大な不良債権の増加の事実を相対的に早く認識しうる立場にあった。不良債権の増加という事実がマクロ経済的に及ぼす影響を的確に認識するためには、単に不良債権の増加の事実を知るだけでは不十分であるが、そうした実態についての情報がないと、マクロ経済的な意味を速やかに正確に認識することは難しい。そのような情報は、金融機関監督をはじめ、中央銀行の金融システム安定に係る業務を通じて得られる面も大きい。それだけに、金融政策を決定する委員会メンバーが金融政策だけに特化していると、金融政策の判断が結果的に偏る可能性も否定できない。もちろん、委員会メンバーが金融政策以外の事項の決定に参加しない場合でも、金融政策以外の分野で起きている情報を伝えることは可能であるが、「感覚」を伝えることは必ずしも容易ではない。正しい「感覚」はいずれは理論化できるものであろうが、経済に大きな変化が生じているときには、金融政策運営にとってこのタイムラグは致命的な遅れとなる。

第2に、第1の理由とは逆方向の議論になるが、金融政策であれ金融政策以外の事項であれ、委員会があまりにも細かな事項の決定まで行うようになると、今度は委員会メンバーが多忙となり、金融政策について専門的な知識に基づいて深く考え、十分な議論を行うことが難しくなる危険性がある。イングランド銀行の場合は、4名の外部委員はイングランド銀行の組織運営や決済システム等の事項には一切関与していない。企業における取締役会と執行役員以下の関係も同様であるが、委員会で何を決定し何を授権するか、また、授権する場合にはどのような授権を行うかは、重要な論点である。

スタッフの果たす役割

これまでは中央銀行の委員会について説明してきたが、一般企業において従業員の能力を引き出すことが重要であるのと同様に、委員会制度の設計や運用を考えるうえで、委員会を支える中央銀行のスタッフの果たす役割も重要である。スタッフは経済や金融市場の状況のモニタリング、金融政策を判断する場合の重要な材料であるスタッフ経済見通しの作成、日々の金融調節を行っているほか、金融政策運営に必要な様々な基礎的研究も行っている[9]。

金融システムの安定に従事するスタッフの行う金融機関の監督やモニタリングから得られる情報も、金融政策の判断に活用されている。また、スタッフは委員に比べて中央銀行での勤務年数も長く、「組織としての記憶」（institutional memory）を伝える機能も果たしている。それだけに、どの中央銀行にとってもスタッフの有する専門的知識を最大限引き出すことができるかどうかは、委員会がよりよい決定に到達するうえでひとつの重要な要素となっている[10]。

スタッフのうち、エコノミストの仕事は概念的には2つに分けられる。第1は、その時々の委員会の問題意識に応えた調査や研究を行うことである。第2は、学界の最新の研究動向にも刺激を受けながら、内発的にテーマを設定して研究を行い、その成果を中央銀行内部で活かすとともに、学界に向けて発表することである。この点、米国は世界中から優秀な学者や研究者を集めていることとも相俟って、中央銀行と学界の知的交流が活発である。また、これを背景として、金融政策の研究分野における連邦準備制度（FRS）の存在感は近年、従来以上に増大しているように窺われる。因みに、FRSは、総勢約2万名の職員の中で、金融・経済政策については地区連銀を合わせて約1,400名のスタッフが従事している（表6-2-2）[11]。スタッフ・エコノミストは、

●表6-2-2　米国の連邦準備制度の人員

（単位：人）

	連邦準備制度理事会(ワシントン)	地区連銀
金融・経済政策（monetary and economic policy）	446	918
その他とも合計	1,976	19,885

（出所）FRB Annual Report Budget Review, 2007

9　Poole（2007a）参照。
10　Poole（2007a）は以下のような言葉でスタッフの役割を表現している。
　　"The Board of Governors and the Reserve banks are fortunate to have highly professional, non-political, staffs of economists. The role of the staff is to provide analysis of current economic conditions, forecasts of the evolution of the economy over a horizon of a couple of years and assessments of the risks to those forecasts. Such information is a valuable and valued input into policy discussions."
11　日本銀行の場合、常勤職員は4,912名（2007年3月末現在、うち本店職員は約2,730名）である。本店の局室としては、政策委員会室、検査室、企画局、金融機構局、決済機構局、金融市場局、調査統計局、国際局、発券局、業務局、システム情報局、情報サービス局、総務人事局、文書局、金融研究所がある。このうち、金融政策決定会合に出席して報告を行っている局は、企画局、金融市場局、調査統計局、国際局である。このほか、事務局として政策委員会室が出席している。

ドラッカーの言う典型的な「知識労働者」（knowledge worker）である。それだけに、専門的知識をもつスタッフのモラールを高め、その能力を引き出すことは、金融政策の運営にとっても重要である[12]。

委員会制度と専門性

　金融政策の独立性の論拠は長期的な視点に立った決定と専門的な知識に基づく決定である。このうち、前者については任期を長期化するなど、任命の仕方による対応がなされている（第5章参照）。他方、専門性という観点についてみると、金融政策を決定する委員会としては、どのような委員会のタイプが望ましいのであろうか。この点については唯一の正しいモデルがあるわけではないが、海外中央銀行の委員会をみると、以下のような傾向が観察される（運用の詳細については第3節参照）。

　第1に、求められる委員会メンバーの多様性は、委員会のカバーする活動の範囲に依存している。委員会が中央銀行の幅広い活動をカバーする場合には、ひとりの委員がすべての領域の専門家であることは難しい。その場合には、委員会全体としての人的ポートフォリオが重要となり、多様なバックグラウンドを有した委員から構成されている。他方、委員会が金融政策に特化している場合には、イングランド銀行の金融政策委員会のように、経済学者の委員が相対的に多くなる傾向がみられる。第2に、委員会のカバーする範囲が中央銀行の活動全般に及んでいる場合は、事実上の分業が図られている。例えば、欧州中央銀行の場合、発足以来、チーフエコノミストは本部理事会の理事のひとりが務めている。そうしたフォーマルな分業がなされない場合でも、FOMCにみられるように、金融政策に関して対外的な情報発信を多く行う委員とそうでない委員が明確に分かれている。第3に、どの中央銀行も専門的知識の蓄積という点ではスタッフの果たす役割は大きく、委員会とスタッフとの間には相互フィードバックが働いている。

6-3. 委員会制度の実際

　本節では、委員会制度が実際に、どのように設計され運用されているかを説明する。

委員会のメンバー数

　委員会の長所である多様性等の観点からは、ある程度の人数が必要である。しかし、一方で、メンバー数が多くなると、物理的に活発な意見交換が難し

12　Hartman and Kwast (2004) は、中央銀行におけるリサーチ・エコノミストのマネジメントの問題を議論している。

くなるだけでなく、自分たちが決定したという感覚（sense of ownership）が薄れる結果、委員会の長所が発揮されなくなるおそれがある。さらに、他人の意見にただ乗りする危険性や、逆に、他の委員とは異なる意見を表明することで自らの存在をアピールするという行動が生まれる可能性も指摘されている。委員会の最適人数については先験的には決められないが、主要中央銀行の委員会のサイズをみると、多いほうとしては欧州中央銀行の21名、FOMCの12名が挙げられ、最も多いのは7～9名である[13]。

委員の任命

委員会のカバーする範囲にも依存するが、委員に求められる条件としては以下のようなことが挙げられる[14]。

第1の条件は、公共の利益に奉仕する仕事への責任感である。第2の条件は、経済や金融に関する専門的な知識である。中央銀行の独立性の存立基盤を考えると、金融政策の決定に必要な専門的な知識を備えていることは重要である。金融政策に必要な専門知識はマクロ経済理論だけでなく、金融システムや金融市場に関する知識も必要である。また、経済予測は必ずしも整合的でない動きを示すデータを解釈しながら、整合的なストーリーを組み立てていく作業である。そのように考えると、自分の専門分野の知識をもつと同時に、バランスよく判断する能力が求められる。第3の条件は、組織で仕事をする能力である。委員会で決定するということは、多様な見解をもつメンバーが最終的には金融政策についてひとつの結論に到達しなければならないことを意味する。また、スタッフを含め組織全体に蓄積された専門的な知識を活用することが不可欠である。それだけに、組織で仕事をする能力は重要である。第4の条件は、委員会全体としての多様性が確保されることである。金融政策は特定のグループの利益ではなく、経済全体の動向をみて決定されるものであるが、委員のバックグラウンド等の面で極端なアンバランスがあると、中央銀行の行う金融政策に対する国民の納得感が得にくくなる可能性

---

13 Lybeck and Morris（2004）によると、委員会（Implementation board）を有する中央銀行（95行）のうち、7～9名が47％、4～6名が28％である（2003年末）。

14 スウェーデン中央銀行の委員会（Executive Board）メンバーは外部委員から成る同行のGeneral Councilによって決定されるが、メンバーに求められる要件として以下の6つを挙げている。

1) Knowledge and long experience within one or more of the Riksbank's fields
2) Gained considerable respect within one's field of knowledge
3) Good communicator and good spokesperson for the Riksbank
4) Good complement to the other Board members
5) Ability to work in a group
6) Accepted by all parties in the General Council of the Riksbank

がある。

各国における委員の実際の任命状況をみると、米国のFOMCの場合、FRB理事については経済学者、エコノミスト、銀行経営者が多く、地区連銀総裁については連邦準備制度のスタッフ経験者が比較的多い。また、近年は、理事、地区連銀総裁とも著名な経済学者が充てられることが増える傾向にある。これに対し欧州中央銀行の場合は、理事のキャリアとしては、中央銀行経験者や大学の経済学の教授経験のある経済官庁の幹部が圧倒的に多い。日本銀行の政策委員会メンバーの場合は、大学教授、一般事業会社・民間金融機関の出身者が多く、次いで日本銀行や官庁の出身者となっている。

意思決定のスタイル

委員会の意思決定はどの中央銀行も多数決で行われる。実際の票決においては、全員一致が常態である中央銀行とそうでない中央銀行とがある。例えば、米国のFOMCでは、近年は議長提案に対する反対票は少ない。ただし、FOMCも米国の経済状態の悪かった1970～80年代は多くの反対票がみられた[15,16]。採決結果を公表している中央銀行の中で比較すると、イングランド銀行と日本銀行は票決が分かれる度合いが大きい（表6-3-1）。これに対し、欧州中央銀行では全員一致の決定が行われている。票決が分かれる場合は、総裁が多数派であるケースと、総裁が少数派になるケースの両方がある。例えば、イングランド

●表6-3-1 金融政策委員会における反対票

	イングランド銀行	FOMC	リクスバンク	日本銀行
サンプル期間中の会合数（回）	120	85	77	148
平均投票者数（人）	8.7	10.8	5.8	9
平均反対票（票）	1.3	0.3	0.4	1
反対票の投じられた会合の割合（％）	65	24	32	58
4分の1が反対票を投じた会合の割合（％）	18	0	9	5

（注）対象時期の開始：BOE（1997年5月）、FOMC（1997年2月）、リクスバンク（1999年1月）、日本銀行（1998年4月）。終期は2007年4月。
（出所）King（2007a）のTable 2からの抜粋

---

15 例えば、1979年のFOMCをみると、インフレ抑制と不況回避のいずれを重視するか、金融政策のターゲットの設定の仕方をめぐって意見は鋭く分かれており、票決が鋭く分かれることも珍しくなかった（Lindesy, Orphanides, and Rasche, 2005）。
16 Meyer（2004）は、3票以上の反対は議長に対する「公開の反乱」（open revolt）であると述べている（BOX参照）。

銀行の場合、総裁が少数派となったケースがあるほか、ボルカー議長が公定歩合の変更を決定するFRB理事会で少数派となったケースが挙げられる[17]。

このように票決のパターンはその中央銀行の置かれた社会や経済の状況、各委員の個性によっても異なり、どれが望ましいかを一般論として述べることはできないが、どのようなパターンをとるにせよ、中央銀行として最終的に重要なことは適切な決定を行うことと、決定した内容やその背後にある考え方を明確に説明することである。現実の委員会の機能の仕方を観察すると（BOX参照）、現在のFRBのようにコンセンサス形成が非常に重視されている中央銀行と、イングランド銀行のように頻繁に意見が分かれる中央銀行とが存在する。しかし、金融政策に関する運営方針がいったん決まった後は、後者のタイプに属する中央銀行を含め、委員会メンバーは決定された金融政策の運営方針をわかりやすく説明することに努めているように窺われる（第12章参照）。

BOX　委員会における反対票に関する中央銀行委員会メンバーの見解

■　イエレン（サンフランシスコ連銀総裁）「私の印象では、連邦公開市場委員会の参加者たちは、委員会の意見の一致（consensus）を模索し、見出し、これを明確にするために協力することを強く動機づけられており、そうした能力が信認や存在意義、そしておそらく金融政策の有効性を高めると考えられる。実際、連邦公開市場委員会の委員の行動は、Fujiki（2005）で要約されたモデルで仮定されているほどには、個人主義的かつ戦略的では決してないと思われる。このことは、それほど驚くべきことではない。社会学者によると、集団において個人は、意見の相違を解消し、同意を取り付けるための共通基盤を作ろうと動機づけられている。こうした集団としての連帯感がなければ、連邦公開市場委員会のように19人の委員から成る委員会では、多数の同意を集約したひとつの会合後の短い声明を作成することさえ、実務的に無理となるぐらい莫大な時間を費やしてしまうことになろう。こうした社会学的な論拠は、連邦公開市場委員会でなぜ反対票が稀であるかについての説明も与えるものと考えられる」（Yellen, 2005）

■　プール（セントルイス連銀総裁）"The purpose of FOMC meetings is to reach a consensus among the participants, and particularly among the members about the appropriate policy action (setting of the funds rate target) given policy goals and the outlook for the economy. Unanimous decisions, while desirable, are not required and members are free to dissent from the consensus view if they feel

---

17　イングランド銀行のキング総裁は金融政策委員会(MPC)で過去2回(2005年8月と2007年6月)、少数派に回っている。

strongly that an alternative policy action is preferable. Indeed, I believe that it is my obligation under the Federal Reserve Act to dissent when I believe strongly that an alternative policy course would be better. Historically, dissents were not unusual, though in the recent years they have been relatively rare."(Poole, 2007a)

■ マイヤー（元FRB理事）"Once the majority rule (which, as I've already mentioned, is that of the Chairman) is apparent at FOMC meetings, the Committee is expected to rally around it. This means that most votes are unanimous and when there are dissents, they are typically limited to one or two opposing votes. This is sometimes referred to as a system of 'collective responsibility' for decisions, in which the majority view is adopted and supported by the entire body. There are, nevertheless, occasional dissents. Indeed, while most votes are unanimous, one or two dissents are not unusual. A third, however, would be viewed as a sign that the FOMC is in open revolt with the Chairman's leadership."(Meyer, 2004)

■ キング（イングランド銀行総裁）"Disagreement among the Committee is inevitable; it is also desirable because it represents the individual judgments of members, rather than an attempt to create a false consensus. It is a source of strength."(King, 2007a)

6−4. 委員会制度に固有の論点

多くの中央銀行において金融政策が委員会で決定されていることは知識としては知られているが、そのことが金融政策の決定、情報発信等の面で、どのようなインプリケーションをもたらしているかについては、必ずしも正確には認識されていないように思われる。例えば案件が政策金利の変更であれば、委員間で意見の相違があって、最終的には投票で明確に委員会としての決定を行うことができるし、現にそのようにしている。しかし、委員会の多数決で決定することに馴染みにくい案件も少なからず存在する。本節では、委員会制度に固有の金融政策運営面での課題を説明する。

将来の経済見通し

委員会の多数決で決定することに馴染みにくい案件はいくつかあるが、第1の例としては、政策金利の決定の背後にある将来の経済見通しが挙げられる（第10章参照）。経済見通しは物価上昇率や成長率をはじめ、いくつかの重要な変数の経路を予想するものである以上、各時点の各変数の予想が委員間ですべて一致するという事態は一般的には考えにくい。また、一致したとしても、想定する経済のメカニズムは異なるかもしれない。そのような場合に、

委員がそれぞれ自分の見通しの細部や基本的な論理に強くこだわると、全員が合意する委員会見通しは成立しない。極端な場合は、どの見通し案も賛成1、残り全員は反対という結果になってしまう。現実にはそのような極端なことは生じていないが、それは表現を工夫したり、各委員が自分のポジションを若干は譲りながら、委員会としてリーズナブルな程度に合意が成立するように行動しているからと考えられる。その意味で、経済情勢が大きく変化し、委員の考えが大きく分かれるときには、意味のある「委員会見通し」をどのようにして公表するかは重要な課題である（第12章参照）。

将来の金融政策運営

第2の例は、将来の金融政策に関する情報発信である。第11章および第12章で説明するように、長期金利は将来の短期金利の予想如何で変動する。そのため、将来の金融政策運営に関し、中央銀行は情報を発信すべきかどうか、発信するとすれば、どのような内容を発信すべきかは重要な論点である。個々の委員の頭の中では将来の金融政策運営に関してある程度のイメージはあるかもしれないが、将来の金融政策は当然のことながら、その時点における経済見通しに依存し、現時点では決定できない。好むと好まざるとにかかわらず、市場参加者は何らかの予想を形成している以上、何らかの情報発信は必要となるが、合議体としてどのような情報発信を行うべきかは大きな課題となっている（第12章参照）。

各国中央銀行の工夫

以上、委員会制度に固有の金融政策運営上の論点をいくつか紹介したが、これらの論点は総裁が金融政策を決定する体制をとっている場合には原理的に生じない。例えば、経済見通しの公表を考えてみると、総裁は中央銀行内の諮問委員会の助言に基づいて見通しを公表するであろうが、この見通しは最終的には諮問委員会の助言を受け入れた総裁の責任において公表されるものである。目標物価上昇率や将来の金融政策についても、総裁個人の考えを適宜の方法で公表することは原理的に可能である[18]。

しかし、他方で、委員会制度には総裁個人による決定方式にはない長所が存在する。従って、重要なことは、多様なメンバーから委員会が構成されていることを認識したうえで、委員の多様性を尊重するという要請と透明性を高めるという要請を調和させる具体論を工夫することである（第10～第12章参照）。

18　ニュージーランドでは、中央銀行総裁は就任時に大蔵大臣との間で目標物価上昇率について契約を交わし、目標未達成時には総裁を解任されるという罰則規定があるが、そうした罰則規定は総裁が意思決定を行うという体制をとっていることによって可能となっている。

第III部
金利の誘導とは何か？

第Ⅰ部では金融政策の目的が物価安定であることを説明し、第Ⅱ部では金融政策の決定体制を説明した。第Ⅲ部では、中央銀行がどのようにして金融政策を運営するかというテーマを扱う。以下、第7章ではオーバーナイト金利をどのようにして誘導するかを、第8章ではそのために中央金融調節を実務的にどのように行うかを、第9章では金利の変化が経済全体に対し、どのような経路を通じて効果を発揮していくかを説明する。

第7章　金融調節方針とオーバーナイト金利

　本章では、金融調節方針について説明したうえで、オーバーナイト金利の誘導の基本的なメカニズムについて説明する。金融調節とは、決定された金融政策の基本的な運営方針を日々の金融市場において実現することをいう。以下、第1節では金融調節方針とは何かを説明する。第2節では金融調節に関する説明の準備として短期金融市場の役割を、第3節では中央銀行当座預金の需要と供給について解説する。第4節と第5節では、オーバーナイト金利の決定メカニズムを解説する。第6節では、金融調節方針の変遷を振り返る。

7－1. 金融調節方針
　中央銀行は物価の安定を目的として金融政策を運営するが、日々のベースでは「物価上昇率を○○％にする」という指針だけでは抽象的であり、中央銀行として具体的に何をすべきなのかは曖昧である。その意味で、中央銀行が金融政策の基本方針を決定する際には、検証可能な具体的な運営指針を決定する必要が生じる。中央銀行は通常、短期金利ないし中央銀行当座預金残高に関する運営指針を定期的に点検し、決定している。そうした運営方針は「金融調節方針」ないし「金融市場調節方針」と呼ばれている。
金融政策委員会の定期開催
　経済物価情勢は時々刻々変化していくため、金融調節方針は原理的には毎日見直しの対象となりうるが、実際にはどの中央銀行もある程度の時間的間隔をおきながら定期的に金融政策の運営方針を点検のうえ、決定している。すなわち、委員会制度をとる中央銀行は金融政策を決定するための会合（以下、本書では、「金融政策委員会」という用語を使う）を定期的に開催し、金

融調節方針を決定している。金融政策委員会の開催頻度をみると、欧州中央銀行、イングランド銀行は月1回、連邦準備制度は年8回、スイス国民銀行は四半期に1回開催している。日本銀行は2007年中に14回開催している[1]。

　金融政策委員会の開催頻度は歴史的に変化してきているが、現在では年12回、月1回という開催頻度が標準になりつつある。これは、経済金融情勢を判断するうえで必要な情報、特に経済統計は月次での公表が多いこと、金融市場の価格の短期的・一時的なフレと基調的・趨勢的な変動とを分けて認識するためには、ある程度の時間的間隔をおく必要があるといった理由によるものである。

　金融政策委員会の開催日程については先行き1年程度の予定が公表されている。これは、委員会の開催日程が事前に公表されていないと、金融政策の変更のタイミングをめぐって不確実性が高まり、金融市場における円滑な価格形成に悪影響を与える可能性があることに配慮したものである。ただし、各国中央銀行とも経済情勢や金融市場に大きな変化があった場合には、金融政策委員会を臨時に開催することを含め、突発的な事態の変化に対応できる仕組みを有している。

金融調節方針の性格

　金融調節方針は金利や量に関する具体的な運営指針として公表される。例えば、日本銀行についていうと、本書執筆時点では「無担保コールレート（オーバーナイト物）を、0.5％前後で推移するよう促す」と定められている（図7-1-1）。決定される金融調節方針は中長期的な方針ではなく、あくまで次回の金融政策委員会までの方針である。もちろん、金融政策委員会では次回の金融政策委員会以降の経済情勢も予測しながら金融政策の運営方針について議論を行っている以上、個々のメンバーの頭の中では将来の政策金利の水準について蓋然性の高い経路を想定しているかもしれない。しかし、毎回の委員会で決定するのはあくまでも次回委員会までの金融政策の運営方針である。次回以降の方針は、その間に蓄積された情報に基づき、次回以降の委員会で議論される。

　具体的な運営方針の公表方法は中央銀行によって異なるが、現在では短期金利、それもインターバンクのオーバーナイト金利が誘導目標として設定されることが圧倒的に多い（表7-1-1）。インターバンクのオーバーナイト金利と

---

[1] 金融政策委員会の開催回数が年8回の中央銀行としては、ブラジル、カナダ、ニュージーランド、ノルウェー、フィリピン、スウェーデン、タイ、米国が、年6回の中央銀行としてはアイスランド、南アフリカが、年4回の中央銀行としてはスイスが挙げられる。

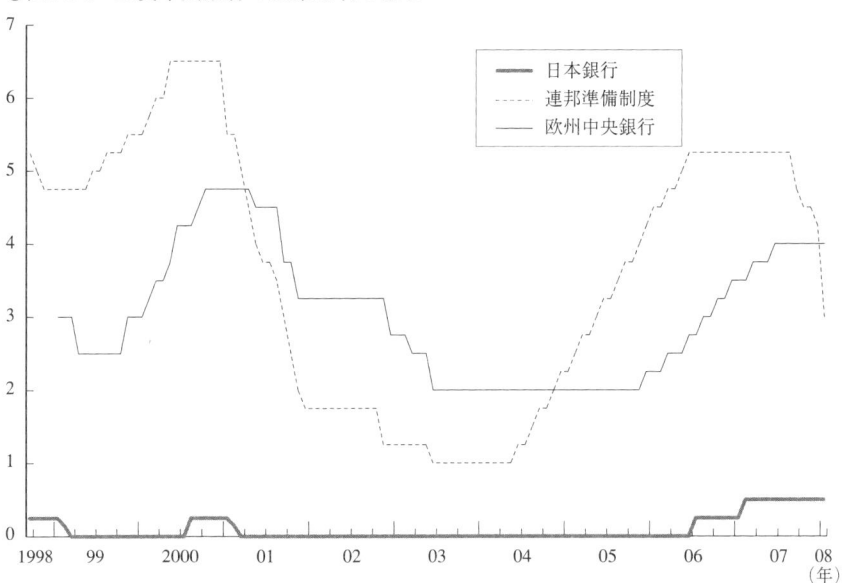

●図7-1-1　主要中央銀行の政策金利の推移

凡例: 日本銀行、連邦準備制度、欧州中央銀行

●表7-1-1　主要国中央銀行の誘導目標金利（政策金利）

国名	誘導目標金利の名称	誘導目標金利の性格
英国	Bank rate	O/N、中央銀行の預金金利
カナダ	Target for Overnight Rate	O/N、インターバンク
オーストラリア	cash rate	O/N、インターバンク
ユーロエリア	key ECB interest rates	Main Refinancing Operation（1週間物のオペ金利が中心）
日本	無担保コールレート（オーバーナイト物）	O/N、インターバンク
ニュージーランド	Official Cash Rate	O/N、インターバンク
スウェーデン	Repo rate	7日物、中央銀行の預金・貸出金利
スイス	3カ月物Libor金利	3カ月、民間銀行の提示金利
米国	federal fund rate	O/N、インターバンク

(注) O/Nとはオーバーナイトの略（第2節参照）。

は、当日借り入れ・翌日返済を条件とする銀行間の資金貸借金利である（第2節参照）。例えば、日本銀行では無担保コールレートを、FRBではフェデラルファンド・レートを誘導目標としている。これらは共にオーバーナイトのインターバンク金利である。欧州中央銀行は短期金利の目標水準を公表して

いる点では他の中央銀行と変わりはないが、公表している金利はオーバーナイト金利ではなく、1週間物の資金供給オペレーション（Main Refinancing Operation）の最低入札金利である[2]。誘導目標は中央銀行が資金供給や資金吸収のオペレーションを行うことによって間接的にコントロールできる金利であり、また、中央銀行の金融政策の基本方針を表すものであるため、政策金利（policy interest rate）とも呼ばれる。

緊急時の対応

中央銀行の金融調節部署は金融政策委員会で決定された金融調節方針を実現するための金融調節を行っているが、突発的な事態の発生から金融市場の安定が脅かされるおそれがあるような状況では、あらかじめ決められた金融調節方針から一時的に離れて金融調節を行うことが、委員会の取り決めとして認められている（第15章参照）[3]。

7-2. 短期金融市場の役割

金融調節は直接的には短期金融市場に働きかけることを通じて実行される。本節では、その短期金融市場の役割について説明する[4]。

インターバンクのオーバーナイト資金市場

短期金融市場とは短期（通常は1年以下）の金融資産を取引する市場のこ

---

2 欧州中央銀行は、1週間物の資金供給オペレーションおよび上下1％の水準に設定される貸出・預金ファシリティーの金利をKey Interest Ratesと呼んでいる（第8章参照）。
3 例えば、FOMCは年初の会合で緊急時に関する取り決めを行っている。
 "In the execution of the Committee's decision regarding policy during any intermeeting period, the Committee authorizes and directs the Federal Reserve Bank of New York, upon the instruction of the Chairman of the Committee, to adjust somewhat in exceptional circumstances the degree of pressure on reserve positions and hence the intended federal funds rate. Any such adjustment shall be made in the context of the Committee's discussion and decision at its most recent meeting and the Committee's long-run objectives for price stability and sustainable economic growth, and shall be based on economic, financial, and monetary developments during the intermeeting period. Consistent with Committee practice, the Chairman, if feasible, will consult with the Committee before making any adjustment."
4 マクロ経済学や金融論に関する著作の中で、金融調節の実務を踏まえたうえでオーバーナイト金利の決定メカニズムを扱ったものとしては、翁（1993）第2章（「金融調節の基礎理論」）、第6章（「決済システムと短期金融市場」）、齊藤（2000）第6章（「決済システムと短期金融市場」）が挙げられる。林（2000）は即時グロス決済導入以前の時期について、日本の現実のオーバーナイト金利の決定要因を実証的に分析している。米国のオーバーナイト金利の決定要因については、Hilton and Hrung（2007）を参照。標準的な経済理論に基づいて金融調節実務を解説した文献としては、宮野谷（2000）、日本銀行企画局（2006）を参照。海外の金融調節実務については、Blenck, Hasko, Hilton, and Masaki（2001）、Borio（2001）、European Central Bank（2005）、Tucker（2004）、Buzeneca and Maino（2007）を参照。主要国の中央銀行が公表している金融調節に関する年次報告には、興味ある事実がコンパクトに解説されている（日本銀行金融市場局，2007a；Federal Reserve Bank of New York, 2007；ECB, 2006等）。

とをいうが、金融政策、金融調節という観点から最も重要な短期金融市場は「インターバンクのオーバーナイト資金市場」（interbank funding market, interbank lending market）である。インターバンクのオーバーナイト資金市場を、より具体的に説明すると、以下の通りである。

■ **資金**　取引の対象となる資金は民間銀行が中央銀行に保有する当座預金である。

■ **オーバーナイト**　期間は「オーバーナイト」である。オーバーナイトの取引とは、今日資金を借り入れ、翌日に資金を返済する取引のことをいう。取引プロセスをみると、契約を交わす「約定」と、取引の対象物を引き渡す「決済」の2つの段階があるが、オーバーナイト取引の場合、取引の約定日（T）に資金の借り入れを行い、翌日（$T+1$）に資金の返済を行う。

■ **インターバンク**　市場参加者は銀行をはじめとする金融機関である。文字通り「銀行間の資金市場」という意味で使われることもあるが、現在では「卸売りの資金市場」という意味で使われることのほうが多い。参加する金融機関としては中央銀行に当座預金勘定を有する金融機関が多いが、必ずしもこれに限定されているわけではない。中央銀行に当座預金勘定を有する金融機関の参加が多いのは、多額の資金を瞬時に決済する必要があるため、中央銀行の当座預金を利用したほうが決済を円滑に行いやすいからである[5]。

■ **無担保**　無担保で資金の取引が行われる。インターバンクのオーバーナイト資金の取引という面では、有担保のレポ取引もあるが、これは保有している資産（典型的には国債）のファイナンスを目的としている[6]。

　日本の市場に即して説明すると、「インターバンクのオーバーナイト資金市場」としては、コール市場がこれに該当する。市場参加者としては、銀行等の預金取り扱い金融機関のほか、証券会社等もコール市場に直接参加している（表7-2-1）。コール市場では近年は、取り手としては外国銀行のウエートが高く半分以上を占めているほか、証券・証券金融会社のウエートも高い。出し手としては投資信託を中心とする信託銀行、地方銀行、第2地方銀行のウエートが高い。期間別にみると、無担保コール取引の中心はオーバーナイト物であるが、それ以外にも、1週間、1ヵ月といった期間の長い取引（ター

---

[5] 日本では、インターバンク市場と区分された概念としてオープン市場という言葉が使われることがある。オープン市場とは「銀行ないし預金取り扱い金融機関以外の主体も参加している市場」という意味で使われることが多いが、通常、インターバンク市場と区分されるコール市場も、証券会社や保険会社が参加しており、文字通りのインターバンク市場ではない。

[6] レポ取引の中には、資金ではなく、特定資産（国債の特定銘柄）の調達を目的とした取引もある。

ム物と呼ばれる）も行われている。また、資金の引き渡し決済が約定日ではなく、その翌日になされる取引も行われている（表7-2-2）。無担保取引のオーバーナイト物の金利（無担保コールレート・オーバーナイト物）が、一般的にコールレートと呼ばれる金利である[7]。米国のオーバーナイト資金市場はフェデラルファンド市場と呼ばれ、そこで成立する金利はフェデラルファン

●表7-2-1　無担保コール市場の主体別構成

（2007年7月末、平均残高、単位：億円）

	出し手		取り手	
	残高	構成比（％）	残高	構成比（％）
都市銀行等	10,823	7.7	19,628	14.0
地方銀行	18,167	12.9	5,561	4.0
第2地方銀行	11,719	8.3	10,961	7.8
信託銀行	35,508	25.3	10,390	7.4
外国銀行	1,213	0.9	76,572	54.5
農林系統金融機関	10,434	7.4	1,433	1.0
証券・証券金融会社	4,703	3.3	25,025	17.8
その他とも計 （うち、オーバーナイト物）	140,488 (55,965)	100.0 (39.8)	140,488 (55,965)	100.0 (39.8)

（出所）日本銀行ホームページ

●表7-2-2　無担保コール市場残高の期間別構成

（2007年7月末、平均残高、単位：億円）

期間	残高	構成比（％）
翌日物	58,821	41.7
2～6日物	3,430	2.4
1週間以上2週間未満	22,414	16.0
2週間以上3週間未満	9,073	6.5
3週間以上4週間未満	6,763	4.8
1カ月以上2カ月未満	24,682	17.6
2カ月以上3カ月未満	7,848	5.6
3カ月以上4カ月未満	5,873	4.2
4カ月以上	1,575	1.1
合計	140,489	100.0

（出所）日本銀行ホームページ

7　コールレートについては、毎日、最高・最低・加重平均の3本のレートが日本銀行より公表されている。加重平均レートは、取引主体、約定タイミング、資金決済タイミング等の異なる様々な取引に係るレートにより構成されている（第8章参照）。

ド・レート（FFレート）と呼ばれる。ユーロエリアのオーバーナイト資金市場の金利はEONIA（the Euro Overnight Index Average）レートと呼ばれる。インターバンクのオーバーナイト資金市場は資金（流動性）を極めて効率的に配分する市場であり、金融取引が円滑に行われるための不可欠の基盤ともいえる市場である。逆にいうと、インターバンクのオーバーナイト資金市場が円滑に機能しなくなった場合、経済全体に与える影響は非常に大きい（第15章参照）。

　短期金融市場としては、インターバンクのオーバーナイト資金市場以外にも、様々な金融資産が活発に取引されている。無担保の市場としては、コマーシャル・ペーパー（CP）、短期国債等が、有担保の市場としてはレポ市場が挙げられる。

7－3. 中央銀行当座預金の需要と供給
　本節では、オーバーナイト金利の水準が、中央銀行当座預金の需要と供給がバランスするように決定されることを説明する[8]。中央銀行当座預金の需要動機としては、以下で述べるように、決済に基づく需要と準備預金制度に基づく需要との2つがある。

中央銀行当座預金の需要：決済需要
　中央銀行当座預金は通常は無利息か、金利が付されていても市場金利よりも低い水準である（中央銀行当座預金に対する付利については第8章参照）。このため、中央銀行当座預金を保有することには機会費用が発生するが、それにもかかわらず、銀行はある程度の金額の中央銀行当座預金を保有しようとする。銀行が中央銀行当座預金を保有する本源的な動機は、予備的動機に基づく決済需要である。これは、ちょうど、個人や企業がある程度の手許現金や要求払い預金を保有するのと同様に、銀行も先行きの資金繰りについて不確実性に直面していることによるものである。銀行が資金不足に直面しても市場での資金調達に100％確信をもてるのであれば、不足が明確になった時点で、不足金額だけ当日のオーバーナイト資金市場で資金を調達し、逆に、資金の受け取りが支払いを上回る場合には、余剰分を当日の市場で運用することが考えられる。しかし、そうした資金繰りに全面的に依存すると、事務

8　政府も中央銀行に当座預金を保有するが、金融調節において「中央銀行当座預金」という場合は、民間銀行の保有する中央銀行当座預金のことを指す。

ミス、コンピューター・ダウン、地震、テロをはじめ、何らかの突発的な事態が発生した場合には、資金を調達することが困難になったり、調達金利が上昇してしまう危険に直面する。あるいは、バブル崩壊以降、多くの日本の金融機関が経験したように、不良債権の増加を背景に自らの信用度が低下してしまうと資金調達が困難になったり、調達金利が上昇したりしてしまう。

　もちろん、この場合でも、取り手が調達金利を十分に引き上げると、最終的には資金の出し手が現れるはずである。しかし、前述のような事態が発生した場合は、資金の出し手からすると正確な情報がわからないため、金利がわずかに上昇した程度では、信用コストや取引コストを負担してまで資金を放出するインセンティブは生まれてこない。また、取り手が大幅に調達の提示金利を引き上げると、取り手の信用状態が良好な場合でも、出し手は取り手の信用状態について却って不安を強めるかもしれない。信用コストは、借り手の倒産確率と元本に対する回収率に規定される。取引コストとしては、コール取引の仲介手数料、資金決済に要するコスト等が挙げられる。資金の出し手は、借り手の倒産の可能性を意識して、特定の相手先に対する与信が過度に集中しないように与信を管理している。このため、通常は個々の借り手の信用度を審査したうえで、個別に最大の与信可能限度（クレジット・ライン）を設定している。

　中央銀行当座預金に対する銀行の需要は上述の様々な要因に依存する。図7-3-1は、中央銀行当座預金に対する個別銀行の決済需要曲線を示している。個々の銀行は先行きの資金の受払いの状況や自らの市場での資金調達能力を

●図7-3-1　中央銀行当座預金に対する個別銀行の決済需要曲線

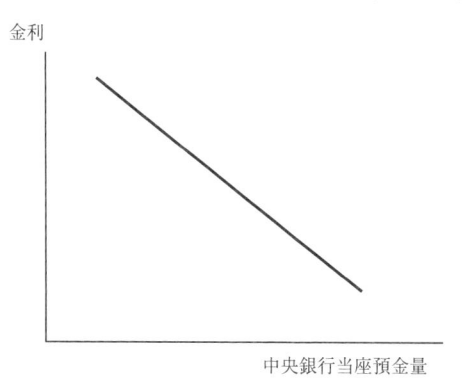

予測しながら資金繰り計画を立てており、そうした計画の中で中央銀行当座預金に対する需要も決まってくる。銀行はオーバーナイト金利が高いほど機会費用が高くなるので、中央銀行当座預金の保有量を減らそうとする。言い換えると、中央銀行当座預金の需要曲線は右下がりとなる。個々の銀行の中央銀行当座預金に対する需要曲線は、先行きの資金の受払いの不確実性が大きいほど、また、市場での調達能力に対する不安感が強いほど、右方にシフトする（この点は後述）。

中央銀行当座預金の需要：準備預金制度に伴う需要

中央銀行当座預金を保有する第2の動機は、準備預金制度に伴う需要である。準備預金制度とは、民間銀行に対し、受け入れている預金の一定割合を中央銀行当座預金のかたちで保有することを義務付ける制度である[9]。準備預金制度の対象となる民間銀行の債務（準備預金制度対象債務）に対し、法律上義務付けられている中央銀行当座預金残高の割合を、法定準備率という[10]。

●図7-3-2　日本の準備預金制度（概念図）

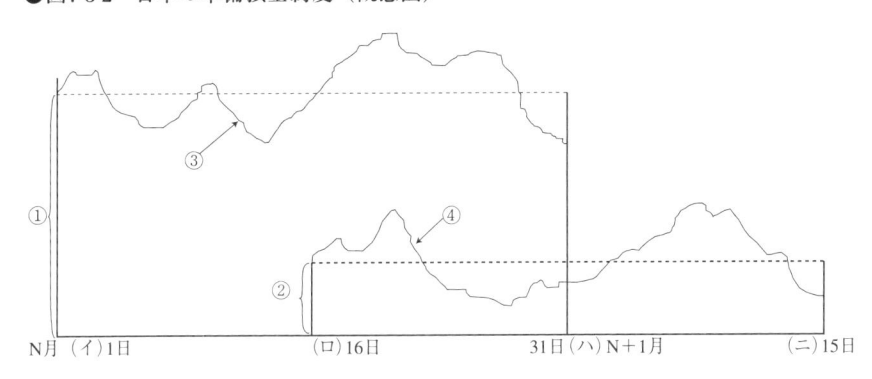

（イ）月初日　　　　　　　①計算期間の準備率適用対象債務の平均値
（ロ）16日　　　　　　　　②積み期間に保有する準備率の平均（≧①×準備率）
（ハ）月末日　　　　　　　③準備率適用対象債務の実際の残高
（ニ）次の月の15日　　　　④準備預金の実際の残高
（イ）〜（ハ）計算期間
（ロ）〜（ニ）積み期間

（出所）宮野谷（2000）

9　預金取り扱い金融機関が保有する手許現金を準備預金にカウントするケースもある。
10　日本の準備預金制度では、対象となる預金債務の金額が増加するほど高い準備率が適用されている（超過累進準備率制度）。例えば、資金量2.5兆円超の預金に係る準備率についてみると、要求払い預金は1.2％、その他の預金は1.3％である。

日本の場合、法定準備率は準備預金制度対象債務や当該民間銀行の規模によって異なるが、平均すると、0.7%程度となっている[11]。わが国の場合、前月の準備預金制度対象債務の平均残高に対し法定準備率を掛けた水準の日銀当座預金残高を、当月の16日から翌月の15日までに積み立てることが求められている（図7-3-2）。民間銀行は積み期間における準備預金の平均残高を所要準備額以上にする必要があるが、日によっては所要準備額を下回っても構わないし、実際にも日々、大きく変動している。2007年7月積み期でみると、民間金融機関の所要準備額は約4.8兆円である（表7-3-1）。現実の準備金額が所要準備金額を下回った場合には、不足分について公定歩合プラス3.75%の罰則金利で過怠金を払わなければならない。

●表7-3-1　準備預金の積み立て状況（2007年7月分、平均）　　　　　（単位：億円）

準備預金残高	所要準備額	超過準備額	その他の当座預金取引先の当座預金残高	当座預金残高合計
49,890	47,660	2,230	36,760	86,650

（注）7月分とは、7月16日から8月15日までをいう。残高等はすべて1日当たりに換算している。その他の当座預金取引先の当座預金残高には日本郵政公社の当座預金を含む。

中央銀行当座預金の供給

ある時点における中央銀行当座預金の供給は、中央銀行がそれまでに行ってきた資金供給の結果である（図7-3-3）。言い換えると、中央銀行当座預金の供給曲線は垂直となる（図7-4-1）。後で詳しく述べるように、中央銀行は銀行から国債等の資産を購入することによって、中央銀行当座預金を供給する。そうした中央銀行当座預金の供給行動は、公開市場操作（open market operation）、資金供給オペレーションと呼ばれる。これに加えて、政府の財政

●図7-3-3　中央銀行のバランスシート

外貨資産	銀行券
国債	民間銀行の保有する当座預金
その他資産	政府の保有する当座預金

11　2007年10月からは、日本郵政公社の民営化に伴い、ゆうちょ銀行についても準備預金制度に基づく積み立てが開始された。それ以前は、日本銀行に対し契約に基づいて積み立てを行っていた（金額は1.2兆円）。

資金の受払いも中央銀行当座預金の残高に影響する。これは政府の資金が最終的には中央銀行にある政府の預金口座に集中されているためである。例えば、企業が税金を国庫に納めると、民間銀行にある企業預金が減少するが、最終的に民間銀行の保有する中央銀行当座預金の残高が減少し、政府が中央銀行に保有する預金（政府預金）の残高が増加する。政府が公共事業の支払いを行うと、民間銀行にある企業預金が増加するが、これに見合って、政府が中央銀行に保有する預金が減少し、代わって民間銀行の保有する中央銀行当座預金が増加する。銀行券の受払いも中央銀行当座預金残高に影響する。企業や家計が民間銀行に対し銀行券での預金の引き出しを求めると、民間銀行はまずは手持ちの銀行券で支払いを行うが、通常は最小限の銀行券しか保有していないので、中央銀行当座預金を取り崩し、不足する銀行券を入手する。従って、ある時点をとってみると、民間銀行にとっての中央銀行当座預金の存在量は、中央銀行による信用供与残高（過去の資金供給の累積金額）から、政府預金残高と銀行券残高を差し引いた金額になる。

7－4．オーバーナイト金利の決定：準備預金制度のない場合
基本的なメカニズム

オーバーナイト金利は中央銀行当座預金残高の需要と供給が一致するように変動する。銀行券の引き出しが増加するケースを例にとると、中央銀行当座預金残高が減少し（図7-4-1の供給曲線が左方シフト）、元の金利水準では、中央銀行当座預金の需要量が供給量を上回る。このため、銀行はオーバーナイト資金市場で資金を取り入れようとするが、そうしたプロセスを通じてオーバーナイト金利が上昇し、これによって、需要と供給の均衡が回復する（$i_0 \rightarrow i_1$）。他方、例えば、政府による公共事業の支払いが行われると、民間銀行の中央銀行当座預金残高が増加する。その結果、供給が需要を上回れば、オーバーナイト金利が下落し、これによって需要と供給の均衡が回復する。オーバーナイト金利は、このようなプロセスを経て、中央銀行当座預金残高（ストック）の需要と供給が一致するような水準に決定される。

ここで留意すべき点は、オーバーナイト金利はマネタリーベースではなく、中央銀行当座預金に対する需要と供給のバランスで決定されることである。マネタリーベースは現金と中央銀行当座預金とから構成される。中央銀行当座預金に対する需要が供給を上回れば金利は上昇するが、金利が上昇すると、現金が銀行部門に還流し、銀行は中央銀行に現金を持ち込むことによって、中央銀行当座預金が増加する。そうした銀行券の還流メカニズムが瞬時に作

●図7-4-1　オーバーナイト金利の決定

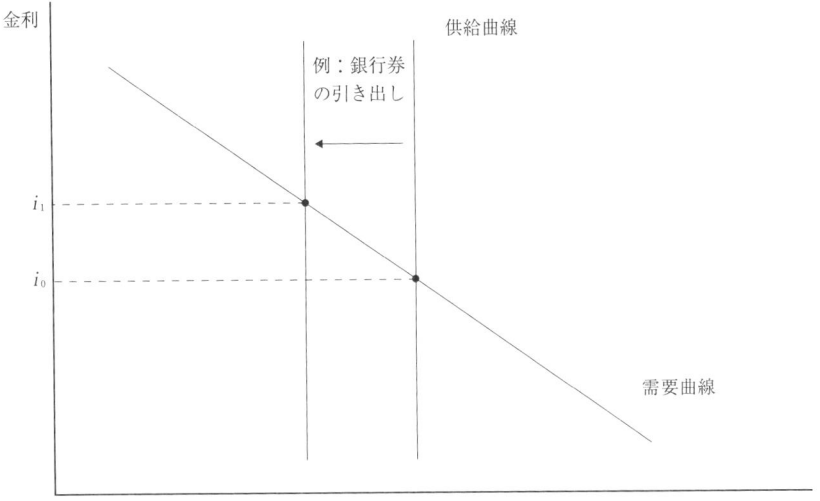

金利／供給曲線／例：銀行券の引き出し／i_1／i_0／需要曲線／中央銀行当座預金量

用することを仮定すると、オーバーナイト金利はマネタリーベースに対する需要と供給のバランスで金利が決定されると定式化しても構わない。しかし、現金の搬送には大きなコストがかかり、そうしたメカニズムは瞬時には作用しない。マクロ経済学や金融論の教科書をみると、しばしば、金融政策をマネタリーベースの調整というかたちで定式化しているが、そうした定式化は適切ではない。オーバーナイト金利という、言わば「待ったなし」の資金の金利の決定メカニズムを描写するうえでは、マネタリーベースではなく、中央銀行当座預金に対する需要と供給のバランスで金利が決定されると定式化することが適切である。

決済需要曲線の形状

第3節の説明では、中央銀行当座預金に対する需要曲線について右下がりであることを述べたが、以下ではその形状について、より詳しく説明する。民間銀行は日々膨大な決済を行っており、円滑に決済を行うために中央銀行当座預金を必要とする。右下がりの曲線（DD）として示される個々の銀行の決済需要は金利に対してあまり弾力的ではない（図7-4-2）。これは、決済のタイミングが決まっており、このタイミングに決済できない場合は信用を大きく失墜するためである。ただし、手元に当座預金を保有している場合には、それがバッファーとなって支払いのタイミングを若干調整することは可能で

● 図7-4-2　個別銀行の決済需要曲線

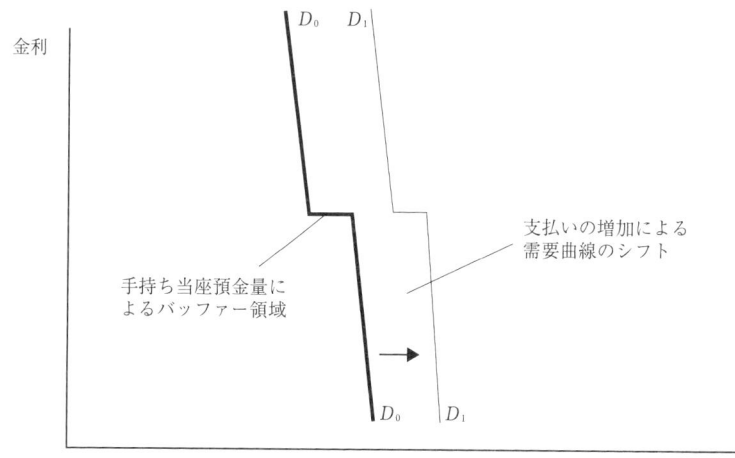

（グラフ：縦軸「金利」、横軸「中央銀行当座預金量」。需要曲線 D_0D_0 と、支払いの増加により右方シフトした D_1D_1 が描かれている。曲線の屈折部分に「手持ち当座預金量によるバッファー領域」、シフトの矢印に「支払いの増加による需要曲線のシフト」の注記。）

あることから、金利に対し全く非弾力的というわけではない。その意味で、需要曲線の弾力性の程度を左右するひとつの大きな要因は、必要な支払い金額と比較した中央銀行当座預金の当初保有量である。当該銀行が支払いをカバーするだけの十分な金額の当座預金を保有している場合には、仮に予想外の支払いニーズが発生してもとりあえず対応できるので、金利の状況をみながら、需要量を決定できる。この場合、需要曲線は相対的に弾力的になる。しかし、当該銀行が当座預金をほとんど保有していない場合には、支払いの必要がほとんどそのまま当座預金需要となって表れ、金利の状況をみながら需要量を決定するという自由度はない。図7-4-2はこのような関係を図示したものである。手持ち当座預金量の近傍では比較的弾力的であるが、そこから離れると、非弾力的になる。

他方、個別銀行の需要曲線のシフト要因としては、決済に伴う資金の受払いが挙げられる。例えば、民間銀行が市場で国債を買い入れると、買い入れ代金の分だけ支払いを行わなければならないので、当該銀行の需要曲線は右方にシフトする（図7-4-2：$D_0D_0 \to D_1D_1$）。それでは、当座預金残高と決済金額の相対的な大きさはどのようなイメージであろうか。表7-4-1は、2007年7月について、日本銀行当座預金残高と日本銀行当座預金の1営業日当たりの受払い金額を示しているが、全体では1営業日当たりの決済金額（片道ベース）

●表7-4-1　金融機関の業態別の当座預金残高、決済金額等
　　　　　（2007年7月中、1営業日当たり平均）

(単位：億円)

	件数	(A)日本銀行当座預金決済金額	決済金額の構成比(%)	1件当たり金額	(B)日本銀行当座預金残高(7月積み期間中平均)	回転率(A)/(B)
都市銀行	2,837	210,710	18.2	74.2	29,670	7.1
地方銀行	2,213	46,795	4.0	21.2	11,400	4.1
第2地方銀行協会加盟銀行	882	17,118	1.5	19.4	1,580	10.8
在日外国銀行	803	105,122	9.1	130.9	930	113.0
信託銀行	6,275	211,629	18.3	33.7	3,720	56.9
信用金庫	981	14,673	1.3	15.0	(n.a)	(n.a)
証券会社	6,701	226,634	19.5	33.8	(n.a)	(n.a)
短資会社	2,047	140,700	12.1	68.7	(n.a)	(n.a)
その他とも計	26,855	1,159,443	100.0	43.2	86,650	13.4

(出所)「決済動向」(2007年7月)、「業態別日銀当座預金残高」(2007年7月)

は115.9兆円である。これに対し、日本銀行当座預金残高は8.7兆円であり、当座預金残高に比べて受払い金額は圧倒的に大きい。決済金額と当座預金残高の比率で回転率を定義すると、1日に13回転している計算となる。取引先の業態別の決済金額の内訳をみると、日本銀行当座預金は金融市場取引に伴う決済において利用されることが多いことを反映して、金融市場取引の多い証券会社（2007年7月のウエートは19.5%）、信託銀行（18.3%）、都市銀行（18.2%）、短資会社（12.1%）、在日外国銀行（9.1%）等のウエートが高い。このように、決済需要の大きさを左右する最も大きな要因は支払い金額の大きさであるが、受払いのタイミングのズレも重要な要因である。仮にすべての受払いが同一のタイミングであれば決済需要は発生しないが、現実には受払いのタイミングの完全な一致はないので、決済需要が発生する。

当座預金残高の分布

　以上が個別銀行の当座預金の需要曲線に関する説明であるが、市場全体での当座預金需要はそうした個別銀行の当座預金の需要曲線を集計したものとなる。ここで注意すべきは、マクロでの当座預金の残高が一定であっても、

個別銀行間での当座預金の保有の分布如何では、市場の需要曲線は左右にシフトすることである。例えば、銀行が5行存在し、全体として5兆円の当座預金が供給されている状況を想定しよう（表7-4-2）。このような状況の下で、各行が均等に1兆円保有する（ケース1）と、1行が何らかの理由で4兆円を抱え込み、残り4行が残る1兆円、すなわち各行が2,500億円を保有するケース（ケース2）では、市場全体の当座預金の需要量は異なりうる。仮に、各銀行が他の銀行に対しそれぞれ8,000億円の支払いがある場合、ケース1では、各行は要支払い金額の合計が手持ちの当座預金（1兆円）の範囲内で繰り回すことが可能である。しかし、ケース2では、B、C、D、Eの銀行は支払い金額が8,000億円のため手持ちの当座預金（2,500億円）の範囲内で繰り回すことはできない。A行だけは支払いができるので、その結果、他の銀行の当座預金残高は4,500億円に増加するが、それでも支払い金額のほうが大きいため、支払いはできない。このため、コール市場で当座預金を調達しようとする（需要曲線の右方シフト）。もちろん、この場合でも、関係者間で受払いのタイミングを完全に揃える取り決めを結べば、当座預金需要は増加しない。

いずれにせよ、上記の例は、市場での当座預金需要を考える際には、支払い金額の大きさ、当初の当座預金の分布、受払いのタイミングのズレ等が重要な要因であることを示している。上述の状況では、B以下の銀行には他行からの受け取りを待って支払いをしようというインセンティブが生まれる。そうした行動はミクロ的には合理的であるが、各行がそうした行動をとると、結局、誰もが資金を受け取ることができないという状況が生まれる。そうした状態は「すくみ」（gridlock）と呼ばれる。こうした状態を解決するためには、今のケースでいえば、中央銀行が当座預金を追加的に投入するか、当事

●表7-4-2 当座預金保有残高の分布の違いによる決済への影響

（単位：億円）

	要支払い金額合計	ケース1：当座預金保有残高	単独での支払い	ケース2：当座預金保有残高	単独での支払い	A行のみ支払い後の当座預金残高	単独での支払い
A	8,000	10,000	●	40,000	●	32,000	−
B	8,000	10,000	●	2,500	×	4,500	×
C	8,000	10,000	●	2,500	×	4,500	×
D	8,000	10,000	●	2,500	×	4,500	×
E	8,000	10,000	●	2,500	×	4,500	×
合計	40,000	50,000		50,000		50,000	

●図7-4-3　準備預金制度のない場合のオーバーナイト金利の決定

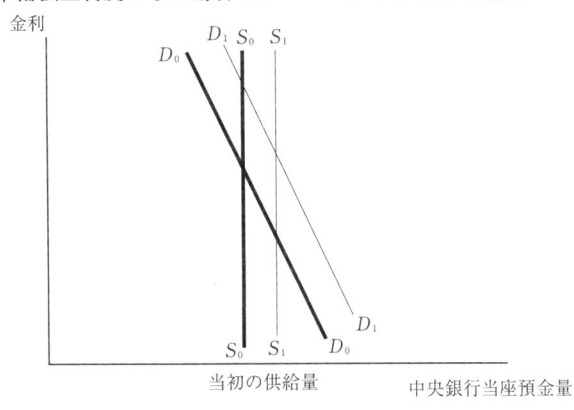

金利軸に D_0, D_1, S_0, S_1 のラベル。横軸に「当初の供給量」「中央銀行当座預金量」。

●図7-4-4　金融調節改革実行以前の英国のオーバーナイト金利の変動

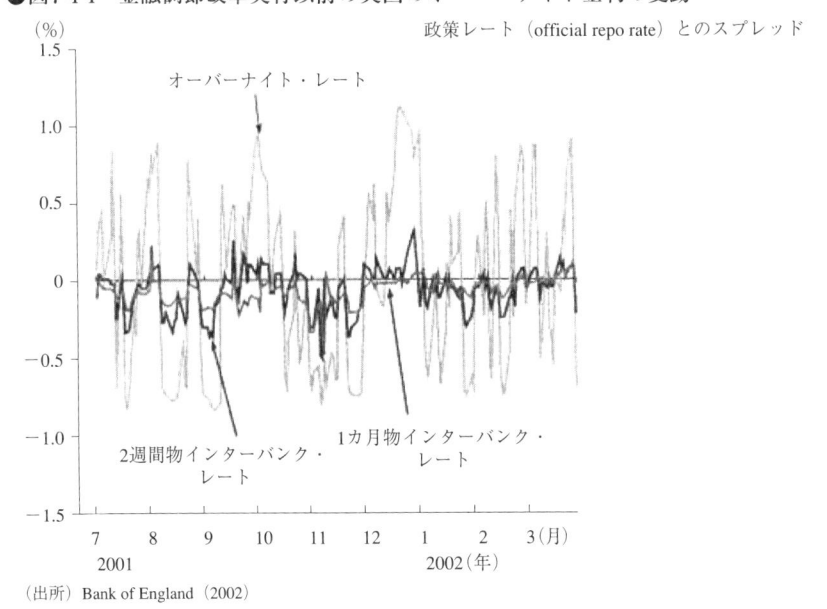

政策レート（official repo rate）とのスプレッド

オーバーナイト・レート

2週間物インターバンク・レート

1カ月物インターバンク・レート

7　8　9　10　11　12　1　2　3（月）
2001　　　　　　　2002（年）

（出所）Bank of England（2002）

者間で「すくみ」を解消するための取り決め（例えば、互いの受払いのタイミングを揃える）をするしかない。

一方、当座預金を供給する中央銀行は、そうした市場全体の当座預金需要について予測しながら供給量を調節している。需要の増加をちょうど相殺する金額の供給を行う場合は、オーバーナイト金利は変化しないが、一般にはそうした予測を正確に行うことは難しい。中央銀行当座預金に対する需要が決済動機に基づく需要だけであれば、オーバーナイト金利は、その日の決済需要如何で、毎日、かなり大きく変動する（図7-4-3）。英国は2006年に準備預金制度の導入を含む抜本的な金融調節方式の見直しを行ったが、図7-4-4は、準備預金制度導入以前の英国のオーバーナイト金利の変動を示したものである。図から明らかなように、この時期の英国では、日々、あるいは日中の決済需要の変動がそのままオーバーナイト金利に反映され、金利水準は極めて大きく変動していた。

7-5. オーバーナイト金利の決定：準備預金制度のある場合

前節では準備預金制度の存在しない場合のオーバーナイト金利の決定メカニズムを説明したが、本節では、準備預金制度の存在する場合のオーバーナイト金利の決定メカニズムを説明する。

準備預金制度に基づく需要曲線の形状

民間銀行の中央銀行当座預金に対する需要動機としては、前節で説明した決済動機に基づく需要（決済需要）がまず挙げられるが、準備預金制度が存在する下では、第2の動機として、準備預金制度に基づく需要（準備需要）も生まれる。現実の中央銀行当座預金には色はついていないので、決済動機に基づく保有であっても準備預金制度に基づく保有動機を満たし、逆に、準備預金制度に基づく保有動機であっても決済動機を満たす。図7-5-1は個別銀行の中央銀行当座預金に対する需要を示しているが、2つの特色が描かれている。

第1に、決済需要（D^*D^*）は準備預金制度に基づく所要準備残高（RR）よりも小さいことである。主要国では、平均すれば所要準備残高が決済動機に基づく保有残高を上回るような水準となるように、法定準備率の水準が比較的高めに設定されているケースが多い。第2に、法定準備率が上述のような水準に設定される場合、準備預金需要で決済需要をカバーできるので、日々の準備需要（DD）は決済需要に比べて金利に対する弾力性が高くなる。現実の準備預金残高は積み期間全体として所要準備を上回ればよく、日々の

●図7-5-1　準備預金需要と決済需要

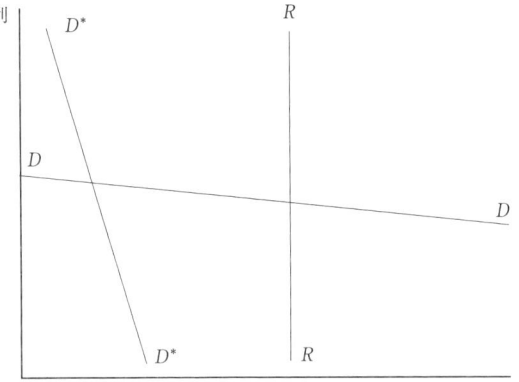

```
金利 │    R
     │ D*
     │
     │
     │ D                          D
     │
     │
     │
     │    D*   R
     └─────────────────────────────────
          所要準備残高   中央銀行当座預金量
```

ベースでは積み不足であっても構わない。銀行は準備保有の機会費用であるオーバーナイト金利をみながら、積みのパターンを決定する。例えば、今日のオーバーナイト金利が積み期間の中で高いと判断する場合には、今日のところは準備預金をあまり積み立てることはせずに、金利の低下した段階で準備預金を積み立てようとする。言い換えると、銀行は積み期間中において「今日のオーバーナイト金利は高い（低い）」と判断する際の基準となる金利水準（アンカーとなる金利水準）との比較で積みのパターンを決定する。その結果、積み期間中を通しての金利裁定が行われる。このため、準備需要は金利に対して弾力的に変化する。このような準備預金制度が導入されると、決済需要の変動が準備需要の中で吸収されるようになるので、前述したような決済需要によってオーバーナイト金利が変動するような状況は相当程度解消される。ただし、ここで「相当程度」といったのは、銀行によっては所要準備の非常に少ない銀行もあるし、また、日や時間帯によっては決済需要のほうが準備需要を上回ることもあるからである。例えば、在日外国銀行の決済金額は準備預金制度の所要金額に比して非常に大きい（前出表7-4-1）が、その場合には、当座預金需要は決済需要に規定される。

なお、ここで用語上の問題に言及したい。これまでの説明では準備預金制度を強く意識した場合の当座預金残高を準備預金残高という用語で表現し、そうでない場合は、当座預金残高という用語を用いてきた。しかし、仮に準

備預金制度の適用を受けない金融機関であっても、その金融機関が多額の当座預金を保有すると、需給バランスが変化する結果、オーバーナイト金利は上昇する。その意味で、当座預金残高という用語と準備預金残高という用語は厳密に使い分けたほうがよいときもあるが、厳密に書くと煩瑣なケースもあるので、以下ではほぼ同義の代替的な用語として使用する。

準備預金制度の平準化機能

　所要準備残高の水準が決済動機に基づく保有残高を上回る場合、銀行の日々の資金繰りにおいては、決済動機に基づく需要の変動は現実の需要の変動となっては顕在化しない。各銀行はどのような金利水準をアンカーとして意識しながら、準備預金の積み立てパターンを決めるのであろうか。ここで、アンカー金利として機能するのが中央銀行の発表するオーバーナイト金利の誘導目標である。図7-5-2のケース1は需要増大（$D_0D_0 \to D_1D_1$）により金利が上昇圧力を示す状況を表している。この場合、各銀行はオーバーナイト金利が誘導目標から多少上昇（$i_0 \to i_1$）しても、中央銀行が金利を目標水準に近づけるように必要なオペレーションを行うと予想する。このため、今急いで準備預金を積む必要はないと判断し、需要曲線は左方に再びシフトする結果、金利は目標水準に向かって収斂していく。すなわち、オーバーナイト金利の誘導目標がアンカーとして信頼されている場合、中央銀行がオペレーションを行わなくても、誘導目標近辺の水準でかなり安定することになる。準備預金制度が有するこのような機能は準備預金制度の平準化（averaging）機能と呼ばれる。

　ただし、平準化機能の作用も完全ではない。決済需要の変動が大きい場合には、前述の決済需要が支配する世界に戻ってしまい、金利は多少変動する。このような状態を回避するためには、中央銀行はオペレーションにより当座預金の供給を増やさなければならない（図7-5-2のケース2：$S_0S_0 \to S_1S_1$）。銀行による準備預金の積み立て平準化の行動も、最終的には、このようなかたちで中央銀行が誘導目標維持のためのオペレーションを行うことが前提となっている。その意味で、準備預金制度が存在する下での金利決定メカニズムを準備預金に対する需要・供給曲線を使って表現すると、積み期間を通してみたとき、供給曲線はオーバーナイト金利の誘導目標水準で水平の直線として描かれる一方、ある特定時点における中央銀行の具体的な行動としては、誘導目標水準に対応していると推定する需要量の準備預金を供給することによって担保されている[12]。

　上述のように、準備需要に比べて決済需要が小さく、中央銀行当座預金に

対する需要が準備需要だけで満たされる場合にはオーバーナイト金利はアンカーとなる金利によって決定され、日々の金利コントロールにあたっては、中央銀行当座預金の供給は必要としない。他方、決済需要が大きく中央銀行当座預金に対する需要が決済需要に大きく左右される場合には、中央銀行のオペレーションによる資金供給如何がオーバーナイト金利の水準を規定する。どちらの状況が現実に近いかは、預金準備率の水準はもとより、金融機関の資金繰り不安に影響する諸要因に依存し、先験的にはいえない。ただ、一般論としていえば、積み期間中を通して、また、日中のいかなるタイミングにおいても決済需要が準備預金ですべてカバーされるとは考えにくく、その意味では、現実は両者の中間に位置している[13]。

●図7-5-2　準備預金制度の存在する下での金利決定
ケース1：民間銀行が対応するケース　　　ケース2：中央銀行が対応するケース

金利上昇を眺め、準備積み立てを翌日に繰り延べ　　　金利上昇を眺め、中央銀行が当座預金の供給を増加

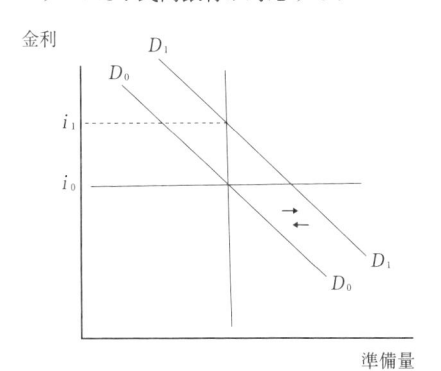

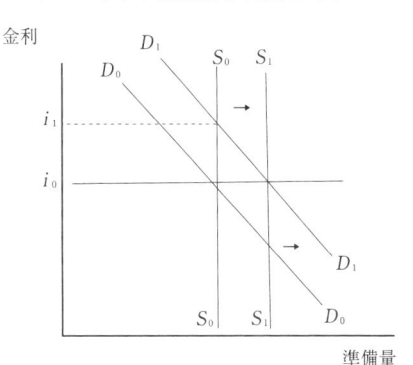

以上の説明から明らかなように、準備預金制度の意義は中央銀行当座預金に対する需要を安定的で予測可能なものとすることによって、中央銀行による短期金利の誘導を容易にすることにある。当座預金に対する需要が安定的で予測可能なものとなれば、中央銀行は目標とするオーバーナイト金利水準

12　日本銀行と欧州中央銀行は資金供給オペレーションの金額を公表している。ニューヨーク連銀は資金供給オペレーションの金額について内部的な予定金額は有しているが、通常はオペレーションのオファー時には公表していない。
13　林（2000）は中央銀行のオペレーションによる資金供給がオーバーナイトの金利の変動をもたらす効果を流動性効果と呼び、1996年から99年にかけての日本のコールレートの日々の変動について流動性効果の有無を検証している。実証結果によると、流動性効果の存在が確認されている。

に対応する量の中央銀行当座預金の需要量を供給するように、オペレーションを行えばよいことになる。マクロ経済学や金融論の教科書では、現在でも準備率の変更が金融政策手段として記述されることが多いが、日本を含め金融市場の発達した主要国では準備預金制度は金融政策の手段としてはもはや使われていない[14]。準備預金制度は安定的で予測可能な当座預金需要を作り出すことによって、オーバーナイト金利の誘導を行いやすくするための枠組みとして理解されるべきである[15]。

7−6. 金融調節方針の変遷

先進国の中央銀行では、現在、金融市場調節方針はオーバーナイト金利、ないしこれと期間的に非常に近い短期金利に関する誘導目標というかたちで示されるケースが圧倒的に多い。しかし、今日のようなかたちで金融市場調節方針が示されるようになったのは比較的最近のことである。

直接的なコントロールと間接的なコントロール

金融政策の効果が経済全体に波及していく際の出発点はオーバーナイト金利である。そのオーバーナイト金利は中央銀行の金融調節によってコントロールされる。その意味では、金融調節目標をオーバーナイト金利とすることは自然な選択であるが、歴史的に振り返ってみると、オーバーナイト金利のコントロール方法としては以下の2種類の方法があった（Goodfriend, 1991）。

第1の方法は直接コントロールである。この場合は、中央銀行はオーバーナイト金利について狭い範囲の目標を設定し、その範囲から上下いずれの方向でも乖離しそうな場合に資金供給（吸収）のオペレーションを行う。現在、日本銀行を含め、多くの先進国中央銀行が採用している方法である。第2の方法は間接コントロールである。間接コントロールの最も典型的な方法は、金融機関に対する貸出金利（公定歩合）をオーバーナイト金利よりも低い水準に設定し、中央銀行が貸出量をコントロールすることを通じて、オーバーナイト金利をコントロールするという方法である。金融機関に対する貸出金利（公定歩合）がオーバーナイト金利よりも低い水準に設定されるため、中央銀行当座預金に対する超過需要が発生する。この場合、中央銀行が金融機関の借り入れ希望のすべてに応じると、オーバーナイト金利は公定歩合の水

---

14 所要準備金額全体の変更を目的として準備率が変更されたのは、日本では1991年が最後である。中国では現在でも預金準備率の変更が活用されている。

15 準備預金制度は当座預金の保有に対する強制的なコストの賦課となるので、対象金融機関と対象外金融機関の間の競争力に影響を与える。このため、近年海外主要諸国では準備預金にも付利を認める方向に変化している。

準にまで低下するが、何らかの方法で割り当てを行うことによって中央銀行当座預金量をコントロールすれば、誘導目標を公表せずに、オーバーナイト金利をコントロールすることができる。

中央銀行の金融政策の歴史を振り返ると、間接コントロールの時期が長く、直接コントロールが始まったのは比較的最近である。例えば、日本銀行が正式にコールレートの誘導目標の水準を公表したのは1998年の日本銀行法改正後である。それ以前は、公定歩合の水準を公表していた。米国でもFOMC終了後直ちにフェデラルファンド・レートの誘導目標が公表されるようになったのは1994年2月からであり、それ以前は、市場におけるフェデラルファンド・レートの動きからFOMCの意図を判断する時期が長く続いていた。

直接コントロールはオーバーナイト金利の誘導目標が明確であり、中央銀行の金融政策の意図が誤解されることはない。しかし、誘導目標の変更が明確であるが故に、注目を集めやすく[16]、結果として金融政策の自由度（flexibility）が低下する可能性もある。他方、間接コントロールは金融政策の自由度は相対的に高いが、中央銀行の金融政策の意図が誤解される可能性がある。米国と同様、日本についても間接コントロールが長期間にわたって選択された。直接コントロールと間接コントロールの選択に影響する最も大きな要因は、金融政策の意図を明確に伝達することと金融政策の自由度を確保することのトレードオフに関する判断であった。

図7-6-1は日本のコールレートと公定歩合の推移を示したものであるが、両者の格差は一定ではなく、局面によってはある程度の変動を示している。このように、公定歩合が一定水準の下でも、短期金利を高め（低め）の水準に誘導することによって、実質的な金融引き締め（緩和）度をある程度調整することは可能である。実際、日本でも局面によってはそうした運営が行われたこともあった。特に、公定歩合の変更への反対が強く機動的な変更を行いにくいときには、市場金利の低め誘導や高め誘導が活用された。例えば、バブル期を例にとると、公定歩合が2.5％に据え置かれるなかで、1987年8月末から10月の世界的な株価暴落（ブラック・マンデー）まで市場金利の高め誘導が行われた。これらの例が示すように、間接コントロールは、中央銀行に十分な独立性が与えられていない状況下で金融政策の自由度を確保するための工夫という側面もあった。連邦準備制度は日本銀行に比べ独立性の高い中

---

16 Goodfriend (1991) は"the status of major news event"という表現を使っている。Tucker (2004) の表現（"In separate acts of folly a quarter of a century or so ago, the monetary authorities sought to hide the fact that they were setting rates."）も興味深い。

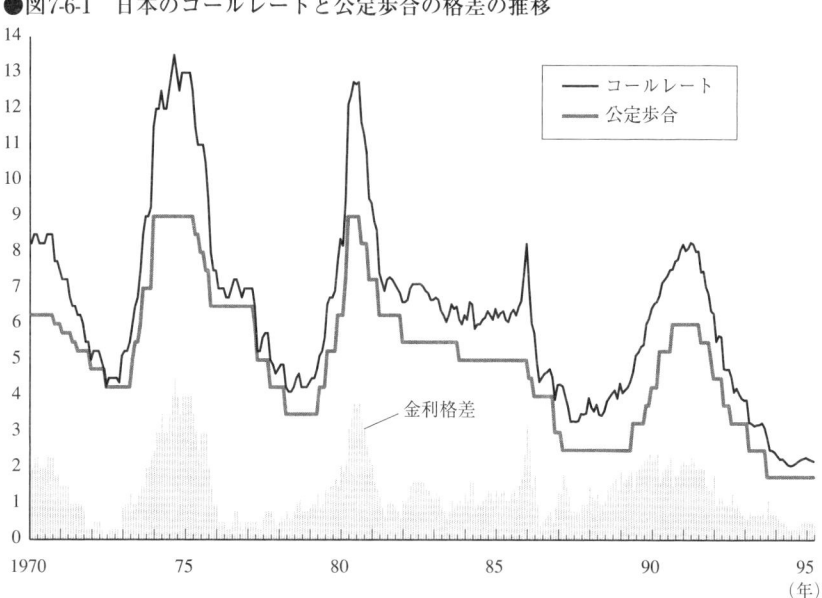

●図7-6-1　日本のコールレートと公定歩合の格差の推移

　　　　　　　　　　　　　　　　　金利格差

央銀行であったが、それでも、グリーンスパン議長が1989年に行った議会証言に示されるように、金融政策の自由度確保の観点から、フェデラルファンド・レートの誘導目標の即時公表には慎重な態度をとっていた[17]。

しかし、近年中央銀行に法的な独立性が与えられたことによって、金融政策の自由度確保と金融政策の意図の伝達とのバランスは、明確に変化した。すなわち、金融政策決定の権限を有するようになったことを反映し、その面から間接コントロールを選択する必要はなくなった。また、独立した中央銀行としてのアカウンタビリティーを考えると、コールレートの誘導目標を公表することが求められる。さらに、金融政策の意図が正確に伝えられないと、金融政策の効果も低下する。現在、多くの中央銀行が直接コントロールに移

---

[17] "The immediate disclosure of any change in our operating targets would make this information available more quickly to all who were interested, but it would have costs. Simply put, this provision would take a valuable policy instrument away from us. It would reduce our flexibility to implement decisions quickly at times to achieve a desired effect while minimizing possible financial market disruptions. Currently, we can choose to make change either quite publicly or more subtly, as conditions warrant. With an obligation to announce all change as they occurred, this distinction would evaporate; all moves would be accompanied by announcement effects akin to those currently associated with discount rare changes…" (Greenspan, 1989. pp. 14-15)

行したことは、中央銀行をめぐる近年の環境変化を反映したものといえる。

公定歩合の意味

　公定歩合という言葉は、元来は中央銀行の行う貸出に適用される金利のことであった。その意味では、現在でも貸出金利は存在する（日本銀行の貸出金利については第8章参照）。しかし、上述のように、中央銀行の貸出金利はそれ自体では、オーバーナイト金利、あるいは、より一般的に金融市場の金利水準を決定するものではない。金融政策の基本的な運営方針を公定歩合の変更で表すことができるのは、公定歩合が変更されない限り、オーバーナイト金利は大きくは変化しないという前提が成立する場合である。

　日本の例でいうと、高め誘導ないし低め誘導といった例外的な状況を除けば、そうした前提条件が満たされていた。その意味で、公定歩合は中央銀行による貸出金利を表すものにすぎず、以前はオーバーナイト金利であるコールレートの水準を示すものではなかったが、公定歩合の変更とコールレートの基調的な変化とは対応していた。しかし、新日本銀行法施行（1998年）後はコールレートの誘導目標が公表されるようになったことから、公定歩合の変更に金融政策運営上の独立的な情報価値はなくなり、貸出金利はコールレートの誘導目標の変更に応じて変化する金利となった。

第8章　金融調節の実務

本章では、誘導目標金利を実現するための金融調節の実務について解説する。金融調節は一見すると技術的なテーマであり、マクロ経済学や金融論の教科書でもあまり紙幅は割かれていない。しかし、中央銀行が確実に操作できるのは金融調節だけであり、その金融調節の実務を知ることは金融政策を正確に理解するうえで必要不可欠である。以下、第1節で金融調節の基本的な仕組みを説明したうえで、第2節では公開市場操作を、第3節では金融機関との相対的な調節手段を解説する。第4節では、決済システムと金融調節の関係について述べる。第5節では、オーバーナイト金利の様々な変動パターンについて概観する。最後に第6節では、オーバーナイト金利の誘導に関する若干の実践的論点に言及する。

8－1．金融調節の基本的な仕組み

金融調節の実務の基本的な仕組みは、概念的には以下の4つのステップに分けられる。

■　第1のステップは中央銀行当座預金需要の予測である。当座預金需要は、基本的には準備預金制度に基づく所要準備額に規定されるが、それ以外にもいくつかの要因の影響を受ける（第7章参照）。例えば、銀行は信用度が低下すると、資金流出の危険に備えて、当座預金を厚めに保有しようとする。また、マクロ的には十分な量の当座預金が供給されていても、特定の銀行が当座預金を集中的に保有している場合は、それ以外の銀行が保有できる当座預金が少なくなり、支払い金額をカバーできなくなる（「すくみ」の状況）。このため、多くの銀行が必死になって当座預金を調達し、市場全体の当座預金需要が増大する（需要曲線の右方シフト）。

■　第2のステップは、外生的な要因による中央銀行当座預金残高の変動要因の予測である。外生的な要因による当座預金残高の変動要因とは、銀行券および財政資金の増減のことであり、いずれも当座預金供給量の変化をもたらす。国によって名称は異なるが、日本銀行の場合は「当座預金変動要因」、FRBの場合は"autonomous reserve factor"と呼ばれている。中央銀行は当

座預金の変動を100%正確には予測できないが、ある程度の規則的なパターンが観察されることから、このような情報も活用しながら、予測を行っている（図8-1-1）。例えば銀行券は、日本の場合、5月の連休の前に発行が増加し、連休明けに還流が増加する。週の中では、週末に発行が増加し、週初めには還流するという一般的パターンが存在する。財政資金についても、3月決算企業の法人税収が国庫に吸い上げられる6月初めに受超幅が拡大するといった季節性が存在する。

●図8-1-1　2005年中の日本の当座預金変動要因

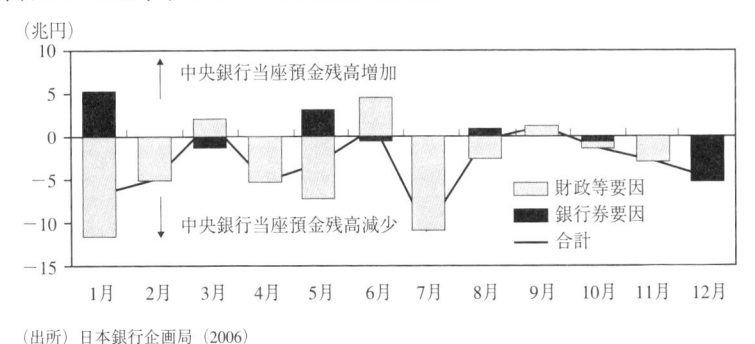

(兆円)

```
        ↑ 中央銀行当座預金残高増加
        
        ↓ 中央銀行当座預金残高減少
        
  1月 2月 3月 4月 5月 6月 7月 8月 9月 10月 11月 12月

  凡例: 財政等要因 / 銀行券要因 / — 合計
```

(出所) 日本銀行企画局 (2006)

■　第3のステップは、誘導金利目標を実現するために必要な当日の中央銀行当座預金の供給量を予測し、不足する場合には資金供給の、余剰が生じる場合には資金吸収の公開市場操作（open market operation）を行うことである[1]。公開市場操作とは、上述の第3のステップで行われる資金供給や資金吸収のことを指す。日本の市場関係者は公開市場操作のことを「オペレーション」と呼ぶことが多く、略して「オペ」という言葉もよく使われる。中央銀行はオペレーションの実行を発表した後、オペレーションの相手方からの応募を受け付け、入札方式で落札分を決定する。

■　第4のステップは、上記のオペレーションの後の決済を実行することである。この段階で資金が実際に移動する。

---

[1] Federal Reserve Bank of New York (2007)は、総所要金額（法定準備と契約ベースの積み金額の合計）が131億ドルであるのに対し、フェデラルファンド・レートが上昇する臨界水準は通常日は110億ドル程度と推定している。

8-2. 公開市場操作

本節では、公開市場操作、オペレーションの基本的な実務を解説する。

取引の相手方

中央銀行はあらかじめ決められた基準を満たす金融機関を選定し、この金融機関を相手として、各種のオペレーションを行っている。日本ではオペレーションの相手方のことを「オペ先」と略称することが多い。英語ではマネタリー・オペレーション・カウンターパート（monetary operation counterpart）、プライマリー・ディーラー（primary dealer）等の言葉で呼ばれている。日本銀行の場合、主力のオペレーションでいうと、約40の相手先と取引を行っている（表8-2-1）。相手先は預金取り扱い金融機関だけでなく、証券会社も多く含まれている[2]。オペレーションの直接の相手先は数としては限られているが、中央銀行が供給する資金はオペ先金融機関にとどまるわけではない。中央銀行が多めに資金供給を行うと、オペ先金融機関は余剰資金をインターバンク資金市場に放出し、これを通じて他の金融市場参加者にも影響が及んでいく。言い換えると、オペ先金融機関には中央銀行とインターバンク資金市場とをつなぐ「導管」（conduit）としての役割が期待されている（BOX 1 参照）。このため、日本銀行を含め多くの中央銀行はあらかじめオペ先の選定基準を公表し、「導管」としての役割を果たせる金融機関を相手にオペレーションを行っている。

オペ先の選定基準のひとつは自己資本が充実していることである。これは、オペ先が自己資本の不足している金融機関であると、中央銀行がマクロ的な当座預金の変動要因に基づいて必要な金額の当座預金を供給しても、当該オペ先が自らの資金繰り懸念から資金を抱え込むため、オーバーナイト金利の誘導目標を達成できなくなるおそれがあるためである。

中央銀行は通常は当座預金の変動要因をマクロ的に予測し、過不足をオペレーションで調整することによって誘導目標金利の実現を図っているが、そうした運営方法が正常に機能するための前提は、市場参加者間の資金（当座預金）の過不足がインターバンク市場で円滑に調整されることである。金融市場の不安定化等によってこの前提が満たされなくなった場合は、貸出というかたちで中央銀行が相対的に資金供給を行うことも必要になる。このため、貸出についてはオペレーションの場合と異なり、中央銀行に預金口座を有する金融機関を対象に広く取引を行っているケースが多い（金融市場の機能が低下した場合の金融調節については第15章参照）。

---

[2] 量的緩和政策を実施していたときには、「マネーサプライを増やすために日本銀行は銀行以外とも長期国債オペレーションを行うべきである」という主張がなされることがあったが、日本では証券会社は以前からオペ先となっている。

●表8-2-1　日本銀行のオペ先数

	預金取り扱い金融機関	証券会社	その他とも計
共通担保資金供給オペ（本店）	24	13	40
共通担保資金供給オペ（全店）	122	24	151
短期国債オペ	21	25	50
長期国債オペ	13	26	39

（注）2007年8月現在。

> **BOX 1　金融機関はなぜ中央銀行のオペレーションに応じるのか？**
>
> 　民間金融機関は市場で資金を調達できるため、資金を調達するという観点だけからいうと、中央銀行のオペレーションに積極的に応じるインセンティブはないにもかかわらず、民間金融機関はなぜオペに応じるのだろうか。第1の仮説は、中央銀行のオペ先であることによるステータスである。第2の仮説は、ごくわずかではあるが、市場レート対比で有利な資金調達ができる余地があることである。第2の仮説との関係で、長期国債オペをみてみよう。市場には様々な残存期間を有する国債が存在するが、日本銀行が市場から国債を入札で買い入れる場合、市場におけるイールドカーブとの対比で有利な応札分から買い入れていく（図8-2-2）。民間金融機関が国債を売却する場合は、市場売却と日本銀行の買いオペに応じるのと、2つの選択肢がある。日本銀行のオペレーションは1回当たりの買い入れ金額が大きく、かつ、定期的に行われることがわかっている。このため、ディーラー（金融機関）からすると、自らの在庫の中で相対的に流動性の低い銘柄の在庫を減らすうえで、日銀オペは相対的にみて価格に大きな影響を与えずに在庫を調整する便利な手段となる。逆に、流動性の高い銘柄は日本銀行ではなく、市場で売却するほうが日銀オペの有効活用という観点から有利である。

オペレーション手段の使い分け

　中央銀行は当座預金を供給するためにいくつかの手段を使っている。具体的な手段は金融市場の違いや発展の状況を反映して、国や時期により異なるが、概念的には一時的オペ（短期）と永続的オペ（長期）に分けられる（英語では、前者はtemporary operation, short-term operation、後者はpermanent operation, long-term operation等と呼ばれる）。一時的オペとは銀行券要因や財政要因に基づく当座預金の短期的な増減に見合って実行されるものである（図8-2-1）。一時的オペは資金の供給手段であると同時に、オペレーションの満期日を予想される当座預金の余剰日に充てることにより、資金

の吸収手段としても活用される。他方、永続的オペとは、経済成長に伴う銀行券の趨勢的な増加に対応して実行されるものである。一時的オペと永続的オペの違いはオペレーションの期間の長さである。一時的オペは相対的に「短期」であり、後者は相対的に「長期」である。後述するように、どのようなオペレーション手段を一時的オペや永続的オペの手段として使うかは国によって異なる。

中央銀行が一時的オペと永続的オペの両方を必要とするのは、中央銀行当座預金の量を、市場に対して攪乱的な影響を与えずに円滑にコントロールするためである。一時的オペだけで金融調節を行おうとすると、当座預金の外生的な変動に対し、毎日、膨大な金額の買いオペと売りオペを頻繁に行う必要が生じる。その場合、個々の銀行からみると、当座預金残高に比較して支払い金額が多くなるため、日常的に資金繰り不安が発生する。このような事態を避けるためには、経済成長に対応した趨勢的な銀行券需要の増加分に対応して永続的オペを行うことは合理的である。他方、オペレーションの期間が長期化すると、今度は日々の当座預金の変動に対応して、永続的オペという期間の長いオペレーションを売買両方向で頻繁に行う必要が生じる。その場合には、中央銀行のオペレーションが日々の長期金利形成に対して攪乱的な影響を与えることになる。市場に対する中立性を意識すると、当座預金の量のコントロールは相対的に短期の市場で行い、中長期ゾーンの金利形成は市場参加者の相場観に委ねることが望ましい。以上のような配慮から、多く

●図8-2-1　一時的オペと永続的オペの概念図

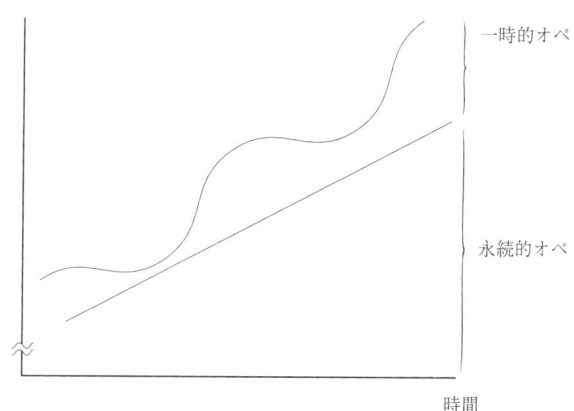

の中央銀行は一時的オペと永続的オペの両方の手段を有し、当座預金の変動の性格に応じて両者を使い分けている。

一時的オペ

日本の場合、一時的オペの代表的な手段は「共通担保資金供給オペレーション」であり、永続的オペとしては長期国債買い入れがこれに該当する（表8-2-2)[3]。日本銀行の取引先金融機関は日本銀行との間で行われる様々な形態の受信取引（日本銀行からみると与信取引)[4]に共通して使える担保を日本銀行にあらかじめ差し出している（「共通担保」）が、共通担保資金供給オペとは、

●表8-2-2　日本銀行の資金供給・吸収オペレーション

（2007年7月末のストック）　　　　　　　　　　　　　　　　　　　　　　　（単位：億円）

資産サイド	長期国債	508,555
	短期国債買いオペ	72,556
	共通担保資金供給オペ（本店）	191,094
	共通担保資金供給オペ（全店）	69,995
	国債買い現先	7,952
負債サイド	マネタリーベース	888,578
	日本銀行券	755,408
	日本銀行当座預金	88,244
	（うち、準備預金等）	(84,338)
	国債売り現先	3,005
	売出手形	0

（2007年7月中オペの回数とグロスの売買）

	回数	グロス売買金額（億円）
長期国債買い入れ	4	12,080
短期国債買い入れ	3	12,002
共通担保資金供給オペ（本店）	27	182,880
共通担保資金供給オペ（全店）	3	23,956
国債買い現先	4	32,007
国債売り現先	3	17,008
売出手形	3	14,098

（出所）日本銀行「マネタリーベースと日本銀行の取引」（2007年7月）、「日銀当座預金増減要因と金融調節」（2007年7月実績）、「短期市場オペレーション」（2007年7月）

3　日本銀行のオペレーション手段の詳細は、日本銀行金融市場局より毎年公表されている「金融調節の動向」に記述されている。
4　様々な形態の与信取引とは、共通担保資金供給オペレーション、補完貸付、日中当座貸越等である。

● 表8-2-3　日本銀行の資金供給の担保

(単位:億円)

	担保価額
総計	690,157
債券計	502,485
国債	461,622
(うち、TB・FB)	(108,314)
政府保証付債券	9,233
地方債	8,390
社債	2,939
短期社債・保証付短期外債 (CP)	17,200
一般手形	6,823
証書貸付債権	180,849

(出所) 日本銀行「日本銀行が受け入れている担保の残高」(2007年2月28日現在)。主要項目の記載

　日本銀行がこの共通担保を裏付けとして、オペ先金融機関等に対して資金を供給するオペレーションのことをいう。担保としては国債が圧倒的に多く利用されているが、社債やCP等の民間債務も担保として差し入れられている (表8-2-3)。共通担保資金供給オペの取引の形態は「貸付」であり、貸付利率を入札に付す方式をとっている。共通担保資金供給オペは、経済的機能に着目していうと、担保の範囲内で行う金利入札貸出である。共通担保資金供給オペには、全店オペ(日本銀行本支店管下の金融機関等を広くオペ先とする貸付)と本店オペ(日本銀行本店管下の金融機関等のみをオペ先とする貸付)がある。このうち、本店オペは、オーバーナイトの即日オペ等の超短期の資金供給から比較的長めの期間まで多様な期間で運営されており、日本銀行が有する短期資金供給オペ手段の中でも中核的な位置付けとして活用されている。一方、全店オペは本店オペに比べ、期間が長めに設定されている。表8-2-2の下段はオペレーションの実行回数および売買金額を示したものであるが、共通担保資金供給オペは他の資金供給オペに比べ、実行回数、金額とも圧倒的に多い。海外主要国における主力の一時的オペ手段は、連邦準備制度ではレポ・オペ[5]、欧州中央銀行ではメイン・リファイナンシング・オペ (main refinancing operation : MRO) と呼ばれる。これらのオペは、経済機能的に

5　FRBの行うレポ(repurchase agreements)とは、国債、連邦機関債、モーゲージ債(連邦機関保証付)の売り戻し条件付きの買い入れである。

は日本銀行の共通担保資金供給オペと同様、有担保の金利入札貸出である。
永続的オペ
　何を永続的オペとして活用するかは中央銀行によって異なっている。日本銀行の場合は、長期国債買い入れ（買い切り）を永続的オペとして活用している。その際、資産の過度の固定化を回避し、前述したような金融調節の柔軟性を確保する趣旨から、「日本銀行が保有する長期国債の残高は、銀行券発行残高を上限とする」とのルールを設けている[6]。連邦準備制度の場合は、長期国債だけでなく短期国債も含めて、国債の買い入れ（買い切り）を永続的オペと位置付けており、前者をクーポンパス（coupon pass）、後者をビルパス（bill pass）と呼んでいる。連邦準備制度の場合も、国債の買い入れの金額に関する考え方は日本銀行と同一である[7]。欧州中央銀行の場合は、期間3カ月の長期リファイナンシング・オペ（long-term refinancing operations）が永続的オペと位置付けられており、1カ月に1回実施されている。一時的オペにしても永続的オペにしても、オーバーナイト金利の誘導目標を円滑に実現するための手段として位置付けられており、当該オペ手段の期間に対応した金利の誘導が目標となっているわけではない（後述）。
オペ期間
　日本銀行の一時的オペの期間は、本書執筆時点では平均すると1カ月程度である（表8-2-4）。連邦準備制度では、一時的オペのうち、期日が13日以下の場合は「短期オペ」、14日以上の場合は「長期オペ」と呼ばれる（ここで言う「長期オペ」は、永続的オペと同義語で使われる場合のlong-term operationとは意味が異なる）。2006年中のオペの実行状況をみると、オーバーナイトのレポ・オペがほぼ毎営業日（203日）に、その他の短期オペ（13日以下）は44回、

●表8-2-4　日本銀行のオペレーションの期間（2007年7月中）

オーバーナイト	3～7日	8～14日	15～30日	31～60日	60日～	合計
6日	3日	6日	9日	7日	10日（最長は79日）	41日

（注）2007年7月中に実行されたオペレーション。短期国債オペについては、落札銘柄ごとに期間が異なるため、本表の計算では対象としていない。
（出所）日本銀行「短期市場オペレーション」(2007年7月)

6　日本銀行企画局(2006)参照。
7　連邦準備制度（FRB）の公式出版物であるPurposes and Functionsには以下のように記述されている。
　"The Federal Reserve tends to conduct far more outright purchases than outright sales or redemptions of securities primarily because it must offset the drain of balances resulting from the public's increasing demand for Federal Reserve notes." (p.38)

長期のレポ・オペ（14日物）は毎週1回（木曜日）行われた（FRBは2007年12月、期間1カ月程度の金利入札貸出であるTAF（The Term Auction Facility）を導入したが、その性格は日本銀行の全店方式の共通担保資金供給オペと基本的に同一である）。欧州中央銀行の場合、毎週1回行われるメイン・リファイナンシング・オペの期間は1週間である。このように、日本銀行の一時的オペの期間は国際的には長い部類に属する。

買い入れ資産

　中央銀行の資金供給オペレーションは市場から金融資産を購入し、それによって当座預金を供給している。金融資産を購入する目的は、金融調節の運営指針が短期金利で示される場合、金融資産を購入する目的は、誘導目標の短期金利水準を実現するために必要な量を供給することである。金融調節の指針が当座預金残高で示される場合は、定められた当座預金残高の水準を達成するために、必要な量をオペレーションによって供給する。ただし、インターバンク金融市場の機能が低下している状況の下では、中央銀行のオペ手段の選択は民間銀行の資金繰りにも影響する。例えば、国債買い切りオペは保有している国債のファイナンスにしか利用できないのに対し、幅広い担保を見合いに資金供給を行う金利入札型貸出は資金繰り調整手段として汎用性が高いという違いが生まれる（第15章参照）。

　中央銀行当座預金の量をコントロールするという目的だけからいえば、上述のような特殊な状況を除くと中央銀行はどのような資産を購入しても目的は達成できる。しかし、中央銀行は無制限に中央銀行通貨を発行できる特権を有しており、しかも金融政策運営の独立性を有しているだけに、買い入れる資産については明確な基準をもって臨むことが必要である。この点に関する先進国中央銀行の基準は非常に類似しているが、日本銀行のケースについてみると、以下の3つの基準が挙げられている[8]。

　第1の基準は健全性である。仮に資産の健全性が損なわれ日本銀行が損失を被ると、その損失は日本銀行が国庫に納める納付金の減少を通じて、最終的には国民の負担になる。そのような事態は中央銀行に対する国民の信認を低下させるおそれがある。

---

[8] 日本銀行の買い入れる資産の基準については、日本銀行企画室（2004）を参照。連邦準備制度は買い入れる資産の基準として、①金融政策運営の独立性が確保されるものであること（instrument independence）、②オペレーションが資金配分や金融資産の相対価格に与える歪みを最小限のものにすること、③ポートフォリオの流動性を維持するとともに、各種リスク（信用リスク・金利リスク等）を適切に管理すること、④透明性およびアカウンタビリティーが確保されることの4つを挙げている（Federal Reserve System Study Group on Alternative Instruments for System Operations, 2002）。

第2の基準は流動性である。中央銀行が金融調節を行う際、負債である中央銀行通貨の伸縮の必要性に合わせて、資産を伸縮させることが必要となるが、資産の流動性が低下すると、そうした調節を機動的に行うことが困難となる。

　第3の基準は中立性である。仮に日本銀行が特定の金融資産を集中的に保有すると、その金融市場の規模によっては、日本銀行が市場の価格形成に影響を及ぼし、資源配分の中立性を阻害するおそれがある。そうした事態を防ぐために、市場の厚みがあり流動性の高い金融資産がオペレーションの対象とされている。

　これらの点に関し、多くの中央銀行が金融調節を遂行するために買い入れている資産をみると、安全で確実な資産を担保とする民間銀行への貸付、ないし、国債が多い。通常は金融調節遂行のために民間債務や株式をアウトライトで買い入れることはない。なお、日本銀行は2002年から3年間（当初は2年間）の時限措置として民間金融機関の保有する株式の買い入れを行った（第18章参照）が、これは金融調節を目的とした買い入れではない[9]。

　為替市場介入は資金の移動という観点からみると金融調節と類似した面があるが、この点については、金融政策との関係を含め、第14章で一括して説明する。

競争入札によるオペレーションの実行

　資金供給（吸収）のオペレーションは競争入札によって行われる。資金供給の場合でいえば、中央銀行にとって有利な条件となる順番で、すなわち、高い応札金利から順番に落札し、予定金額に達するまでの応札分が落札される。その際、入札の対象が同一の金融資産（例えば、期間1カ月の資金）の場合は、単純に提示される金利が高いほうから落札されるが、長期国債買いオペのように、複数の金融資産が同時に買い入れられる場合には、金利が高い（有利）かどうかの判断基準が必要となる。長期国債買いオペは期間の異なる多数の銘柄が同時に買い入れられる。その場合、国債市場で形成されているイールドカーブ（第9章参照）を基準とし、この基準金利との比較で高い金利で応募した入札分から順番に落札していくという利回り較差入札方式がとられている（図8-2-2）。

　長期国債買いオペについては、漠然と「長期国債」を買い入れるというイメージをもたれることが多いが、「長期国債」というものが存在するわけでは

---

[9] 日本銀行は2003年7月から2005年3月までの時限措置として資産担保証券の買い入れも行った。

●図8-2-2　利回り較差方式による入札の概念図

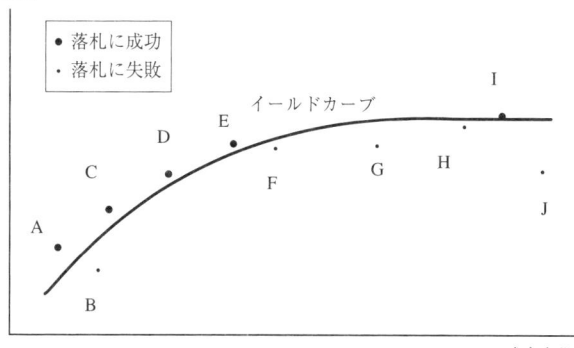

ないので、具体的に銘柄を指定しなければならない。中央銀行は残存期間の異なる国債を幅広く買い入れ対象としている。そうした対象銘柄の中で、中央銀行がどの銘柄を買い入れるか、言い換えると、オペ先の民間金融機関がどの銘柄を中央銀行に売却するかは、オペ先の応募方針によって決まってくる。オペ先は市場での売却と中央銀行への売却の有利・不利を判断して自分の保有する銘柄別の国債の在庫ポジションの調整を行っている。長期国債オペはそうした銘柄間の利回りには影響を与えると考えられるが、上述したオペレーションの実行方法を考えると、「長期金利」に影響を与えるものではない。実際、米国では長期国債オペの金額の増減は純粋に技術的な調整であると受け止められており、オペレーションと長期金利の水準を結びつけた議論は聞かれない。

　日本では長期国債オペの金額と長期金利水準を結びつけた議論が聞かれることがあるが、上述のオペレーションの実行方法を考えると、妥当とはいえない。仮に、特定ゾーン（例えば10年）の国債を集中的に買い入れた結果、10年金利が低下したとしても、買い入れ対象外となった9年債の金利が上昇する。長期国債オペが長期金利水準全般に有意な影響を与えるとは考えにくい。また、仮に短期的に影響を与えることがあったとしても、発達したデリバティブ市場が存在する下では、その面からも速やかに裁定が働き、有利なレートが長く放置されるとは考えにくい。

8-3. 相対的な金融調節手段

中央銀行は当座預金需要や当座預金残高の外生的な変動を予測し、必要な金額のオペレーションを行うことによってオーバーナイト金利を目標水準に誘導しているが、時として、オーバーナイト金利が一時的に大きく変動することが起こりうる。そのような事態が生じた場合、追加的にオペレーションを行うことによって誘導目標からの乖離を防いでいるが、それと並んで相対的な調節手段も活用されている。以下で述べる中央銀行の貸出ファシリティーと預金ファシリティーがその代表である。

貸出ファシリティー

中央銀行の貸出ファシリティーとは、個別銀行からの借り入れ申し込みに対し、適格担保の範囲内であれば、市場金利よりも高い金利水準で中央銀行が受動的に応じる制度である。日本銀行の場合は「補完貸付制度」と呼ばれ、本書執筆時点では、貸出金利は0.75%と、コールレートの誘導目標よりも0.25%高い水準に設定されている。補完貸付制度はオーバーナイト金利の上限を画するうえで効果的である[10]。また、民間銀行がこの制度を実際に利用しない場合でも、資金調達に対する安心感を醸成することによってオーバーナイト金利の安定をもたらす効果がある。

預金ファシリティー

預金ファシリティーとは、中央銀行が民間銀行の保有する中央銀行当座預金に対し付利をする制度である。民間銀行は余剰資金を抱えた場合、これをインターバンク市場に放出すると、オーバーナイト金利は低下するが、中央銀行の預金ファシリティーの金利よりも低下すると、市場への放出を控え、中央銀行の預金ファシリティーを利用しようとする。中央銀行預金ファシリティーは誘導目標金利よりも低い水準に設定されているので、市場金利は一時的に低下しても、預金ファシリティーの金利以下に低下することはない。欧州中央銀行やイングランド銀行は、預金・貸出両方のファシリティーを有しており、誘導目標金利のそれぞれ上下1%の水準に設定されている。他方、日本銀行と連邦準備制度は、貸出ファシリティーは設けているが、預金ファシリティーは設けていない[11]。

---

[10] ただし、誘導目標として定められているコールレートは無担保取引のレートであるため、貸出ファシリティーによって完全に上限が画されるわけではない。また、銀行が何らかの理由により中央銀行からの借り入れを回避する傾向がある場合にも、上限を画する効果は幾分弱まる。米国でも中央銀行からの借り入れを回避する傾向("stigma"と呼ばれることが多い)が観察され、フェデラルファンド・レートが貸出ファシリティーの金利を上回ることがある(Federal Reserve Bank of New York, 2007)。

こうしたファシリティーが存在すると、オーバーナイト金利の変動は基本的にはファシリティーの金利で画されることになる。これらのファシリティーが存在する場合、オーバーナイト金利の決定メカニズムを示す中央銀行当座預金の需要・供給曲線をイメージすると、図8-3-1のようになる。そうしたファシリティーの金利で画される金利変動幅は「コリドー」(corridor) と呼ばれる。コリドーはその幅が小さくなりすぎると、インターバンク市場の流動性配分機能を中央銀行が代替してしまうことになるので、あまり小さくなることは望ましくない。他方、あまり大きくなりすぎると、金利の安定化効果は期待できない。貸出および預金のファシリティーを設けている中央銀行は両方の要素を勘案して、上述のスプレッド水準を決定している[12]。

公開市場操作と貸出

中央銀行の資金供給の方法としては資金供給オペレーション（公開市場操作）と貸出があるが、主要国の中央銀行についてみると、通常は貸出は僅少である。現在でも、資金供給の形式として「貸出」をとっているケースはあるが（日本銀行の共通担保資金供給オペレーションもこれに該当）、金利およ

● 図8-3-1　預金・貸出ファシリティーが存在する下での
　　　　　　オーバーナイト金利の決定

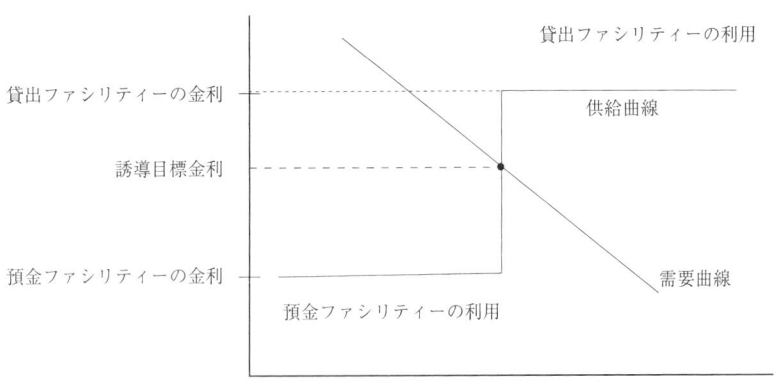

11　日本銀行の場合、ゼロ金利が長く続いたので、近年については預金ファシリティーを設ける実際的な意味は乏しかった。米国では2006年成立の法律により準備預金への付利が認められ（施行は2011年以降）、現在、FRSが具体的な検討を行っている。
12　FRSはサブプライム・ローン問題から流動性不安が高まった2007年8月、貸出スプレッドを従来の1％から0.5％に圧縮した。

び貸出金額の配分は入札によって決定されており、機能的には「公開市場操作」である。これに対し、中央銀行が以前に多用していた「貸出」は個別相対型の貸出である。現在でも個別相対型の貸出は利用されているが、それは基本的に、以下の3つのケースに限られている。第1は、決済に伴う日中の当座預金の不足に対応した日中当座貸越である。第2は、貸出ファシリティーである。第3は、一時的な資金不足に対応した「最後の貸し手」としての性格の強い貸出である。個別相対型の貸出と公開市場操作の最大の違いは、前者の場合、借り手である金融機関の起動で借り入れ申し込みが行われるのに対し、公開市場操作の場合は中央銀行が市場全体の動きをみて起動する。短期金利のコントロールを目的として金融調節を行う限り、通常は相対型の貸出を活用する必要性は大きくないが、金融市場が不安定化する局面では、貸出は個々の金融機関の状況に即した対応が可能になるという点で、公開市場操作では代替しにくい固有の役割を有している。

相対型貸出を活用する場合でも、貸出の総額をコントロールできる手段をもっていないと、円滑な金融調節が行えなくなる。このため、前述したように市場金利よりも高めの金利設定にするか、低めの金利としたうえで、個別金融機関に対し上限金額が設けられている。

8－4. 決済システムと金融調節

オーバーナイト金利は中央銀行当座預金に対する需要と供給が一致する水準に決定される。これまでの説明では、中央銀行による当座預金の供給はオペレーションないし貸出を通じて実行されることを前提としたが、より厳密にいうと、日中における中央銀行当座預金量は日中の決済の過程で生じる中央銀行の信用供与によっても変動する。

時点ネット決済と即時グロス決済

中央銀行当座預金を使った決済には、時点ネット決済と即時グロス決済（Real Time Gross Settlement：RTGS）との2種類がある（図8-4-1）[13]。時点ネット決済とは、決済の時点をあらかじめ決めておき、支払い指図をやりとりしてネットの受払い金額を計算したうえで、決済時点が到来した段階でネットの受払い金額を決済する方式である。時点ネット決済は支払いが特定時点に集中する結果、受払いが相殺される分だけ、流動性を節約できる。半面で、決済を履行できなかった場合には、支払い不履行の影響が他の銀行にも

---

[13] 時点ネット決済と即時グロス決済をはじめ、決済システムをめぐる基本的な概念や最近の動向については、日本銀行決済機構局（2006）を参照。

●図8-4-1　中央銀行当座預金決済における2つの決済方式
▽時点ネット決済

中央銀行当座預金

	A銀行	B証券	C金庫
9:00	150	150	150
振替指図（A→B、100）	（-100）	（+100）	
振替指図（A→C、20）	（-20）		（+20）
振替指図（B→A、50）	（+50）	（-50）	
受払い差額の計算	-70	+50	+20
13:00＝時点	80	200	170

↓決済

▽RTGS

中央銀行当座預金

	A銀行	B証券	C金庫
9:00	150	150	150
振替指図（A→B、100）	-100	+100	
	50	250	150
振替指図（A→C、20）	-20		+20
	30	250	170
振替指図（B→A、50）	+50	-50	
	80	200	170
13:00			

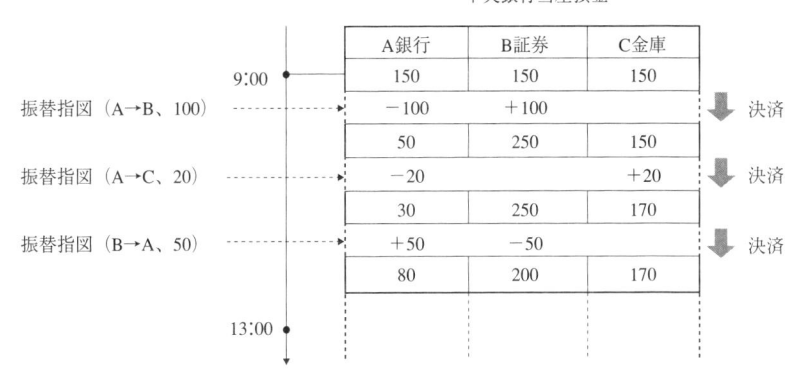

↓決済（各指図ごと）

（出所）日本銀行「決済システムレポート2005」

及びやすいことから、システミック・リスクが大きくなる。他方、即時グロス決済方式とは、支払い指図を発した時点で、その都度、1件ごとに直ちに決済を行う方式である。この決済方式の下では、当座預金残高がない限り決済はできないので、必要な流動性は多くなる。他方、決済不履行の直接の影響は直接の支払い指図の相手方に限定されるので、システミック・リスクは小さい。近年、多くの中央銀行が即時グロス決済に移行し、日本銀行も2001年1月に同方式に移行した。表8-4-1は日本銀行当座預金における決済の状況（2007年7月中の1営業日平均）を示したものであるが、金融機関間の振替決

●表8-4-1　日本銀行当座預金による決済の状況
(単位：兆円)

	決済金額
日本銀行当座預金決済	115.9
日本銀行当座預金振替	97.2
集中決済	11.1
（手形交換）	1.2
（全銀システム）	1.9
（外国為替円決済）	8.0
（東京金融先物取引円資金決済）	0.001
その他	7.6

（注）2007年7月中の1営業日平均金額（片道ベース）。
（出所）日本銀行「決済動向」（2007年7月）

済が97兆円であったのに対し、時点ネット決済による決済金額は、手形交換、全銀システム（内国為替決済制度）、外国為替円決済等の決済を中心に、1営業日当たり11兆円であり、即時グロス決済が圧倒的に多い。

日中与信

　オーバーナイト金利の決定メカニズムを説明する際、各銀行の当座預金の手持ち金額如何では、支払いを行うことができず、当座預金需要が増加することを説明したが、そのような場合には、市場全体としては当座預金の供給が増加しない限り、金利が上昇する。即時グロス決済は安全性は高いが、個々の銀行にとっては流動性の負担は大きいため、上述したような状況（「すくみ」状態）が発生しやすい。オーバーナイトの資金過不足の場合は、インターバンク市場での調整が行われるが、日中の資金過不足を調整する市場（intraday money market）は現状ではどの国でもあまり発達していない[14]。このため、多くの国では中央銀行自身が、日中の資金の受払いのタイミングのズレに伴う資金不足に対しては、担保の範囲内で手数料（金利）をとらずに信用を供与して当座預金を供給している。そうした与信は日中与信（daylight overdraft）と呼ばれ、1日の終了時点では返済されるが、日中ではかなりの額に上る。中央銀行から日中与信を受けられる場合には、支払い金額が増加しても、金利は上昇しない。その意味で、決済に伴い供与される日中与信は資金供給オペレーションが日中、相対で連続的に行われていると表現することもできる。言い換えると、日中における中央銀行当座預金の供給額は、実

14　日本では日中コール市場が存在する。

際に存在する中央銀行当座預金と日中与信の合計金額となる（図8-4-2）。

日中与信の金額の変動パターンは、大まかには各市場における決済慣行、民間決済システムの決済時刻等によって決まってくる。日本のケースに即して説明すると、例えば、通常は午前中にコール市場の決済が集中するが、コールの取り手が前日までに借り入れたコール資金を午前10時までに返済し、他方、出し手は午前11時までに放出を行う。このため、返済が先行する午前10時までは日中与信が増加する。2007年の日本銀行における日中与信の金額は日中のピーク時点では23兆円近くにも達している（表8-4-2）。前述の共通担保は通常の資金供給オペレーションだけでなく、決済に伴う日中与信の担保

●図8-4-2　日本銀行当座預金残高と日中与信の推移

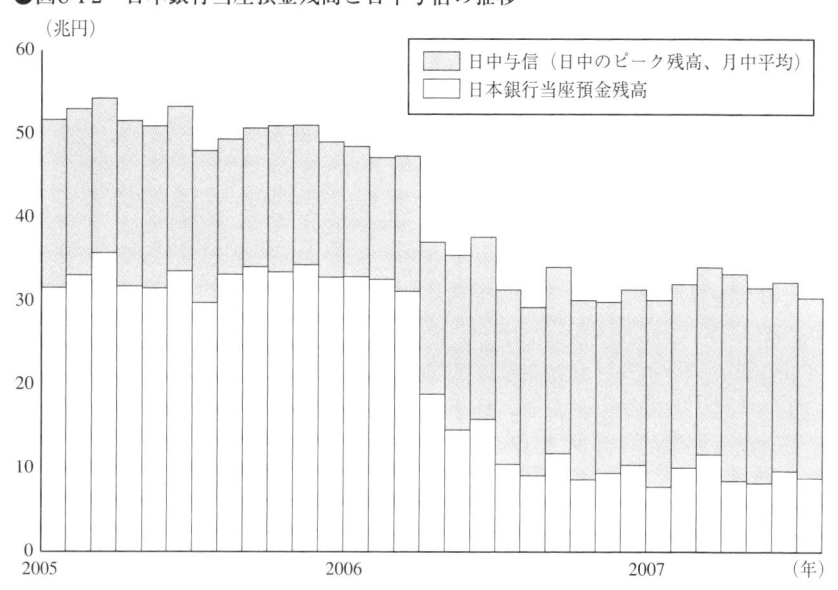

(出所) 日本銀行「決済動向」(2007年7月)

●表8-4-2　日中与信のピーク金額

(単位：兆円)

	2004年	2005年	2006年	2007年(1～7月平均)
ピーク時残高	18.9	18.2	19.5	22.7

(注) 日中ピーク残高の月中平均値は、当該月中各営業日の日中10分ごとに算出した当座貸越残高のうち最高額（日中ピーク残高）の月中平均値を指す。
(出所) 日本銀行「決済動向」(2007年7月)

としても利用される。日中与信の形態としては、資金決済に伴う資金不足をカバーする日中与信と、国債と資金の同時決済を行う際に、受け入れる国債を担保に与信を受ける日中与信の両方があるが、通常は後者のほうが圧倒的に多い。

量的緩和政策採用時のように、当座預金が十分多い場合には、支払いが多くなっても当座預金残高の水準が高いため、資金不足が発生せず、日中与信の利用も相対的には少ない。しかし、当座預金の水準が下がると、支払いの状況が日中与信の状況に反映される度合いが高まる[15]。当座預金残高の水準が高いということは、通常の資金供給オペレーションによる当座預金の供給が多いということを意味するが、上述の当座預金残高と日中与信の関係は、金利形成という点で、金融調節と決済システムとが密接に関連していることを示している（BOX 2参照）。

BOX 2　「次世代RTGS」と日中流動性

即時グロス決済（RTGS）方式では、時点ネット決済に比べ、決済の安全性は高まるが、日中の流動性の必要額は増加する。一般に、流動性（中央銀行当座預金）の投入額を増やすと、「すくみ」現象が緩和され、決済時間は短縮化する[16]。現実の決済データを用いたシミュレーションを行ってみると、決済時間は、決済システム内で繰り回される流動性総量、総投入額の参加者間での配分、投入するタイミングに依存する。図1は横軸に流動性の初期投入量、縦軸に平均的な決済終了時刻を示しているが、一般的には流動性の初期投入量が多いほど、決済が早く完了する。さらに、総投入額の参加者間での配分という要素についていうと、多くの相手と取引を行っている参加者、言わば決済のハブ（hub）となる参加者の流動性の量が重要である。

現在、日本銀行が開発を進めている「次世代RTGS」では、日銀当座預金上のRTGS処理に流動性節約機能が導入されることになっている。流動性節約機能とは、資金不足のため直ちに決済できない支払い指図であってもこれをいったん受け付けたうえで、資金不足を補い合える複数の支払い指図の組み合わせを探索し、これらを同時にRTGSで処理するものである。さらに、現在は民間決済システムを通じて時点ネット決済で処理されている大口資金取引についても、流動性節約機能を備えた日本銀行当座預金上でRTGS処理できるようにすることが予定されている[17]。上述の流動性節約機能の活用は、単に決済資金の節約を可能にするだけでなく、いわゆ

15　量的緩和政策解除後の日本銀行当座預金決済の状況については、今久保・千田（2006）を参照。
16　ここでの記述は今久保（2006）に依拠している。
17　日本銀行決済機構局（2006）参照。

る「すくみ」を効果的に抑制することを通じて、支払い指図投入の迅速化を促す効果がある。図1のab線は次世代RTGSの決済方式を採用した場合の流動性の初期投入量と決済終了時刻の関係を示している。これによると、「現在の状況」で示される地点に比べ、決済の効率性と安全性が改善することを示している。このような決済方式の変化は中央銀行当座預金需要の変化を通じて金融調節の運営にも影響を与えることになる。

●図1　流動性の投入量と決済の進捗速度

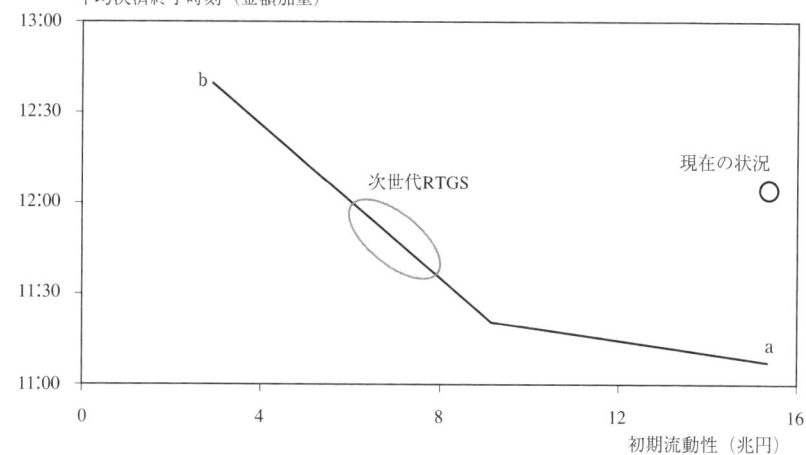

平均決済終了時刻（金額加重）

（縦軸：11:00〜13:00、横軸：初期流動性（兆円）0〜16）

b（左上）、a（右下）、次世代RTGS（中央）、現在の状況（右上）

（注）現在の状況とは、当座勘定取引を現行RTGS、外国為替円取引を時点ネット決済で処理するために要している初期流動性の総量と、決済終了時刻の組み合わせをいう。

8－5．オーバーナイト金利の変動

　図8-5-1は日本のコールレートの変動をみたものであるが、加重平均レートをみると、誘導目標金利からの乖離は極めて小さい。このように、オーバーナイト金利は中央銀行による上記のような金利コントロールのメカニズムを背景に、基本的には目標水準に誘導されているが、仔細にみるとわずかながら乖離がみられる。以下では、そうしたコールレートの変動を、資金繁忙日における金利変動、突発的な金利変動、準備預金制度の積み最終日の金利変動、日中の金利変動に分けて説明し、最後に若干の国際比較を行う。

資金繁忙日における金利変動

　どの国も、資金決済金額が多額に上る日（high payment flow daysと呼ば

● 図8-5-1　コールレートの変動

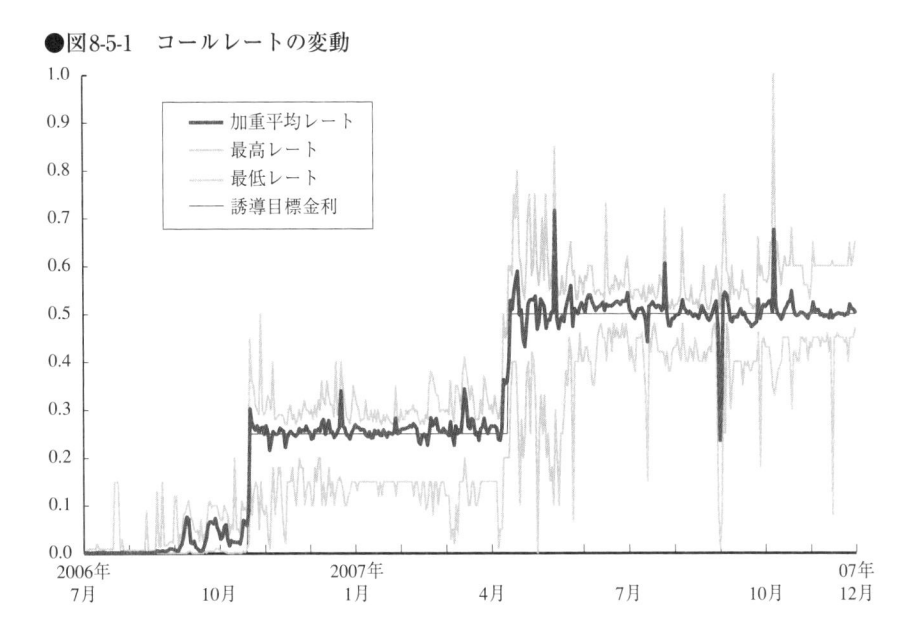

```
1.0
0.9 ── 加重平均レート
0.8 ── 最高レート
0.7 ── 最低レート
0.6 ── 誘導目標金利
0.5
0.4
0.3
0.2
0.1
0.0
2006年   2007年
 7月  10月  1月  4月  7月  10月  07年12月
```

● 表8-5-1　3月末前後のコールレート加重平均値の変動

(単位：％、億円)

	2日前	前日	期末日	(同、当座預金残高)	翌日	2日後
2005年	0.002	0.002	0.022	(357,600) [23,600]	0.002	0.002
2006年	0.002	0.002	0.030	(312,000) [19,400]	0.002	0.002
2007年	0.503	0.506	0.715	(116,800) [26,200]	0.488	0.469

(注)　[　] は前日比。

● 表8-5-2　フェデラルファンド・レートの誘導目標からの乖離幅

(単位：ベーシス・ポイント)

	2001年	2002年	2003年	2004年	2005年	2006年
全営業日	7	4	4	3	5	3
資金繁忙日	12	6	8	4	9	5

(注)　フェデラルファンド・レートは加重平均レート。資金繁忙日は月初日、月末日および毎月14日の後の最初の営業日。
(出所)　Federal Reserve Bank of New York (2007)

れる）にはオーバーナイト金利が上昇傾向を示している。典型的には、国庫への納税が多額に上る日や国債発行日、金融機関の決算期末日等が挙げられる。これらの日は資金の移動が大規模となり、決済需要が増加するため、オーバーナイト金利も上昇しやすい。期末日はそうした決済需要の増加に加えて、金融機関が期末日の財務比率を意識して当座預金を市場に放出することに消極的になるため、その面からも金利が上昇しやすくなる。例えば、日本の３月末のコールレートの変動をみると（表8-5-1）、期末日に若干上昇するパターンが観察される[18]。米国についても、資金繁忙日には日中におけるレート変動が拡大している（表8-5-2）。

　上述のような資金繁忙日の金利上昇は日本だけでなく、他の主要国でも広く観察される。季節的な金利上昇についても、中央銀行が資金供給を増やせば上昇は抑えられる。現実にも中央銀行は一時的な金利上昇が予想される日には資金の供給を増やしているが、それでも若干の金利上昇が観察される理由としては以下の２点が挙げられる。第１に、当座預金需要は完全かつ正確には予測できない。仮に、特定日における一時的な変動を完全に除去しようとすると、時として極端に多めの資金供給を行わざるを得なくなるが、その結果、逆に、資金供給を行った翌日以降は金利が急低下するといった現象を招くことになる。第２に、オーバーナイト金利において生じる信用スプレッドの違いを完全に除去してしまうことは、信用リスクの評価の面で中央銀行が市場参加者の判断を代替することを意味するが、そうした状態は長期的にみて金融市場の発展にとって望ましくないという判断もあると考えられる。

突発的な金利変動

　季節的な変動以外にも、銀行が経営上の理由から資金流出の危険に直面したり、事務ミス、決済システムの障害、金融市場の大幅な動揺、地震等の自然災害発生時にも、当座預金需要が増加し、オーバーナイト金利に上昇圧力がかかる。

準備預金制度の積み最終日の金利変動

　準備預金制度はオーバーナイト金利を安定的にコントロールするうえで有効な制度であるが、これは積み期間中のどの日に積んでも、中央銀行当座預金残高が代替的であることによるものである。言い換えれば、準備預金制度の積み最終日が近づいてくると、積みのパターンを調整できる残り日数は限

18　期末日に大量の資金供給を行う結果、当日の午後から金利が急速に低下することはしばしば観察される。ただし、この場合も、当日全体の加重平均金利としては若干高めとなる。

られてくるため、当座預金残高の代替性が低下し、平準化機能が働きにくくなってくる。積み最終日を考えてみると、全体として積み立てが終わっていない銀行が多い場合には、当日に一斉に積み立てを行うため、オーバーナイト金利は上昇する。十分にオーバーナイト金利が上昇すると、積み立てが終わっている銀行は市場に余剰資金を放出するが、取り手の足元をみて、ギリギリまで放出を控える。中央銀行は各銀行の決済需要を正確には把握できないため、事前に正確なオペ金額を決定することができない。逆に、全体として積み立ての終わっている銀行が多い場合には、各銀行が市場に資金を放出するので、オーバーナイト金利が急激に下落する。言い換えると、準備預金制度の積み最終日には、準備預金制度が存在しないのと同等の状況が現出する。そうした事態を避けるために、いくつかの手段がとられている。第1に、米国等では積み不足や余剰を一定の範囲内で翌積み期に繰り越す（キャリーオーバー）ことが認められている[19]。第2に、積み最終日の最終タイミングで、資金の過不足に見合って中央銀行によるオペレーションが実行されている。中央銀行がそうしたオペレーションを実行することがわかっていれば、1日の中で、金利の平準化機能がある程度期待できる。第3に、預金・貸出ファシリティーの適用金利によって画される金利変動領域（コリドー）を積み最終日に限り一時的に狭めることも行われている[20]。

日中の金利変動

　オーバーナイト金利については積み期間の中で平準化作用が働くのと同様に、日中においても平準化作用が働くため、一般的にはあまり大きな変動は示さない。しかし、日中の決済需要の変動が大きい場合には、オーバーナイト金利は1日の中でも多少の変動を示す。一般的にいうと、午前中の早い段階では1日の中で決済のタイミングを選べる余地が大きいのに対し、午後の遅い時間帯は、決済のタイミングについて選択の余地がなくなるため、後者のほうが金利変動は大きくなる。例えば、資金調達に不安を感じるような局面では、金融機関は朝方は多めの当座預金を抱え、午後の遅い時間帯になり当日の決済に目途をつけた段階で当座預金を手放す（release）傾向がある。そのため、そのような局面では中央銀行は朝方に多めの資金供給を行うことによって市場金利を目標水準近くに誘導するが、午後になると当座預金が過

19　米国は一定の範囲内でキャリーオーバーを認めている。
20　イングランド銀行の場合、適用金利は通常は誘導目標金利の上下各1.0%であるが、積み最終日に限り0.25%に縮小されている。

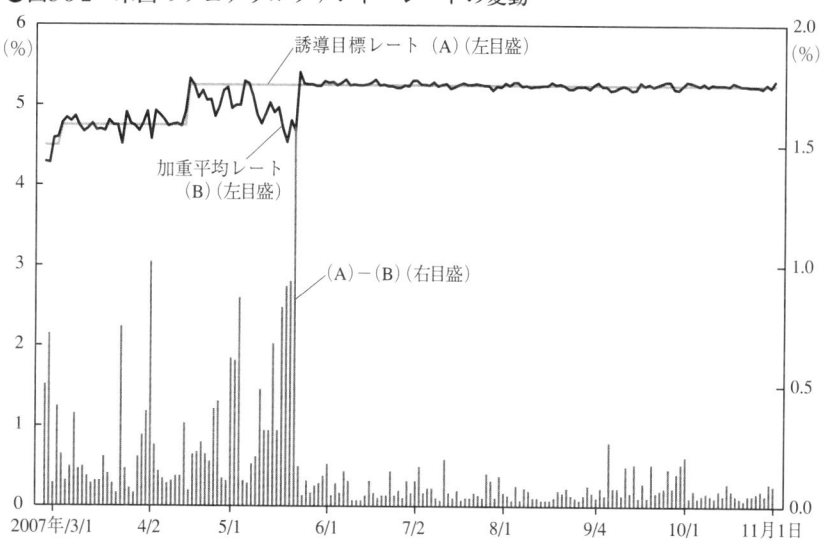

●図8-5-2 米国のフェデラルファンド・レートの変動

図中ラベル：誘導目標レート（A）（左目盛）／加重平均レート（B）（左目盛）／(A)−(B)（右目盛）

剰になるため、金利が急低下する傾向が生まれる。米国のサブプライム・ローン問題発生後のフェデラルファンド・レートをみるとそのような傾向が観察された（図8-5-2）[21]。

オーバーナイト金利変動の国際比較

各国中央銀行は、金融政策委員会で決定された運営方針を実現するように、短期金利のコントロールを行っており、目標からの乖離幅は小さい[22]。表8-5-3は米国、ユーロエリア、日本のオーバーナイト金利変動を比較したものであるが、日本の変動は最も小さい。季節的な繁忙日として知られる日を取り出してみても、日本は以前からオーバーナイト金利変動が最も小さい。

オーバーナイト金利のコントロールの正確性を左右する最も基礎的な要因は、当座預金の外生的な変動要因の大きさであるが、この点では、銀行券、財政資金とも日本が最も大きい（表8-5-4）。それにもかかわらず日本のオーバーナイト金利のコントロールの正確性が高いのは、銀行券、財政資金とも予

---

[21] コールレートについては、日本銀行から毎日、加重平均金利とレンジが公表されているが、レンジで示されるレート変動は、純粋に日中のそれぞれの決済タイミングにおける当座預金の需給バランスの変化を反映しているケースと、取り手の信用度の違いを反映したケースの両方があることには留意する必要がある。

[22] Federal Reserve Bank of New York (2007) によると、2006年の日中の加重平均レートの目標値からの乖離幅は平均0.03%、中央値は0.02%であった。

●表8-5-3 オーバーナイト金利変動:国際比較

(単位:%)

O/Nレート	米国 FFレート	ユーロエリア EONIAレート	日本 無担保コールO/Nレート
平均標準偏差[※1]	0.15	0.14	0.03
最大標準偏差[※2]	0.71 [3.00]	0.32 [3.75]	0.06 [1.00]
最小標準偏差[※3]	0.04 [1.25]	0.03 [2.50]	0.01 [0.15]

(注) 1. 特定の政策金利が適用される期間ごとにO/Nレートの標準偏差を算出したものの平均値。最大値、最小値を記載。
2. [ ] 内の値は該当期間の政策金利。
※1 米国:1995年1月~、ユーロエリア:1999年1月~、日本:1995年1月~2001年3月(量的緩和政策導入前)
※2 米国:2001年9月18日~10月2日、ユーロエリア:2001年9月18日~11月8日、日本:1995年7月7日~9月7日
※3 米国:2002年11月7日~2003年6月25日、ユーロエリア:2006年3月8日~4月28日、日本:2001年3月1日~3月19日
(出所) 日本銀行金融市場局(2006)

●表8-5-4 当座預金の外生的な変動要因:国際比較
(日次ベース)

(単位:億円)

	日本		米国		ユーロエリア	
	平均	最大	平均	最大	平均	最大
銀行券 要因	1,810 [3%]	6,891 [12%]	942 [5%]	3,229 [16%]	n.a. ―	n.a. ―
財政 要因	9,800 [17%]	71,602 [122%]	776 [4%]	5,446 [27%]	n.a. ―	n.a. ―
合計	9,905 [17%]	73,230 [125%]	1,836 [9%]	8,247 [41%]	4,335 [2%]	27,157 [14%]

(注) 1. [ ] 内は所要準備額(米国は総所要準備額)に対する比率。
2. 日本の財政要因には、その他の要因を含む。
3. 為替レートは2005年中の平均レート(1ドル=110.20円=0.8037ユーロ)で換算。
(出所) 日本銀行企画局(2006)

● 表8-5-5　当座預金の予測誤差：国際比較

(単位：%)

	日本		米国		英国	(参考) ユーロエリア	
	平均	最大	平均	最大	平均	平均	最大
合計	0.8	4.3	4.8	44.2	0.6	0.6	2.9

(注) 前日もしくは当日朝時点の予測値と実績値の乖離幅率（所要準備額に対する比率）。
(出所) 日本銀行企画局 (2006)

測精度が高いため、誘導目標を実現するために必要なオペ金額を比較的正確に把握しているからである（表8-5-5）[23]。また、外生的な当座預金の予想増減額についての情報を公表することにより、民間銀行が資金繰り予想を立てやすいように努めていることも、大きな金利変動を防ぐことに寄与している[24]。

8-6. オーバーナイト金利の誘導に関する実践的論点

目標とするオーバーナイト金利

第1の論点は、目標とするオーバーナイト金利として何を選択すべきかという論点である。目標がオーバーナイト金利の場合、通常は無担保のインターバンク取引の金利が選ばれる。インターバンク金利の水準は、実際には、取り手の信用度によりわずかながら異なるほか、日中でも金利水準はわずかながら変動するが、通常はそうしたバラツキや変動によって、金融調節の指針がわかりにくいという問題は生じない[25]。しかし、金融システム不安が強い時期には、取り手の信用度の差を無視できず、その場合は、目標とすべきオーバーナイト金利を一義的に定義することが難しくなる。量的緩和政策時にはゼロ金利が実現したが、コール取引の加重平均レートでゼロを目指すことは、信用度の最も低い金融機関にとっての信用スプレッドをゼロにすることを意味する（第18章参照）。

このような問題を避けようとすると、代替的な誘導目標としてオーバーナイトの短期国債のレポ金利（経済機能的には国債を担保とする取引に係る金利）や短期国債金利を採用することが考えられる。しかし、金融システム不安時には安全確実な国債が選好され、いわゆる「質への逃避」（flight to

---

23　2006年度中の外生的な当座預金の変動要因の予測誤差を絶対値でみると、平均は524億円、最高で4,593億円であった（日本銀行, 2007）。

24　当座預金変動要因の予測に関する中央銀行の対応をみると、日本銀行は前日の夕方に翌日の予想を公表し、当日の朝8時に修正予想を公表している（2007年4月15日以前は午前9時20分頃の公表）。欧州中央銀行は、概ね週ごとの予想（日次平均）を当該期間入り後に公表している。他方、FRBは公表を行っていない。

25　公表されているコールレートは取引金額で加重平均した金利である。

quality）が生じるため、民間債務の金利に比べて低下する。また、国債は担保としても活用されているため、特定銘柄の品不足から指標的な国債金利だけが低下することもある。このような金融商品の魅力はコンビニエンス・イールド（convenience yield）と呼ばれるが、コンビニエンス・イールドが変動することを考えると、短期国債のレポ金利や短期国債金利を誘導目標として採用しても問題は解決しない。

オーバーナイト金利の安定と変動のバランス

　第2の論点は、オーバーナイト金利が誘導目標から乖離することをどの程度許容することが適当かという論点である。この点で特に問題となるのは、誘導目標金利の変更が金融市場参加者の間で確実視されているケースである。例えば、次回の金融政策委員会での金利引き上げが確実視されているような状況では、銀行は現在の金利水準での資金調達を急ぐため、オーバーナイト金利は金融政策委員会の開催前から上昇傾向となる。そうした状態を放置すると、次回の金融政策委員会での金利引き上げをコミットしたような印象を与えてしまう。これを避けようとすると、調節部署は多額の資金供給を行わざるを得ないが、その場合、準備預金の積みが大幅に進捗するため、逆に誘導目標金利の引き上げ後は、オーバーナイト金利に下落圧力がかかってしまう。そうした問題を完全に避けようとすると、金融政策委員会の周期と積み期間を一致させるとともに、委員会を超える期間のオペレーションを実施しないという運営を行う以外に方法はない。

第9章 金融政策の効果波及経路

　前2章では金融調節の方針とその実務について説明したが、金融政策の効果は金融調節によってもたらされるオーバーナイト金利の変化が出発点となって経済全体に波及していく。本章はそうした金融政策の効果波及経路 (transmission mechanism) について説明する[1]。以下、第1節では金融政策の効果波及経路を考えるうえで最も重要なイールドカーブの概念について述べた後、第2節では金融政策の様々な効果波及経路について解説する。第3節では、金融政策の効果を左右するリスク・プレミアムについて考察する。第4節では、金融政策の効果波及経路が金融経済環境を反映して変化を遂げていることを述べる。第5節では、やや観点を変えて、金融政策が他の経済政策の目標に与える影響について触れる。

9-1. イールドカーブ

金利の期間構造理論

　オーバーナイト金利の水準が変化すると、民間経済主体の行動も影響を受けるが、民間経済主体の資金運用・調達に占めるオーバーナイトでの運用・調達のウエート自体は高くはない。それにもかかわらず、金融政策が効果を発揮するのは、オーバーナイト金利の変化が将来のオーバーナイト金利水準に対する市場参加者の予想を変え、これを通じて、より長い期間の金利水準に影響を与えるからである。市場参加者は将来の経済情勢を予測し、また、中央銀行から発信される情報も参考にしながら、先行きのオーバーナイト金利水準の経路について何らかの予想を形成している。オーバーナイトよりも期間の長い金利は、そのようにして形成される現在から将来にかけてのオーバーナイト金利の予想によって決まってくる。言い換えると、長期金利の水準については、投資家や資金調達主体の裁定行動を背景に、次の第1式で表される金利の期間構造に関する予想理論 (the expectation theory of the term

---

[1] 金融政策の効果波及経路に関する全般的説明については渡辺 (2004)、Kuttner and Mosser (2002)、FRBの公式刊行物であるPurposes and Functionsの第2章 (Monetary Policy and the Economy) を参照。

structure of interest rates）が成立する。

　現在の長期金利＝現在から将来にかけての予想短期金利の平均値……（第1式）

　現実の金融市場においては、上述した金利の期間構造に関する予想理論は完全なかたちでは成立していない。これは将来の短期金利について不確実性があるためである。市場参加者は将来の予想短期金利について確率分布のかたちで予想しており、上式の予想短期金利はあくまでも平均値（数学的期待値）にすぎない。例えば、短期資金を毎期ロールオーバーしながら調達した場合の予想平均短期金利が、長期資金を現時点で一括調達した場合よりも安いと判断した企業を考えよう。この場合、予想平均短期金利が長期金利をわずかに下回る程度であれば、この企業は予想が外れてロールオーバー時に高い金利を支払わなければならなくなるリスクを意識するため、長期資金で一括調達することを選好する可能性が高い。言い換えると、将来の短期金利の水準については不確実性が存在するため、長期金利は予想短期金利の平均値に一定のプレミアムが上乗せされた水準に決定されることになる。このようなリスク・プレミアムはターム・プレミアムと呼ばれる。

　現在の長期金利＝現在から将来にかけての予想短期金利の平均値
　　　　　　　　　　　　　　　　＋ターム・プレミアム……（第2式）

　ここで「長期」という用語は、「オーバーナイト」ないし「短期」との比較で使っている。実際の金融市場では、期間をさらに特定し、短期、中期、長期、超長期といった区分がなされることもある。これらの期間概念は相対的なものであり絶対的な区分ではないが、一般的には、短期金利という場合は1年以下を指すことが多い。短期金利のうち、オーバーナイト金利とそれ以外を区分する必要がある場合には、後者について「ターム物金利」という言葉が使われる。「中期」金利については、2年から5年くらいのイメージで語られ、「長期」金利については、10年前後をイメージしながら語られることが多い。「超長期」は20年から30年を指すことが多い。オーバーナイト金利から始まってそうした各期間の金利水準を示したものはイールドカーブと呼ばれる。

金融政策の影響
　それでは、市場参加者は将来のオーバーナイト金利はどのような経路をた

どると予想するのであろうか。オーバーナイト金利は中央銀行が決定しているので、オーバーナイト金利の予想は中央銀行の行動を予想することと同等である。中央銀行は中長期的には物価安定を目的としながら、短期的には景気の動向にも配慮して金融政策を運営していると考えられるが、そうした中央銀行の金融政策の行動を表す原理は「金融政策ルール」と呼ばれる。市場参加者は中央銀行の金融政策ルールに関する自らの理解に基づいて、将来のオーバーナイト金利の水準について予想を形成している。金融政策ルールについては第11章で詳しく説明するが、この段階では、例えば、将来の予想物価上昇率が目標物価上昇率を上回ったり（下回ったり）、需給ギャップがプラス（マイナス）になると、短期金利の誘導目標を引き上げる（引き下げる）という行動を念頭に置きながら説明する。

$$短期金利 = f（物価上昇率、需給ギャップ）……（第3式）$$
$$f：金融政策ルール（金融政策反応関数）$$

そうした短期金利の予想には不確実性が存在するので、現在から将来にわたる予想短期金利の平均にターム・プレミアムが付加された水準で長期金利は決定される。

$$長期金利 = E\left[\sum f（物価上昇率、需給ギャップ）\right] + ターム・プレミアム$$
$$E：数学的期待値の演算子$$
$$……（第4式）$$

長期金利の決定をこのように定式化した場合、金融政策は予想短期金利とターム・プレミアムの両方に働きかけることを通じて、より長い期間の金利に影響を与える（図9-1-1）。例えば、先行き数週間というターム物を考えよう。

●図9-1-1　オーバーナイト金利の決定とイールドカーブ（イメージ図）

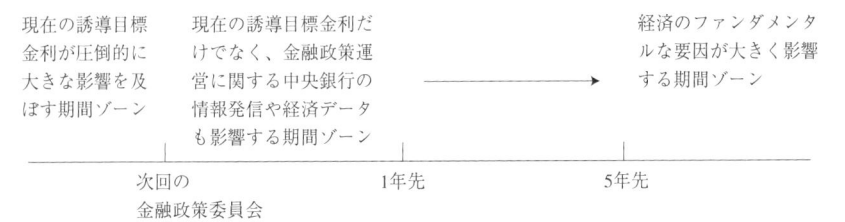

現在の誘導目標金利が圧倒的に大きな影響を及ぼす期間ゾーン	現在の誘導目標金利だけでなく、金融政策運営に関する中央銀行の情報発信や経済データも影響する期間ゾーン		経済のファンダメンタルな要因が大きく影響する期間ゾーン
	次回の金融政策委員会	1年先	5年先

その場合、先行き数週の間に金融政策委員会の開催が予定されていなければ、現在のオーバーナイト金利の水準がほとんど確実に継続すると予想されることから、現在のオーバーナイト金利の水準はターム物金利の水準を決定するうえで圧倒的に大きな影響を及ぼす。第4式に即していうと、第1項はオーバーナイト金利の誘導目標金利にほぼ等しくなり、第2項はゼロに近い。一方、ターム物でも数カ月というもう少し長い期間を考えると、オーバーナイト金利の誘導目標が設定されていない期間もカバーするので、現在のオーバーナイト金利の誘導目標の影響は相対的に低下する。ただ、その場合でも、現在のオーバーナイト金利の誘導目標水準から大きく乖離する可能性は小さいと考えられるので、現在の金融政策のスタンスがかなりの影響力を有することには変わりない。先行き2～3年という中期金利を考えると、中央銀行は金融政策運営についての基本的考え方や経済物価情勢の見通しを説明することによってある程度の影響力を及ぼすことができる。しかし、そうした考え方や見通しは不確実な情報に基づくものであるため、その影響力は短期金利の場合に比べるとかなり低下する。これに対し、期間がさらに長くなり、例えば10年といった期間の金利を考えると、短期的な景気変動の影響はほとんど重要性をもたなくなり、潜在成長率や長期的な物価上昇率という、経済のファンダメンタルな要因に左右される。この場合第4式の第1項についても第2項についても、足元のオーバーナイト金利の誘導目標の変更によって左右できる程度は非常に小さくなる。もちろん、その場合でも、形式的には中央銀行が将来の短期金利を「決定」しているといえるが、その決定自体は経済のファンダメンタルな動きに規定されている。例えば、成長率が高く労働需給も逼迫している状況を想定すると、中央銀行が短期金利を低位に据え置いたからといって、長期金利を低めに誘導できるわけではない。その場合には、市場参加者は将来の物価上昇率が高まると予想する結果、将来の予想短期金利が上昇し、長期金利も上昇するであろう。

9−2．様々な効果波及経路

　中央銀行がオーバーナイト金利を変化させると、これを出発点に、金融市場の価格の変化を通じて経済の他の部門に様々な影響が及んでいくが、影響の仕方は金融市場や金融システムの状況によって変わってくる。その意味で、金融政策の効果波及経路を固定的なイメージで捉えることは必ずしも適切ではない。とりあえず、本章の第2節以降では金融市場や金融システムが基本的には正常に機能している状況を前提にしながら、標準的と理解されている

● 図9-2-1　金融政策の効果波及経路の概念図

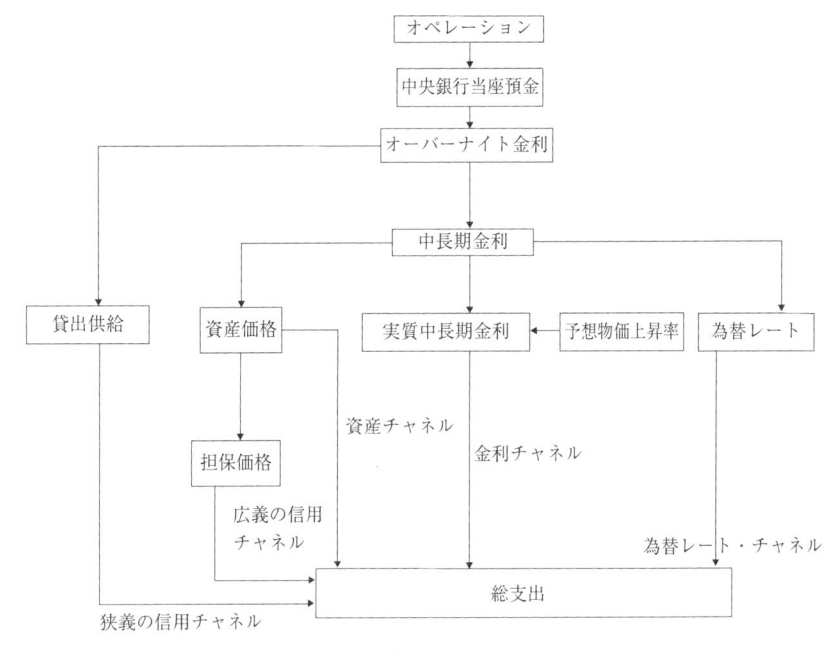

```
                    オペレーション
                         │
                    中央銀行当座預金
                         │
                    オーバーナイト金利
                         │
                    中長期金利
          ┌──────┬──────┼──────┬──────┐
       貸出供給  資産価格  実質中長期金利 ← 予想物価上昇率  為替レート
                  │       │                              │
                担保価格   │                              │
                  │    資産チャネル                        │
                  │       │   金利チャネル                  │
                広義の信用                              為替レート・チャネル
                チャネル                                   │
                  │       │       │                      │
                  └───────┴──総支出──┴──────────────────┘
         狭義の信用チャネル
```

（出所）Kuttner and Mosser（2002）をベースに著者作成

　効果波及経路を図式的に説明する（図9-2-1）[2]。以下で取り上げる金融政策の効果波及経路は、金利チャネル（interest rate channel）、資産チャネル（wealth channel）、信用チャネル（credit channel）、為替レート・チャネルの4つである。

金利チャネル

　金利（利子率）の変化は企業や家計の支出の変化をもたらす。

■　**利子率の変化**　金利が変化してもその変化が予想物価上昇率の変化を反映したものであれば、調達金利も実物投資の収益率も同様に変化するので、支出は変化しない。言い換えると、支出行動に影響を与える金利とは名目金利から予想物価上昇率を差し引いた（予想）実質金利である。実質金利の変化は設備投資や住宅投資、在庫投資、耐久消費財支出の変化をもたらす。実質金利は重要な概念であるが、予想物価上昇率の変化を正確に捉えることは難

---

[2] こうした概念図は一般均衡論的に考えるとミスリーディングであるが、理解を容易にするために便宜的に用いることとする（白川, 2002a）。

しい。以下では通常の説明に従い実質金利に基づいて議論を行っているが、予想物価上昇率が大きく変化しないようなタイムスパンであれば、名目金利に基づいて議論を行うことも可能である。

　名目金利の変化が実質金利の変化を伴うかどうかは、一般的にはタイムスパンに依存する。例えば、オーバーナイトという期間をとってみると、その期間内に予想物価上昇率が大きく変化することは考えにくく、予想物価上昇率は現実の物価上昇率で近似できる。この場合、現実の名目金利水準から現実の物価上昇率を差し引いたものがオーバーナイトの実質金利（正確には、予想実質金利）となり（図9-2-2）、名目金利の変化分だけ実質金利が変動する。タイムスパンが2～3カ月の場合、名目金利が変化すると、実質金利もほぼ同じ程度に変化すると考えられる。しかし、タイムスパンがもっと長くなり、例えば期間2～3年といった中期金利になると、物価上昇率の変化に応じて予想物価上昇率も変化する。このため、実質金利は名目金利の変化ほどには変化しないが、それでも、物価変動が粘着的であることを前提とすると、名目金利の変化と同じ方向に実質金利をコントロールすることは可能であろう。しかし、期間が長くなるにつれ予想物価上昇率も変化するので、例えば10年

●図9-2-2　実質コールレートの推移

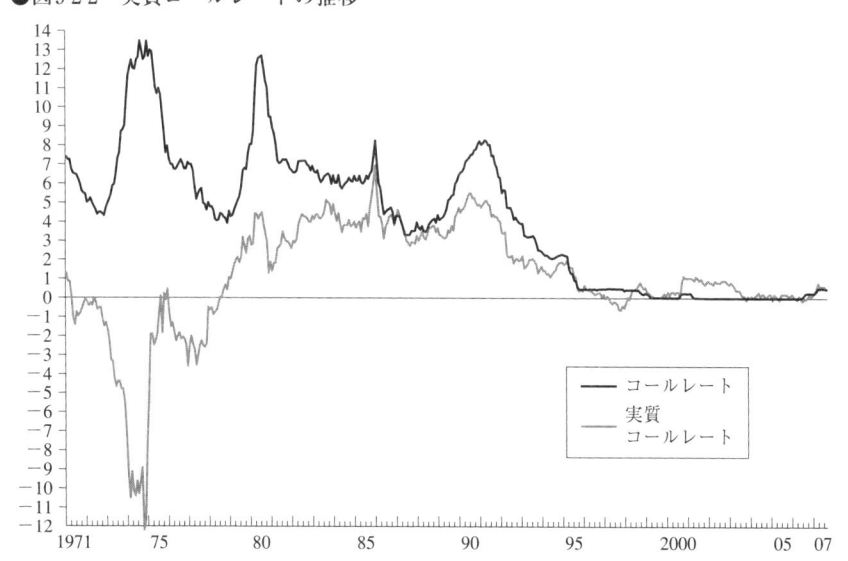

といった長期間になると、金融政策の実質金利への影響力は限られてくる。

実質金利は予想物価上昇率だけでなく、将来の物価上昇率に関する不確実性に伴うプレミアムが変化することによっても変動する。例えば、数学的期待値である予想物価上昇率は変化しない場合でも、市場参加者が将来の金融政策に対する不確実性が低下したと判断すると、将来の物価上昇率の不確実性に関するプレミアムも低下し、名目長期金利は低下する。この場合、プレミアムの低下幅だけ名目金利は低下し、実質金利も低下する。

■ **信用スプレッドの変化** 民間経済主体はリスクフリー・レートで資金を調達しているわけではない。民間債務に係る金利と国債金利の格差は信用スプレッドと呼ばれるが、民間経済主体の支出の変化をもたらすのはリスクフリー・レートの水準および信用スプレッドの変化である（図9-2-3）。国債の金利水準が変わらない場合でも、信用スプレッドが低下（上昇）すると、支出は増加（減少）する。信用スプレッドの変化は通常は国債と社債の金利格差で測定される。近年は信用デリバティブであるクレジット・デフォルト・スワップ（CDS）のプレミアムの変化で代表されることも多くなっている[3]。信用スプレッドの最も基本的な決定要因は、当該経済主体の倒産確率と倒産時の回収率に関する投資家の評価である[4]。

●図9-2-3 日本の社債の信用スプレッド

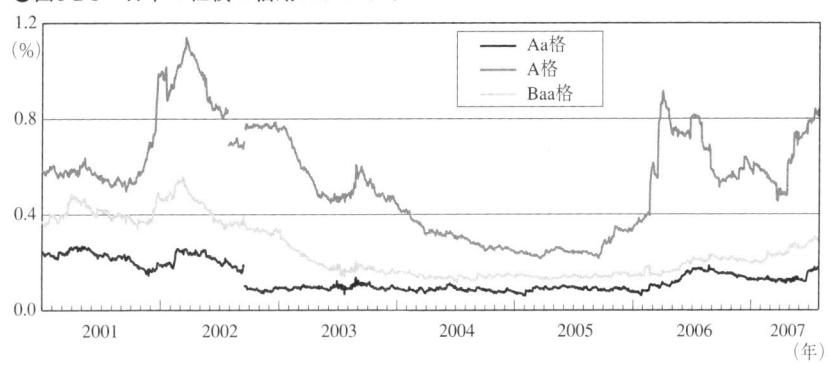

（注）格付けはMoody'sによる。
（出所）日本証券業協会

資産チャネル

　資産チャネルとは、株価や地価といった資産価格の変化が支出に影響を与える経路のことをいう。通常、「資産効果」という場合には、この経路の大きさのことを指す場合が多い[5]。株価に関する最も標準的な理論である配当割引モデルによると、株価は将来にわたる予想配当の割引現在価値である。このため、長期金利の変化は割引率の変化を通じて株価に影響を与えることになる。同様に、地価も土地から得られる将来にわたる収益の割引現在価値であるため、長期金利の変化の影響を受ける。長期金利の変化は資産価格に影響を与え、これはさらに保有資産の価値の変化を通じて企業や家計の支出に影響を与える。

　ただし、景気の変動に応じて配当や収益、長期金利も同方向に変化するので、長期金利と資産価格の変動との間に1対1の対応関係が観察されるわけではない。また、割引率はリスクフリーの長期金利ではなく、配当や収益の変動をカバーするリスク・プレミアムによっても影響されるため、この面からも長期金利と資産価格の関係は複雑化する。

信用チャネル

　信用チャネルとは、短期金利の変化が銀行の与信行動に影響を与えることを通じる効果を指す。具体的なルートとしては、第1に、短期金利の変化に伴う銀行の利鞘の変化が挙げられる（狭義の信用チャネル）。伝統的な銀行を想定すると、資産に比べ負債のほうが平均期間が短い。例えば、短期金利が低下（上昇）する場合、長期金利は短期金利ほどには低下（上昇）しないため、長短金利差が拡大（縮小）する。表9-2-1は日本の大手銀行の運用・調達の平均残存期間を示したものであるが、調達は0.55年、運用は1.20年と、銀行の負債である預金の満期に比べ、資産の貸出、有価証券の満期は長い。この

3　クレジット・デフォルト・スワップとは、企業や国等の信用リスクを対象とする「プロテクション」を売買する取引のことをいう。プロテクションの買い手は売り手に対してプレミアムを支払う。対象とする信用リスクの主体が倒産した場合や、支払いを行わなかった場合に、これが契約上の「クレジット・イベント」として認定されれば、「プロテクション」の売り手から買い手に対して元本金額が支払われる。プロテクションの買い手は、対象とする企業や国が不払いを起こした場合に保証を受けられることと引き換えに、保証料を支払うという保証契約と類似の経済効果を得ることができる。クレジット・スプレッドについては中山・河合（2005）を参照。

4　大岡・上野・一上（2006）参照。

5　社債の信用スプレッドは、個々の発行体の信用度評価に加えて、クーポン・レートの水準やコール条項の有無等の発行条件、銘柄ごとの発行量、債券市場全体の流動性をはじめ多くの要因の影響を受ける（大山・杉本，2007）。金融政策との関係ではリスクフリー・レートや金利のボラティリティーとの関係が重要となるが、これらの点を含め、日本の社債市場における信用スプレッドの決定要因に関する実証的分析としては、大岡・上野・一上（2006）、大山・杉本（2007）を参照。

ような資産・負債構造を前提とすると、短期金利の低下（上昇）は利鞘の拡大（縮小）となって表れるため、銀行の与信行動の積極化（消極化）をもたらす。ただし、この点は金利リスクの管理に関する銀行の経営方針によって変化する。銀行がオフバランス取引を含め金利変動に対してヘッジを行っている場合には、その程度に応じて、銀行の利鞘変動を通じる金融政策効果は小さくなる[6]。

● 表9-2-1　日本の大手銀行の運用・調達の平均残存期間

(2006年度末、単位：年)

運用	1.20	調達	0.55
貸出	0.88	定期預金	0.94
債券	2.61	社債等	2.14

(出所) 日本銀行金融機構局「金融システム・レポート」(2007年9月)

　第2のルートは、資産価格の変化に伴う担保価値の変化である。担保価値が上昇（下落）すると、借り手の倒産確率が低下（上昇）するとともに、倒産時の回収率も上昇（低下）するため、銀行は貸出を積極化（消極化）する。担保は銀行と借り手との間に存在する情報の非対称性を緩和する機能を果たすが、担保価格の上昇（下落）は外部金融のプレミアム（external finance premium）を低下（上昇）させることによって緩和（引き締め）効果を強める。上述のルートは、金利の変化によって誘発された資産価格の変化を通じて支出が変化（資産効果）するのではなく、外部金融のプレミアムの変化を通じて効果が発揮されることから、「ファイナンシャル・アクセラレーター」ないし「広義の信用チャネル」と呼ばれる[7]。信用チャネルは銀行だけに限定されるものではない。例えば、日本では企業間信用が民間企業の資金調達の中で大きなウエートを占めている（表9-2-2）。その意味で、信用度の高い企業が相対的に信用度の低い企業に供与している信用の量や条件が変化することを通じる効果も重要である。

　上述のファイナンシャル・アクセラレーターの効果の特徴は、景気の同一方向への変化（persistence）を生み出すことである。資産価格が変化し、いったん外部金融のプレミアムが変化すると、その影響はかなり長い期間、残

---

[6] English (2002)は先進10カ国の銀行について短期金利の変化とネット利鞘の関係を分析しているが、全体として両者の関係は明確ではない。

[7] Bernanke (2007a)参照。

存することになりやすい[8]。

●表9-2-2　企業の資金調達の構成比

(単位：％)

借入	株式以外の証券	株式・出資金	預け金	企業間・貿易信用	その他
39.6	8.7	18.4	4.5	22.7	6.1

(出所) 日本銀行「資金循環勘定」(2007年6月末)

為替レート・チャネル

為替レート・チャネルとは、為替レートの変化が純輸出や企業収益に影響を与えることを通じて経済活動水準を変化させる経路のことをいう。他の条件が一定であれば、長期金利の低下（上昇）は自国通貨の為替レートの下落（上昇）をもたらす。

ファイナンシャル・コンディション

これまで述べてきたように、金融政策は様々なルートを通じて経済活動に影響を与えるが、経済主体の支出に影響を与える金融環境のことはファイナンシャル・コンディション（financial conditions）、ないしマネタリー・コンディション（monetary conditions）と呼ばれる。短期金利の変化はファイナンシャル・コンディションの変化をもたらすが、ファイナンシャル・コンディションは短期金利が変化しない場合でも変化する。例えば、市場参加者が将来の金融緩和を予想して長期金利が低下する場合、短期金利は不変であるが、ファイナンシャル・コンディションは緩和方向に変化することになる。その意味で、金融政策の刺激度（緩和度）を適切に評価するためには、ファイナンシャル・コンディションの変化を通じて金融政策の効果を捉えていく思考様式は重要である。ファイナンシャル・コンディションを数量的に把握する試みも行われており、その場合には以下のような要素が重視されているが、厳密に定式化することは難しい。

■　**実質金利**　予想物価上昇率について十分に信頼に足る情報を得ることは難しいため、実質長期金利については幅をもって捉える必要がある。短期ではリーズナブルな程度に現実の物価上昇率が予想物価上昇率であると仮定できるので、実質オーバーナイト金利を、金融政策の緩和・引き締め度を測るひ

8　この点はBernanke(2007a)によって強調されている。

とつの尺度として利用することができる。
■ **信用スプレッド** 通常は格付け別の社債の対国債流通利回りが利用される。
■ **株価** 株価の変動は前述の資産効果や外部金融プレミアムの変化を通じて、金融政策の緩和・引き締め度を左右する。
■ **実質為替レート** 通常は、貿易相手国と自国の生産者物価指数（企業物価指数）で為替レートを調整した実質為替レートを貿易金額で加重平均した、実質実効為替レートが利用されることが多い。

9-3. リスク・プレミアムの変動

前節では金融政策の効果の波及経路について説明したが、全体として確定的にいえることは多くはない。そうした知識の現状を前提にすると、金融政策の効果やその波及経路の評価、分析にあたって、我々はどのようなことに注意すべきだろうか。この点については、以下の2点が重要である。

第1は、金融政策の効果が発揮されるまでにはかなり長いタイムラグが存在するという認識である。ラグは平均的には1〜2年程度である。経済活動水準への効果と物価上昇率への効果を比較すると、後者のタイムラグはかなり長い（BOX参照）。第2は、様々な効果波及経路の相対的重要性や、金融政策の効果の大きさ、タイムラグについては、金融政策が働きかける経済の状態や金融市場・金融システムの状況如何で大きく異なってくることである。

リスク・プレミアムの重要性

金融政策の効果が不確実であったり、波及経路の相対的重要性が変化するのはなぜであろうか。その最大の理由は、リスク・プレミアムの水準が変化することに求められる。図9-3-1は、名目金利の水準を、実質金利、予想物価

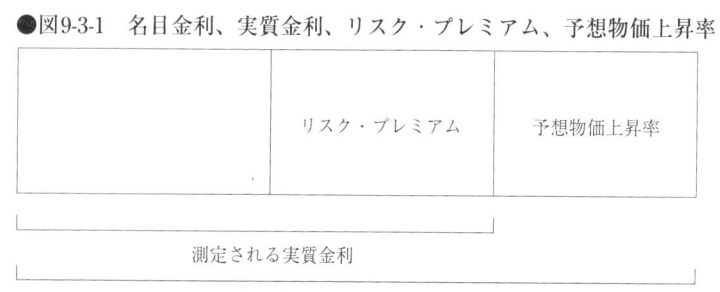

● 図9-3-1 名目金利、実質金利、リスク・プレミアム、予想物価上昇率

	リスク・プレミアム	予想物価上昇率
	測定される実質金利	
	名目金利	

上昇率、リスク・プレミアムの3つに分解したものである。このうち、現実に観察できるのは名目金利水準だけであり、個々の要素は観察できない。現実の経済主体の行動を左右する金利は実質金利であるが、ここで問題となるのは実質金利の水準をどのようにして認識するかである。

　通常は名目金利から予想物価上昇率を差し引くことによって実質金利が計測される。予想物価上昇率を正確に認識することは難しいが、比較的短期の実質金利については現実の物価上昇率を予想物価上昇率と等しいと仮定することによって、一応の推定値を得ることができる。しかし、先行きの物価上昇率について平均値（数学的期待値）としての予想物価上昇率が同じであっても、その予想が確実な場合と非常に不確実な場合とでは、意識される実質金利の水準は異なる。名目金利から数学的期待値としての予想物価上昇率を差し引いた金利水準を「測定される実質金利」と呼ぶとすると、「測定される実質金利」が不変であっても、個々の経済主体が支出の決定にあたって意識する実質金利、すなわち、実質実効金利（real effective interest rate）ともいうべき金利はリスク・プレミアムの水準如何によって異なってくる。例えば、名目金利の上昇が平均値（数学的期待値）としての予想物価上昇率の上昇だけを反映している場合は、測定される実質金利も実質実効金利も水準は変化しない。しかし、リスク・プレミアムの上昇だけを反映している場合は、「測定される実質金利」は変化しないが、実質実効金利は上昇する。現実の経済では、予想物価上昇率の変化とリスク・プレミアムの変化を正確に識別することは難しい。このため、経済全体の不確実性が高まる場合にはリスク・プレミアムが大きくなり、「測定される実質金利」だけで判断すると、金融政策の効果に関する判断を誤ってしまう。

　ここでは先行きの予想物価上昇率に関するリスク・プレミアムに即して説明したが、信用リスク、為替変動リスクをはじめ、様々なリスクの価格付け（pricing）にあたり、このリスク・プレミアムの水準は変動する。例えば、通常の経済では投資案件の予想収益率と長期金利の関係は投資を実行するかどうかの重要な判断基準となるが、バブル崩壊期のように、企業や金融機関の自己資本が大幅に毀損した状況の下では、最悪の状況を意識することになる。すなわち、リスク・プレミアムの水準は大きくなり、その結果、通常時の関係から想定されるよりも金利に対する投資の感応度は低下する。他方、バブル期には、経済主体の先行きに対する見方は著しく強気化した。この場合、過去の平均的な関係から想定される以上に、投資は活発化する。

リスク・プレミアムの決定要因

上述のように、金融政策の効果を考えるうえでリスク・プレミアムは重要であるが、リスク・プレミアムを統一的に説明する理論は存在しない。しかし、以下のような一般的傾向は指摘することができる。第1に、リスク・プレミアムの水準に影響する大きな要因は、リスク・テイクを行う経済主体の自己資本の状況である。十分な自己資本を有していない場合には、リスク・プレミアムは大きくなる傾向がある。経済全体でみると、資産価格の変動は自己資本の変動を通じてリスク・プレミアムの水準に影響を与える大きな要因のひとつである。第2に、リスク・プレミアムの大きさは負担しているリスクの大きさににについての認識に依存する。一般的にいうと、景気拡大（後退）局面では足元の状況を将来に投影する傾向が強くなり、リスク・プレミアムは縮小（拡大）する傾向が強い。リスクの認識は個々の経済主体の判断に属するものであるが、利益や損失は会計によって認識されるものである以上、会計ルールの影響も受ける。また、金融機関については自己資本比率規制の枠組みが導入されており、規制上の最低自己資本量（規制上のリスクの認識の仕方）が定められているため、規制の設計如何によってリスク・プレミアムが変化する可能性もある。

金融政策とリスク・プレミアムの関係は複雑であるが、資産価格やマクロ経済の動向を通じてリスク・プレミアムにも影響を与えると考えられる。近年の経験を振り返ると、前述したような金融政策の効果波及経路ではうまく捉えきれないリスクテイク・チャネルとでも言うべき経路の重要性が増しているように思われる（第15、19章参照）。

BOX　金融政策の効果に関する計量分析

金融政策の効果の大きさやタイムラグの長さは固定的ではないが、以下では日本、ユーロエリア、英国に関する計測結果を紹介する。

■ **日本**　宮尾（2006）は短期金利の変更が経済活動水準に及ぼした影響を検証している。コールレート、マネタリーベース、株価、鉱工業生産の4変数から成るVAR分析[9]によるインパルス応答関数の計測結果をみると（図1）、推計期間全体ではコールレートの上昇によって生産が持続的に低下している。また、コ

9　VAR（Vector Autoregression）とは時系列分析の手法のひとつであり、複数の経済変数間の相互依存関係を分析するために用いられている（宮尾, 2006）。

●図1　コールレート・ショックの動学的効果（日本）：鉱工業生産に対する影響

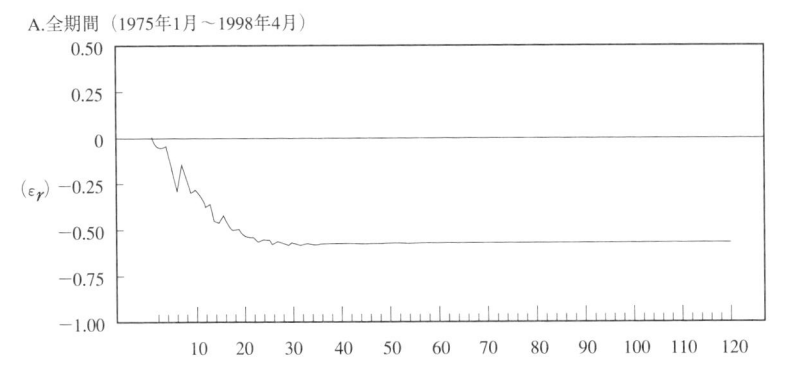

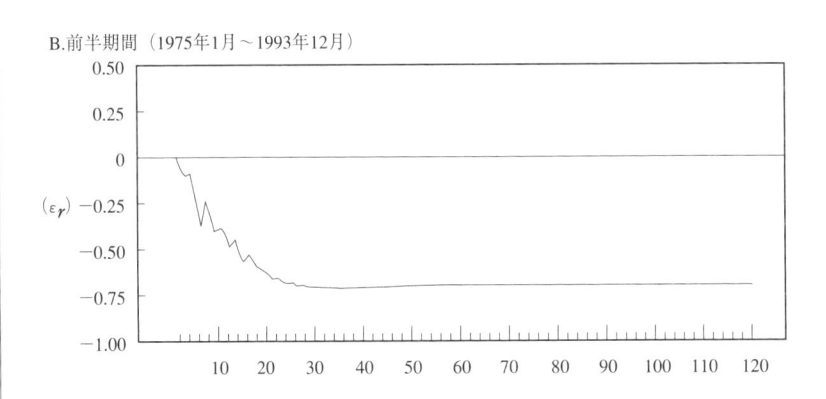

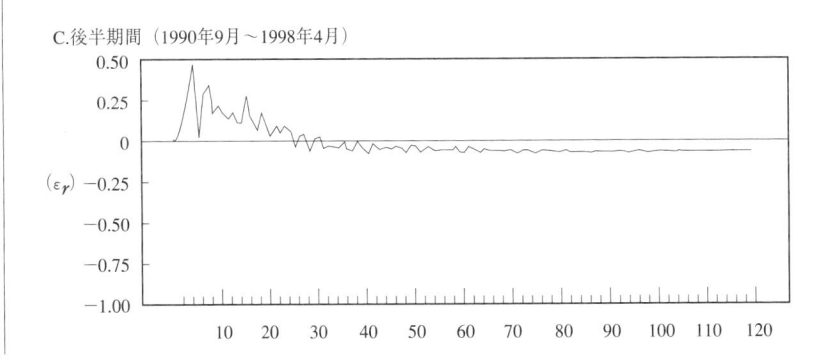

A. 全期間（1975年1月～1998年4月）

(ε_r)

B. 前半期間（1975年1月～1993年12月）

(ε_r)

C. 後半期間（1990年9月～1998年4月）

(ε_r)

ールレートの上昇による効果が出尽くすのにはほぼ2年を要している。次に、推計期間（1975年1月から1998年4月までの月次データ）を2つの時期に分割し、前半（1975年1月～1993年12月）と後半（1990年9月～1998年4月）を比較する[10]。前半期はバブル崩壊後の景気後退期の終了時にほぼ対応する。後半期は日本銀行が公定歩合を6％に引き上げた翌月を開始時期としている。これによると、2つの期間でコールレート・ショックの効果は顕著に異なっており、後半期ではコールレートの生産への影響は非常に限定的となっている。

■ **ユーロエリア** ECB（2004）は、短期金利の1％引き上げ（以後この水準を2年間維持）が成長率と消費者物価上昇率に与える効果について、3つの異なるモデルによる計測結果を報告している（表1）。これによると、①成長率への効果は2年後に最大となり、以後効果が減衰する、②物価上昇率については、効果が発揮されるまでにはもっと長い時間がかかることが示されている。これらの結果に基づき、ECB（2004）は金融政策が経済活動に及ぼす影響は一時的であるのに対し、物価には永続的な影響を与えるという、金融政策の中立性を示すものと解釈している。

● 表1　短期金利引き上げの影響（ユーロエリア）

	実質GDP				消費者物価上昇率			
	1年目	2年目	3年目	4年目	1年目	2年目	3年目	4年目
モデル1	−0.34	−0.71	−0.71	−0.63	−0.15	−0.30	−0.38	−0.49
モデル2	−0.22	−0.38	−0.29	−0.14	−0.09	−0.21	−0.31	−0.40
モデル3	−0.34	−0.47	−0.37	−0.28	−0.06	−0.10	−0.19	−0.31

(注)　モデル1：欧州中央銀行のArea-Wide Model
　　　モデル2：ユーロエリアの各国モデルの集計
　　　モデル3：英国のNIESRの他国モデル

■ **英国** Bank of England（2004）はイングランド銀行が予測に用いている計量モデル（Bank of England Quarterly Model）に基づいて、金融政策が英国経済に与える影響についてのシミュレーションを行っている（図2）。短期金利の引き上げ効果が波及するまでのタイムラグをみると、成長率の場合は10四半期後に、物価上昇率の場合は16四半期後に効果が最大となっている。

10　計測期間が重ならないようにすると、サンプル数が少なくなりすぎるため、3年間の重なりが生じている（宮尾, 2006）。

●図2　短期金利引き上げの影響（英国）

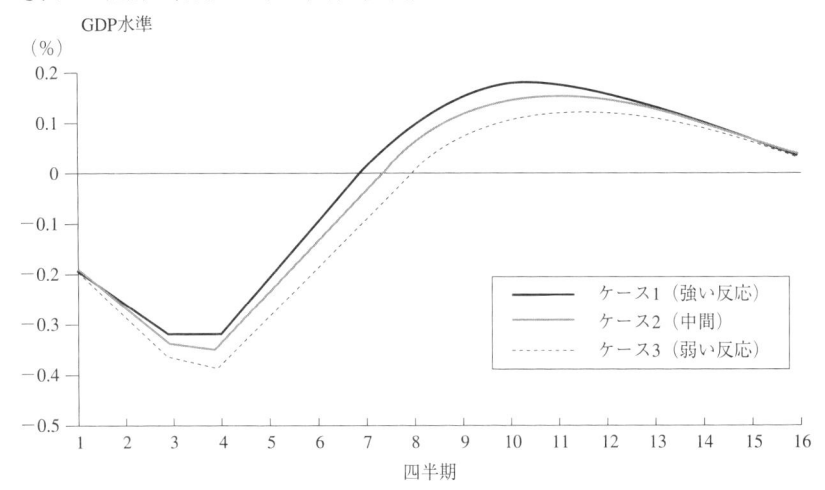

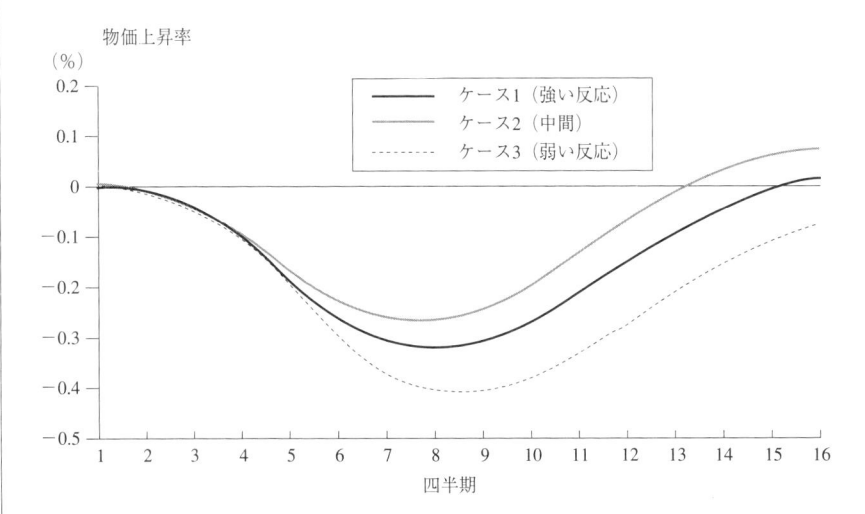

GDP水準
（％）

ケース1（強い反応）
ケース2（中間）
ケース3（弱い反応）

四半期

物価上昇率
（％）

ケース1（強い反応）
ケース2（中間）
ケース3（弱い反応）

四半期

（注）短期金利が1年間、1％引き上げられた場合の影響。各ケースは物価上昇の目標からの乖離に対する金融政策の反応の強さについての仮定が異なる。
（出所）Bank of England（2004）。chart 1、chart 2におけるBank of England Quarterly Modelの予測

9-4. 金融政策の効果波及経路の変化
金融市場の発展

　金融政策は短期金利の変化を出発点として金融市場の価格を変化させ、これが経済を構成する各経済主体の行動に影響を与えることによって効果を発揮する。そのように考えると、金融政策の効果波及経路を規定する要因としては、金融市場の発展の状況や金融機関、金融取引に関する制度が最も重要と考えられる。この点で過去20年間を振り返ると、金利規制の廃止、資本市場を通じる信用仲介の拡大、デリバティブ市場の拡大、証券化市場の成長等が大きな変化として挙げられる。これらの変化は互いに関連しているが、金融政策の効果波及経路という点では以下のようなインプリケーションを有している。

　第1に、金融市場が全体に「摩擦」の少ない市場へと変化していく結果、金融政策の効果が円滑に波及することが期待できる。例えば、金利規制が存在すると、金利変化の影響が当該規制を受ける部門に集中的に表れることになりやすいが、金利規制がなくなると、金利変化の影響は各部門に均等に表れることになる。もうひとつの例を挙げると、デリバティブ市場の発達である（図9-4-1）。デリバティブ取引は、従来はひとつの金融商品に化体されていた様々なリスクを分解することを可能にする。例えば、社債の投資家は、リスクフリーの金利に関する金利リスクや社債発行企業の信用リスクを負担している。リスクのヘッジ手段が発達していない場合は、社債の投資家はこれらのリスクを一括して保有するしかなかったが、デリバティブ取引が発達すると、投資家はリスク・リターンに関する自らの選好に応じたかたちで、リスクの負担の仕方を微調整することが可能となり、個々の投資家からみたリスク・プレミアムは低下する。経済学では起こりうるリスクの状態に応じた証券（state contingent claim）を取引できるような市場を完備市場（complete market）と呼んでいるが、デリバティブ取引の発達は、少なくとも「不完備」の程度を引き下げる効果を有しているといえる[11]。このように、金融市場の「不完備」の程度が低下すると、その面からは、金融政策の効果の円滑な波及が期待できる。

　第2に、流動性の低かった資産の流動性が高まる結果、金融政策の効果波及経路が変化する。そうした流動性の向上の典型例は不動産市場である[12,13]。住宅や商業用不動産に対する貸出が証券化されると、不動産市場の流動性が

11　Warsh（2007）参照。

●図9-4-1　デリバティブ市場の規模

(10億ドル)
外国為替関連
50
40
30
20
10
0
1998
1999
2000
2001
2002
2003
2004
2005
2006 (年)
(10億ドル)
金利関連
300
250
200
150
100
50
0
1998
1999
2000
2001
2002
2003
2004
2005
2006 (年)
クレジット・デフォルト・スワップ
(10億ドル)
30
25
20
15
10
5
0
2004
2005
2006 (年)

(出所) BIS

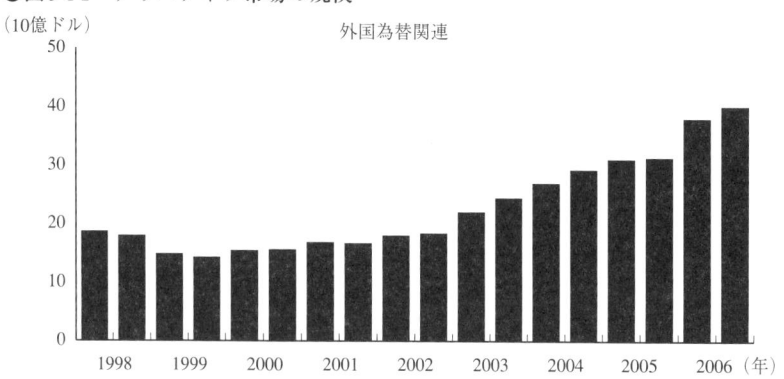

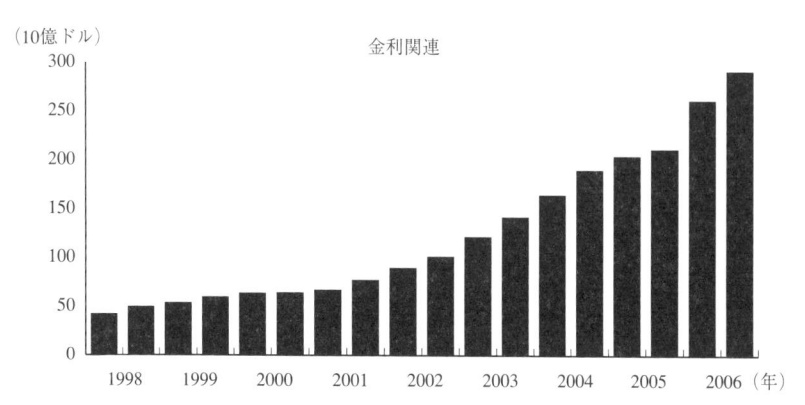

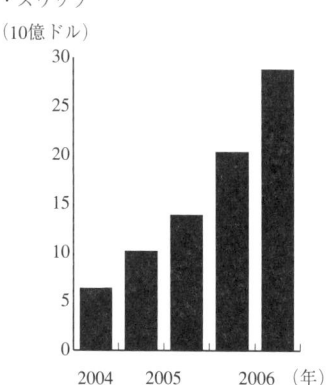

向上する。資本市場が発展し資産の流動性が高まっていくと、当該資産を活用することにより、支出パターンを平準化させることが可能となる。家計の場合でいうと、消費は足元の所得ではなく、将来にわたる予想所得（恒常所得）に依存するという世界に近づくことになる。

第3に、第1、第2のインプリケーションとは逆に、何らかの理由により金融市場の状況が急激に変化する場合には、そのことが原因となって、経済に大きな影響を及ぼす可能性も高まっている。資産価格が急激に低下すると、金融市場においては市場流動性が突然枯渇する事態が起きやすいが、その場合には、ファイナンシャル・コンディションの悪化を通じた資産価格の下落等がそうしたケースに該当する。さらに、資産価格の変動は、資産効果による支出の大きな変動や金融機関の資産内容に影響を与えることを通じて、経済活動の大きな変動を生み出すおそれがある。これらの問題は章を改めて検討する（第15章、第20章参照）。

9－5．他の経済政策の目標との関係

経済成長

経済の潜在的な生産能力の伸び（潜在成長率）は、労働力人口と資本ストックという、生産要素の伸びと生産性（全要素生産性）の伸びによって決まってくる。これらの要因は短期的には金融政策の影響を受けるが、長期的には金融政策とは独立の実体的（real）な要因によって規定されるものである。その意味で、金融政策は長期的な経済成長率の趨勢を左右することはできない。ただし、中央銀行は長期的な経済成長率と全く無関係というわけではなく、以下のルートを通じて間接的な影響力を有している。

第1に、設備投資や研究開発等、長期的な視野に立った決定（コミットメント）は物価が安定しているほうが行いやすい。その意味で、金融政策が物価安定を実現することを通じて経済成長にとって有利な環境を作り出す。第2に、資金の効率的な配分を実現するために金融システムの安定が必要である。この点で、物価安定を通じてマクロ経済の安定が実現すれば、このことは金融システムに対しても好影響を及ぼす。また、中央銀行は、「最後の貸し

12　BIS Committee on the Global Financial System (2005)は住宅金融に関する包括的なレポートである。Bernanke (2007c)は住宅金融に関する制度の変化が金融政策の効果波及経路に与えた影響について説明している。日本のREIT市場については、佐々木・一瀬・清水 (2005)を参照。

13　米国の住宅モーゲージのうち証券化されたモーゲージの割合は、1970年は1％、1980年は10％、2007年は56％である (Bernanke, 2007c)。

手」機能を通じて、金融システムの安定維持に責任を有している。

　以上は物価安定が経済成長に及ぼす影響であるが、逆に、経済成長の動向如何が物価の動向に影響を与えるという側面もある。代表例が日本の1990年代以降の生産性低下の経験であろう（Hayashi and Prescott, 2002）。生産性の低下は供給能力の低下という側面に注目すれば物価の上昇要因であるが、生産性の低下がしばらく続くと、これに見合って将来の予想成長率も低下してくる。この段階では、需要の減少を通じて物価の下落をもたらすと考えられる。その意味で、潜在成長率が低下し低成長予想が定着すると、金融政策によって物価安定を実現するという課題にも影響を与えることになる。

所得分配

　金融政策の目的は物価安定の達成を通じて持続的な経済成長の実現に貢献することであり、金融政策はそうしたマクロ的な判断に基づいて運営される。このように目的はマクロ経済の安定であるが、金融政策の効果が波及する過程では、影響の出方は均一ではなく、経済主体によって異なる影響が発生する。金利の引き下げを例にとると、一般的には金利の引き下げは債務者に対しては有利に、債権者に対しては不利に働く。金利の引き下げが自国通貨の為替レートの下落をもたらす場合には、輸出企業に対しては有利に働き、輸入企業に対しては不利に働く。また、金利の引き下げは債務を有する企業に有利に働くが、その中でも資本集約的（労働節約的）な産業に有利に働く。一方、多くの個人は輸出企業や輸入企業に勤める労働者であると同時に、様々な金融資産・負債を有しており、金利変更の影響の出方は複雑である。また、金利の変更の背後には物価上昇率の変化が存在することを考えると、分配面の影響はさらに複雑である。いずれにせよ、中央銀行が有している金融政策手段はひとつしかなく、物価安定というマクロ的な目標に照らして金融政策を運営することの重要性を丁寧に説明し、国民の理解を求める努力を払うことが重要である。

第IV部
金融政策をどのように運営するか？

第Ⅳ部では金融政策をどのように運営するかを説明する。第10章では金融政策運営の前提となる経済の現状判断と予測の方法について説明する。第11章では政策金利の変更を判断する際の基本的な原則について説明する。第12章では金融政策の運営方針を国民や市場参加者に説明する際の方法について解説する。第13章では金融政策の運営上、マネーサプライをどのように位置付けるべきかという問題を取り上げる。

第10章　経済の現状判断と予測

　金融政策の運営にあたっては、経済の現状を正確に判断し先行きの経済情勢を的確に予測することが大前提となる。本章では、中央銀行が経済の現状判断や予測を行う際の方法を説明する。以下、第1節では、中央銀行にとっての経済予測の役割を述べる。第2節では、経済予測の失敗の事例を振り返ったうえで、予測作業への教訓を導く。第3節では、経済予測の方法を、第4節では、金融政策運営にとって特に重要な変数である潜在成長率や需給ギャップ、物価上昇率について、予測方法をやや具体的に説明する。そのうえで、第5節では、主要国中央銀行による予測の公表方法を概説する。

10−1．経済予測の役割
　中央銀行が金融政策を運営するうえで、経済予測は以下の理由から非常に重要である。第1に、金融政策はその効果が波及するまでにかなり長いタイムラグが存在するため、先行きの経済の状況を見通すことが政策判断の大前提となる。第2に、中央銀行は金融政策の運営にあたって独立性を与えられている以上アカウンタビリティーが求められるが、その重要な構成要素として、自らの決定する政策判断の根拠をわかりやすく説明する義務を有している。

必要とされる予測の内容
　金融政策の運営という観点からみた場合、予測は少なくとも以下の3つの内容をカバーしなければならない。
　第1は、最も蓋然性が高いと判断される経済の状況についての予測である。将来の経済については様々な不確実性があり、予測も確率分布で表現される性格のものであるが、その中でも特に重要な予測は、最も蓋然性が高いと判

断される経済の状態に関する予測である。

　第2は、蓋然性の高い経済の予測がどのような時間的経路をたどって実現するかという点に関する予測である。金融政策の効果波及ラグは長く、かつ変動するものであるだけに、時間的経路に関する情報は重要である。例えば、先行きの物価上昇を予測する場合でも、1～2年という、一般的に想定されるタイムラグの範囲内の予測であるのか、これを超える期間の予測であるのかを明らかにしなければならない。

　第3は、確率は必ずしも高くないが、発生した場合には非常に深刻な影響を与える経済の展開の可能性についての点検である。どのような事態を「非常に深刻な影響を与える経済の展開」と考えるかはそれ自体が判断の対象であるが、近年の例でいえば、バブルの発生や崩壊、デフレ・スパイラルの発生の可能性が挙げられる。金融機関のリスク管理の用語を借りていえば、ストレス・シナリオである。

10－2. 経済予測から得られる教訓
予測の実績

　将来の経済の状況を予測することは、中央銀行を含め政策当局者が政策を決定するときだけでなく、企業経営者が経営を行う際も、また個人が生活設計を行う際にも非常に重要である。そのような意味での予測は、ほとんど誰もが行っている。ここで取り上げる経済予測とは、そうした一般的な意味での予測ではなく、専門家による経済予測という意味で使っている。具体的には、政府や中央銀行、民間エコノミストの行う経済予測、あるいは金融市場で形成される様々な価格（長期金利、株価、信用スプレッド等）に反映された、市場参加者による将来のマクロ経済に関する見通しのことを指している。

　そうした専門家による経済予測の精度をみると、通常時は予測の精度は比較的高いといえる。しかし、経済が大きく変動する局面では、どの国でも予測は大きく外れている。例えば、1990年代の日本経済は全体として成長率や物価上昇率の低下によって特色づけられるが、1990年初頭時点における先行き予測を取り上げてみると、その後の展開を正確に見通した予測は非常に少なかった。Ahearne et al. (2002) は民間エコノミスト、FRB、IMFによる予測と実績の推移を詳細に分析したうえで、「1990年代後半になって初めて日本経済の先行きに関する抜本的な再評価が起きた」と結論づけている[1]。図10-2-1(1)は各年の成長率と消費者物価上昇率に関する民間エコノミストの予測と実績を示しているが、1年前予測、2年前予測とも実績を大幅に上回っており、

1994年までは大幅な過大予測となっている。先行き10年間の予想物価上昇率についても、エコノミストの予測は大幅な過大予測であった。こうした楽観的な予測は企業経営者についても同様であった（図10-2-1(2)）。市場参加者の見通しを反映する長期金利についても、1995年初めの時点でも10年国債の利回り4.7％という水準を示しており、その後10年間の物価上昇率や名目GDP成長率に比べると、格段に高かった（図10-2-1(3)）[2]。この間、日本銀行の予測をみても（BOX 1 参照）、政府の予測をみても（BOX 2 参照）、公表された文書で事後的に振り返ると、1990年代初頭の予測は楽観的であった[3]。

もうひとつの例として、世界的なITバブル崩壊後の2001年以降の世界的な景気の落ち込みを取り上げても、2000年時点では楽観的な予測が支配的であった。表10-2-1はIMFの世界経済見通しを示しているが、2000年春の時点の予測と2001年の成長率の実績とを比較すると、どの地域についても2％前後の過大予測となっている。そうした過大予測は程度の差こそあれ、主要国の中

●図10-2-1　1990年代の日本経済に関する予測と実績

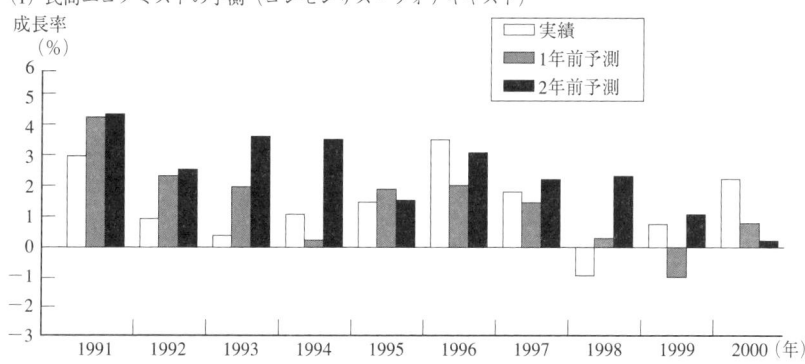

(1) 民間エコノミストの予測（コンセンサス・フォアキャスト）

1　"The exhibit makes clear that forecasts fell off much more slowly than actual growth rates, and only in the latter half of the decade did a fundamental reassessment of the outlook for Japan appear to take place. Similarly, observers were generally slow to adjust downward their forecasts for inflation. Although analysts for the most part foresaw a period of disinflation for the mid-1990s, the descent into deflation in 1995 appears to have caught analysts off guard. In fact, private sector analysts continued to project positive inflation rates until late in the decade." (p.12)
2　1995～2004年の名目GDP成長率は平均で0.2％、消費者物価上昇率は0.0％であった。
3　木村・藤原・原・平形・渡邊（2006）参照。
4　当時の日本経済の成長率や物価上昇率に関する民間調査機関や日本銀行の予測については第19章のBOXを参照。

消費者物価上昇率
(%)

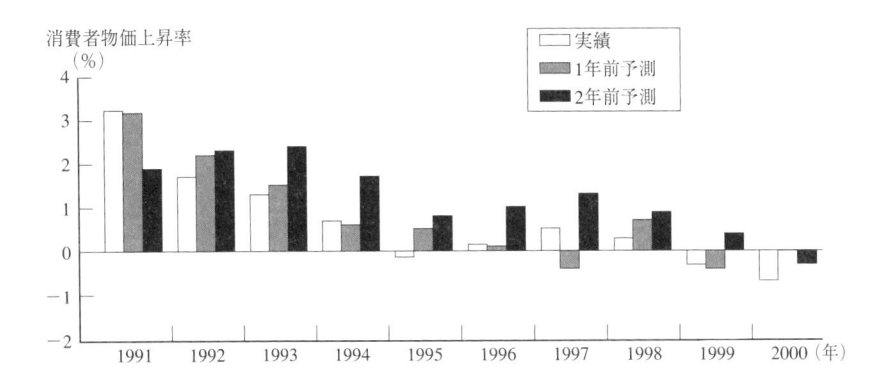

(2) 企業経営者の利益予測（「短観」）
前年比
(%)

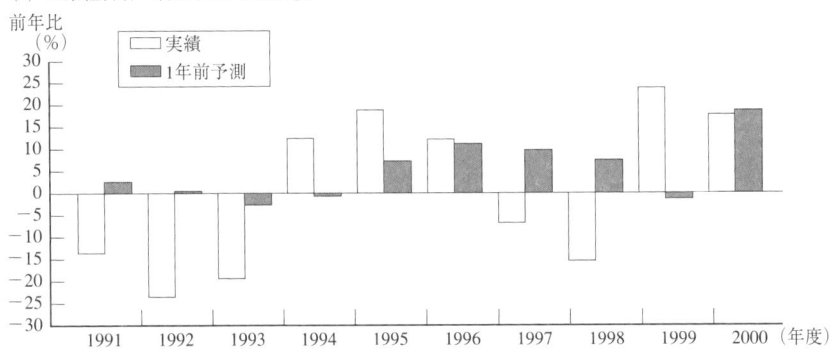

(3) 民間エコノミストの予測（コンセンサス・フォアキャスト）
先行き10年間の予想物価上昇率
(%)

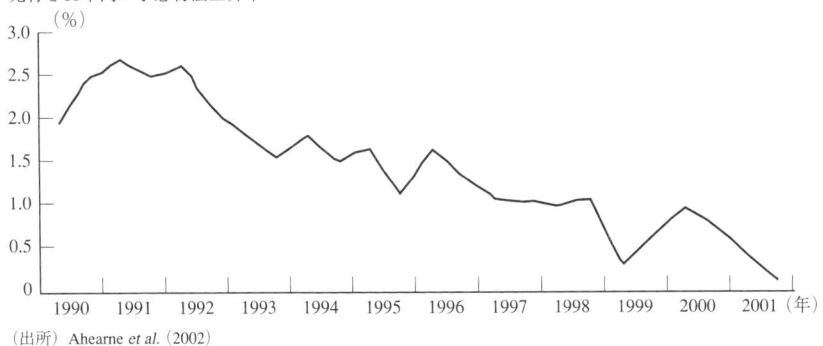

（出所）Ahearne *et al.* (2002)

●表10-2-1　IMFの成長率予測

(単位：%)

予測対象年	2000年				2001年					
予測時点	2000年5月	同、10月	実績	当初予測比	2000年5月	同、10月	2001年5月	同、10月	実績	当初予測比
世界	4.2	4.7	4.7	0.5	3.9	4.2	3.2	2.6	2.2	−1.7
先進国	3.6	4.2	3.8	0.2	3.0	3.2	1.9	1.3	0.8	−2.2
米国	4.4	5.2	4.1	−0.3	3.0	3.2	1.5	1.3	0.3	−2.7
日本	0.9	1.4	1.5	0.6	1.8	1.8	0.6	−0.5	−0.3	−2.1
ユーロエリア	3.2	3.5	3.5	0.3	3.2	3.4	2.4	1.8	1.5	−1.7

(出所) IMF World Economic Outlook 各号

央銀行にもほぼ共通する傾向であった[4]。

不確実性の源泉

それでは、経済予測の失敗はなぜ生じるのだろうか。予測の失敗の原因は言うまでもなく、予測時点で直面していた様々な不確実性であるが、不確実性は以下の3つのタイプに分けられる[5]。

第1は、経済データに関する不確実性である。前述のように予測が難しいこともさることながら、そもそも発射台である現在の経済情勢をデータで正確に認識することも容易ではない。マクロ経済は膨大な数の経済主体の行う経済活動の結果である。そうした膨大な数の経済主体の作り出す経済行動の変動の状況をリアルタイムで認識することは難しい。第2は、外生的なショックに関する不確実性である。典型的な外生的ショックとしては海外経済や原油価格の動向が挙げられる。第3は、経済主体の予想や経済構造に関する不確実性である。金融政策を運営するためには、政策金利の変更が物価や景気に与える影響の程度を知る必要があるが、経済主体の予想の変化や経済の構造についての知識は不十分である。

5　武藤・木村 (2005) 参照。不確実性については、これ以外の分類も可能である。例えば、Kohn (2006b) は予測の失敗の原因について、測定の不確実性 (measurement uncertainty) と予想の不確実性 (expectations uncertainty) に分けて議論している。

第10章　経済の現状判断と予測　203

BOX 1　1990年代前半における日本銀行の物価上昇率等の予測

●図1　日本銀行による物価上昇率の予測：
「対外情勢判断資料」に示された物価情勢の判断

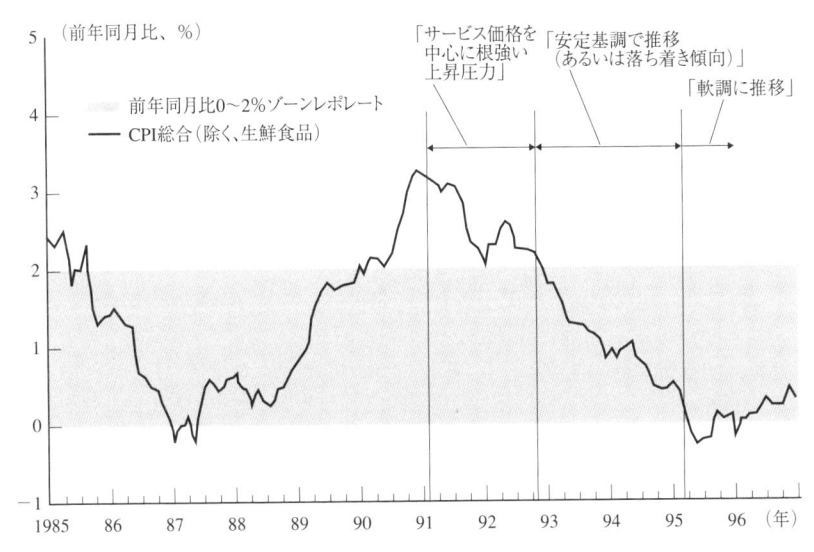

(グラフ)
- 前年同月比0〜2%ゾーンレポレート
- CPI総合(除く、生鮮食品)

吹き出し：
- 「サービス価格を中心に根強い上昇圧力」
- 「安定基調で推移(あるいは落ち着き傾向)」
- 「軟調に推移」

(注) 1989年4月以降は消費税引き上げの影響を除いている。

先行きの判断
- 1991年1月：景気拡大テンポの緩やかなスローダウンが予想されるなか、物価上昇圧力がさらに加速する情勢にはないとみられるが、人件費コスト上昇等の物価上昇圧力の高まりを考えると、物価情勢については、先行きも注意が忘れない状況にあるものと思われる。
- 1992年1月：工業製品価格の落ち着きは、消費者物価にも好影響を及ぼすとみられるが、タイトな労働需給が続くなかで、サービス価格には引き続き上昇圧力が加わり続けるものとみられる。
- 1992年7月：物価面をみると、最終需要・生産が回復に向かった後も、製品・労働需給が急速に引き締まるといった事態は考えにくく、国内卸売物価、消費者物価とも、当面安定基調で推移するとみられる。
- 1993年1月：物価面をみると、製品・労働需給に目立った引き締まりが生じるとは考えにくく、国内卸売物価、消費者物価とも、安定基調で推移するものとみられる。
- 1994年1月：物価面をみると、製品・労働需給は当面引き緩んだ状態で推移する

と見込まれるほか、原油価格の下落等の影響もあって、国内卸売物価は弱含みで、また企業向けサービス価格、消費者物価は安定圏内で推移する見通しである。
- 1995年1月：消費者物価は落ち着いた動きを続ける可能性が高い。
- 1995年4月：物価は、景気の回復力が弱く、大きな需給ギャップを抱えた状況が続くうえ、円高に伴う輸入価格の下落もあって、引き続き軟調に推移するとみられる。(中略) 消費者物価についても、安値輸入品増加の影響が、「価格破壊」の下で速やかに消費者段階に波及するとみられるため、前年比上昇率はゼロ近傍で推移する見通しである。

（出所）木村・藤原・原・平形・渡邊（2006）の図表6と図表7を抜粋して作成

BOX 2 経済企画庁長官の国会における「経済演説」

- 1991年1月：平成3年度についても、物価は引き続き安定的に推移し、卸売物価はほぼ横ばい、消費者物価は2.4％程度の上昇となるものと見込まれます。今後とも、原油価格、為替レート、労働力需給等の動向を十分注視しつつ、価格動向の調査、監視に努めるなど物価の安定に最善の努力を尽くしてまいる所存であります。
- 1992年1月：物価の安定は、国民生活安定の基本要件であり、経済運営の基盤となるものであります。平成4年度についても、物価は引き続き安定的に推移し、卸売物価は0.2％程度の下落、消費者物価は2.3％程度の上昇になるものと見込まれます。今後とも、原油価格、為替レート、国内需給等の動向を十分注視しつつ、物価の安定に最善の努力を尽くしてまいります。
- 1993年1月：物価の安定は、国民生活安定の基礎であることはもちろん、消費者の先行きへの信頼感を強めるものであり、今後とも、その安定の維持に最善の努力を尽くしてまいります。(中略) 民間部門の自助努力に加え、以上のような政府の施策を適切に実施することにより、平成5年度の我が国経済は、内需を中心とするインフレなき持続可能な成長経路へと円滑に移行していくものと期待され、実質経済成長率は3.3％程度になるものと見込まれます。
- 1994年3月：物価の安定は、国民生活安定の基礎であり、経済運営の基盤となるものでございます。今後とも、その維持に努めてまいります。以上のような政府の経済運営と、経済活動の主体である民間部門の自律的な回復に向けての力強い努力が相まって、我が国経済は平成6年度中に本格的な景気回復軌道に乗るものと期待され、同年度の国内総生産の実質成長率は、2.4％程度になるものと見込まれます。
- 1995年1月：物価の安定は、国民生活安定の基礎であり、経済運営の基盤となるものであります。今後とも、物価の安定の維持に努めてまいります。

予測作業への教訓

　上述した不確実性のうち、中央銀行の努力によって改善が期待できる部分もある。しかし、すべての不確実性が解消することは考えられない。金融政策に関する議論を振り返ると、事後的に判明した経済の状況に照らして、過去の金融政策の適否を批判するというタイプの議論も多い。そうした後知恵に基づく批判も一定の有用性はあるが、経済は常に新しいかたちで展開するので、金融政策について決定を行うという観点からいうと、単なる後知恵の批判だけではあまり生産的ではない。前述したように、経済の大きな変動局面では企業経営者、民間エコノミスト、中央銀行を問わず、予測は大きく外れていることが多いが、その時点では、現在が大きな変動局面にさしかかっているという認識に自信がもてないという状況が一般的である。中央銀行は上述したような様々な不確実性に直面するなかで、将来の経済を予測し、金融政策の具体的な運営方針を決定し、それを市場参加者や国民に説明しなければならない。その意味で、過去の失敗の経験から学ぶべき最大の教訓としては、我々の知識は限られているという謙虚な認識に立ち、そのうえで、大きな予測の失敗を防ぐための工夫を意識的に行うことだといえよう。

　具体的には、特に以下の２点が挙げられる。第１に、予測は常に「複線」で行うことが重要である。これは情報源にしても、判断の依拠する理論モデル、予測のアプローチ、いずれのレベルでも妥当する。特定の情報源や理論モデル、アプローチはそれが結果的に正しい予測であっても、将来にわたって常に正しい予測を導くという保証はない。第２に、予測は常に幅をもって行う必要がある。言い換えると、最も蓋然性が高いと判断する経済の姿（標準シナリオ）を予想することがまず必要であるが、それと並んで、そうした予想値から上下に乖離をもたらす要因として、どのような不確定要因、リスク要因が存在するかを認識することが重要である。

10－3．経済予測の方法

　本節では中央銀行の行う予測の方法について説明する。以下で述べるように、予測作業の各段階において「複線」であることが意識されている。

情報源

■　**経済統計**　マクロ経済統計は経済全体として起きていることを整合的に理解するうえで不可欠の情報であり、その重要性は正当に評価されなければならない。そうした統計の有用性を指摘したうえで、限界も同時に意識しておく必要がある。第１に、統計は公表までにラグが存在することである。第２

に、統計の事後的改訂幅は時として無視できない大きさとなることである。例えば、GDPデフレーターをみると、改訂幅は時として1％を超える大幅なものとなっている（図10-3-1）。第3に、統計は一定の約束に従って作成するものであるため、経済構造が大きく変化する場合には、現実の変化を正確に

●図10-3-1　GDPデフレーターの改訂状況

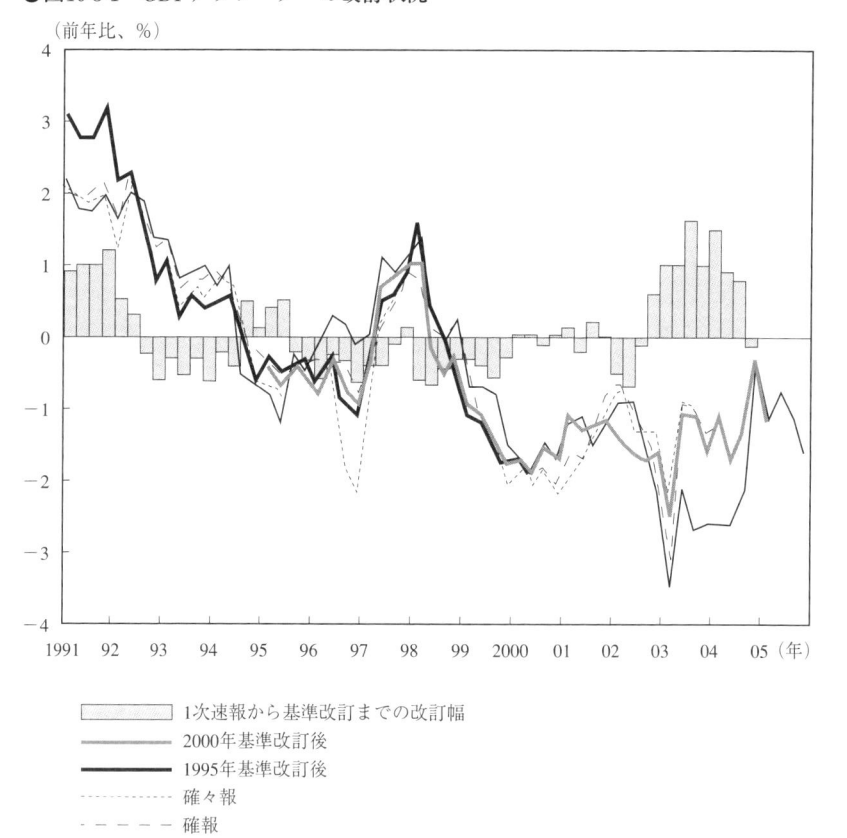

（前年比、％）

凡例：
- 1次速報から基準改訂までの改訂幅
- 2000年基準改訂後
- 1995年基準改訂後
- 確々報
- 確報
- 1次速報

（注）1次速報から基準改訂までの改訂幅は、1995年以前は1次速報から1995年基準改定値との間の改訂幅、それ以降は2000年基準改訂値との間の改訂幅。
（出所）鵜飼・園田（2006）

6　経済の構造変化に対応した統計作成の改善の必要性については、梅田・宇都宮（2006）、Kroszner（2006）を参照。

捉えることが難しくなることである[6]。
■ **企業からのミクロ情報** 企業の経営者や実務担当者からのヒアリング情報も重要である。ミクロ情報の意義を整理すると、第1に情報の速報性が高いことである。この利点は経済情勢や金融市場が急激に変化するときには特に大きい。第2に、既存のマクロ統計ではカバーできていない動きを知る補完的な情報を提供することである。第3に、現在起きていることを理解するための仮説、ストーリーを組み立てるためのヒントを提供することである[7]。日本銀行を含め、多くの中央銀行はこのようなミクロ情報の強みを認識しており、企業からのミクロ情報の収集にかなりの経営資源を割いている。情報収集活動は本店所在地だけでなく、支店でも活発に行っており、地方経済の実情把握にも努めている[8]。このように、ミクロ情報は重要であるが、同時に、ヒアリング対象先によって回答に大きなバラツキが存在することも意識しておく必要がある。その意味で、ミクロ情報とマクロ統計は補完的である。
■ **金融機関からの情報** 金融機関からの情報は、金融機関が金融政策の効果波及経路の重要な一翼を担うという意味でも、マクロの経済情勢を金融機関の取引先の動向を通じて知るという意味でも重要である。金融機関からの情報収集としては、計数的な定例報告やヒアリングを通じる情報収集と、金融機関に対する実地考査を通じる情報収集が挙げられる。そうしたミクロ情報は重要であるが、同時に、標準的なマクロ経済分析に統合していくための方法論が重要となってくる。
■ **金融市場の情報** 経済統計は基本的に過去の経済活動の結果に関する情報（backward-looking）であり、また、測定誤差や事後改訂の問題を免れない。一方、金融市場の価格は経済の先行きに対する市場参加者の見方を反映した情報（forward-looking）であり、市場参加者の先行きの見方を反映し時々刻々変化するという意味では、将来に関するリアルタイムの情報である[9]。ただし、金融市場の価格には様々なノイズも含まれる。また、金融市場の価格情報には金融政策に関する市場参加者の予測を反映しているので、中央銀行が金融市場の価格に基づいて将来の経済情勢の予測を行うと、自らの影をみて自らの行動を決めるという結果になりかねないことも意識しておく必要が

---

7 Goodfriend (1997)は米国の中央銀行制度の中で地区連銀の果たす重要性を、Poole (2006)はヒアリング等に基づくミクロな情報の重要性を強調している。
8 日本銀行は四半期ごとに「地域経済報告」を公表している。米国の場合は、地区連銀による経済報告をとりまとめたベージュブックがFOMCの前に公表されている。
9 Warsh (2006)参照。

ある。
経済理論の役割
　金融政策を運営する際、経済理論は2つの分野で活用される。第1の分野は、経済の現状判断や予測である。経済の現状判断や予測という作業は、相反する動きを示す様々なデータを読み解きながら全体として整合的なストーリーを作っていくという地道な作業である。この面でも、マクロ経済学の基本的な概念や分析道具は有用であるが、経済理論から直ちに答えが得られる部分は多くはない。実際、海外中央銀行の関係者による経済予測に関する論文や講演でも、理論（theory）や科学（science）に対し、判断（judgment）や技術（art）の重要性が驚くほど強調されている[10]。第2の分野は、予測、それも短期的な予測という次元ではなく、経済の変動や金融政策運営に関する基本的な理解を深めるという分野である。この点では、経済学の道具箱（tool box）には様々な理論が詰まっている。本書で取り上げた理論や概念、例えば、垂直なフィリップス曲線、オープンエコノミー・トリレンマ（第14章参照）、「ルーカス批判」（本節で後述）、ファイナンシャル・アクセラレーター等は、マクロ経済や金融政策運営を考えるうえで、いずれも貴重な洞察を提供している。個々の理論から直ちに政策的な結論が導かれるわけではないが、経済の最も基本的なロジックに背馳した政策運営は失敗する。
　一方で、現在利用可能な理論には限界があり、ひとつの理論モデルに執着すると、結果として、その理論モデルのレンズを通してしか現実がみえなくなる危険があることも認識しておく必要がある。実際、過去半世紀間のマクロ経済や金融政策に関する理論の変遷を振り返ってみると、金融政策の目的や予想の果たす役割、金融政策の効果、景気循環の発生原因等、いずれをとっても随分変化してきた。また、学界の研究も、その時々の中心的なテーマに集中する傾向もある。さらに、理論モデルは米国の経済や金融市場の制度がインプリシットな前提となって構築されていることも多い。重要ではあるがエレガントな理論モデルに馴染みにくいテーマには十分な光が当たらない面もある。
　理論モデルは複雑な現実を理解するための道具である。問題となる事象の

10　CEA（大統領経済諮問委員会）委員長を務めたマンキューは自己の経験に基づいて、マクロ経済理論の政策における実際的な有用性について以下のように述べている(Mankiew, 2006)。
　"The fact that modern macroeconomic research is not widely used in practical policymaking is prima facie evidence that it is of little use for this purpose. The research may have been successful as a matter of science, but it has not contributed significantly to macroeconomic engineering."

本質的な部分に焦点を当て、他の部分については簡単化の前提を置くことによって、演繹的な推論を行うことができる。従って、経済理論を政策分析に適用する場合、直面している現実の経済の何が本質的な問題であるかを認識したうえで、その問題を解くのに相応しい理論モデルを選択するとともに、その理論モデルの限界を認識することが決定的に重要である。そのためには、理論モデル自体についての理解と並んで、理論モデルの選択が重要であり、解明しようとしている現実の動きについての洞察が必要である。そうした洞察を得るうえで、企業や金融機関、金融市場参加者からの情報は貴重である。

経済予測のアプローチ

経済予測の方法についても、以下の通り、複数のアプローチが採用されている。

■ **需要項目の積み上げによる予測** GDPは、これを構成する個人消費、設備投資、住宅投資、政府支出、外需等の個別需要項目を推計し、それらを集計することによって予測される。個別需要項目を予測する際には、当然他の変数も関係してくる。GDPの予測はそれらの変数間の整合性をとりながら段階的なプロセスを経て完成していく。

■ **計量モデルによる予測** 使われる計量モデルとしては、単一方程式、中小型モデル等様々である[11]。かつては極力、過去の動きを正確にトレースできるようにアドホックな式を多く組み込み、その結果として計量モデルは大型化し、これを使って予測や政策シミュレーションが多く行われた。しかし、現在はこうした作業は行われていない。これは、現実の予測精度が低かったことに加え、より本質的には、「ルーカス批判」("Lucas Critique")[12]を受けて、アドホックな方程式を組み込んだ計量モデルの方法論的欠陥が意識されるようになったことが大きく影響している。現在、中央銀行で使われている計量モデルは以前に比べ中小型のものが多く、上記の「ルーカス批判」を強く意識して開発が行われている。その一例が近年多くの中央銀行で利用されるようになっているDSGE（Dynamic Stochastic General Equilibrium）モデルと呼ばれる計量モデルである。近年中央銀行で利用されている計量モデルは、ルーカス以降の経済理論の発展に比較的忠実な構造となっている。具体的に

---

11 FRBによる計量モデルの利用状況については、Reifshneider and Stockton (1997)、Meyer (1998) を、イングランド銀行とカナダ銀行については、Bank of England (2004)、Coletti and Murchison (2002) をそれぞれ参照。

12 Lucas (1976) は、経済環境に応じて内生的に決まってくる変数を普遍的な構造パラメーターとして扱うことの方法論的欠陥を批判した。例えば、民間経済主体の物価上昇率に関する予想形成を考えると、一定の予想形成を前提にして政策シミュレーションを行うことは「ルーカス批判」の対象となる。民間経済主体の物価上昇率に関する予想形成は中央銀行の行動様式如何で変化するものであり、これを一定と考えるのは適当でない。

いうと、経済主体の予想はフォワード・ルッキングに形成される定式化となっており、政策当局の政策反応関数を織り込むかたちで内生的に決定される。また、経済の長期的な均衡関係がモデルの中に組み込まれている。さらに、モデルのパラメーターについてはデータに回帰式を当てはめて推計するという旧来の方法を超えて、可能な限り多様な情報・手法が利用されている。それと同時に、近年は、目的に応じて複数の小型モデルが利用されるようになっている。

計量モデルは複雑な現実を少数の方程式の体系で表そうとするものであるため、当然現実の経済を100％正確に描写することはできない。実体経済と金融市場、金融システムの複雑な相互依存関係や経済主体の予想の変化の影響を組み込むことにも十分成功しているとはいえない。例えば、クレジット市場や不動産市場の変化の影響については、現状ではモデル化に成功しているとはいえない状況である。このことは、金融市場の価格が大きく変動し、金融市場の機能が低下するような時期においては、特に大きな欠点となる(第15章参照)。

また、当然のことではあるが、経済の推移を説明する基本的なロジックや長期的な均衡値は、どのような理論モデルを組み込むかによって最初から規定される。その意味では、特定モデルに依存することは危険である。しかし半面で、直感だけに頼って判断する場合と異なり、計量モデルは変数間の関係(「構造」)を否応なしに考慮せざるを得ないため、曖昧な思考を許さないという点は大きな長所である。また、予測に関する見解の違いが外生変数に関する前提の置き方か、経済の構造・メカニズムに関する認識のいずれに起因しているかを認識するうえでも有用である[13]。

予測の実践

以上述べたように、様々な情報源、様々な予測のアプローチがあるなかで、中央銀行として予測を行うにあたって、どのようなことに注意すべきであろうか。

第1に、「ミクロ」と「マクロ」の両方の情報やアプローチを活用することが重要である。自分が見聞きした範囲のミクロ情報に過度に依存することも、統計や計量モデルに依存することも適当でない。それぞれの強みと弱点を意識して両方を活用することが求められる。

第2に、予測数字という点では、需要項目の積み上げという判断による予

---

13 Bank of England (2004)は、計量モデルの役割を"(T)he primary organizational framework to process the various judgments and assumptions made by the Committee." (p. 188)と表現している。

測も計量モデルによる予測もそれぞれに欠点があり、両者を使い分ける必要がある[14]。主要国の中央銀行における実際の状況をみると、比較的短期の予測にあたっては、予測者の判断をベースとする予測が重視されている。一方、もう少し長いタイムスパン、例えば、2年先、3年先の予測になると、計量モデルによる予測を活用するケースが多いように窺われる。

第3に、予測にあたっては、方法論の如何にかかわらず、どのようなメカニズムを想定するかが決定的に重要である。重要と考える経済メカニズムを認識すると、今度は既存の経済理論の道具箱の中から直面している問題に最も適した道具を取り出す必要がある。上述した様々な情報源へアクセスするなかで得られる感覚は適切な理論モデルを選択するうえで有用なものである。

第4に、以上すべてに共通することであるが、最終的には専門家による「判断」が重要である[15]。経済動向をモニターし先行きを予測するという作業は、ジグソーパズルを解いていくような作業にたとえられる。各種の統計は往々にして矛盾した動きを示すが、そのような情報を統一的に解釈する仮説を立てながら、現在起きていることについて理解を深めていく、地道で多大な時間を要する作業である。現状においても、また将来においても、最終的には「判断」の要素が大きいと考えられる。

10－4. 予測の具体例

金融政策の目的が物価安定を通じて持続的な経済成長を実現することにあることを考えると、潜在成長率、需給ギャップの推定や物価上昇率の予測は特に重要である。本節では、これらの変数の推定や予測をめぐる論点を簡単に説明する。

潜在成長率の推定

■ **生産関数アプローチ**　生産関数アプローチでは、技術水準を所与としたうえで現在の資本ストックと労働投入量を完全に利用した場合に生産可能な生産量を潜在GDPと定義する[16]。このように定義すると、潜在GDPの成長率は労働および資本ストックという生産要素の伸びと全要素生産性（total factor productivity）の伸びに規定される。これを推計するためには、「資本ストッ

14　中央銀行における予測作業全般についてはMeyer (1998) を、インフレ予測についてはBernanke (2007b) を参照。
15　Bernanke (2007b) は以下のように述べている。
　　"They (著者注：DSGE) are likely to play a more siginificant role in the forecasting process over time as well, though, like other formal models, they are unlikely to displace expert judgments."
16　潜在GDPの推計については伊藤・猪又・川本・黒住・高川・原・平形・峯岸 (2006)、Mishkin (2007) を参照。

クと労働投入量が完全に利用された状態」を推定しなければならない。問題はどのような状態を指して「完全に利用された状態」と想定するかであるが、通常は何らかの「正常」な稼働率の水準を特定している。労働投入量についていうと、労働の伸びを規定する要素、すなわち、生産年齢人口、労働市場参加率、失業率、労働時間等について、「正常」な水準を仮定する必要がある。資本ストックについてはまず正確な統計が前提となるが、そのうえで、正常な設備稼働率の水準を特定する必要がある。生産性の推計についても、循環的な動きと趨勢的な動きをリアルタイムで識別することは難しい。例えば、景気回復の初期局面では、趨勢的な生産性に変化がない場合でも、労働や設備に余剰があるため、フル稼働に達するまでの間は計測される生産性は上昇する。

■ **時系列アプローチ** 現実のGDPの動きからトレンドを推定し、これを潜在GDPと定義するアプローチである。図10-4-1は1983年以降の日本の実質GDPの水準を示しているが、過去の動きから今後のトレンドをどのように推定する

●図10-4-1 潜在GDPの予測：過去のトレンドに基づく予測

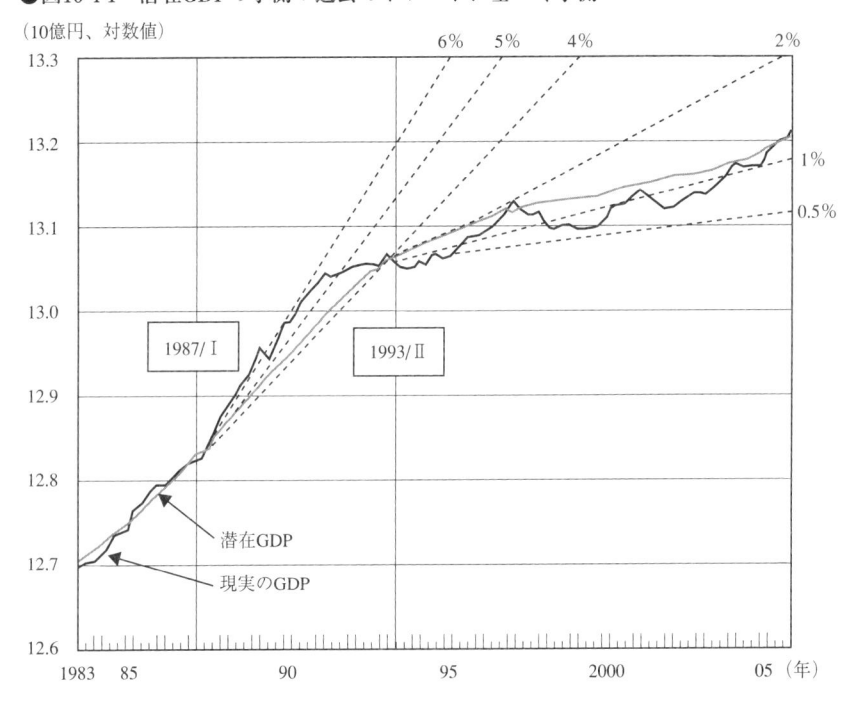

かによって、潜在GDPの水準や伸びは大きく違ってくる。
需給ギャップの推定
　需給ギャップは現実の生産量（需要量）と上述のような方法で推計した潜在GDPとの差として定義される。需給ギャップの推計にあたってもいくつかの方法が用いられる。

■ **財・サービスの市場の需給状況からの推計**　代表的な方法としては企業に対するアンケート調査があり、日本では企業に対し需要超過、供給超過のいずれであるかを訊ねる短観の「製品需給判断」がよく利用される。ただし、アンケートでは、企業の規模の違いや、需要（供給）超過の程度は考慮されていない。

■ **生産要素の稼働状況からの推計**　財・サービスの生産に必要となる労働および設備という資源（生産要素）の稼働状況（resource utilization）から、経済全体の需給ギャップを捉える方法である。日本における具体的な指標に即していうと、労働については、失業率や有効求人倍率等の労働市場の需給状況を示す統計や雇用情勢に関する企業へのアンケート調査（短観の「雇用判断DI」等）が挙げられる。設備の稼働状況については、設備の稼働率指数や企業へのアンケート調査（短観の「設備判断DI」等）が挙げられる。

■ **マクロ生産関数による推計**　前述のマクロ生産関数に基づいて潜在GDPを推計することによって、経済全体の需給ギャップを計算する方法である。この場合、労働、設備それぞれについて「正常」な水準を認識する必要があるが、前述したようにこの水準の推定にはかなりの幅が存在する。このため、需給ギャップの大きさについてもかなり幅をもって認識する必要がある。需給ギャップはGDPに貢献する生産要素が労働と設備であることから、それぞれの生産要素の過剰ないし不足の程度を、それぞれの生産要素の生産に対する貢献度（所得シェア）で加重平均したものに分解することが可能である（図10-4-2）。

　以上の説明からわかるように、潜在GDP、あるいはそれをもとに計算される需給ギャップは、結局、想定するトレンドに大きく依存する。需給ギャップを推計する際、当然のことながら、GDP等のデータはその時点で利用可能なデータに限られるため、後から振り返ると確認できるトレンドもその時点では確認できない。さらに、データ自体も遡及改訂される。従って、リアルタイムでの需給ギャップは最終的に得られる需給ギャップとは異なり、遡及改定幅（リアルタイムの計測値から最終計測値にかけての変化幅）の標準偏差はかなり大きい。因みに、木村・藤原・原・平形・渡邊（2006）によると、

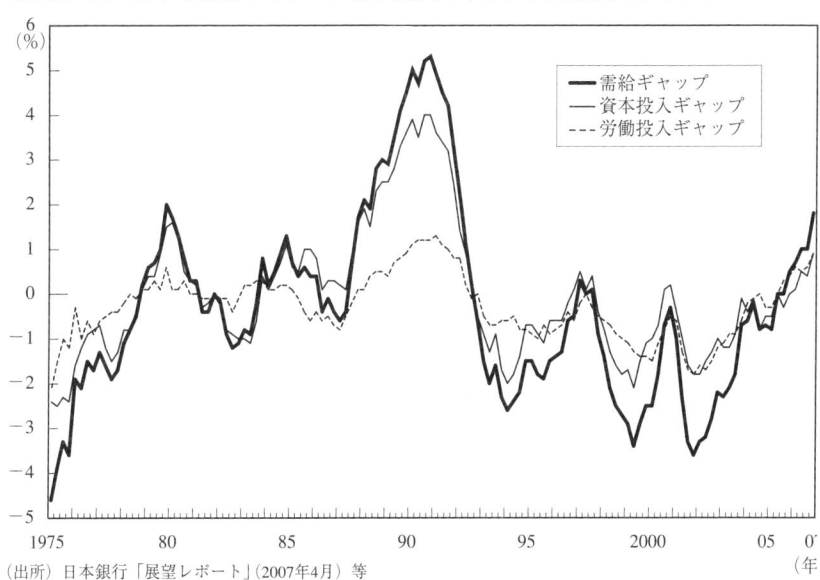

●図10-4-2 日本の需給ギャップ、資本投入ギャップ、労働投入ギャップ

（出所）日本銀行「展望レポート」（2007年4月）等

1986～95年の日本経済の需給ギャップの遡及改定幅の標準偏差は1.9%であり、最大で3%にも達している（図10-4-3）[17]。潜在成長率も需給ギャップも概念としては非常に重要であるが、かなり大きな幅をもって数字をみることが必要である。

物価上昇率の予測

第3章で説明したように、物価上昇率は需給ギャップの状況や予想物価上昇率、ユニットレーバー・コスト、輸入コスト等の要因によって決まってくる。このうち、需給ギャップの推計についてはすでに述べたので、ここでは予想物価上昇率の推計作業について説明する[18]。予想物価上昇率を把握する方法としては以下のような方法が挙げられるが、いずれも一長一短がある。

第1は、企業や家計に対して行われるアンケート調査やエコノミストによる予測である（図10-4-4）[19]。第2は、物価連動国債から導出されるブレークイーブン・インフレ率である。物価連動国債とは、元本、利息があらかじめ決

---

17 米国における需給ギャップの遡及改定幅の標準誤差は、1980～94年の期間で1.8%、1966～94年で3.8%となっている（Orphanides et al., 1999）。
18 予想物価上昇率を捉える方法については二宮・上口（2005）を、物価連動国債については西岡・馬場（2004a）を参照。

●図10-4-3　日本の需給ギャップの計測
（1）潜在GDP

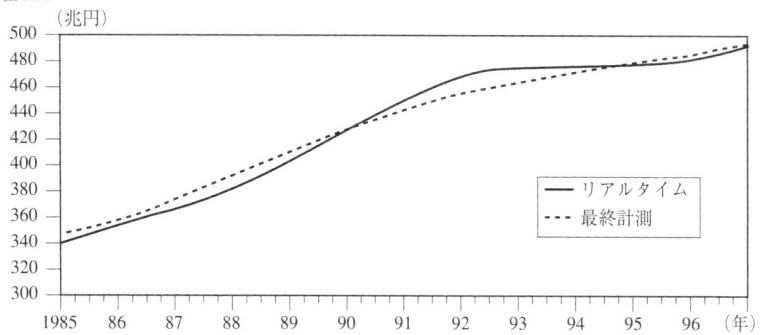

（2）需給ギャップ

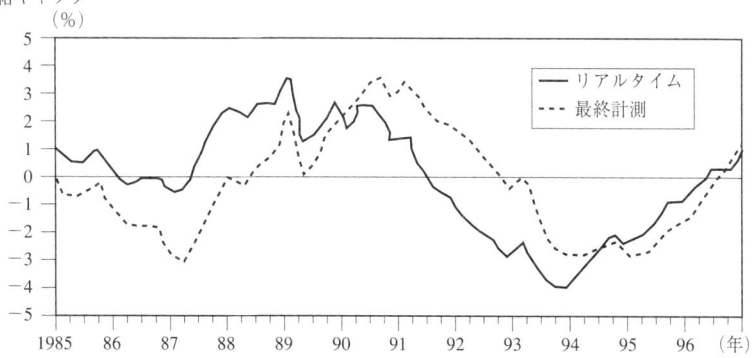

（3）計測誤差

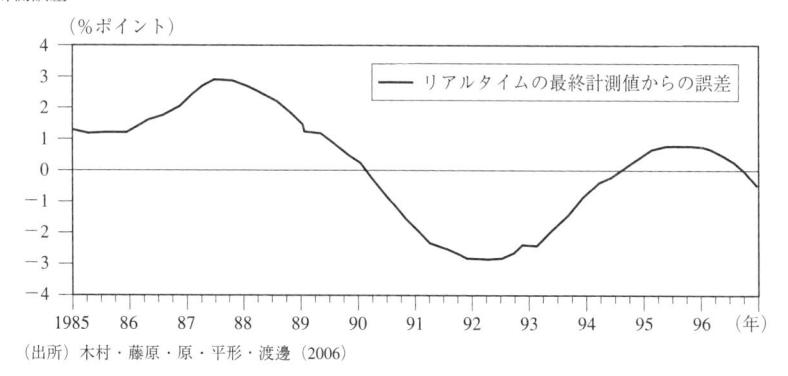

（出所）木村・藤原・原・平形・渡邊（2006）

● 図10-4-4　エコノミストの物価上昇率の予測

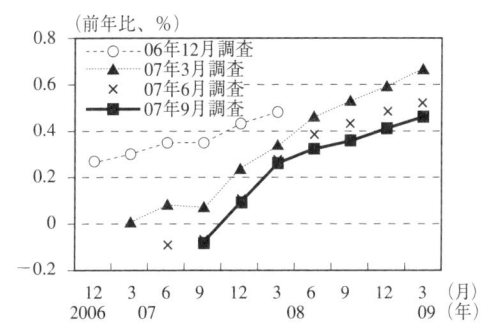

(前年比、%)

- ---○--- 06年12月調査
- ---▲--- 07年3月調査
- ×　07年6月調査
- ―■― 07年9月調査

（注）エコノミストの予測は「ESPフォーキャスト」(36人〈機関〉による予測)。
（出所）日本銀行「展望レポート」(2007年10月)

められた物価指数の変化に応じて調整して支払われる国債であり、投資家は物価変動の影響から遮断される。他方、通常の国債は先行きの予想物価上昇率を反映するかたちで価格形成が行われている。このため、通常の国債の利回りから物価連動国債の利回りを差し引いたレート（ブレークイーブン・インフレ率）は予想物価上昇率を表すと考えられる。ただし、現状では物価連動国債の利回りから予想物価上昇率の情報を抽出することには一定の限界がある。その最大の理由は、これらの債券の価格形成には予想物価上昇率以外の要因も影響しているからである。通常の国債については投資家がインフレの不確実性に対しプレミアムを要求するため、仮に、平均値として予想物価上昇率が変化しない場合でも、不確実性が高まると、その分、金利は上昇する。また、物価連動国債については、発行残高が多くないことも反映して、現状では市場流動性が低いため、投資家は流動性プレミアムを要求する。言い換えると、通常の国債の利回りと物価連動国債の利回りの差は、予想物価上昇率だけでなく、インフレの不確実性プレミアムや、通常の国債市場と物価連動国債市場の流動性の差の変化も反映する。

10－5．経済予測の公表方法

　第1節で述べたように、経済予測は金融政策の決定にあたってそれ自体が重要であるだけでなく、アカウンタビリティーの観点からも、判断の根拠となる経済予測をわかりやすく説明することは重要である。このような認識の

19　予想物価上昇率を認識する際の難しさについてはKohn(2006b)を参照。

●表10-5-1　中央銀行による経済予測の媒体等

中央銀行	媒体	頻度	予測主体	備考
日本銀行	展望レポート	年2回	委員会メンバー	中間評価の実施
FRB	金融政策半期報告書、FOMC議事要旨	年4回	委員会メンバー	
欧州中央銀行		年4回	スタッフ	
イングランド銀行	インフレーション・レポート	年4回	委員会メンバー	

下、各国中央銀行は経済予測（見通し）を定期的かつ体系的に公表するようになっている（表10-5-1）。日本銀行の場合でいうと、2000年10月以降、年2回、4月末と10月末に「展望レポート」を公表している。

以下では、中央銀行による予測の公表に関していくつかの論点を説明する。

予測の主体

第1の論点は、誰の予測を公表するかという論点である。金融政策の決定責任者が総裁の場合は、スタッフ・エコノミストによるサポートも得たうえで、総裁による予測を出すことが原理的に可能である。一方、委員会で金融政策を決定する場合は、どのようにして予測を公表するかということ自体が問題となる。一般論としていえば、各委員の有する経済観・理論モデルが異なる以上、委員会として単一の予測を作成することは時として難しくなる。もちろん、違いが大きくない場合は、リーズナブルな程度には「委員会としての見通し」を作成できるが、違いが大きい場合には、そうした見通しを作成できるという保証はない。

この点で主要国中央銀行の具体的対応をみると、欧州中央銀行はスタッフの見通しを公表し、委員会としての見通しは公表していない。日本銀行、FRB、イングランド銀行の場合、委員会としての見通しを公表しているが、その性格はそれぞれ若干異なっている。日本銀行は展望レポートにおいて先行きの予測を基本的なロジックを中心に説明し、見通しの数字については、参考情報として委員会メンバーの見通しをレンジで示したものを公表している。FRBの場合は、委員会としての予測を基本的なロジックを中心に説明している。見通しの数字については、個々のFOMCメンバーの見通しを分布とともにレンジで示したものを公表している。他方、イングランド銀行の場合は、委員会としての"best collective judgment"という位置付けで公表している。

政策金利の前提

第2の論点は、予測にあたっての政策金利の前提である。経済主体が行う様々な意思決定には、長期金利や為替レート、株価等が重要な影響を与えるが、これらの金融市場の価格は、将来の金融政策に関する予想も反映している。その意味で、現在の経済活動には将来の金融政策に関する予想も影響を与える。従って、中央銀行が先行きの経済予測を行う場合も、将来の金融政策に関する何らかの前提が必要となる。しかし、中央銀行の場合は、毎回の金融政策委員会で金融政策の運営方針を決定するという立場にある。言い換えると、中央銀行は金融政策の運営方針を決定するために経済予測を行う必要があるが、その経済予測を行うためには、金融政策の運営方針について何らかの前提を置く必要があるという関係に立たされている。中央銀行の予測には従来からそうした難しさはあったが、金融政策運営の透明性を強く求められるようになったことから、この問題がより現実的になっている。

この点についての対応方式は、原理的には以下の3つの方法が考えられる[20]。第1は、政策金利を不変として予測を行う方式である。第2は、市場金利に織り込まれている政策金利の経路を利用する方式である。第3は、中央銀行が望ましいと考える政策金利の経路を使って予測を行う方式である。

■ **政策金利不変を前提** この方式の長所としては、以下の3点が挙げられる。第1に、他の方式に比べ、金融政策委員会で委員の合意を得られやすい。第2に、将来の金融政策運営の柔軟性を確保しやすい。第3に、政策金利を不変とする場合の予測が望ましくない姿であった場合には、金融政策変更を促すベンチマークとなりやすい。短所としては、先に行けば行くほど、金利不変の前提は現実的な想定ではなく、経済や物価の安定を保証する金利経路とは異なる可能性が高いことが挙げられる。このため、そうした前提に立った経済見通しは信頼性を欠く。さらに、民間経済主体による将来の金融政策の予想を反映した資産価格の変動を経済予測に織り込む一方で、政策金利を不変とすることは経済見通し内の整合性が確保されないことも欠点として挙げられる。

■ **市場金利に織り込まれている政策金利を前提** この方式を採用すると、上述の政策金利が不変の場合の短所を解決できる。しかし、市場金利に織り込まれた政策金利の経路が望ましいという保証はない。また、市場金利は将来の予想短期金利だけでなく、その不確実性に起因したプレミアムも反映してい

---

20 原・長野・上原・木村・清水 (2006) 参照。

るため、市場金利から将来の政策金利の経路を正確に抽出することは難しい。近年、政策金利であるオーバーナイト金利の先物取引が活発に行われるようになってきており、わが国でもOIS（Overnight Index Swap）市場が拡大している（図10-5-1）[21]。オーバーナイト金利の先物取引は、将来のオーバーナイト金利に関する市場参加者の予想を知るうえで有用であるが、リスク・プレミアムの水準の評価が鍵を握ってくる[22,23]。

●図10-5-1　OISの概念図

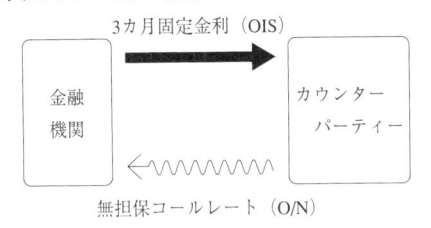

```
          3カ月固定金利（OIS）
       ┌──────────────────→┐
  金融                      カウンター
  機関                      パーティー
       ┌←∿∿∿∿∿∿∿∿∿──┐
          無担保コールレート（O/N）
```

■ **望ましいと考える政策金利の経路を公表**　この方式は経済予測の方法論としては論理的に整合的である。また、金融政策のコミュニケーションという点でも、その性格が正しく理解される場合には、コミュニケーションが容易になる。しかし、望ましいと考える将来の政策金利の経路について、現時点で、委員間の合意を得ることは難しい。また、望ましいと考える将来の政策金利の経路について、中央銀行がコミットしたと受け取られる可能性がある。さらに、中央銀行が望ましいと考える政策金利の経路を公表することによって市場参加者が将来の金融政策についての判断を停止するようになれば、長期金利の情報価値自体が低下してしまう[24]。

政策金利の前提の置き方に関する主要国中央銀行の現実の対応方法をみると（表10-5-2）、スイスの中央銀行は政策金利一定の前提を採用している。日

21　OISは、変動金利と固定金利を交換する金利スワップのひとつである。日本のOISでは、変動金利として無担保コールレート・オーバーナイト物（短資会社仲介取引の加重平均値）の金利が使われるものが多い。OIS市場については、大岡・長野・馬場（2006）、日本銀行金融市場局（2007b）を参照。
22　オーバーナイト金利に関する市場参加者の予想の抽出とリスク・プレミアムの関係については、湯山・一上（2007）を参照。
23　米国のFF先物レートのリスク・プレミアムは平均的にプラスで、景気循環に応じて変動している（湯山・一上, 2007）参照。
24　Kahn（2007）参照。

本銀行は、市場におけるイールドカーブを参考に各委員が予測を行う方法を採用している。欧州中央銀行とイングランド銀行は、イールドカーブから導出される政策金利の経路を用いて予測を公表している。他方、スウェーデンの中央銀行は、2007年から自らが適当と考える政策金利の経路を公表のうえ、これに基づく予測の公表を開始している。

●表10-5-2　中央銀行による経済予測の公表

	物価上昇率予測	成長率予測	失業率予測	予測期間	政策金利の前提	目標・定義等の数値	インフレーション・ターゲティング
オーストラリア	定性的記述	定性的記述	×	1〜2年	特定せず	○	○
カナダ	○	○		2〜3年	特定せず	○	○
ユーロエリア	○	○			市場予想	○	×
日本	○	○		1〜2年	市場予想	○（「中長期的な物価安定の理解」）	×
ニュージーランド	○	○	○	3年	明示的な政策金利経路	○	○
ノルウェー	○	○	○	3〜4年	明示的な政策金利経路	○	○
スウェーデン	○	○	○	3年	明示的な政策金利経路	○	○
スイス	○	定性的記述	定性的記述	3年	政策金利一定	○	×
英国	○	○		2〜3年	市場予想、政策金利一定	○	○
米国	○	○	○	3年	「適切な金融政策」	×	×

（注）日本銀行の政策金利の前提：市場におけるイールドカーブを参考に各委員が予測。
（出所）Kahn（2007）のTable 1をもとに著者作成

予測期間

　第3の論点は、予測期間の長さである。金融政策の効果波及のラグを考えると、先行きのかなり長い期間の見通しが必要である。これまでは2年程度先の期間をカバーする予測が標準的であったが、最近は予測期間がより長期化する傾向にある（表10-5-2）。これは、資産価格の上昇や債務の増加に伴う影響を十分に捉えるためには長い期間が必要との考え方を反映したものである（第20章参照）。

見通し計数の公表の方法

　第4の論点は、見通し計数の公表の方法である。どの中央銀行も基本的なロジックを中心に説明し、見通し計数に過度の関心が集まらないように努めているが、しばしば予想の中心値のみに関心が集まりがちである。経済予測には大きな不確実性がある以上、ピンポイントの数値に意味があるというより、その見通しの上下に存在するリスク要因を適切に認識することが重要である。特に、確率は低くても、発生した場合には経済に大きな影響を与える

●図10-5-2　イングランド銀行のファンチャート

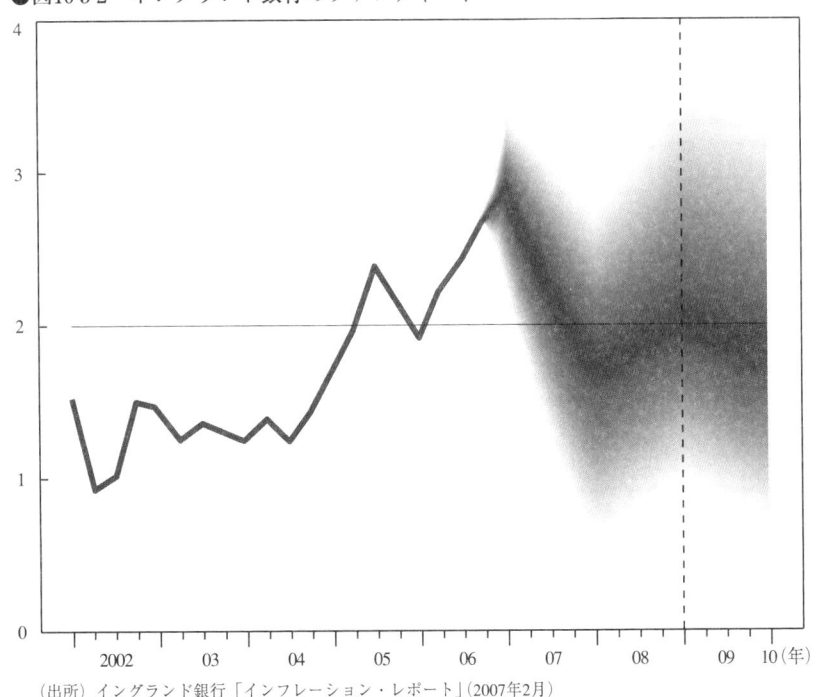

（出所）イングランド銀行「インフレーション・レポート」(2007年2月)

事態にも、十分注意を払う必要がある。そのような観点から、多くの中央銀行は標準的な予測に加えて、その予測からの乖離をもたらしうるリスク要因について、多くの分量を割いて説明している。さらに、特定の数値への過度の関心の集中を避けるという観点から、イングランド銀行は単一の数字は公表せず、先行き3年間の予測値の確率分布をファンチャート（確率分布の推移）というかたちで公表している（図10-5-2）。

第11章　政策金利の変更

本章では政策金利の運営方法、すなわち、政策金利をどのような状況において、どのように変更すべきかを説明する。以下、第1節では、「ルール」対「裁量」という、金融政策運営をめぐる古典的な論争を振り返る。第2節では、近年における主要国中央銀行の政策金利変更のパターンを概観する。第3節では、供給ショックに直面した場合の金融政策の対応について議論する。第4節では、中央銀行が政策金利を変更する場合の基本となる原則を説明する。

11-1. 金融政策運営をめぐる論争
「ルール」対「裁量」

　第10章で述べたように、金融政策の運営にあたり、中央銀行は様々な不確実性に直面している。この点に関し、山口（2000a）は以下のように述べている。

　「（前略）中央銀行とは前方の曇った窓ガラスとリア・ミラーと、更には不正確な速度計を見ながら曲がりくねった道路を走る自動車の運転手のようなものであるという比喩があったと記憶しています。この比喩は中央銀行が直面する金融政策運営の難しさの本質のある部分をよく表わしています。経済の先行きは『曇った窓ガラス』に、不完全な経済データは『リア・ミラー』や『不正確な速度計』に対応します。そして、経済の直面する様々なリスクは『曲がりくねった道路』に相当します。そのような状況で自動車を運転する中央銀行は、過去の経験から得られる知恵も生かしながら、予想されるリスクに備える必要があります」

　このような不確実性が存在する状況の下で、中央銀行は金融政策をどのように運営すべきであろうか。金融政策の望ましい運営方式をめぐっては昔から様々な論争が行われてきたが、中心的なテーマのひとつは「ルールと裁量のいずれを重視すべきか」というものであった。金本位制はルールに基づいて通貨量をコントロールする通貨制度であったが、金本位制が崩壊し管理通貨制度に移行した後も、ルールを重視する論者と裁量を重視する論者との間で論争が行われた。「ルール」として最も有名な提案は、「マネーサプライを

一定比率で増加させるように金融政策を運営すべきである」というフリードマンの「k%ルール」である[1]。

ルールを重視する論者は、以下の理由から、裁量的な金融政策は経済の不安定化をもたらしやすいと主張する。第1に、政策当局者は経済のメカニズムや金融政策の効果の大きさやラグの長さに関して不完全な知識しかもっていない。第2に、金融政策が裁量的に行われると、目先の短期的な利益が優先され、インフレ的な金融政策が採用されやすくなる。このような推論が正しいとすると、景気が回復に向かっているにもかかわらず、過大な金融緩和策がとられたり、逆に、景気は後退に向かっているにもかかわらず、一段の金融引き締めが行われることになる結果、経済活動は不安定化する。また長期的にはインフレ・バイアスが発生する。

しかし、「ルール」対「裁量」という一般的なかたちでの議論は、以下の理由から、あまり生産的ではない。第1に、「ルール」の内容を具体的に特定しない限り、ルールと裁量の得失を議論することはできない。1970年代から80年代にかけて、多くの国で採用されたマネーサプライ・ターゲティングも、マネーサプライと物価上昇率や経済活動との関係が不安定化したことから、現在では放棄されるに至っている（第13章参照）[2]。第2に、「裁量」といっても、文字通り裁量的な金融政策は現実には存在しない。

「制約された裁量」

機械的なルールに基づく金融政策が採用されないのは、将来の経済構造や金融市場の変化にも対応できる「ルール」を作ることがそもそもできないことによる[3]。例えば、マネーサプライ・ターゲティングはマネーサプライ（通貨）の増加がインフレをもたらすという関係が前提となっている。しかし、金融技術の革新によって1単位の通貨の生み出す利便性が向上する場合には、通貨に対する需要が変化する（需要曲線の不安定化）。言い換えると、同じ通貨量であっても、通貨量の変化が需要・供給いずれの要因で生じたかによって、金融政策へのインプリケーションも異なってくるが、マネーサプライ・ターゲティングはそうした環境変化に対応できなかった。現実の経済は常に変化していくことを考えると、機械的な金融政策ルールを設けるということは、当該ルールを書いた後の変化は無視するということを意味する。しかし、我々の知識は完全ではなく、将来にわたって書き換えの必要のないルールを

---

1 Friedman (1960) 参照。
2 ただし、マネーサプライ・ターゲティングは厳密な意味では「ルール」に基づく金融政策とはいえない。
3 King (2004) 参照。

発見できているわけではない。その意味で、ルールではなく、裁量が必要とされる。

しかし、一方で、中央銀行が無制限の裁量を有することは望ましくない。第2章で説明したように、金融政策の目的は立法手続きを経て定められており、中央銀行はその範囲内で金融政策を運営している。金融政策委員会における政策金利の変更の決定は、物価安定を通じて持続的な経済成長に貢献するという目的を明確に意識したものである。その意味では、毎回の決定自体は裁量的であるが、一連の決定にはルール性が備わっている。

中央銀行に金融政策運営の独立性を与えるという考え方は、経済は常に変化していくことを前提にしたうえで、経済で生じる変化に注意を払い、物価安定を通じて持続的な成長を実現するうえで最も望ましい水準に政策金利の水準を調整するという仕事を、中央銀行に委ねるという考え方である（第5章参照）。結局、金融政策の運営は「ルール」でも「裁量」でもなく、「制約された裁量」（constrained discretion）という言葉で表現されるべきものである。そして、金融政策を観察すると、「中央銀行の意思決定を支配する行動原理」とでもいうべきものが存在する[4]。以下では、「金融政策ルール」という言葉を使用するが、ここで言う「ルール」は機械的なルールではなく、「中央銀行の意思決定を支配する行動原理」のことを指す。

金融政策ルールの役割

上述のような意味での金融政策ルールが明らかになっていると、市場参加者や国民は将来の短期金利の経路についての予想が立てやすくなる結果、以下のようなプラスの効果を期待できる。第1に、市場の力による自動安定化作用を期待できる。例えば、物価の上昇に対し短期金利を引き上げるという金融政策ルールを考えてみよう。この場合、物価上昇圧力が高まるという兆候が生じると、市場参加者は将来の短期金利の上昇を予想するため、中短期ゾーンの金利が上昇する。その結果、物価上昇圧力は抑えられる。この場合、イールドカーブをみると、中短期ゾーンの金利は上昇する一方、長期ゾーンの金利はさほど上昇しないことになる。第2に、将来の金融政策に関する不確実性の低下からリスク・プレミアムが縮小するが、これは設備投資や研究開発等の長期的なコミットメントを行いやすくする効果をもつ（第2章参照）。

4　この表現は渡辺（2004）による。

11－2. 主要国中央銀行による政策金利の変更パターン

過去の政策金利の変更パターン

　表11-2-1は、主要先進国における政策金利の年間変更回数を示したものである。日本は近年、大半の期間で政策金利（ないし短期金利）がゼロに近かったことから、意味のある一般的な傾向を読み取ることは難しいが、海外主要国では、平均すると年間に2～4回程度、政策金利の変更が行われている。毎回の政策金利の変更幅をみると、1990年代までは0.5％ないしそれ以上の幅での変更も珍しくなかったが、近年では、傾向として0.25％での変更が多くなっている（表11-2-2）。政策金利はいったん変更されると、同方向に変更されることが多い[5]。このように小幅で同一方向に金利変更を行うというパターンは、「金利スムージング」ないし「漸進主義」（gradualism）と呼ばれる。

●表11-2-1　主要国中央銀行の政策金利の年間変更回数：1997年6月～2007年4月

英国	3.4
米国	3.9
ユーロエリア	2.1
日本	0.7
カナダ	4.4
スウェーデン	2.9
スイス	2.3
オーストラリア	2.1
ニュージーランド	3.5

（注）計算方法の詳細はKing（2007a）参照。
（出所）King（2007a）

●表11-2-2　主要中央銀行の政策金利の変更幅　　　　　　　　（単位：回）

	金利変更回数	0.25％	0.50％	0.75％	1％
連邦準備制度					
1990年代	30	22	7	1	
2000年代	36	25	11		
欧州中央銀行					
1999年以降	23	16	7		
ブンデスバンク					
1990～98年	18	3	13	1	1

（注）2007年12月末現在。

---

[5]　Blinder（2006）参照。

この間、日本銀行の政策金利の変更パターンを振り返ってみると（表11-2-3）、1980年代半ばまでは政策金利の１回の変更幅は比較的大きく、最頻値は0.5％、最大の変更は２％（第１次石油ショック時）にも上った。1990年代以降は全体の金利水準が低下したことの影響も大きいが、変更幅は小さくなり、最近では他の主要国と同様、0.25％での変更が多い。

●表11-2-3　日本銀行の政策金利の変更幅

（単位：回）

	金利変更回数	0.25％未満	0.25％	0.50％	0.75％	1％	1％超
1970年代	22		4	8	4	5	1
1980年代	15			8	3	3	1
1990年代	13		2	5	5	1	
2000年代	5	2	3				

（注）1997年以前は公定歩合の変更幅。1998年以降は無担保コールレートの誘導目標の変更幅。2000年代は2007年12月末現在。1％超の変更は1973年12月（＋2.0％）、1980年3月（＋1.75％）。

テイラー・ルール

　政策金利の変更を物価や景気との関係でみると、どのような一般的傾向が観察できるであろうか。言い換えると、現実の中央銀行の金融政策ルールはどのようなものであっただろうか。この点に関し、テイラー（スタンフォード大学教授）は1987〜92年の米国の金融政策を対象に次式を推計した[6]。

　　フェデラルファンド・レート＝均衡実質金利＋目標物価上昇率＋α×（物価上昇率－目標物価上昇率）＋β×需給ギャップ……（第１式）

　ここで「均衡実質金利」とは潜在GDP水準が実現するときの実質金利水準であり、事前的な貯蓄と投資の水準はこの金利水準で一致する。「自然利子率」ないし「中立金利」といった言葉が使われることもある[7]。上式において、均衡実質金利＝２％、目標物価上昇率＝２％と前提した場合、αの推計値は1.5、βの推計値は0.5であった。上記の式は、この時期の米国の金融政策を比較的良好に説明しているが、他の国についても総じて説明力は高い。テイラー・

---

[6] テイラー・ルールのオリジナルな論文については、Taylor（1993）を参照。テイラー・ルールに関する包括的な議論としてはOrphanides（2007）、Kohn（2007c）が参考になる。日本における計測例を含め、平易な解説としては小田・永幡（2005）を参照。

[7] 自然利子率の概念および日本における計測例については、小田・村永（2003）を参照。

ルール（Taylor rule）と呼ばれる第1式のような関係式はあくまでも現実の金融政策を描写したものであり、望ましい金融政策を表現したものではないが、以下の理由から、金融政策を評価する際のひとつのベンチマークとして利用されることが多い（日本における計測例はBOX 1参照）。

　第1に、変数として短期金利が採用されていることから、政策分析にフィットする。それ以前の学界における金融政策運営の議論ではマネーサプライが政策変数として採用されることが多かったが、そうした取り扱いは短期金利の変更というかたちで金融政策を運営している中央銀行からみると、現実の行動にも思考様式にもフィットしていなかった（第13章参照）。第2に、中央銀行は物価上昇率だけをみて行動しているわけではなく、物価と景気の動向にも配慮しているが、そうした金融政策行動が政策金利の変更は現実の物価上昇率の目標物価上昇率からの乖離、および、需給ギャップに応じて行われるというかたちで定式化されている。第3に、長期的には均衡水準が意識されている。すなわち、政策金利では短期的には景気（需給ギャップ）や物価動向に応じて変更されているが、長期的には均衡実質金利と目標物価上昇率を合計した水準に金利がセットされている。インフレ心理の高まりを反映した名目金利の上昇を金融引き締まりと誤認することが金利ルールの欠点として指摘されることが多かったが（第13章参照）、そうした危険はテイラー・ルールでは回避できる。第4に、物価上昇率の変化に対する反応度が1を超えていることである。物価上昇率の変化に対する反応度が1を超えていることを「テイラー・プリンシプル」と呼んでいる。反応度が1を下回っていると、物価上昇率が高まる（低下する）ときに実質金利は低下（上昇）し、経済の不安定化をもたらすことを意味するが、推計結果をみると、中央銀行は物価上昇率の変化以上に短期金利を動かしていることが確認される。

　テイラー・ルールに基づく短期金利水準を実際に計算する際、現在の物価上昇率や需給ギャップを第1式の右辺に代入することが多いが、金融政策の効果波及のラグを考えると、厳密には1～2年後の物価上昇率や需給ギャップに基づいて計算する必要がある。テイラー・ルールは上記のままのかたちで使われることもあるが、政策金利は徐々に調整されることが多いという傾向（金利スムージング）を踏まえ、テイラー・ルールに基づく金利水準に向けて徐々に調整が行われるという、以下のような定式化もよく用いられる（λは調整速度を表す）。

政策金利 = λ × 前期の政策金利 + (1 − λ) × {均衡実質金利 + 目標物価上昇率 + a ×（物価上昇率 − 目標物価上昇率）+ β × 需給ギャップ}
…… (第 2 式)

BOX 1　日本におけるテイラー・ルール

　テイラー・ルールによる金利水準は用いる推計方法に左右される。第 1 に、政策反応係数を推計するか、テイラーのオリジナルな係数を用いるかどうかで異なる。第 2 に、どのような需給ギャップの推計方法を用いるか、また、どのような推計方法を用いるにせよ、リアルタイム・データで推計するのか、事後的に判明する全期間のデータで推計するのかによっても異なる。第 3 に、金利スムージングを組み込むかどうかによっても異なる。

　図 1 はテイラーのオリジナルな研究と同様に、a = 1.5、β = 0.5 として推計した場合のコールレートの推計値と実績値の推移を示したものである。図 2 は、金利スムージングを組み込み、また 0 ％から 3 ％まで0.5％刻みに目標物価上昇率を仮定し、それら 7 通りの各々につき政策反応係数を推計してテイラー・ルールを導出、その最大値と最小値によって政策金利のレンジを示したものである（ただし、レンジは小幅）。

●図 1　オリジナルのテイラー・ルールが示す日本のコールレート

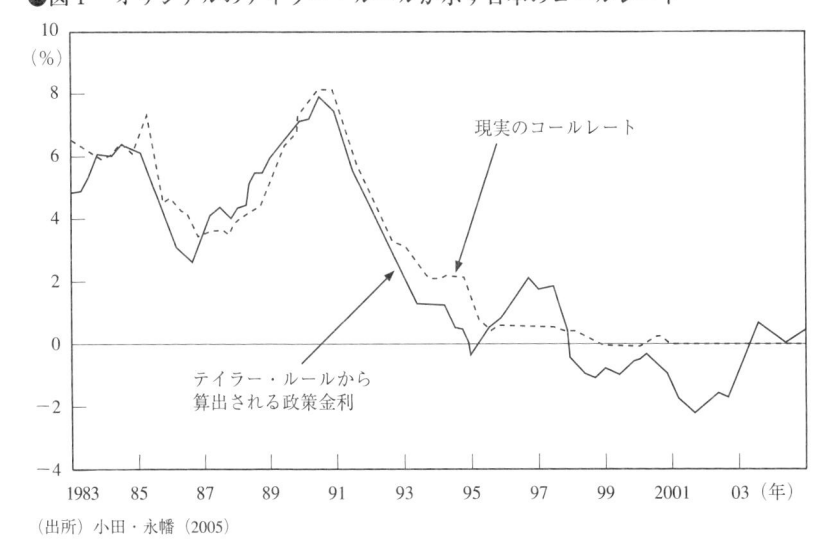

(出所) 小田・永幡 (2005)

●図2　推定されたテイラー・ルールが示す日本のコールレート

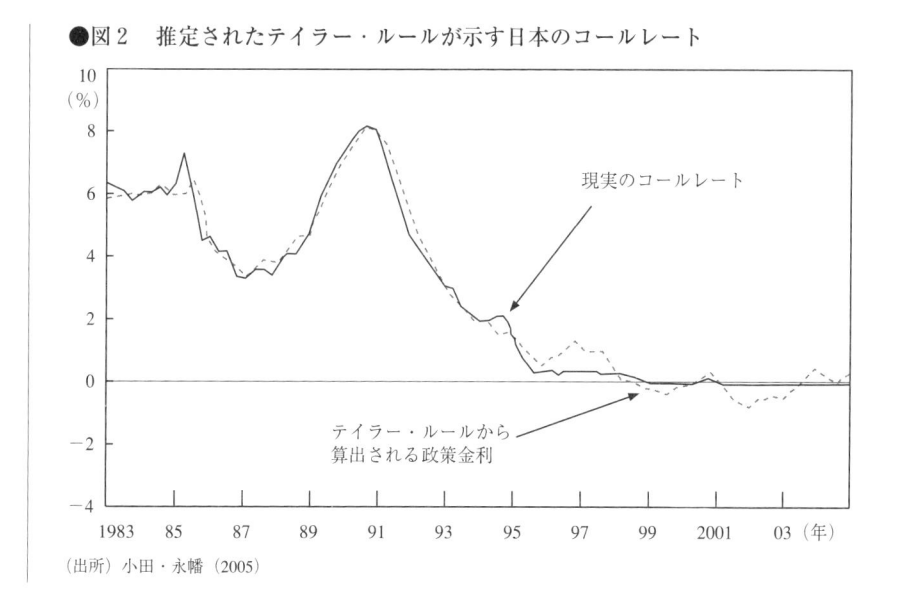

（グラフ：1983年から2003年までの日本のコールレートの推移。実線が現実のコールレート、破線がテイラー・ルールから算出される政策金利を示す）

（出所）小田・永幡（2005）

テイラー・ルールの位置付け

　テイラー・ルールが有用であるのは、前述のように、物価上昇率と成長率という、中央銀行が金融政策運営上実際に意識している変数に照らして、金利の適正水準を評価している点に求められる。短期金利の誘導目標は定期的に開催される金融政策委員会で決定されるが、委員会では前回の金融政策委員会以降新たに利用可能となった情報を踏まえて、次回の委員会までの金融政策運営方針を決定する。言い換えると、金融政策委員会は追加的な（incremental）情報、限界的な変化をもとに、前回決定した方針を変更する必要があるかどうかを判断するという仕組みになっている。このため、金融政策の1回1回の判断としては合理的であっても、やや長い期間の経済の流れの中で評価すると、政策金利が長期的にみて整合性のとれない金利水準にとどまってしまう可能性もある。その意味で、テイラー・ルールの果たすベンチマーク機能には意味がある。

　しかし、同時にテイラー・ルールには以下のような限界があり、現実の金融政策に機械的に適用することはできないことも認識しておく必要がある。第1に、物価上昇率や需給ギャップに対する最適な反応度（上記の α 、β）はわかっていない。$\alpha=1.5$、$\beta=0.5$ は米国の特定の時期の金融政策を最も良

好に説明するものではあるが、これが他国にも、また他の時期にも普遍的に妥当すると考える理由は存在しない。第2に、テイラー・ルールは需要ショックと供給ショックの区別をしていない。需要ショックと供給ショックでは、金融政策の最適な対応は異なる（第3節参照）。第3に、均衡実質金利、目標物価上昇率、需給ギャップのいずれについても計測の不確実性が存在する。目標物価上昇率については様々な考え方がある（第4章参照）。需給ギャップやこれと密接な関係がある均衡実質金利の水準についても、リアルタイムで正確に測定することは難しい（第10章参照）。第4に、短期金利は一定であっても、信用スプレッドの変化等により実質的な金融緩和（引き締め）の状況が変化することが起こりうるが、その結果としてファイナンシャル・コンディション（第9章参照）が変化する場合には、もっぱら短期金利に焦点を合わせたテイラー・ルールでは金融政策を描写できない。

11－3．供給ショックへの対応

供給ショックの概念整理

図11-3-1の横軸は時間を、縦軸は実質GDPの水準（対数）を示している。太実線は潜在GDP水準の時間的経路を示しており、折れ線グラフの角度は成長率を表している。出発時点（T_0）の経済は理想的な状態にあり、需給ギャップはゼロ、物価は安定していると仮定する。

●図11-3-1　供給ショック

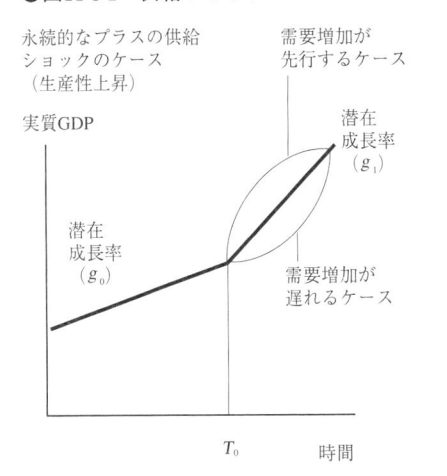

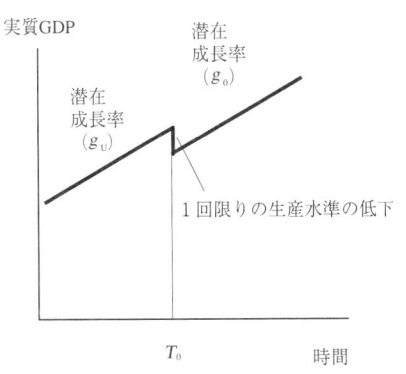

永続的なプラスの供給ショックのケース（生産性上昇）／需要増加が先行するケース／需要増加が遅れるケース：実質GDP、潜在成長率（g_0）、潜在成長率（g_1）、T_0、時間

一時的なマイナスの供給ショックのケース（石油価格の一時的上昇）：実質GDP、潜在成長率（g_0）、潜在成長率（g_0）、1回限りの生産水準の低下、T_0、時間

このような経済で、生産性を永続的に高める供給ショックが発生したと仮定する。成長率はg_0からg_1へと上昇し、潜在GDPの成長経路は上方へ屈折する（図11-3-1の左）。この場合、個々の企業は自らの生産性の上昇については認識できるが、経済全体としての生産性の上昇については必ずしも正確には認識できないという状況を想定すると、供給増加に見合った需要増加は直ちには生じないので、需給ギャップはマイナス（供給超過）になり、ユニットレーバー・コストも低下するため、物価上昇率は低下する。

　これに対し、民間経済主体が、将来の生産性の上昇を速やかに認識すると、その時点で株価上昇や将来の予想所得の増加が生じるので、需要増加の効果が先行して表れる。家計は将来の賃金所得の増加を予想するようになるので消費支出は増加する。企業も将来の需要増加を予想して設備投資を増加させる。このため、需給ギャップはプラス（需要超過）になる。賃金についても、労働者は生産上昇に見合った賃金上昇を要求するので、ユニットレーバー・コストは上昇する。このため、物価上昇率は上昇する。現実は上述した２つのケースの中間に位置することが多いと考えられる。一般的には供給増加が先行し、徐々に需要増加がキャッチアップしてくると考えられるが、このケースでは物価上昇率は当初はマイナスとなり、やがてプラスに転じ、長期的には需要と供給が見合ってゼロとなる。

　上記の説明では供給ショックが永続的であることを仮定したが、ショックが一時的なケースもある（図11-3-1の右）。石油価格の上昇を例にとると、石油価格の上昇が一時的なショックである場合には、潜在GDPの水準の１回限りの下方調整が生じるが、これは概念的にはGDPの水準の１回限りの調整である。物価についても水準は上昇するが、１回限りの調整であり、上昇率の永続的な変化は生じない。

供給ショックへの金融政策の対応

　供給ショックに対する金融政策の対応を概念的なレベルで整理すると、以下のようになる。第１に、供給ショックが発生した場合、実質GDPの水準や成長率は長期的にはショック発生後の新しい均衡水準に調整される。これに対応して、金融政策の面でも、実質金利は新しい均衡水準に調整されなければならない。第２に、GDPと物価への影響の出方は、供給能力の変化と、予想将来所得の変化を反映した需要の変化との相対的なバランスに依存し、移行期における均衡金利水準もそれに応じて変わってくる。第３に、中央銀行が完全な知識を有しているのであれば、ファイン・チューニングの金融政策を行うことが考えられるが、現実には、そうした変化をリアルタイムで正確

に認識することは難しい。

　以下では、具体的な事例として石油価格の上昇に対する金融政策の対応を考えてみよう[8]。

　石油価格の上昇は、対外的な交易条件の悪化を通じて石油の輸入消費国の実質所得の減少をもたらす。このため、石油価格が上昇すると、石油製品以外への支出を切り詰められることになり、国内の経済活動は落ち込む。経済の供給面をみても、石油価格の上昇は既存の設備ストックの経済価値を減少させることから、潜在生産能力は低下する。他方、物価面をみると、石油価格の上昇の直接的な影響から、国内の石油製品価格の上昇率が高まる。石油製品価格の上昇が他の財・サービスの価格上昇となって波及するかどうかは予想物価上昇率の動向如何に左右される[9]。

　石油ショックが発生した場合の金融政策の対応に関する標準的な議論は、以下の通りである。標準的な議論では、金融政策は石油価格の上昇が引き金となって、石油製品以外の価格が上昇したり、予想物価上昇率が上昇するという事態（「ホームメードインフレ」「第2次効果〈second-round effect〉」と呼ばれる）を避けるように運営すべきというものである。石油価格の上昇が1回限りのものであれば、物価上昇率はいったん上昇した後、元の水準に戻るはずである。この立場に立つと、インフレ予想が生じない限りは、物価上昇率の上昇は容認し、金融政策を引き締めるべきではない。仮に金融政策を引き締めると、景気はさらに悪化する。

　第1次石油ショック発生後は各国とも激しいインフレと深刻な景気後退を経験した。その最大の理由としては、石油ショック発生前の物価上昇率がすでに相当高かったことが挙げられる。そのような状況の中で石油価格の上昇が引き金となって、予想物価上昇率が高まったため、国内物価上昇率も大きく上昇した。各国中央銀行はそうした物価の上昇に対処して、強力な金融引き締めを行ったが、そのことがさらに景気の大幅な落ち込みを招いた。これに対し、近年は石油価格が大幅に上昇しているにもかかわらず、第1次石油ショックと比べると影響は小さいが、その最大の理由としては、物価安定を背景に、予想物価上昇率が安定していることが挙げられる。

　その意味で、物価安定への信認は物価安定にとって重要であるだけでなく、経済活動の安定にとっても重要であることを示している。現実に不況に直面

8　石油ショックの下での金融政策運営についてはBernanke（2004c）を参照。
9　Bernanke（2004c）参照。

しているときに、物価上昇率の引き下げにどの程度ウエートをかけて金融引き締めを行うべきか、どの程度のスピードで物価安定を達成すべきかは、最終的には価値判断を要する問題である。

11-4. 望ましい金融政策運営の原則

それでは、政策金利はどのようにして変更すべきであろうか。近年、学界では最適金融政策に関する研究が活発化している（BOX 2 参照）。本節では最適金融政策の研究の成果と実際の経験の両方を意識しながら、政策金利変更にあたって重要と思われる考え方を、3つの原則というかたちで整理した。

> 第1の原則——政策金利の変更は物価安定を通じて持続的な成長を実現するという目的に照らして判断されなければならない。

この原則は自明のように映るが、ポイントは以下の通りである。第1に、物価の安定の判断基準は第2章で説明したように、短期的な物価安定ではなく、中長期的に持続可能な物価安定である。第2に、為替レートや地価・株価等の資産価格は、それらの変動自体を問題にするのではなく、あくまでも中長期的な物価安定や持続的成長への影響という基準に照らして判断されなければならない（為替レートの変動への金融政策の対応については第14章を、資産価格上昇への対応については第20章を参照）。

> 第2の原則——（他の条件が同一であれば）政策金利の変更は急激に行うのではなく、徐々に小幅で行うほうが望ましい。他方、経済情勢が急激に変化するときには、政策金利も短期間に大幅に変更する必要がある。

金融政策の運営にあたっては、不確実性を十分に意識しなければならない。もし望ましい金利水準が正確にわかっているのであれば、一気に必要な金利の調整を行うことも考えられるが、現実には様々な不確実性が存在する。金融政策の効果が不確実な場合、効果を確認しながら小幅に漸進的に金利を変更するほうが社会的な損失が小さい[10]。主要国中央銀行の実際の運営も、前節でみたように、政策金利の急激かつ大幅な変更は稀であり、0.25%という小幅

10　金融政策の効果、あるいは、より一般的に経済構造の不確実性に起因する漸進主義は、この点を最初に指摘した論文の著者の名前に因み、「ブレイナードの保守主義」と呼ばれる（Brainard, 1967）。

な変更を漸進的に行うケースが多い。また、そのことの系でもあるが、政策金利はいったん引き上げ、ないし引き下げに転じると、しばらくは同方向への変更が続くことが多く、短期間のうちに逆方向の政策金利の変更が行われることは少ない。

このような金利スムージングないし漸進主義と呼ばれる金利変更パターンは、上述の不確実性だけでなく、以下の理由から主張されることが多い[11]。第1に、短期金利を急激かつ大幅に変更すると、金融システムや金融機関経営に大きな衝撃を与えるおそれがある。そのような影響を重視する場合は、金利を小刻みに調整する金利スムージングのほうが望ましい。第2に、政策金利が徐々に調整されるというレジームの下では、短期金利の変更によってイールドカーブ全体にスムーズに影響を与えることができる[12]。前述のように、長期金利は現在から将来にわたる予想短期金利の平均値に等しくなる。例えば、中央銀行が長く続いた金融緩和の後、短期金利の引き上げを行った場合を想定しよう。この場合、市場参加者は過去の短期金利の変更パターンに基づいて、いったん短期金利が引き上げられたら、時期はともかくしばらくは同方向の金利変更が続くという予想を形成する可能性が高い[13]。その結果、短期金利引き上げがより長めの期間の金利にも波及する。これに対し、過去の短期金利変更が全くランダムである場合には、短期金利を大幅に引き上げない限り、長めの期間の金利には波及しない。支出活動に影響するのはイールドカーブ全体の水準であることを考えると、オーバーナイトを中心とする短期ゾーンだけが大きく変動する経済よりは、金利水準が全体として変動する経済のほうが金融政策効果の波及という点でスムーズである。もっとも、現実の中央銀行がそのようなメカニズムを意識して短期金利を徐々に変更しているとは考えにくいが、徐々に変更するというレジームの下で、上述のメカニズムが生まれていることは理解できる[14]。

上述の漸進主義は一般論としては望ましいと考えられるが、そうした運営方式が不適切なケースも存在する。

第1は、突発的な事態が発生し、金融市場が不安定化するおそれに直面する場合である（第15章参照）。近年における典型的な事例を挙げると、2001年

11　Goodfriend (1991)、Bernanke (2004b)、Blinder (2006) 参照。
12　Goodfriend (1991) 参照。
13　この議論は短期金利の変更がしばらくは同方向に行われるという経験則の成立が条件となっているので、金融緩和や引き締めの開始局面では妥当するが、終盤局面では妥当しない。
14　Blinder (2006) 参照。

９月11日の同時多発テロ直後の各国中央銀行の対応である。各国中央銀行は短期金利の誘導目標金利自体は変更しなかったが、流動性（中央銀行当座預金）の供給を大幅に増加させた。その結果、短期金利も目標金利を一時的に幾分下回る事態が続いた。第２は、経済予測が急激に変化する場合である。例えば、ITバブル崩壊後にFOMCが急速な政策金利の引き下げを決定したのは、このケースに該当する。第３は、上記第２のケースと重なる部分もあるが、発生の確率は小さくても発生すると大きなコストが予想される可能性がある場合である。典型的な事例としては、例えば、デフレ・スパイラルの危険が予想される場合の金融緩和が挙げられる（デフレ・スパイラルの危険がある場合の金融政策については第19章、資産価格上昇時の金融政策については第20章を参照）。

> 第３の原則——政策金利の水準については、幅をもったうえで何らかの「均衡値」、ベンチマークを意識して評価することが必要である。

金融政策委員会における議論がもっぱら前回の委員会以降に利用可能となった追加的な情報に基づいて行われるようになると、１回１回の判断として

●図11-4-1　日本における実質コールレートと経済成長率の推移

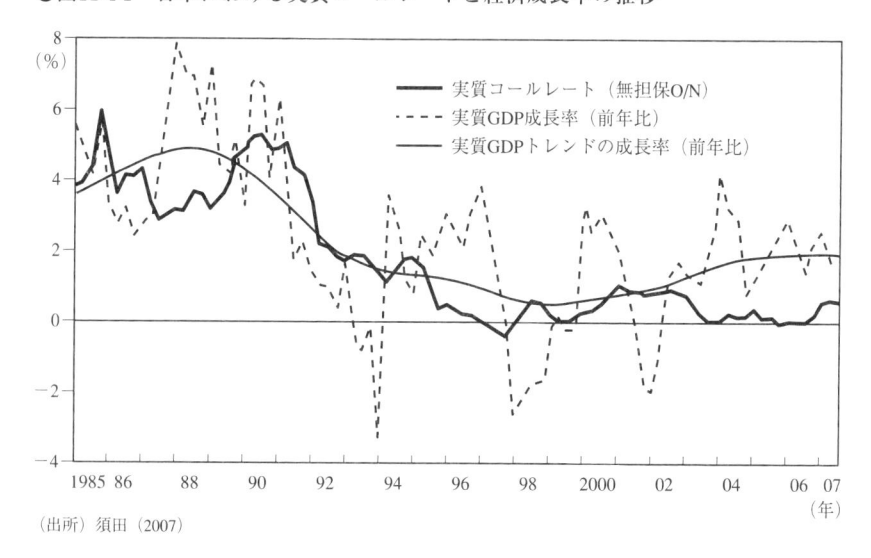

（出所）須田（2007）

はそれなりの合理性をもっていても、結果として、政策金利の水準が長期的な「均衡値」から乖離してしまう危険もある。その意味では、常に何らかの「均衡値」、ベンチマークを意識して現在の政策金利水準を評価するという思考様式は重要である。ベンチマークとしては複数の候補が挙げられる。

　第1は、実質金利と自然利子率、ないしその代理変数との比較である。通常用いられるのは、マクロ生産関数に基づく潜在成長率の推計値、ないしGDPのトレンド成長率とオーバーナイト実質金利の比較である。因みに、図11-4-1は日本経済について実質コールレートと成長率を比較したものである。短期的には両者は乖離して動くが、長い目でみると、両者はほぼ同じように動いている。第2は、テイラー・ルールである。これらはいずれも単独で絶対的な決め手になるわけではないが、複数のベンチマークを意識するという思考習慣は重要である。

BOX 2　「最適金融政策」の理論[15]

　「最適金融政策」の理論では、所与の経済構造の下で、中央銀行は損失関数の最小化を図るように金融政策を運営すると定式化される。損失関数としては、GDPの潜在水準からの乖離の2乗と物価上昇率の目標水準からの乖離の2乗の加重和を最小化すると定式化されることが多い。ここでは単純化のために、物価上昇率の目標物価上昇率からの乖離幅の2乗を最小化すると考える。

$$\text{中央銀行の損失関数} = E\left[(\pi - \pi^*)^2\right]$$
πは物価上昇率、π^*は目標物価上昇率（次ページの図では1％を仮定）

　上式は、物価上昇率の平均値が目標からどの程度乖離しているかというバイアスの要素と、物価上昇率の変動の大きさ（分散）という2つの要素に分解することができる。

$$E[(\pi - \pi^*)^2] = \underbrace{[E(\pi) - \pi^*]^2}_{\text{バイアス}} + \underbrace{V[\pi]}_{\text{分散}}$$

　図1のケースAとケースBを比較すると、中央銀行はインフレ率が目標値から乖離していないケースBを好むであろう。ケースBとケースCを比較すると、インフレ率は同じであるが、分散の小さいケースBを選択するであろう。

15　ここでの説明は武藤・木村（2005）に基づく。

●図1

(インフレ率)

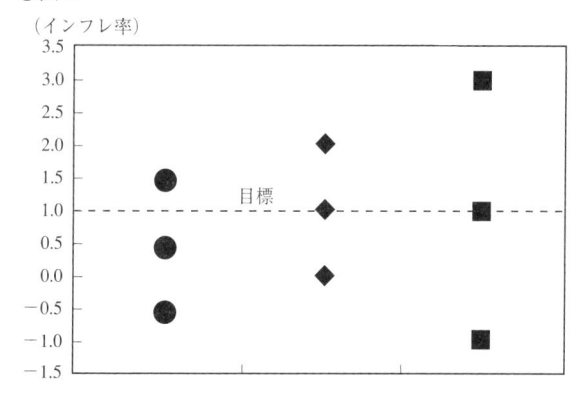

[グラフ: 縦軸 -1.5 から 3.5 のインフレ率、目標=1.0 の破線。3つのデータ群(●、◆、■)がプロットされている]

　以上の説明をしたうえで、不確実性が金融政策運営に与える影響は、以下のように整理される。
(1) 不確実性が海外経済の変化である場合（外生ショックの不確実性）は、物価上昇率の分散を高めるが、これは金融政策ではコントロールできない。他方、平均物価上昇率には影響を与えないので、最適な金融政策運営も変わらない。
(2) 不確実性が経済構造（のパラメーター）に関する不確実性の場合、外生ショックの不確実性の場合と異なり、金融政策の変更自体が物価上昇率の分散を大きくする。従って、最適金融政策の変化幅は不確実性がない場合に比べて小さくなる。
(3) データの不確実性の場合、上記(2)と同様のロジックで、最適金融政策の変化幅は不確実性がない場合に比べて小さくなる。
(4) 上記(2)のケースの応用として、インフレ過程に慣性があることは知っているが、どの程度の慣性があるかは知らないケースを考える。このケースでは、「保守主義」ではなく、積極的な金融政策運営が望ましくなる。

第12章 金融政策の説明

　第10章では経済予測を、第11章では政策金利の変更にあたって基本となる考え方を説明した。次に必要な金融政策運営のプロセスは金融政策の説明である。本章では、金融政策の説明、コミュニケーションに関連する論点を取り上げる。以下、第1節では、主要国中央銀行による金融政策の説明の現状について概観する。第2節では、先行きの金融政策運営に関する情報発信をめぐる論点を取り上げる。第3節では、金融政策の説明という面で主要国中央銀行が直面している課題を述べた後、現実の中央銀行の取り組みを紹介する。第4節では、インフレーション・ターゲティングについて考察する。

12-1. 主要国中央銀行による説明の現状

　金融政策を運営するうえで最も重要なことは適切な決定を行うことであるが、決定の内容や背後にある考え方が正確に伝わらないと、金融政策が本来意図した効果を十分に発揮できなくなるという意味で金融政策の適切な説明は、補完的な役割を果たす。また、金融政策の有効性という次元とは別に、民主主義社会における独立した中央銀行としてアカウンタビリティーを果たすうえでも、金融政策を正確に説明することは重要である。本節では、主要国中央銀行による金融政策の説明の現状を、説明内容および説明媒体という2つの次元で概観する。

説明の要素

　中央銀行が金融政策を説明する際、説明を行う相手（audience）としては、一般国民やマスコミ、政府や国会、金融市場参加者、専門的な中央銀行ウォッチャーの4つが挙げられる。どのような相手を念頭に置くかで説明の仕方は異なってくるが、説明内容の中心的な構成要素としては、①金融政策の目的・目標、②経済の現状判断および先行きに関する見通し、③当面の金融政策運営の基本的な考え方、④政策金利水準の4つの要素が挙げられる。中央銀行による説明の具体的な内容や方法は異なるが、どの中央銀行をとっても金融政策の透明性は近年格段に高まっている。

　■　**金融政策の目的・目標**　多くの中央銀行において、金融政策の目的は「物

価の安定」であることが法律で明確に規定されている。「物価の安定」の数値的な表現の仕方、すなわち具体的な目標（target）については、各国の対応は異なっている（前出表4-7-1参照）。日本銀行のケースに即していうと、2006年3月に「中長期的な物価安定の理解」、すなわち、個々の政策委員会メンバーが「中長期的にみて物価が安定していると理解する物価上昇率」を公表した。英国やカナダ、スウェーデン等のインフレーション・ターゲティング採用国は目標物価上昇率を数字で設定している。欧州中央銀行やスイス国民銀行は目標物価上昇率を決定しておらず、公表しているのは、物価安定の数値的定義である[1]。他方、米国（FOMC）については数値による目標も定義も公表していない。この点に関し、コアPCEデフレーター（第4章第3節参照）でみて1〜2％が「暗黙の心地よい範囲」（implicit comfort zone）であるという観察がなされることがあるが、FOMCとして決定されたものではない。

■ **経済の現状判断と先行き見通し**　多くの中央銀行は経済の現状判断と先行き見通しを定期的にシステマティックに公表するようになっている（前出表10-5-2参照）。日本銀行のケースに即していうと、毎月の決定会合終了後に発表される「基本的見解」において経済の現状と比較的短期間の先行き見通しを公表するとともに、年2回公表される「展望レポート」において、先行き1年半から2年程度の見通しを公表している。FRBは、毎回のFOMCの終了後に公表される声明文で現状および将来の見通しを簡潔に述べているほか、年4回、見通しを公表している。このうち2回は金融政策の半期報告書提出に合わせて開かれる年2回の議会証言において公表されるが、そこでの説明は特に重視されている。イングランド銀行は、四半期ごとに公表されるインフレーション・レポートで現状および将来見通しについて詳細な説明を行っている。

■ **当面の金融政策運営の基本的な考え方**　当面の金融政策運営の基本的な考え方については、中央銀行によっても、また時期によっても説明の仕方は異なるが、どの中央銀行も何らかの方法によって、当面の金融政策運営の考え方を説明している。近年の日本銀行のケースに即していうと、量的緩和政策を採用していた時期（2001年3月〜06年3月）は、消費者物価上昇率が安定的にゼロ％以上となるまで量的緩和政策を継続することを約束した。これは将来の金融政策を拘束するという点では、異例の情報発信であった。

■ **政策金利の水準**　各国中央銀行は定期的な金融政策委員会終了後に政策金

---

[1] 欧州中央銀行やスイス国民銀行も物価安定の数値的定義は目標ではないことを繰り返し強調している。

利の水準を公表している。政策金利の水準を公表することは現在では当然であるが、第7章で述べたように、主要国の中央銀行が短期金利の誘導目標というかたちで政策金利の水準を公表するようになったのは比較的最近のことである。日本銀行のケースに即していうと、1998年9月以降、コールレートの誘導目標水準が公表されている。以前は、公定歩合が維持されるなかでコールレートの「高め誘導」「低め誘導」が行われることもあったが（第7章参照）、現在は、すべてコールレートの誘導目標の変更というかたちで、政策金利の水準が明らかになっている。

説明の現状と主要国の比較

■ **金融政策委員会終了後の声明文**　日本銀行、FRB、欧州中央銀行等多くの中央銀行は政策金利の変更の有無にかかわらず、金融政策委員会終了後速やかに、経済の現状や先行き等に関する簡潔な声明文を公表している。これに対しイングランド銀行は、政策金利の変更がない場合は、通常は政策金利据え置きの事実だけを公表し、議論の詳しい内容については約2週間後に発表される議事要旨で明らかにしている。委員会終了後速やかに声明文を公表することは委員会の議論の概要を速やかに伝えるという点で意味がある。他方、委員会終了後速やかに声明文を公表するためには、委員会で文章表現の調整（ドラフティング）に相当の時間をかけるか、事前にある程度の意見の擦り合わせが必要となる。前者の場合は、金融政策委員会の委員間で自由に討議する時間を十分に確保することが難しくなる。後者の場合は、開催直前までのデータを踏まえ、委員間で活発に議論するという目的との間でトレードオフが生じる。

■ **記者会見**　現在、日本銀行と欧州中央銀行は金融政策委員会の開催当日に総裁が記者会見を行っており、経済見通しや金融政策について答弁している。他方、FRBは記者会見を行っていない（表12-1-1）[2]。記者会見の回数でみると、日本は他の主要国に比べて非常に多い。FRBやイングランド銀行が記者会見を行わない理由は明らかではないが、この面での日本と他の主要国との違いは、社会全体としての慣習の違いも反映しているように思われる。日本では、中央銀行総裁だけでなく、大臣をはじめ、政府首脳がマスメディアに登場する機会が非常に多いのに対し、米国、英国も大統領や首相の記者会見は日本に比べると多くない。そうした要因に加えて、米国や英国では、委員会メンバーの発言等から判断すると、以下のような点を記者会見のマイナス面とみ

---

[2] ただし、地区連銀総裁は記者インタビューに答えている。

ているようである。すなわち、記者会見ではその場でのやりとり（spontaneous response）が求められるが、委員会で議論されていない事柄についての質問も多い。また、意見交換はされていても、特に結論を下さないケースも多いし、どの論点についても全員が明示的に見解を示すわけでもない。それにもかかわらず、総裁が記者会見で答弁を行うと、総裁の答弁が委員会全体としての考え方と受け止められる可能性がある。この点を非常に重視し、総裁は記者会見で合意事項のみを答弁するとすれば、答弁内容は声明文や後日公表される議事要旨と同一になる。総裁の答弁がひとりの委員会メンバーとしての答弁であれば、合議体の他のメンバーとのバランスも問題となる。

●表12-1-1　記者会見の回数（2006年中） (単位：回)

日本銀行	FRB	欧州中央銀行	イングランド銀行
35	0	12	4

（注）FRBは議長、副議長、理事による記者会見の回数。イングランド銀行ではインフレーション・レポート公表後に、総裁らが同レポートの内容に関し技術的な質疑を行っている。
（出所）各国中央銀行のホームページ

■　**議事要旨・議事録**　現在、日本銀行、FRB（FOMC）、イングランド銀行等は議事要旨を公表している。議事要旨は金融政策の決定に至る議論の内容を知るうえで有用な媒体である。逐語の議事録については、日本銀行とFRBは公表する扱いとなっているが、欧州中央銀行とイングランド銀行は公表していない。欧州中央銀行が議事要旨・議事録を公表していないことについては、同行の特殊な状況を反映していると推測される。すなわち、欧州中央銀行が金融政策を決定する際、自国の経済情勢ではなくユーロエリア全体の経済情勢に基づいて決定することが求められているが、議事要旨・議事録の公表は自国の利害にとらわれない自由な討議の障害になるおそれもある。

■　**国会報告**　主要国の中央銀行はいずれも、国会・議会に対し定期的に金融政策に関する報告を行っている。日本では、そうした報告のほか、随時、国会の委員会に出席して答弁を行っており、その回数はFRBや欧州中央銀行に比べるとかなり多い（表12-1-2）。FRBの議会報告・証言は、定例の金融政策に関する報告以外は、規制・監督をはじめ、金融政策以外の案件が過半を占めている。

■　**講演**　総裁以下の委員会メンバーは、様々な講演を通じて、金融政策に関

●表12-1-2　日本銀行、FRB、欧州中央銀行の国会（議会）への出席状況

	2005年		2006年	
	合計	うち、総裁・議長	合計	うち、総裁・議長
日本銀行	33	20	35	25
FRB	21(8)	13	15(5)	6
欧州中央銀行	5	5	5	5

（注）（　）内は金融政策関係。FRBについては上院・下院での金融政策報告は、同一ながら2回とカウント。
（出所）各国中央銀行のホームページ

する情報発信を行っている。主要国中央銀行をみると、特にFRBと欧州中央銀行の講演が多い（表12-1-3）。海外中央銀行の委員会メンバーによる講演のテーマをみると、景気や金融政策に関する一般的な講演はあまり多くはなく、特定のテーマに絞った講演が比較的多い[3]。

●表12-1-3　中央銀行の委員会メンバーによる講演の回数（2006年中）

日本銀行（9名）	FRB（7名）	欧州中央銀行（6名）	イングランド銀行（9名）
37 [4]	73 [23]	100	35

（注）（　）内は委員会メンバーの数。FRBは理事会メンバー。欧州中央銀行は本部理事会メンバー。
　　　[　]内は中央銀行ないし大学の主催するコンファレンス等での講演および大学での招待講演。
（出所）各国中央銀行のホームページの講演（speech）欄から算出。日本銀行については大会挨拶、国会報告を、欧州中央銀行については記者インタビューを除く

■　**スタッフによる研究の公表**　主要国の中央銀行はいずれもスタッフによる様々な研究成果を公表している。

　表12-1-4は金融政策に関する主要国中央銀行の説明媒体を比較したものであるが、各国の対応は異なっている。そうしたなかにあって、日本銀行はどの媒体も利用しており、説明媒体の多様性という観点からみると最も充実している[4]。説明媒体という面での各国の違いは歴史的な経緯や文化的な違いも反映していると思われるが、第3節で述べるように、合議体で決定する金融政策の説明について全体としてどのような基本哲学に立脚するかという点の違

---

[3] FRBのケースでいうと、2007年前半は理事会メンバーによる講演が40回行われており、そのうち、金融政策やマクロ経済、金融市場に関する講演は24回行われている。この24回の講演のうち、景気や金融政策に関する一般的な講演は3回である。残りの講演のテーマをみると、専門的なテーマが選ばれており、インフレ動学（inflation dynamics）やグローバル化、住宅市場に関連したものが多かった。

いも反映しているように思われる。

●表12-1-4　金融政策の説明媒体

	日本銀行	FRB（FOMC）	欧州中央銀行	イングランド銀行
声明文	公表	公表	公表（Introductory statement）	×（政策金利の変更が行われない場合は、通常公表せず）
金融政策委員会終了後の記者会見	開催	×（開催せず）	開催	×（開催せず）
議事要旨	公表	公表	×（非公表）	公表
議事録	公表（10年後）	公表（5年後）	×（非公表）	×（非公表）
国会報告	国会に対する金融政策に関する年2回の報告　国会質疑	年2回の金融政策報告　その他の議会証言	年4回の欧州議会での証言	下院・大蔵委員会での質疑
金融政策・経済報告	展望レポート（年2回）　基本的見解・月報		月報	インフレーション・レポート（年4回）

情報発信の実務的側面

各国中央銀行は金融政策に関する情報発信の実務的な側面についても配慮している。

■　**情報の公表タイミングの事前公表**　金融政策委員会については、かなり先まで開催予定日が事前に公表されている。経済統計についても公表予定日が事前に公表されるようになっている。情報へのアクセスの公平性の確保、情報の公表タイミングの不確実性に由来する市場流動性への影響を考えると、これらの措置は重要である。

■　**ブラックアウト**　金融政策委員会開催日の前後の一定期間についての情報発信の扱いである。主要国の中央銀行は、いわゆる「ブラックアウト期間」を設けて、この期間は金融政策に関する情報発信を行わないというルールを採用している[5]。

■　**公表タイミング**　情報の公表にあたっては、市場での円滑な情報消化への

4　Mackie, Cooper, Papakos, Mai, and Barr（2007）は金融政策の透明性を構成する各項目について評価を行い、主要国中央銀行のランク付けを行っている。これによると、日本銀行はスウェーデンのリクスバンクに次いで、ニュージーランド準備銀行と並んで透明性が高い中央銀行として評価されている。

配慮、市場取引への影響も意識して公表タイミングが設定されている。金融政策委員会の決定内容については当日の午後に公表する中央銀行が多い[6]。経済統計についてみると、最近では午前9時前の公表が主流となっている[7]。

■ **英語での情報発信**　金融市場のグローバル化が進展していることを反映し、非英語圏の中央銀行では英語での情報発信をいかに有効に行うかが非常に重要な課題となっている。

12－2. 先行きの金融政策に関する情報発信

金融政策は短期金利の変更を通じて経済全体に効果を及ぼしていくが、その際に重要なのは、現在の短期金利の水準というより、将来にわたる短期金利の予想経路である。もちろん、多くの場合、中央銀行は将来の短期金利の経路についてあらかじめプランを決定しているわけではないが、好むと好まざるとにかかわらず、市場参加者は将来の短期金利の経路について何らかの予想を立てている。そのような状況を前提に、中央銀行としては、先行きの短期金利（政策金利）に関する情報発信について、どのような方針で臨むべきかが問題となる。

3つのアプローチ

この点については、第10章で述べた経済予測における政策金利経路の想定の議論とも関連するが、以下の3つのアプローチが考えられる。

■ **直接的な情報発信の抑制**　これは、中長期的な目標物価上昇率を公表した後は、景気や物価の見通しを公表するにとどめ、先行きの政策金利を直接示唆するような情報発信を行わないというアプローチである。典型はイングランド銀行である。英国の場合、大蔵大臣が目標物価上昇率を設定し、目標を達成する金融政策の運営はイングランド銀行に委ねられている。イングランド銀行は四半期ごとのインフレーション・レポートによって先行き3年間の物価上昇率や成長率についての見通しを公表し、月例の金融政策委員会では新たに利用可能となったデータに即して見通しの妥当性を点検していくとい

5　日本銀行の場合は、各金融政策決定会合の2営業日前（会合が2営業日以上にわたる場合には会合開始日の2営業日前）から会合終了当日の総裁記者会見終了時刻までの期間は、原則として、金融政策および金融経済情勢に関し、外部に対して発言しないというルールが設けられている。FOMCの場合、決定会合後についてもブラックアウト期間が設けられているが、これは中央銀行の発した情報をできるだけ市場参加者自身に消化させ、そこから情報を入手したいという姿勢の表れと推測される。

6　日本銀行の場合は金融政策決定会合終了直後に決定内容が公表されている（最近の実績は午後1時前後が多い）。総裁による記者会見は原則として午後3時半から開催されている。

7　日本における経済統計の公表時刻をみると、例えば、消費者物価や雇用関連統計は午前8時30分、短観は午前8時50分に公表されている。米国は午前8時30分の公表が多い。

う運営スタイルを貫いている。この場合、市場参加者は目標物価上昇率と中央銀行の発表する経済見通しに基づいて将来の政策金利を予測する。キング総裁は将来の経済情勢に関する不確実性を理由に、先行きの政策金利の経路について、市場に対し直接的な情報発信を行うことはミスリーディングであるという考えを明確にしている[8]。

"At the Bank of England, our approach is to keep it as simple as possible. We don't say where interest rates will go next for the simple reason that we don't know. And it would be quite misleading to pretend otherwise. The MPC reaches a new judgment each month, made afresh in the light of all the new information about the prospects for inflation. We don't decide in advance. So trying to give direct hints on the path of interest rates over the next few months risks deceiving financial markets into believing there are definite plans for the next few months when no such plans exist."(King, 2006b)

■ **状況次第での情報発信** これは、先行きの政策金利の方向を示唆することが可能な経済情勢であれば、先行きの政策金利についてある程度示唆するような情報発信を行うアプローチである。現実の中央銀行の対応という観点からみると、日本銀行や連邦準備制度、欧州中央銀行は、イングランド銀行との比較では、先行きの政策金利の方向についての情報発信を行っている。例えば、2007年中の日本銀行の展望レポートをみると、先行きの経済・物価情勢を説明するとともに、金融政策運営についての考え方が述べられている[9]。連邦準備制度の場合、法律で定められた目的が物価と景気の安定であることを反映し、物価と景気のそれぞれについて先行きのリスクを評価したうえで、将来の金融政策についても、ある程度の方向性を示唆する表現が使われているケースが多い[10]。欧州中央銀行の場合、毎回の記者会見で発表される冒頭声明 (introductory statement) では理事会としての経済見通しが述べられてい

---

8 King (2006b, 2007a) 参照。
9 例えば、2007年10月の展望レポートでは、以下のように述べられている。
「『中長期的な物価安定の理解』に照らして、日本経済が物価安定のもとでの持続的な成長軌道を辿る蓋然性が高いことを確認し、リスク要因を点検しながら、経済・物価情勢の改善の度合いに応じたペースで、徐々に金利水準の調整を行うことになると考えられる」
10 FRBは2003年6月にデフレ懸念からフェデラルファンド・レートを1%にまで引き下げ、以後2004年初めまでこの水準を維持したが、「緩和的な政策が相当期間維持されうる」("the Committee believes that policy accommodation can be maintained for a considerable period")、「金融緩和政策の解除まで辛抱強くなりうる」("the Committee believes that it can be patient in removing its policy accommodation")といった表現を使って低金利の継続を強く示唆した。

るが、政策金利についても、次回理事会での方針を強く示唆すると解されている言葉が盛り込まれているケースが比較的多い[11]。

■ **先行きの政策金利水準の公表** これは望ましいと考える将来の政策金利の経路を事前に公表するというアプローチである。前述のように、スウェーデンは現時点で望ましいと考える当面の政策金利の経路について公表している[12]。

情報発信に関する判断基準

上述の３つのアプローチのうち、どのアプローチが望ましいかは、各国の置かれた経済情勢や中央銀行をめぐる制度的な枠組み、あるいは社会情勢にも依存し、一般論を述べることはできないが、以下のような判断基準を挙げることができる。

第１の基準は、ベンチマークとなる金利水準（第11章参照）と現在の金利水準との乖離の程度や先行きの見通しの不確実性の程度である。金融緩和（引き締め）を進め現在の金利水準が中立金利を大きく下回って（上回って）いる局面では将来の金融政策について情報発信をすることは可能であろうし、また望ましいと考えられる。しかし、金利水準が中立金利に接近してくる場合、あるいは、先行きの経済に関する不確実性が非常に大きい場合には、将来の政策金利の方向を示唆することは難しく、また適切でもない。

第２の基準は、政策金利に関する何らかの情報発信が現時点で利用可能な情報を前提にした予測（「条件付き予測」）であることが国民や市場参加者に正しく理解されているかどうかである。中央銀行が将来の政策金利の特定の経路を約束したと受け取られる場合には、市場参加者が判断を停止し、結果的に経済の不均衡を拡大する可能性がある。また、経済情勢の展開が当初の予想と異なり、それに応じて政策金利を調整した場合、当初の情報発信を中央銀行の約束と受け取った市場参加者が多いほど、金融市場が混乱する可能性がある。

---

11 例えば、2004年12月から始まった金利引き上げの過程では、政策理事会終了後の記者会見で"strong vigilance"という言葉が使われた場合は、次回理事会で政策金利の引き上げがあると解されており、実際、引き上げが行われることが圧倒的に多かった（2007年９月は前月に"strong vigilance"という言葉が使われたが、金利引き上げは行われなかった）。

12 2007年２月の金融政策レポートでは、先行き６カ月間に0.25％の金利引き上げが望ましいとの判断が示されている。実際には、６月と９月に各0.25％の引き上げが行われた。
"At its meeting on 14 February, the Executive Board of the Riksbank decided to raise the repo rate by 0.25 percentage points to 3.25 per cent. At the same time, its ssessment was that the repo rate needs to be raised by a further 0.25 percentage points over the coming six months. After that it will probably be possible to pause before making a further increase." (Sveriges Riksbank, 2007)

次回の金融政策委員会での決定に関する情報発信

将来の政策金利に関する情報発信については、前述のような一般的な議論に加えて、より直接的な議論として、次回の金融政策委員会での政策金利変更が事前に市場金利に織り込まれたほうがいいのか、そのために中央銀行は何らかのガイダンスとなる情報発信をすべきかどうかも議論される。図12-2-1は連邦準備制度と欧州中央銀行の金融政策委員会開催日における長期金利のボラティリティー（変動率）を示したものであるが、趨勢的にみてボラティリティーは明確に低下している。このことは政策金利の変更が金融政策委員会開催日の時点においては金融市場の価格に織り込まれており、サプライズではなくなってきていることを示している。

●図12-2-1　金融政策委員会開催日の長期金利の変化

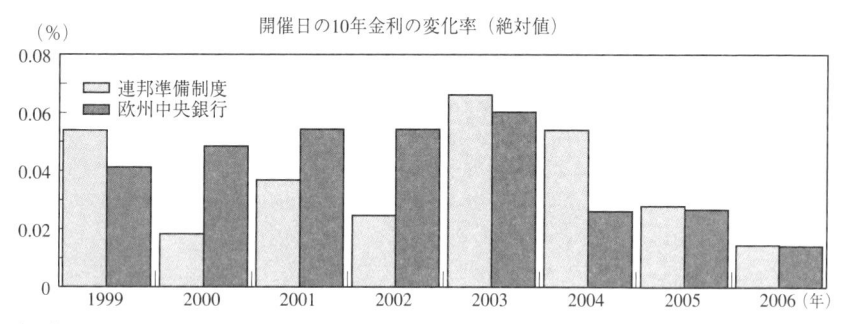

開催日の10年金利の変化率（絶対値）

（出所）BIS Study group on financial market volatility（2006）

政策金利の変更が市場金利に織り込まれることは望ましいかという問いに対し一般論として考えると、答えはイエスであろう。金融政策についての考え方や経済情勢についての中央銀行の判断が市場参加者に理解され共有されているのであれば、政策金利についての判断も中央銀行と市場参加者で不一致はなく、政策金利の変更は現実の市場金利に織り込まれることになるだろう。実際、多くの場合は、経済情勢についての判断が中央銀行と民間とで大きく異なることはないので、そのような状況に自然に落ち着くであろう。

問題は経済の先行きについて大きな不確実性がある場合や、金融政策運営にあたって重視すべきリスクについての判断が中央銀行と民間とで大きく異なる場合である。このような場合、中央銀行が次回の金融政策委員会での政策金利の変更について事前に直接的な情報発信（policy guidance）を行えば、

サプライズは生じない。しかし、この場合は、事前に直接的な情報発信を行った後に生じた変化は無視することを意味する。経済情勢が微妙だからこそ中央銀行と市場参加者の見方が分かれる局面で、そうした対応が望ましいとは思われない。この点に関し、アラン・ブラインダー（プリンストン大学教授、元FRB副議長）は以下のように述べている（Blinder, 1998）。

「皮肉なものである。中央銀行が選挙で選ばれた政治家たちから独立性を与えられているのは、おそらく、政治プロセスが近視眼的になりがちだからだろう。それがわかっているから、政治家たちは賢明にも、金融政策を巡る日常的な権限を独立した中央銀行に快く委譲し、インフレ監視を続けるように命じた。しかし、中央銀行がマーケットのご機嫌とりに注ぎすぎるようになると、マーケットの持つ極端な短期的視野を暗黙のうちに採用してしまう可能性が高い。これでは、『自分の尾を追う犬』のような危険な状態に陥りかねない」

ブラインダーが指摘するように、中央銀行が市場参加者の判断に沿って行動すると、サプライズはなくなるが、金融政策に関する中央銀行の主体的な判断を放棄することを意味する。この場合、市場参加者が判断を誤ると、金融政策も自動的に判断を誤ることになる。経済主体が時として短期的な視野で行動する危険を意識するからこそ、中央銀行に金融政策を委ねることにしたわけであるが、市場の動きに追随するだけになると、責任を放棄することにつながる。

一方で、前回の金融政策委員会以降に急激に経済情勢が変化する場合の情報発信も難しい。そのような状況の下でも、講演をはじめ情報発信の機会は多いが、たまたま情報発信の機会に直面した委員個人の見解が組織全体の見解と受け止められる危険もある。逆に、前回の委員会で決定された見解だけを述べると、市場とのギャップが生まれる。

12－3. 金融政策運営の説明のスタイル

近年、金融政策を説明するために公表される情報量は急激に増えている。この結果、情報量という次元で評価すると、金融政策の透明性は飛躍的に高まった[13]。

現在、金融政策の説明という面で中央銀行が直面している課題は、量的な

---

13 因みに、Mackie, Cooper, Papakos, Mai, and Barr（2007）は主要国中央銀行の金融政策の透明性を表す指数と短期金利の予測誤差の関係を分析し、両者に相関関係が観察されないことから、透明性向上の限界的な便益は低下していると結論づけている。

次元というより、質的な次元での改善であろう。第1は、前述した先行きの政策金利に関する情報発信をどのように行うかという課題である。第2は、委員間の見解の多様性を前提としたうえで、委員会全体としての見解をいかに明瞭に伝えていくかという課題である。第3は、説明の説得性をどのように高めるかという課題である。中央銀行による金融政策の説明に対し、「わかりやすい説明」を求める議論は多い。確かに「わかりやすい説明」は重要であるが、問題はわかりやすいと判断する際に依拠する理論や経済観が論者によって異なることである。前述のように、説明の相手方が誰であるかによって、求められる説明内容の技術的なレベルも違ってくるうえ、目標物価上昇率や物価変動の決定要因をとっても、論者の見解は異なる。そのような状況の中で、透明性を高めるだけでなく、説得性をどのようにして高めるかは大きな課題である。

　これらの課題に対する各国中央銀行の対応の仕方は異なる。前述のように、望ましい金融政策の説明のスタイルについて一般論を述べることは難しい。重要なことは全体としてどのような理念に立って、金融政策に関する説明スタイルを作り上げていくかという点である。この点では唯一の正解があるわけではなく、どの中央銀行も様々な課題に直面しながら、それぞれに改善の努力を行っている。将来の政策金利に関する情報発信についてはすでに述べたので、以下では、説明の説得性および委員会としての情報発信を中心に、イングランド銀行、連邦準備制度、日本銀行の対応について概観する。

イングランド銀行

■　**説明の説得性**　英国の金融政策を最も特色づけるのはインフレーション・ターゲティングの枠組みである。インフレーション・ターゲティングにおいては、透明性を確保する方法として、目標物価上昇率と将来の物価上昇率の見通しとの関係に基づいて金融政策を説明することが強調される。これが成功するかどうかはいくつかの条件に依存するが、特に以下の条件は重要である。

　第1の条件は、中央銀行に対する社会の信頼の程度、クレディビリティーである。現実の経済は様々な不確実性に直面しており、予測期間が長くなるほど、人々の予測には大きな幅が生じる。このため、中央銀行の示す予測に対する市場参加者やエコノミストの評価も大きく分かれる。さらに、そうした見通しの下での金融政策の対応についても意見は大きく分かれうる。図12-3-1は、イングランド銀行について政策金利変更時点における足元の物価上昇率と目標物価上昇率の乖離状況をみたものであるが、政策金利の引き上げ

●図12-3-1　英国の政策金利変更時点における物価上昇率
　　　　　—足元の物価上昇率と目標物価上昇率の乖離、1992年10月以降

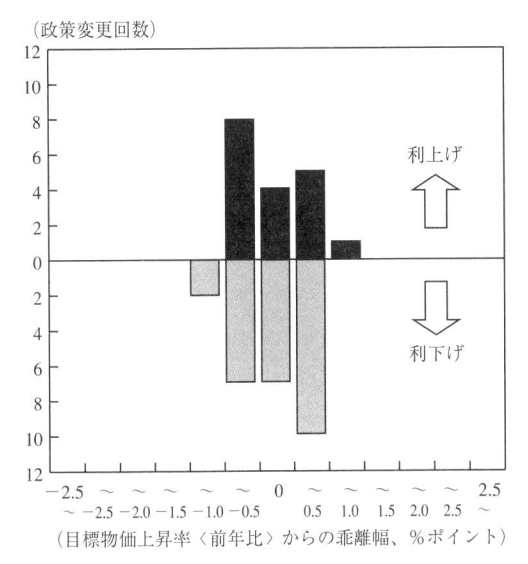

(出所) 日本銀行 (2006b)

(引き下げ) は足元の物価上昇率が目標物価上昇率を下回っているときのほうが多い。これは、足元の物価上昇率は目標よりも低い（高い）が将来の物価上昇率が目標を上回って（下回って）上昇（下落）する可能性が高いので、現在、政策金利を引き上げる（引き下げる）というイングランド銀行の説明や予測が受け入れられていることを示している。このような予測とそれに基づく金融政策運営が受け入れられている理由を考えると、最大の理由はイングランド銀行による金融政策へのクレディビリティーが高いことであろう。そうしたクレディビリティーがある状況の下では、中央銀行としても概ね妥当な予測を出すように最善を尽くすことが、中央銀行としてのクレディビリティーを維持する強いインセンティブとなって作用する。

　第2の条件は、物価上昇率の変動に着目することによって金融政策の変更をリーズナブルな程度に説明できるという前提である。金融政策の目標は物価の安定であるが、近年、資産価格の急激な上昇に代表されるように、多くの国が短期的には物価に影響は表れないが、やや長い時間でみると、経済活動が大きく変動するという事態を経験している。実際、英国だけでなくスウェーデン等のインフレーション・ターゲティング採用国の対応をみても、見

通し期間を従来の2年先から3年先に延長するとともに、短期的には足元の物価動向から離れて金融政策を運営することがありうるという姿勢を明確にし始めている。もっとも、見通し期間を長期化していけばいくほど、インフレーション・ターゲティングのもつ単純なわかりやすさは後退していく（第20章参照）。

■ **委員会としての情報発信**　イングランド銀行の場合、金融政策委員会での採決が大きく分かれることは稀ではない。総裁と副総裁とで意見が異なる場合もあるし、総裁が少数派になる場合もある（前出表6-3-1）。一方で、これとは対照的に、委員会としての物価上昇率や成長率の見通しをファンチャート（確率分布の推移）として公表しており、このファンチャートの性格について"best collective judgment"と説明している（前出図10-5-2参照）。しかし、多様な意見の持ち主から構成される合議体がいつもファンチャートで集約できる「委員会見通し」を公表できるだろうかという素朴な疑問も生じる。実際、イングランド銀行の金融政策決定体制のレビューを委嘱されたFRBのコーン金融政策局長（当時）は"best collective judgment"の性格について懐疑的なコメントを行っている[14]。イングランド銀行の金融政策運営については、反対票の多さに注目が集まることが多いが、最終的なアウトプットともいえる金融政策の決定内容とその背後にある説明については、委員会としての一体的な情報発信に努めていることもイングランド銀行の金融政策の説明スタイルの大きな特徴である。

連邦準備制度

■ **説明の説得性**　連邦準備制度の場合、連邦準備法に規定されている金融政策の目標は物価の安定と景気の安定の2つである。これを反映して、FOMC終了後の声明文でも物価と景気のそれぞれについてリスク評価を行い、そのうえで、当面の金融政策運営に関する考え方を説明している。物価の安定と景気の安定の間には長期的なトレードオフ関係は存在しないが、短期的には両者がトレードオフ関係に立つことがあることを考えると、上述のような金融政策の説明は現実に即しているといえる。なお、FOMCは2007年11月に金融政策の透明性向上策を発表したが、インフレーション・ターゲティングの採用については、連邦準備制度の目的（mandate）や金融政策運営（practice）に適していないという理由でしりぞけている[15]。

14　Kohn（2000）参照。
15　Bernanke（2007d）では、"…some aspects of inflation targeting may be less well suited to the Federal Reserve's mandate and policy practice."と述べられている。

■ **委員会としての情報発信** 近年のFOMCの決定は、イングランド銀行や日本銀行と比較すると満場一致のスタイルが多く（第6章参照）、FOMCメンバーによる講演でも多数意見に沿った金融政策の説明が圧倒的に多い。ただし、FOMCという委員会の公表する文書をイングランド銀行のインフレーション・レポートと比較すると、はるかに簡単な内容にとどまっている。例えば、FOMCも経済情勢に関する見通しは公表しているが、基本的なロジックが中心であり、イングランド銀行のような委員会としての詳細な見解を示す文書は公表していない。このことはコンセンサスを形成するための組織の工夫として、決定対象とする範囲をできるだけ小さくしていることによるのかもしれない[16]。

日本銀行

■ **説明の説得性** 日本銀行は金融政策運営の枠組みとして、2006年3月に「2つの柱による点検」を採用した。日本銀行の発表文書によると、「2つの柱による点検」は以下のように説明されている。

「第1の柱では、先行き1年から2年の経済・物価情勢について、最も蓋然性が高いと判断される見通しが、物価安定のもとでの持続的な成長の経路をたどっているかという観点から点検する。

第2の柱では、より長期的な視点を踏まえつつ、物価安定のもとでの持続的な経済成長を実現するとの観点から、金融政策運営に当たって重視すべき様々なリスクを点検する。具体的には、例えば、発生の確率は必ずしも大きくないものの、発生した場合には経済・物価に大きな影響を与える可能性があるリスク要因についての点検が考えられる」（日本銀行，2006a）

第1の柱は、展望レポートで示される最も蓋然性の高い経済・物価情勢の見通し自体の評価である。この見通しについて評価を行う場合、第10章で説明したように、先行きの短期金利の経路についての想定が重要となる。市場参加者は経済の状況や中央銀行から発信される情報に基づいて、先行きの短期金利の経路について何らかの想定を行っているはずである。最も蓋然性の高い経済・物価情勢の見通しが金融政策の目的に照らして満足のいくものであった場合、中央銀行は市場参加者の予測通りに政策金利の変更を行う必要があるわけではないが、経済・物価の望ましい状態は中央銀行が金融政策の調整を何もしなくても自動的に実現するものではない。その意味で、市場参

---

16 このほか、金融政策に関する情報発信も、FOMCメンバー全員が同程度に行うのではなく、各メンバーが自己のバックグラウンドも意識しながら、ある程度の分業が行われているようにみえる。

加者による政策金利の予想経路自体というより、民間経済主体がおおよそどのような金融政策運営を前提として行動しているかは、金融政策の決定にあたっても重要な判断材料のひとつである。

　第2の柱では、発生の確率は必ずしも大きくないものの、発生した場合には経済・物価に大きな影響を与える可能性があるリスク要因や、通常の予測のタイムスパンを超えるような長期的な見通しを点検することが可能である。こうした点検は、インフレーション・ターゲティング採用国がタイムスパンを長期化したり、連邦準備制度がリスク管理に重点を置いた金融政策運営を行ったことと同様の政策運営哲学に基づくものと考えられる。

　「2つの柱による点検」は枠組みを示したものであり、これが実際にどのように利用されるかは今後の実績で判断されるものであろう。

■　**委員会としての情報発信**　日本銀行は、金融政策説明に係る情報発信の媒体という点では、第1節で述べたように、他の中央銀行と比べて最も充実している。加えて、新日本銀行法施行以降に限定しても、日本のマクロ経済や金融政策は異例の状況にあった。それだけに、委員会としての情報発信という点では難しい課題に直面してきた。現時点で日本銀行の情報発信をイングランド銀行や連邦準備制度と比較すると、いくつかの違いを指摘できる。第1に、金融政策判断に影響する方法論や技術的論点についての委員会メンバーによる情報発信が少ない。技術的論点を扱った講演は当面の金融政策の運営に関する直接的な情報発信ではないが、金融政策を行う際に中央銀行が直面している問題について理解を深めるとともに、経済学者による将来の研究を促進するうえでも、大きな意味があると考えられる。第2に、財務省および内閣府からの出席者による金融政策運営へのコメントが毎回記載されている。イングランド銀行の場合は大蔵省の代表が1名参加しているが、議事要旨には金融政策運営に対するコメントはみられない（米国の場合は、FOMCには政府代表は出席していない）。

■　**「中長期的な物価安定の理解」**　「中長期的な物価安定の理解」については、各委員が物価が安定していると考える範囲を単に集計するのではなく、日本銀行（政策委員会）という組織としての数値を公表すべきという議論も聞かれる。中央銀行が組織として目標物価上昇率を有することのできるケースを考えてみると、以下の3つが挙げられる。第1のケースは、委員全員の意見が一致するケースである。しかし、委員が交代しても常に意見が一致する保証はない。第2のケースは、意見は異なるが、意見の一致を装うケースである。しかし、このケースでは目標物価上昇率の違いは金融政策判断の違いと

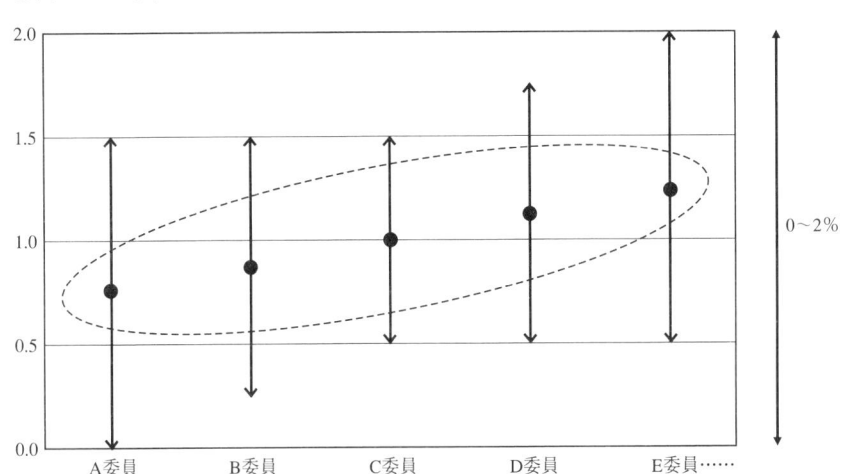

●図12-3-2 「中長期的な物価安定の理解」の概念図

(注) 矢印は、各委員が中長期的にみて物価が安定していると考える領域。丸印は中央値を示す。

なって表面化するため、公表された目標物価上昇率は金融政策の透明性を高めることには貢献せず、むしろ透明性を低下させる。第3のケースは、政府が目標を設定するケースである。しかし、このケースでは中央銀行の直面する困難が政府にシフトする。目標物価上昇率について、中央銀行の中では意見が分かれるが、政府の中では意見が一致するというケースも一般的には考えにくい。政府はいったん目標を設定すると、政府全体がその目標と整合的に行動しなければならないことを意味する。そのように考えると、各委員が物価が安定していると考える範囲を集計し公表するということは、物価安定のおおよそのイメージを伝えるうえでひとつの方法と評価できる（図12-3-2）。

12-4. インフレーション・ターゲティング

本章の議論の締め括りとして、本節では、これまでも散発的に触れてきたインフレーション・ターゲティングについて考察する。

インフレーション・ターゲティングとは？

近年、インフレーション・ターゲティングの採用の是非をめぐっては活発な議論が行われている。しかし、インフレーション・ターゲティングという言葉で意味する内容は論者によってかなり大きく異なっているため、議論が噛み合わないケースも多いように思われる。例えば、2003年に開かれたインフレーション・ターゲティングの採用の是非をめぐるコンファレンスでは、

有力な連銀エコノミストが「米国はインプリシットにインフレーション・ターゲティングを採用している」と主張する一方で、FRB理事が「FRBはいかなる意味においてもインフレーション・ターゲティングを採用しているとはいえない」と主張する光景がみられた[17, 18]。欧州中央銀行の金融政策についても、エコノミスト・学者からは、しばしば「欧州中央銀行はインフレーション・ターゲティングを採用している」という解釈がなされることがあるが、当事者である欧州中央銀行は一貫して「インフレーション・ターゲティングを採用していない」と主張している。このように、そもそもインフレーション・ターゲティングという言葉でイメージする内容が大きく異なっている。そのような状況を前提とすると、インフレーション・ターゲティングの採用の是非を議論することよりも、金融政策について具体的にどのような運営や説明を行うかを議論するほうが実質的により重要である。

インフレーション・ターゲティングについて統一した明確な定義があるわけではないが、Heenman, Peter, and Roger（2006）は以下のような特徴を有する金融政策運営の枠組みをインフレーション・ターゲティングと定義している。第1の要素は、金融政策の主要な目的として物価安定を追求する明示的なマンデートと、目的達成を評価するためのアカウンタビリティーである。第2は、明示的な目標物価上昇率の数値である。第3は、広範囲の情報を考慮に入れたうえでのインフレ圧力に関するフォワード・ルッキングな予測に基づく金融政策運営である。第4は、金融政策のストラテジーと実施に関する透明性である。インフレーション・ターゲティングをこのように定義すると、ほとんどすべての中央銀行はインフレーション・ターゲティングを採用していることになる。唯一の違いは目標物価上昇率の数値を公表するかどうかであるが、英国やスウェーデン等のインフレーション・ターゲティング採用国の例が示すように、短期的な目標達成に縛られているわけではなく、実際の運営は伸縮的であり、しばしば"flexible inflation targeting"であることが強調されている。

---

17 Bernanke and Woodford eds. (2004) 参照。
18 2003年1月に開催されたインフレーション・ターゲティングをめぐるコンファレンスにおいて、リッチモンド連銀の調査担当理事であったグッドフレンドは "Greenspan Fed practices inflation targeting implicitly." と主張したのに対し、コーン理事（当時、現FRB副議長）は "I do not believe that inflation targeting, in any meaningful sense of that term, describes what the Federal Reserve has been doing over the last twenty years, or even in recent years, when Marvin claims that policy has evolved into the 'implicit' inflation targeting. Instead, the success of U.S. monetary policy has in large part derived from its ability to adapt to changing conditions—flexibility that likely has benefited from the absence of an inflation target." と主張した（Goodfriend, 2004；Kohn, 2004）。

インフレーション・ターゲティングは、もともとは物価上昇率が高い国において、中央銀行の物価安定へのコミットメントを示すものとして採用された。そのような国では、中央銀行の物価安定のコミットメントに対して十分な信頼があるわけではなく、目標物価上昇率という数値を掲げることは有効な戦略であった。物価安定に成功した国でも、達成後日が浅い場合には、物価安定をロックインするうえで、目標物価上昇率を公表することは意味のある戦略であるかもしれない。その意味で、インフレーション・ターゲティングのわかりやすさが物価上昇率という数字にあったことは否めない。しかし、本章で述べたように、物価上昇率がリーズナブルな範囲で物価安定圏内に入ってくると、インフレーション・ターゲティングのもつ本来のわかりやすさは徐々に後退する。もちろん、中央銀行は予測のタイムスパンを長くし、すべてを物価上昇率に「翻訳する」ことは可能であるが、そうした翻訳が透明性を高めるかどうかは、結局、翻訳の背後にある先行きの経済の展開に関する判断にかかっている。いずれにせよ、中央銀行は金融政策運営に関して判断を行わなければならない。中央銀行の中でも金融政策の説明の仕方が異なり、また、インフレーション・ターゲティングを採用していない国の金融政策運営がインフレーション・ターゲティングに近い概観を呈していることからすると、インフレーション・ターゲティングの採用の有無だけでは両者の実体的な差異はあまり明確にはならない。近年、インフレーション・ターゲティングの採用の有無がマクロ経済のパフォーマンスの違いをもたらしているかどうかという点について詳細な実証研究が行われるようになっているが、判然とした実証結果は得られていない[19]。問われていることは、それぞれの中央銀行が自国の経済・社会情勢や法的枠組みに即してどのような説明のスタイルを作り上げるかという具体論である（第19章参照）。

19　例えば、Ball and Sheridan (2006)はOECD加盟国についてインフレーション・ターゲティングが当該国の経済的パフォーマンスを改善したという証拠を見出せなかったという実証結果を報告している。一方、Gürkaynak, Levin and Swanson (2006)はインフレーション・ターゲティングが英国とスウェーデンの長期的な予想物価上昇率の安定化 (anchor) に寄与しているという実証結果を報告している。

第13章 マネーサプライの位置付け

　本書は短期金利の多くの変更を出発点として金融政策の運営を説明してきた。そうした説明は現実に中央銀行が金融政策を運営する際の手順に沿ったものである。一方、マクロ経済学や金融論の教科書における金融政策運営の記述をみると、マネーサプライを出発点とした説明が多い。もっとも、この点については近年状況は変化してきており、専門的な学術雑誌をみても、短期金利を出発点とした説明に切り替わってきている。その意味で従来存在していた中央銀行の実際の金融政策運営と学界の議論との間のギャップは徐々に解消しつつあるといえるが、ギャップが完全に解消されたわけではなく、マネーサプライを出発点とした説明は現在でもなお、金融政策をめぐる議論の混乱の一因となっている。このような状況を踏まえ、本章はこれまでの議論の整理も兼ねながら、金融政策運営上、マネタリーベースやマネーサプライといった「量」を政策的にどのように位置付けるべきかという問題を議論する。以下、第1節では、金融政策の分析にあたり、金利を出発点とするアプローチとマネーサプライ（ないしマネタリーベース）を出発点とするアプローチを解説する。第2節では、マネタリーベースをターゲットとする金融政策運営（マネタリーベース・ターゲティング）について説明する。第3節では、金融政策運営上、操作目標として量が採用された2つの時期を取り上げ、そこから得られるインプリケーションについて考察する。第4節では、一時期採用された、マネーサプライをターゲットとする金融政策運営（マネーサプライ・ターゲティング）の経験を振り返り、そうした政策運営が放棄されるに至った理由を説明する。第5節では本章のまとめとして、金融政策運営上、マネーサプライをどのように位置付けるべきかという問題を取り上げる。

13−1. 金融政策分析の出発点

　金融政策の分析にあたっては、金利と量のいずれを出発点とするかで2つの異なるアプローチがある。第1のアプローチは、短期金利を出発点として、これがイールドカーブや各種資産価格、銀行行動の変化をもたらし、そうし

た変化を通じて経済活動に影響を与えると理解するものである。第2のアプローチは、マネーサプライを出発点として、金融政策の効果を分析するものである。また、このアプローチではマネタリーベースを日々の金融調節の操作変数と捉えることが多い。その場合、マネタリーベースとマネーサプライの間に一定の関係（信用乗数）を想定し、前者の変化が後者の変化をもたらすことを通じて、経済に影響を与える経路が想定される。

第1のアプローチは多くの中央銀行が現実に行っている金融政策の運営スタイルである。マネーサプライは短期金利の調整により変化するが、変化の仕方は複雑であり、中央銀行の政策当局者は、マネーサプライが金融政策運営の最初の出発点である（第2のアプローチ）という感覚をほとんどといってよいほどもっていない。中央銀行の政策当局者の感覚は、金融政策の出発点は短期金利であり、その短期金利を動かすために、日々のベースでは中央銀行当座預金の量を調整しているというものである。非常に長い期間をとると、第1のアプローチも第2のアプローチも同じ結論に到達するだろうが、中央銀行が直面する政策決定のタイムホライズン（例えば、次回の金融政策委員会での決定）を考えると、マネーサプライやマネタリーベースが出発点となるアプローチは政策分析の道具としては使えないものと映る。金融政策に関する代表的な理論家であるウッドフォード（コロンビア大学）の言葉を借りると、理論と実務の間には比較的最近まで「奇妙な分離」（"curious disjunction"）が存在していた[1]。

しかしながら、近年は金融政策運営の出発点に関する学界のアプローチは大きく変化しつつある。例えば、マネタリー・エコノミックスに関する大学院レベルの教科書であるRomer（2006）は、研究者がマネーサプライではなく、金利変更に関するルールに焦点を合わせるようになった事実を以下のよ

---

[1] "My focus on the choice of an *interest-rate rule* should not surprise readers familiar with the current practice of central banks. Monetary policy decisionmaking almost everywhere means a decision about the operating target for an overnight interest rate, and the increased transparency about policy in recent years has almost always meant greater explicitness about the central bank's interest-rate target and the way in which its interest-rate decision are made. In such a context, it is natural that adoption of a policy rule should mean commitment to a specific procedure for deciding what interest-rate target is appropriate. Nonetheless, theoretical analysis of monetary policy have until recently almost invariably characterized policy in terms of a path for the money supply, and discussion of policy rules in the theoretical literature have mainly considered money-growth rules of one type or another. This curious disjunction between theory and practice predates the enthusiasm of the 1970s for monetary targets. Goodhart (1989) complains of 'an unhelpful dichotomy, between the theory and the reality of Central Bank operations,' which equally characterized the work of John Maynard Keynes and Milton Friedman.（以下、省略）"（Woodford, 2003 pp.24-25）

うに述べている。

"Central banks for the most part conduct policy not by trying to achieve some target growth rate for the money stock, but by adjusting the short-term nominal interest rate in response to various disturbances. This basic fact about policy, together with the disadvantages of money-stock rules, has led researchers to focus on rules for how the interest rate should be adjusted." (p.526)

このように状況は改善しつつあるが、現在でも学部レベルで使われる教科書はマネーサプライが出発点となった説明が圧倒的に多い。また、現実の金融政策をめぐる具体的な論争をみても、マネーサプライやマネタリーベースを出発点とする議論は多く、これが議論の混乱を招いているように思われる。その意味では、マネーサプライやマネタリーベースを出発点とするアプローチの適切な位置付けを考えてみることには意味があると思われる。

13−2. マネタリーベース・ターゲティング

金融調節

前述のように、従来の教科書では、中央銀行がマネタリーベースを増加させると、一定の乗数（信用乗数）倍のマネーサプライの変動を引き起こすという、信用乗数のメカニズムが説明されることが多かった。現在、多くの中央銀行は短期金利を操作目標として日々の金融政策を実行している。マネタリーベースを目標に金融政策を運営した中央銀行が全くなかったわけではないが、その数は非常に少ない。また、一時期ではあるがマネタリーベースを目標に金融政策を行った中央銀行も、結局、これを放棄している[2]。

中央銀行がマネタリーベースやマネーサプライといった量を金融政策の誘導目標としていない理由としては、以下の2つが挙げられる。第1に、マネタリーベース・ターゲティングでは金融政策を決定する委員会から金融調節の実践部署への授権範囲が大きくなりすぎる。マネタリーベースやマネーサプライの目標が示されても、金融調節の実践部署としては、毎日具体的にどのような金融調節を行うべきなのかがわからない。例えば、マネタリーベース残高に目標が設定されている下で、預金者が預金を引き出して手持ちの銀行券を大幅に増やす状況を想定してみよう。そのような状況は、予想外の消

---

[2] Anderson (2006)は、この点を以下のように述べている。
"As a practical matter, however, no central bank seeks to control the size of its monetary base exactly, fearing that so doing would sharply increase volatility of market interest rates."

費者の購買意欲の盛り上がりで生じることもあれば、取引先銀行の経営に不安を感じた預金者が手持ちの現金を増やすことでも生じうる。銀行は中央銀行の当座預金を取り崩して、銀行券の引き出しに対応する。いずれにせよ、銀行券の発行が増加しても中央銀行当座預金は同額減少しているので、両者の合計であるマネタリーベースの残高には変化はない。この場合、中央銀行当座預金の減少により、銀行は決済のための当座預金や準備預金制度のための所要準備が不足するため、オーバーナイト資金市場で資金を調達し、中央銀行当座預金を復元させようとする。その結果、準備預金の過不足調整の場である短期金融市場が逼迫し、オーバーナイト金利は上昇する。金利上昇を避けるためには、中央銀行の調節部署は中央銀行当座預金の量を増加させる必要があるが、そうすると、今度はマネタリーベースが増加する。金利の変動を全く放置してよいということであれば、マネタリーベースを目標とする金融調節は可能であるが、そうでなければ、どの程度の金利変動までは放置してよいかということに関する判断が必要となる。この場合、金利変動に関する判断が金融調節を決定しており、マネタリーベースは中央銀行の金融政策の運営指針として機能していないことを意味する。

　第2に、上記の理由とも関連するが、市場参加者はマネタリーベースの目標を示されても、それが自らにどのような影響を与えるのかを想像することが難しい。所与のマネタリーベースの残高は銀行券と当座預金の様々な組み合わせで実現するが、金融機関、企業、個人のいずれにしても、マネタリーベースの残高を自らへの影響に即して理解することができない。十分時間をかければマネタリーベースの平均残高をコントロールすることは可能であろうが、それが最終的にどのような経済状態に対応しているかを予測することは難しい。

機械的な信用乗数論

　ところで、マネタリーベース・ターゲティングはマネタリーベースの増加が一定の乗数（信用乗数）倍のマネーサプライの変動を引き起こすという信用乗数論に立脚しているが、現実にそのような関係は観察されるだろうか。

　日本のケースをみると、1990年代以降、2006年に量的緩和政策が解除されるまで、マネタリーベースは大幅に増加したが、それに見合ったマネーサプライの増加は観察されていない。一方、量的緩和解除後はマネタリーベースは大幅に減少したが、マネーサプライの伸びはそれに見合って低下したわけではない。言い換えると、信用乗数は不安定である（図13-2-1）。米国のケースをみても、日本と同様、信用乗数は不安定である。マネーサプライの変動

●図13-2-1 日米の信用乗数の推移

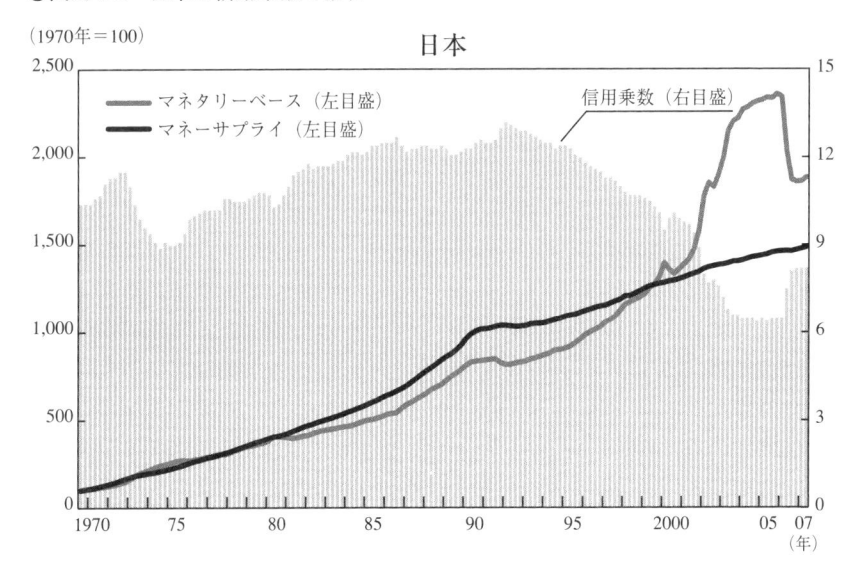

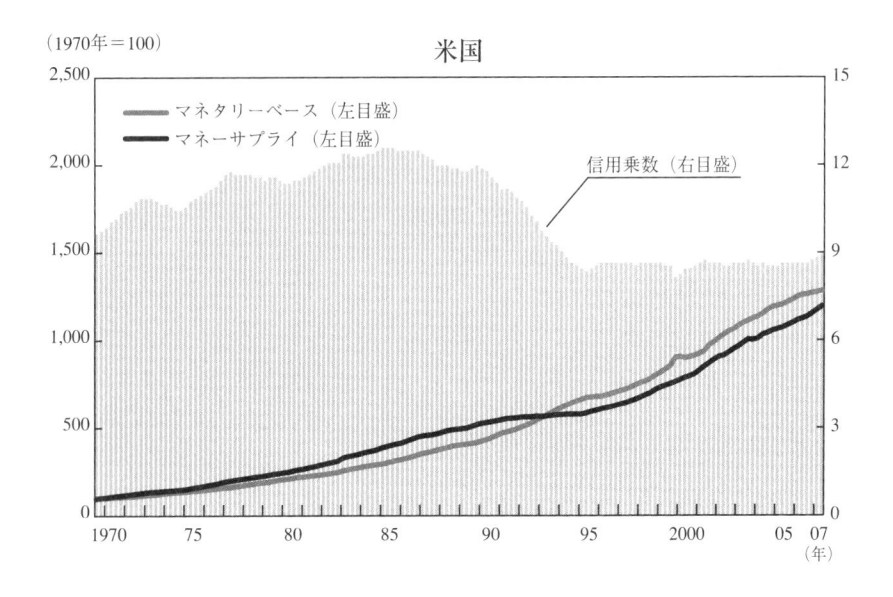

日本

(1970年=100)
- マネタリーベース（左目盛）
- マネーサプライ（左目盛）
- 信用乗数（右目盛）

米国

(1970年=100)
- マネタリーベース（左目盛）
- マネーサプライ（左目盛）
- 信用乗数（右目盛）

が経済活動の変動をもたらすかどうかという論点はひとまずおいて、信用乗数の安定性を前提として、マネタリーベースの変動がマネーサプライの変動をもたらすという関係を想定すること自体が困難である。

　機械的な信用乗数論が妥当する世界は、以下の2つの条件が満たされている経済である。第1に、銀行は豊富な借り入れ需要に直面しており、常に積極的に与信を増やしたいという意欲を有している。第2に、（それにもかかわらず）銀行は流動性の不足に直面している。そのような経済、すなわち、銀行の積極的な与信行動を制約する唯一の要因が銀行の流動性の不足であるというケースでは、銀行に供給される流動性の量が与信の量（従って預金の量）を決定することになる。このようなケースでは、銀行行動を描写する理論として信用乗数論を使うことはできるであろう。しかし、現実の経済ではそのような条件は一般的には満たされていない。マネーサプライの大部分は企業や家計の保有する銀行預金であるので、マネーサプライの量に関する分析は預金に対する需要と供給という枠組みでも可能であるし、銀行の与信（貸出、有価証券投資）に対する需要と供給という枠組みでも可能である。預金に焦点を当てて説明すると、企業は自らの資金繰りや収益の状況、預金以外の金融資産の収益率等をみながら、自らにとって最適な預金保有金額を決めようとしている。一方、銀行は企業に対する貸出や有価証券投資を行うが、この場合も、貸出や有価証券投資について収益やリスクと自らの自己資本を照らしながら、最適な量を決定しようとしている。貸出や有価証券投資を行うと、相手方（借入企業、有価証券を売却する証券会社等）の銀行口座に預金を入金する。銀行預金が増加した相手方は、保有預金金額の水準が最適であるかどうかを判断する。このようにして決まる需要量と供給量は事前的には一致しないが、長期的には需要と供給がバランスするように、金利（預金金利、貸出金利、社債金利等）や量（貸出、有価証券投資、預金）が調整されていく。

　言い換えると、マネーサプライは、利益極大化を目的とする銀行の与信行動と、同じく利益（効用）極大化を目的とする企業や個人の資産選択行動の相互作用の結果として決まってくる。銀行の与信行動に影響する要因としては、所与の金利水準での個人・企業等の借り入れ需要、様々な運用対象のリスク調整後のリターン、損失のバッファーとなる自己資本の状況等が挙げられる（第9章参照）。個人・企業等の資産選択行動の決定要因としては、現在から将来にわたる所得や収益の予想、様々な運用対象のリスク調整後のリターン等が挙げられる。言い換えると、機械的な信用乗数理論には、経済主体

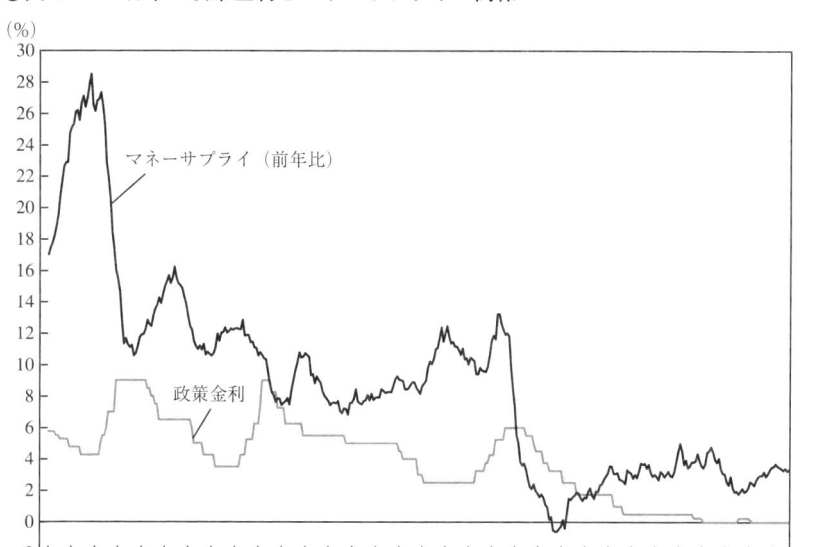

●図13-2-2　日本の政策金利とマネーサプライの関係

の最適化行動と、その相互作用の結果としてマネーの量が決定されるという視点が欠如している[3]。なお、マネーの量が供給によって決まるという認識を生むことになった一因は「マネーサプライ」という名称にもあったように思われる。そのような観点からは、マネーサプライではなく、マネーストックという用語のほうが適切である[4]。

次に、マネタリーベースではなく、政策金利ないし短期金利の変化に対するマネーサプライの変化については、どうであろうか。図13-2-2は日本についてこの点を確認したものであるが、短期金利の変化とマネーサプライ伸び率の対応関係も近年は明確ではなくなっている。短期金利は銀行の与信行動や個人・企業等の資産選択行動に影響を与える要因のひとつではあるが、他の要因の影響も大きい。特に、日本のバブル崩壊後の経験が示すように、銀行や企業の自己資本が大きく毀損し自らの存立が危ぶまれるような状況では、

3　白川(2002b)参照。
4　米国では1970年12月、英国では1971年にそれぞれマネーサプライからマネーストックに名称が変更されたほか、欧州中央銀行では1998年の設立時からマネタリー・アグリゲート(monetary aggregates)という名称が使用されている。2007年に発表された日本銀行による、マネーサプライ統計の見直し案では、「マネーサプライ」から「マネーストック」への名称変更が提案されている(日本銀行調査統計局, 2007)。

短期金利の変更による影響は限られている。

13-3. 量を目標とした金融調節の経験

多くの中央銀行は短期金利を誘導目標として金融調節を実行しているが、少数ながら、量を目標として金融調節を行った時期がある。また、エマージング諸国の中には、現在でも量を目標に金融調節を行っている中央銀行が存在する。先進国の中央銀行が量を目標として金融調節を行った代表的な事例としては、連邦準備制度がインフレ抑制のために1979年に採用した新金融調節方式（第5章参照）と、日本銀行が2001年3月から2006年3月まで採用した量的緩和政策（第18章参照）が挙げられる。

米国の新金融調節方式

米国の新金融調節方式では、マネーサプライという量のコントロールのために、「非借り入れ準備」（non-borrowed reserve）に目標金額が設定された[5]。当時の米国は15％に近い高インフレに直面しており、ボルカーがFRB議長に就任してからは、インフレ抑制が金融政策の最優先課題となった。その際、金融引き締めをどのような方法で、どの程度で行うかが論点となったが、インフレ心理が高まっている状況下、そもそもどの程度の金利引き上げが必要であるかが事前的にはわからなかった。いずれにせよ、必要な金利引き上げ幅はかなり大幅なものとなることは認識されていたが、必要な金利引き上げ幅を最初から明示したうえで金融引き締めを行おうとすると、強い反対に直面することが予想された。そのような状況の中で、非借り入れ準備という、量を目標とする金融政策が採用された[6]。ボルカー議長の以下の言葉はこの間の事情を明確に語っている。

> 「金利を上げる場合にはほとんどいつでも、金利を下げる場合よりも大きなリスクを伴うようにみえるということも、人間心理の真実なのである。結局のところ、誰も不況を好まないし、普通政治的攻撃はこうした局面でかけられる。自然な結果として、動く場合、とくに金融引き締めに動く場合は、『様子をみる』ためにほんの少しだけということになりがちである。

---

5 中央銀行当座預金（リザーブ）は、公開市場で行われる資金供給オペレーションによる供給と、相対で行われる個別銀行に対する貸出による供給に分けられる。当時の米国の金融調節では、公開市場で行われるオペレーションで資金供給を絞りぎみに行うことによって、個別銀行を資金不足の状態、すなわち、連銀借り入れに依存する状態を作り出し、そのうえで貸出量を調整して短期金利のコントロールを行っていた。非借り入れ準備とは、公開市場で行われるオペレーションの金額のことをいう。

6 Lindesy, Orphanides, and Rasche (2005) 参照。

物価の動きそのものやインフレに対する見方が比較的安定している時にはこれでもまったく構わないし、分別ある動きと言えるかも知れない。しかし、インフレが加速しているさなかには、FRBが用心深くさぐりを入れているのだと考えていることも、外部の世界には無力な赤ん坊のヨチヨチ歩きのようにみえるものである」(ボルカー・行天, 1992：242〜243頁)

「最も大切なことは、われわれ自身を鍛錬することだろう。単に目標数値を発表することによってではなく、目標を現実に達成する可能性を増やすため実際に運営手法まで変えることによって、一度FRBがマネーサプライを重要視するようになれば、たとえわれわれの決定が苦痛を伴う程高い金利水準を招来することになったとしても、もう後戻りするのは困難になるからである。マネーサプライの重視はまた、一般大衆に対してわれわれは本気だと伝える一つの方法でもあった。インフレが多過ぎる通貨供給量となんらかの関係があるのだと理解するのに、経済学の専門的な知識は必要ない。つまり、もしわれわれが通貨供給量をコントロールしようとしている時にはインフレを退治しようとしているのだというメッセージを送りだせれば、一般の人々の行動に影響を与えるチャンスが生まれる」(同、244頁)

言い換えると、連邦準備制度が量を目標とする金融政策を採用したのは、インフレ抑制という目的達成のための極めて実践的な判断に基づくものであった[7]。量を目標とする金融政策は1979年から82年の間は採用されたが、インフレ抑制にある程度の目途がついた段階で放棄され、誘導目標は量から再び金利に戻ることになった。

日本の量的緩和政策

日本銀行は2001年3月、いわゆる「量的緩和政策」の枠組みを採用し、日本銀行当座預金残高を金融調節の誘導目標とした。一般的には、当座預金残高という量を目標とする場合には当座預金に対する需要如何でオーバーナイト金利が変動し、これにどのように対処するかが実践的に大きな問題となるが、量的緩和政策の下ではすでにゼロ金利が実現しているため、そうした問題が顕在化することは少なかった。ただ、それでも以下のようなケースでは、オーバーナイト金利が上昇し、これを放置することは適切でないと判断され

---

[7] 新金融調節方式は一見したところマネタリスト的な印象を与えるが、フリードマンは新金融調節方式に当初から懐疑的であり、ボルカー議長に対しても批判的であった。フリードマンは1987年、Financial Times紙において、"If somebody had wanted deliberately to discredit monetarism they would have done what Volcker did." と発言している(Nelson, 2007からの引用)。

た。
　第1は期末日であるが、季節的な要因により当座預金需要が増加した。この場合、当座預金の供給が残高目標通りであると、コールレートはゼロ金利から乖離して若干ながら上昇する（第8章参照）。もちろん、上昇するといってもわずかな上昇であるが、金融機関の経営状態が良好でない状況の下で、期末の金利上昇を容認するかどうかが論点となる。第2は、相対的に経営状態の悪い銀行の資金調達ニーズが高まるケースである。この場合、当座預金が残高目標通りの供給が行われていても、公表される加重平均のコールレートは上昇する。このような状況において、当初の目標通りの「量」を供給すればいいのか、コールレートをゼロにすべきなのかが論点となる。日本銀行はそのような状況が生じることも予想し、弾力的に対応しうる条項（いわゆる「なお書き」）を設けており、期末日や金融システム不安が特に懸念される局面では当座預金残高目標を超えて供給を行うことが多かった（第18章参照）[8]。
　以上のことは通常時は重要な論点ではないが、量的緩和政策が採用されていた局面では重要な論点であった。金融調節運営方針の意義が次回の金融政策委員会までの中央銀行としての行動の具体的基準を定めるものであるとすれば、以上の経験は、量を重要視した調節を行っていた時期においても、金融調節の指針は「量」だけでは表現しにくかったことを物語っている[9]。

13－4. マネーサプライ・ターゲティング

　前節ではマネタリーベース（ないし当座預金残高）を目標とする金融調節が採用されない理由を説明したが、本節では短期的な金融調節という問題を離れて、金融政策の基本的な運営にあたってマネーサプライを中間的な目標とする方法（マネーサプライ・ターゲティング）について検討する。
　最初に、マネーサプライ・ターゲティングの経験を振り返ってみたい。マネーサプライの伸び率は1950年代から60年代にかけては金融政策運営上大きな注意が払われることはなかったが、1970年代半ばからマネーサプライ伸び率に目標値を設定する中央銀行が次第に多くなっていった。もっとも、現時点で当時を振り返ってみた場合、中央銀行がマネーサプライの伸び率を本当

8　量的緩和政策採用時の金融調節運営方針は、当座預金残高目標を定めたうえで、「資金需要が急激に増大するなど金融市場が不安定化するおそれがある場合には、上記目標にかかわらず、一層潤沢な資金供給を行う」という表現で弾力的な対応の余地を残していた。
9　量的緩和政策を採用していた時期に金融調節の直面した様々な経験については、量的緩和政策採用期間の各年の「金融調節の動向」（日本銀行金融市場局）およびMaeda, Fujiwara, Mineshima, and Taniguchi (2005)を参照。

に重視していたかというと疑問の余地がないわけではないが、現在よりははるかにマネーサプライの伸び率に対する関心が高かったことは事実である[10]。

そのようなマネーサプライ重視の金融政策が行われるに至った背景としては、第1に、マネーサプライと経済活動や物価上昇率との間に安定した関係があると考えられたことが挙げられる。第2に、インフレが高進するような時期にあっては、名目金利は金融政策の引き締め・緩和の程度を測る指標としてミスリーディングな指標となることが挙げられる。すなわち、インフレの高進を反映して予想物価上昇率が上昇する場合には、名目金利も上昇するが、中央銀行が名目金利の水準で引き締め・緩和の程度を測ると、そうした状態の行きすぎを金融引き締まりと誤認し、結果として、インフレの高進を許容してしまうという危険がある。

マネーサプライをめぐる主要国の経験

マネーサプライの役割について検討するために、マネーサプライと経済活動や物価上昇率との間の関係について振り返ってみよう（図13-4-1）。日本についてみると、1970年代後半までは、物価上昇率や名目GDP成長率に先行するかたちでマネーサプライ上昇率の変化が明確に観察された。特に、1973〜74年のインフレの高進については、これに先立つマネーサプライの伸び率上昇が際立っていた。しかし、1980年代後半のバブル期においては、マネーサプライは高い伸びを続けたにもかかわらず、物価上昇率はさほど上昇しなかった。その後、バブル崩壊期に入ると、マネーサプライ伸び率は急激に低下したが、この局面でも、マネーサプライ伸び率と物価上昇率との関係はそれほど明確ではなかった。他方、マネーサプライ伸び率と名目GDP成長率との関係では、1990年代前半までは比較的高い相関関係が観察された。しかし、その後の推移をみると、マネーサプライの伸び率は物価上昇率、名目GDP成長率いずれとの間でも有意な関係は観察されず、逆に、近年では負の相関関係が観察される状況となっている[11]。

上述したように、マネーサプライと経済活動や物価上昇率との関係は不安定化しているが、これは日本だけに限られたものではなく、先進国に共通した現象となっている。その理由としては以下の2つが挙げられる。

第1の理由は、イングランド銀行のキング総裁が指摘するように、近年、マネーは需要要因によって変動することが多かったことである[12]。マネーサプ

---

10 マネーサプライ・ターゲティングは、1974年にドイツとイタリアが、1975年にカナダ、スイス、米国が、1976年にオーストラリア、フランス、英国が採用した。
11 京増・髙田（2006）参照。

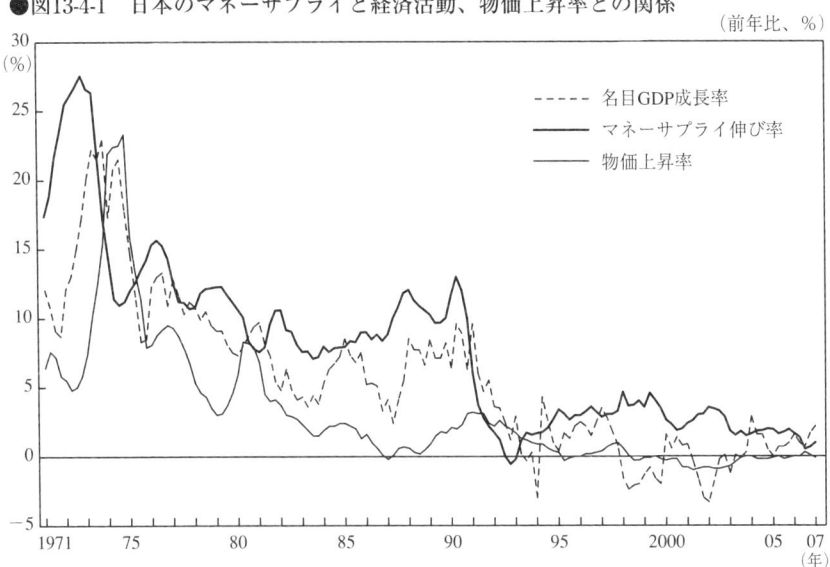

●図13-4-1　日本のマネーサプライと経済活動、物価上昇率との関係

(前年比、%)

 ----- 名目GDP成長率
 ── マネーサプライ伸び率
 ── 物価上昇率

ライの変動が経済活動や物価上昇率の変動をもたらすという状況は、マネーの大きな変動が供給要因によって引き起こされる状況を想定している。中央銀行の国債引き受けに伴うマネーサプライの増加によるインフレの発生はその典型例である。しかし、マネーが需要面の要因で増加する場合、物価の反応は異なる。この場合、マネーに対する需要増加から金利が上昇し経済活動や物価が抑制されることになるが、仮に中央銀行が金利上昇を避ける金融政策を採用していたとすると、マネーサプライは増加する一方、金利水準やGDP、物価の水準は変化しない。ここで問題となるのは、マネーサプライの変化が需要サイド、供給サイドいずれの要因で生じたかという点である。近年は、金融の技術革新や自由化を背景に、需要面の要因による変動が相対的に大きかったと推測される。

　第2の理由は、急速な金融技術革新や経済環境の変化を背景に、そもそも経済学上の概念としての通貨やマネーサプライを現実の統計として測定することが難しくなっていることである。預金通貨の提供する決済サービスを考えてみると、過去40年の間でも確実に発達してきている[13]。決済サービスの面

12　King(2007a)参照。

での預金の利便性の向上は、個人や企業の保有する預金だけでなく、民間銀行が中央銀行に保有する当座預金についても当てはまる。中央銀行の当座預金は伝統的には自国内に拠点を有する民間銀行が保有し、海外所在の銀行が中央銀行当座預金を保有することは認められていなかった。しかし、近年は、自国内に拠点を有さない民間銀行が中央銀行当座預金を保有すること（いわゆるリモート・アクセス）も限定的に認められつつある[14]。また、中央銀行の決済システムの稼働時間も長くなってきている。そうした中央銀行の決済サービスの変化は、民間銀行が企業や個人に提供する決済サービスにも影響を与えるはずである。さらに、預金以外の面でも、短期金融市場商品を組み込んだ投資信託やクレジットカードをはじめ、決済の面でも利便性を大きく向上させる技術革新が進行した。その意味で、かつてカナダの中央銀行のボウイ総裁が述べたように「我々がマネーサプライを見捨てたのではなく、マネーサプライが我々を見捨てた」（"we didn't abandon the monetary aggregates, they abandoned us"）というのが実態であるといえよう。

マネーサプライの測定の困難化

急速な金融技術革新や経済環境の変化を背景に、マネーサプライを統計的に測定することが難しくなったことを述べたが、以下では、このことをいくつかの具体例に即して説明する。

■ **マネタリーベース**　マネタリーベースのうち、圧倒的にウエートが大きいのは銀行券であるが、銀行券はもっぱら需要要因によって変動する[15]。銀行券の需要は、当該国の所得や金利水準を反映して変動するが、ドルやユーロの銀行券については、海外の需要に応じても変動している。例えば、米国の場合、銀行券の約6割はロシアや中南米諸国をはじめとする海外での流通分と推計されている[16]。このため、米国のマネタリーベースは米ドル銀行券が流通している諸国のインフレ率や政治的安定度を反映して変動する面もあり、米国内の経済活動と直接的な関係があるとは考えにくい[17]。自国銀行券の域外流通は、最近まではもっぱら米ドルに固有の現象であったが、近年ではユーロ

13　例えば、同一銀行であれば、全国どこの店舗からでも預金の払い戻し請求ができるようになったのは、1960年代後半から70年代前半にかけてである。1970年代後半以降は、CD（現金自動支払機）やATM（現金自動預払機）といった端末機の導入が進められた。また、1973年には全銀システムが創設され、全銀システム加盟金融機関であれば、いかなる店舗に預金口座を有する顧客であっても当日中に資金を送金できるようになった。その後、全銀システム加盟の金融機関の範囲は拡大し、1979年には相互銀行・信用金庫、1984年には信用組合・農協が参加するようになった。日本銀行金融研究所（1995）59〜61頁参照。

14　リモート・アクセスについては、BIS Committee on Payment and Settlements (2003)を参照。

15　マネタリーベースについては、Anderson (2006)を参照。

についても中東欧諸国をはじめ銀行券の域外流通が急速に増加している。

■ **マネーサプライ**　金融の自由化や技術革新に伴い、マネーとマネーでない金融資産を明確に区別することが難しくなっている。マネーサプライの当初の標準的な定義は「預金取り扱い金融機関以外の民間経済主体が預金取り扱い金融機関に保有する預金」というものであったが、金融の自由化や技術革新を反映して、どのような金融資産をマネーと定義するかを明確に決めることが難しくなっている[18]。また、預金取り扱い金融機関以外の金融機関の活動が活発化するにつれ、預金取り扱い金融機関以外の金融機関（例えば、証券会社、保険会社、ファンド等）の保有する「マネー」をマネーサプライとみなすかどうかという点についても明確な線引きが難しくなっている。このため、各国とも自国の金融市場の実態を踏まえつつ、マネーサプライの統計的な定義を修正しており、現在ではマネーサプライ統計も、国によって、また時代によってかなり異なる内容となっている（BOX参照）[19]。

BOX　マネーサプライ統計の国際比較

マネーサプライについては以下のような定義の違いが存在することを考えると、国際比較を行う際には注意が必要である（表1）[20]。

■ **投資信託**　米国やユーロエリア等では短期金融市場商品を組み込んだ個人向け投資信託（MMMF）をマネーサプライに含めているが、日本は含めていない。
■ **レポ**　例えば、ユーロエリアではレポはマネーサプライに含まれている。
■ **大口預金**　米国では10万ドル以上の定期預金はマネーサプライから除外されているが、多くの国では大口預金は含まれている。
■ **非銀行部門保有の中央銀行当座預金**　米国や日本はマネーサプライに含めていないが、中央銀行当座預金をマネーサプライに含める国（地域）も存在する（例えば、ユーロエリア、スイス、ノルウェー）[21]。

16　U.S. Treasury (2006) は、2005年時点での米ドル銀行券の海外における保有比率を64.6％と推定している。ロシアおよびアルゼンチンにおける米ドル銀行券の対GDP比率はそれぞれ10.0％、17.5％と推計されている。
17　Federal Reserve Bank of New York (2007) 参照。
18　日本銀行調査統計局 (2007) はマネーサプライ統計の見直しの一環として、「証券会社」「短資会社」「非居住者」を通貨保有主体から除外することを提案している。この見直しが実施に移されると、預金取り扱い金融機関だけでなく、預金取り扱い金融機関以外の金融機関（保険会社を含む）も通貨保有主体から除外されることになる。
19　例えば、中央銀行の資金供給オペレーションの相手先として証券会社のウエートは高いが、マネーサプライに与える即時的な影響は証券会社を「マネー保有主体」と定義するかどうかによって変わってくる。
20　日本のマネーサプライ統計については日本銀行調査統計局 (2007) を、主要国のマネーサプライ統計の比較については O'Brien (2006) を参照。

●表1 マネーサプライ統計の国際比較

	MMMF	レポ	大口預金	非銀行部門保有の中央銀行当座預金
日本	非計上	非計上	計上	非計上
米国	M2に計上	非計上	非計上	非計上
ユーロエリア	M3に計上	M3に計上	計上	計上
カナダ	M2+に計上	非計上	計上	非計上
スイス	非計上	非計上	計上	計上
オーストラリア	非計上	非計上	計上	非計上
ノルウェー	M2に計上	非計上	計上	計上

(出所) O'Brien (2006) に基づいて著者作成

13-5. マネーサプライの金融政策上の位置付け

　1970年代から80年代にかけては、マネーサプライ・ターゲティングを採用する中央銀行が増加したが、その後は、金融の自由化や技術革新の進展を背景に、マネーサプライと経済活動の関係が不安定化したことから、マネーサプライ・ターゲティングは廃止された。現在では、中央銀行によるマネーサプライ目標値の公表も行われていない。また、中央銀行のインフレ予測にあたり、マネーサプライに言及することも大幅に減少しており、特に、米国ではその傾向が強い[22]。イングランド銀行のキング総裁が指摘するように、「インフレは貨幣的現象である」という理解が広がり、金融政策の重要性への認識が高まる一方で、多くの中央銀行においてマネーサプライに対する関心が低下し、その動向に言及されることもほとんどなくなっているというのは興味深い状況である[23]。

　いずれにせよ、本章で述べたようなマネーサプライの限界を十分認識したうえで、金融政策運営上、マネーサプライをどのように位置付けるかは重要な論点である。ニューケインジアン経済学に立脚する経済学者や連邦準備制度のように、マネーサプライの動向をほとんど無視していいのか、それとも、マネーサプライの動向にも一定の注意を払うべきなのだろうか。本節では第3章で検討したフリードマン命題を再び取り上げ、マネーサプライとの関係

21　量的緩和政策採用期には、証券会社や短資会社等、預金取り扱い金融機関以外の金融機関の日本銀行当座預金の保有も増加した。

で議論したうえで、現時点においてマネーサプライを金融政策運営上どのように位置付けるべきかについて考察する。

フリードマン命題とマネーサプライ

「インフレは貨幣的現象である」("Inflation is always and everywhere a monetary phenomenon")というフリードマン命題の最も重要な貢献は、すでに述べたように、インフレの原因が何であれ、高インフレの背後には金融政策の役割が大きいと示したことである。図13-5-1は、1968年から98年までの30年間について、116カ国の物価上昇率とマネーサプライ増加率の関係をみたものである。これをみると、両者の相関関係はマネーサプライの伸びの低い国については高い国ほど密接ではないが、一般的な傾向としては、タイムホライズンが長くなるにつれて、両者の関係は密接になることが示されている。

しかし、フリードマン命題の「貨幣的現象」という言葉を捉えて、この命題をマネーサプライの役割を重視したものとして理解することは不適切である。現実に、今日では学界でもフリードマン命題はそのような命題としては理解されていない。因みに1970年代の高インフレ期を振り返ってみると、マネーサプライの伸び率も高かったが、物価上昇率を差し引いた実質金利も低かった。その意味では、マネーサプライに言及しなくても、過度に緩和的であった金融政策が高インフレの原因であったと表現することも可能である。金融緩和や引き締めの程度を判断するうえでマネーサプライと金利のどちらが有用であるかは、先験的には結論づけられない。しかし、少なくとも1980年代以降については、急速な金融の自由化や技術革新を背景に、マネーに対する需要が大きく変動するとともに、概念としてのマネーに対応した統計を作成することが困難となっている。このため、マネーサプライの伸び率で金融緩和や引き締めの程度を判断することは難しくなっている。この点で、フリードマンが亡くなる数年前にFinancial Times紙において、"The use of quantity of money as a target has not been a success. I am not sure I would as of today push it hard as I once did"と述べたことは興味深い[24]。

22　King（2002）参照。マイヤー（前FRB理事）は、マネーサプライの役割について以下のように述べている（Meyer, 2001）
　　"Whatever the lasting influence of monetarism, this journey will still find no explicit role for money in the consensus model and little or no explicit role in the current practice of monetary policy, at least in the United States."
23　King（2002）は2001年11月時点において過去2年間の中央銀行総裁の講演を点検し、マネーサプライへの言及頻度を報告している。これによると、イングランド銀行は27回中1回、FRBは17回中1回、日本銀行は11回中1回、欧州中央銀行は30回中3回である。

●図13-5-1　物価上昇率とマネーサプライ増加率の関係

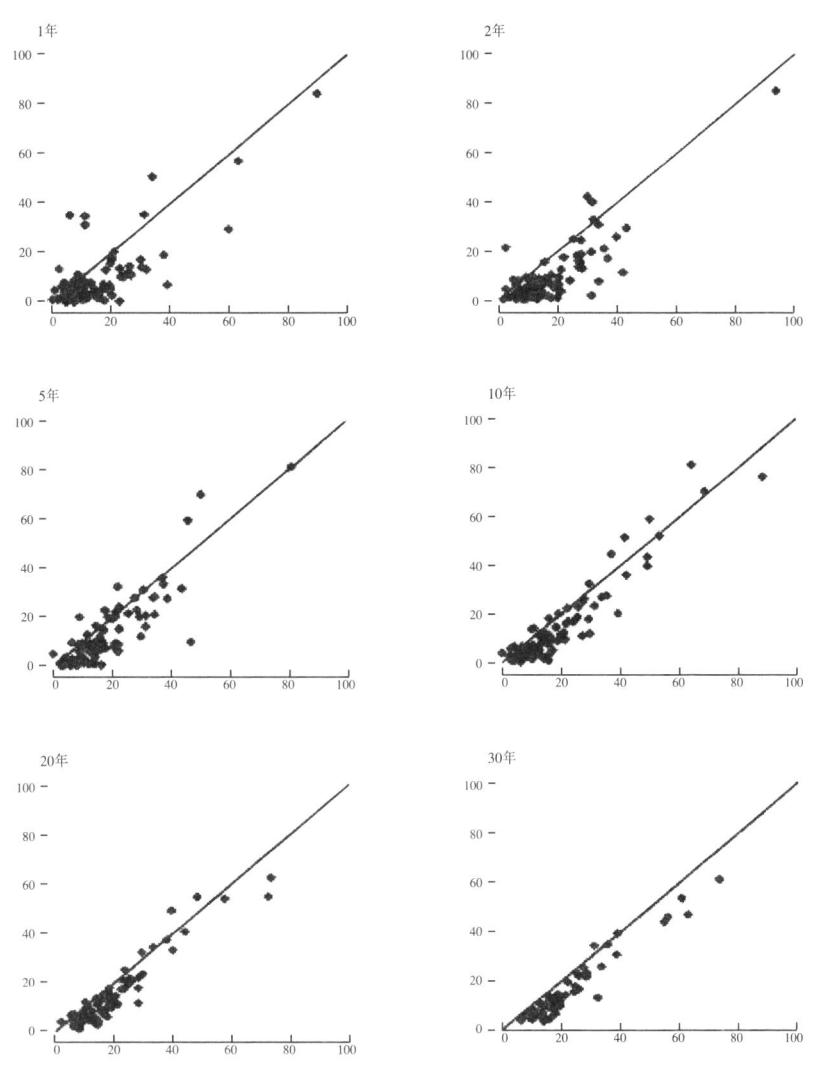

（注）横軸はマネーサプライ増加率、縦軸は消費者物価上昇率。1968～98年、116カ国が対象。
（出所）King（2002）

このようにフリードマン命題をマネーサプライとの関係で理解することは今日では不適切であるが、仮に「貨幣的」という言葉をマネーサプライの変動と理解した場合、デフレについても「いつでもどこでも貨幣的現象である」と主張できるのだろうか[25]。1990年代後半以降の日本の緩やかな物価下落の過程を振り返ってみると、マネタリーベースはこの間に大きく増加した（第18章参照）。マネーサプライ伸び率も名目GDP成長率を上回る伸びを記録した（前出図13-4-1）。その意味では、「デフレはいつでもどこでも貨幣的現象である」とはいえない。マネタリーベースの大幅な増加にもかかわらず、物価が下落するという現象は、19世紀後半の英国をはじめ、少なからず存在する。デフレとの関係で、デフレが止まるためにはマネーサプライ伸び率の増加が必要であると主張されることもあるが、近年において物価が下落傾向から上昇傾向に転じた国の事例をみても（図13-5-2）、マネーサプライと物価上昇率との間には、そうした一意的な関係は観察されない（マネーサプライではなく、金融政策とデフレの関係については第19章で検討する）。

●図13-5-2　物価上昇基調への転換局面

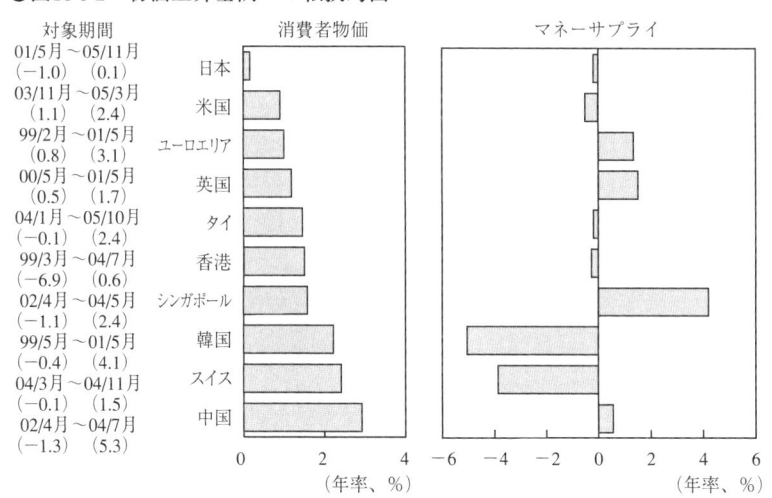

対象期間		消費者物価	マネーサプライ
01/5月～05/11月 (−1.0) (0.1)	日本		
03/11月～05/3月 (1.1) (2.4)	米国		
99/2月～01/5月 (0.8) (3.1)	ユーロエリア		
00/5月～01/5月 (0.5) (1.7)	英国		
04/1月～05/10月 (−0.1) (2.4)	タイ		
99/3月～04/7月 (−6.9) (0.6)	香港		
02/4月～04/5月 (−1.1) (2.4)	シンガポール		
99/5月～01/5月 (−0.4) (4.1)	韓国		
04/3月～04/11月 (−0.1) (1.5)	スイス		
02/4月～04/7月 (−1.3) (5.3)	中国		

（注）1. 消費者物価とマネーサプライについて、最近時において消費者物価前年比伸び率が一番低い時点から、その後の伸び率上昇局面でのピークまでを対象期間とし、その間の前年比伸び率の上昇幅（年率換算値）を表示。
　　　2. 対象期間の下の（　）内は各時点における消費者物価前年比伸び率。
（出所）京増・高田（2006）

24　Friedman（2003）参照。

現時点でのマネーサプライの位置付け

　以上述べてきたように、金融政策の運営上、近年ではマネーサプライの重要性が低下し、代わりに金利の重要性が高まっている。その理由は前述したように、通貨需要の不安定性およびマネー・通貨量の統計的把握の難しさに求められる。この両方の理由は経済・金融環境の変化を反映して変化する。仮に、金融の技術革新が定常状態に復帰するということがあれば、安定性を回復する可能性がないとはいえない。第2の理由である観察の難しさも相対的な問題である。かつて物価上昇率が高く、その変動も大きかったときは、実質金利水準を測定することが難しかった。そのような状況の下では、マネーサプライの情報価値は高かった。しかし、将来再び物価上昇率が高くなるようなことがあれば、実質金利水準の観察の難しさという問題が再浮上し、マネーサプライのほうが優位になる可能性も否定はできない。また、物価上昇率が低く金利水準も低い状況の下では、金利の情報価値については限界があることを認識しておく必要がある。金利の変動は経済主体の支出行動に影響を与えるが、第9章で述べたように、金利の変動を実質金利、インフレ予想、リスク・プレミアムの3つに分解して認識することも難しい。インフレ予想を認識することも難しいが、リスク・プレミアムの変化を認識することはさらに難しい。その意味で、民間経済主体の支出行動を規定する金利の動向を知ることは、一見するほど容易なことではない。さらに、経済活動に影響を与える変数として、マネーサプライや金利という変数だけではうまく捉えられない変数が存在することも感覚としては知られている。そうした感覚はアベイラビリティーとか「市場流動性」（第15章参照）といった言葉で表現されることがある。

　それでは、マネーサプライという金融の量的指標は、金融政策運営上、現在はどのような位置付けとするのがよいのだろうか。この点については、2つの立場がありうる[26]。

　第1は、「情報変数」としての位置付けである。マネーサプライの伸びが急激に変化する場合には、金融政策上の対応を要するような大きな変化が起きている可能性もあるし、金融技術革新等を反映し金融政策上の対応を要しな

---

[25] フリードマンが「インフレは貨幣的現象である」という表現を初めて使った著作（Friedman, 1963）において、デフレがどのように理解されていたかは興味ある点である。同書には以下のような記述もあり、「貨幣的現象」という言葉で念頭に置いていたのは、大幅な物価変動一般というより、文字通り大幅なインフレであったようにも推測される。

"I know of no exception to the proposition that there has been a one to one relation between substaitial rises in prices and substaitial rises in the stock of money." (pp.9-10)

い動きである場合もある。いずれにせよ、マネーサプライの伸びの大きな変化は、経済活動や物価、金融システムの面でどのような変化が生じているのか、そして、それらの変化は金融政策に対しどのようなインプリケーションを有しているのかを考えるきっかけを提供する。例えば、日本のバブル期やバブル崩壊期を振り返ってみると、物価上昇率との関係は強くなかったが、資産価格の変動やそれによって引き起こされた経済活動の大きな変動との関係は強かった。その意味では、他の変数に比べマネーサプライに一段高い情報価値を認めるという立場ではないが、マネーサプライの大きな変化は様々な代替的仮説を立ててみるトリガーの役割を期待できる。

第2は、コミュニケーションの手段としての位置付けである。欧州中央銀行は金融政策の説明にあたり、経済分析(economic analysis)と金融分析(monetary analysis)から得られる分析結果をクロスチェックするという方法(two-pillar approach)を採用しているが、マネーサプライは後者の重要な指標のひとつとして使われており、金融政策の説明の際にも必ず言及されている。もっとも、このようなアプローチが妥当性を有するためには、長期的にはマネーサプライと経済活動や物価との間にある程度の相関関係が存在することが必要である。そうした関係が存在しない場合は、コミュニケーションを却って難しくさせるおそれもある。

著者は、マネーサプライについては上述の第1の立場に立ってモニターするという姿勢が妥当であると考えている。それと同時に、「マネーサプライ重視」の考え方の背後にあった思想、すなわち、金融政策の効果波及メカニズムに関する知識が不完全である以上、中長期的なベンチマークを意識しながら金融政策を判断していくという哲学は重要と考えている。マネーサプライは現状ではそうした役割は担えなくなっているが、実質短期金利とトレンド成長率の関係をチェックすることやテイラー・ルールに基づく金利水準を計算することは、そうした思考様式につながるものである。

26　米国におけるマネーサプライの位置付けについては、Meyer(2001)、Bernanke(2006a)を参照。

第 V 部
適切な金融政策運営には何が必要か？

内外の歴史が示すように、経済は時として、通常の景気循環という程度を超えて非常に大きな変動や混乱を経験してきた。大きな変動や混乱の原因は様々であるが、為替平価（ないし事実上の固定為替レート）の調整といった為替レートのレジームの変更、預金の取り付けに象徴されるような金融市場・金融システムの動揺、ハイパーインフレーションの経験に代表されるような財政の破綻等が原因となっているケースが多い。その意味で、為替レート、金融市場・金融システム、財政に関する制度や政策は重要である。第Ⅴ部では、金融政策の運営と密接な関連を有するこれらのテーマを順次取り上げ、金融政策が物価安定を通じた持続的成長の実現という目的を実現するうえで、どのような制度や政策運営が望ましいかを議論する。

第14章　為替レートに関する制度と政策

　金融政策の目的は物価の安定を通じて持続的な経済成長に貢献することである。為替レートの変動は物価や経済活動水準に影響を与えるとともに、逆に物価や経済活動水準の変動ないしその予想が為替レートに影響を与える。このことが示すように、金融政策運営上、為替レートは重要な変数であるが、過去の内外のマクロ経済の動向や金融政策の推移を振り返ると、経済の混乱ないし金融政策運営の失敗の少なからぬケースは、為替レートに関する制度設計や政策運営の失敗と関係している。本章では、為替レートに関する制度と政策を取り上げる。以下、第1節では、為替レートに関する制度を解説する。第2節では、為替レートの変動への金融政策の対応のあり方を議論する。第3節では、為替市場介入の効果を議論する。第4節では、為替市場介入と金融政策の関係について考察する。

14－1．為替レートに関する制度
オープンエコノミー・トリレンマ
　財・サービス、資本に関して国際的な取引が活発に行われる状況の下で、以下の3つのことを同時に達成できるのであれば、経済政策の運営としては理想的である。第1は、自国の経済・物価情勢に最も適したかたちで金融政策を運営することである。言い換えると、海外の金融政策から独立した自立的な金融政策の運営である。第2は、為替レートの固定である。通貨は決済

手段、計算単位、価値の保蔵手段という3つの機能を担っているが、そうした通貨としての機能は為替レートが固定されている場合に最大限に発揮される。第3は、自由な国際資本移動を維持することである。自国の経済成長にとって、海外との自由な資本移動は重要である[1]。

しかし、開放経済では上記3つの目標を同時に達成することはできないことが知られている。例えば、為替レートの固定と自由な国際資本移動という目標を追求しようとすると、独立した金融政策を断念しなければならない。海外で高いインフレが生じているにもかかわらず、自国通貨の為替レートを固定すると、自国の経常収支黒字が拡大する。その結果、将来の為替平価の切り上げを見越して、多額の資本が流入する。そのような状況の下で、自国通貨の為替レートの上昇を防ぐために外貨の買い介入を行うことは、国内の金融政策運営を変更すること、すなわち、金融緩和を行うことを意味する。その結果、自国の中央銀行通貨量が増加し、短期金利が低下する。このプロセスは内外のインフレ率格差が解消するまで続かざるを得ない。言い換えると、国際資本移動が自由に行われる下で為替レートの固定を追求することは、海外から独立した金融政策の実行は断念しなければならないことを意味する。自由な国際資本移動を実現するとともに独立した金融政策を追求する場合には、為替レートの固定は断念しなければならない。一方、為替レートの固定と独立した金融政策を追求する場合には、自由な国際資本移動を断念しなければならない。このように、開放経済においては、独立した金融政策、為替レートの固定、自由な国際資本移動の3つを同時に達成することはできず、そのうちのひとつを断念しなければいけないが、そのような状態は「オープンエコノミー・トリレンマ」と呼ばれている。

為替レート制度選択の現状

各国は自国の経済の状況に照らして、上記3つの目標の中で、どれを追求しどれを放棄するかの選択を行っている。主要国の為替レート制度についての大勢をみると、1971年8月の米国の金・ドル交換の停止以降、紆余曲折を経ながら為替レートは伸縮的に変動するようになってきている。日本は戦後長く固定為替レート制度を採用していたが、米国による金・ドル交換の停止（いわゆるニクソン・ショック）後は一時的に変動為替レート制度（フロート

---

1 ここでは自由な資本移動が無条件で望ましいことを主張しているわけではない。アジア金融危機以前には、ナイーブな資本取引の自由化が主張された（いわゆるワシントン・コンセンサス）が、アジア金融危機を経て、銀行監督制度の整備をはじめ一定の前提条件が満たされていない場合には、自由な資本移動が経済の不安定化をもたらす危険も認識されるようになった（小宮, 2006）。

制）を採用する局面を経て、1971年12月に固定為替レート制度に復帰した。しかし、1973年3月には円切り上げを見越した大量の資本流入から固定為替レートの維持が再び困難となり、以後は、変動為替レート制度が採用されている。この間、欧州ではユーロエリアを構成する域内では単一通貨が採用されているが、域外諸国との関係では変動為替レート制度が採用されている。このように、大きなトレンドとして先進国で為替レート変動制度が採用されるようになったのは、自由な資本移動が行われる下で為替レートの固定という目標を追求しようとすると、結局、国内の自立的な金融政策を断念するという大きなコストを払わなければならないことを徐々に学習したことによる。

一方、先進国以外では、今日でも変動為替レート制度の採用は少なく、多くの国で何らかのかたちで固定為替レートの要素を残した為替レート制度が採用されている（表14-1-1）。また、香港のように、カレンシー・ボード制度を採用し、独立した金融政策を放棄している地域もある。

●表14-1-1　IMF加盟国の為替レート制度

(2006年7月末時点)

独自通貨を保有せず	41カ国
カレンシー・ボード	7
固定為替レート	52
バンド内の固定為替レート	6
クローリング・ペッグ	5
管理フロート	51
フロート（変動為替レート）	25

(出所) IMF　De Facto Classification of Exchange Rate Regimes and Monetary Policy Framework

為替市場介入の実行状況

為替レート制度の選択状況は以上の通りであるが、変動為替レート制度移行後は先進国でも当初は為替市場介入がかなりの規模で行われた。また、1985年のプラザ合意以降は主要国間でいわゆる「協調介入」が行われることもあった。しかし、近年は先進国で為替市場介入が行われるのは稀である。例えば、米国では為替市場介入は1990年半ば以降減少し、2000年を最後に為替市場介入は行われていない（表14-1-2）[2]。英国は、欧州域内の固定為替レート・メカニズムであるERM（Exchange Rate Mechanism）参加国の間で為替

2　米国の場合、財務省「外国為替安定基金」(ESF)が外貨の買い入れを行う際のドル資金調達手段は限られているため、法律改正をしない限り、大量の為替市場介入を行うことはできない仕組みになっている。

● 表14-1-2 米国の外国為替安定基金による為替市場介入

(単位:百万ドル)

	外貨売却	外貨買い入れ
1985年	−719	3,199
1986年	−661	9,245
1987年	−5,066	4,133
1988年	−5,066	4,133
1989年	−21,957	
1990年	−2,580	
1993年	−1,434	
1994年	−5,910	
1995年	−6,554	
1998年		834
2000年		1,340

(注)上記の表は財務省の「外国為替安定基金」(ESF)による介入。米国では、財務省とFRBが基本的には同額の為替市場介入を行っている(後述)。

● 図14-1-1 日本の為替市場介入金額の推移

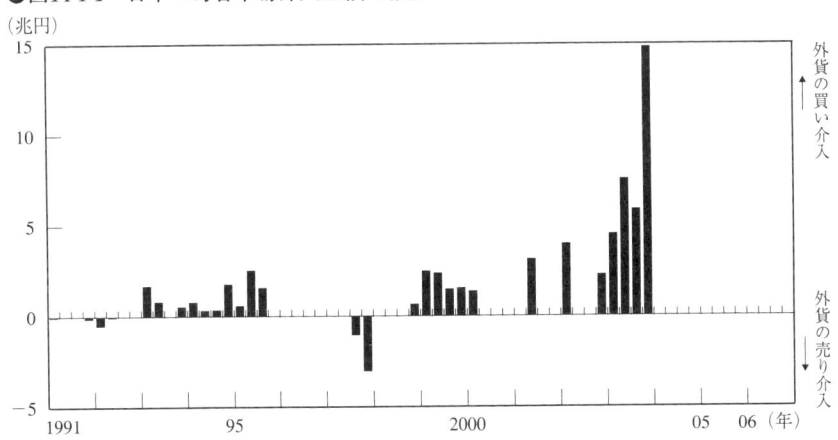

(出所)財務省「外国為替平衡操作の実施状況」

レートを一定範囲に維持するために介入を行っていたが、1992年に大量の外貨売り介入が失敗したことを契機に、ERM制度から離脱し、以後、為替市場介入は行われなくなった。欧州中央銀行は2000年秋に発足後初めてユーロの買い介入を行ったが、それ以降は、為替市場介入は行われていない。この間、日本は為替市場介入という点では先進国の中で例外的な国に属し、比較的最近に至るまで、為替介入が大規模かつ頻繁に行われた（図14-1-1、表14-1-3）。一方、エマージング諸国をみると、現在でも大量の為替市場介入が行われている（表14-1-3）。

●表14-1-3　世界の公的外貨準備の増減額
（単位：10億ドル）

	2003年	2004年	2005年	2006年	2006年末
合計	616.8	723.2	426.1	859.8	5,034.2
先進工業国	215.5	197.3	−23.3	99.9	1,394.9
米国	5.9	3.0	−4.9	3.1	40.9
ユーロエリア	−27.6	−7.0	−14.0	16.9	184.0
日本	201.3	171.5	4.5	46.1	874.9
アジア	263.8	363.8	250.0	396.3	2,217.5
中国	116.8	206.7	208.9	247.5	1,066.3
韓国	33.7	43.7	11.8	28.4	238.4
（参考）純石油輸出国	67.0	100.0	114.8	219.0	706.5

（注）為替レートは市場レートによる。
（出所）BIS Annual Report（2007）、Table v. 2からの抜粋

制度的枠組み

　上述の例が示すように、為替レートに関する制度や政策は金融政策と密接な関係がある。為替レートについては、以下の２種類の意思決定が存在する。第１は、為替レートの枠組み（regime）に関する意思決定である。すなわち、固定為替レート制度と変動為替レート制度のいずれを採用するか、そして固定為替レート制度を採用する場合、どの水準で為替レートを固定するかという意思決定である。第２は、変動為替レート制度を採用する下、どのタイミング、どの為替レート水準でどの程度の規模で為替市場介入を行うかに関する意思決定である。

　上記の点に関する各国の法的枠組みは大きく異なるが、IMFのエコノミストが行った101カ国のサーベイによると、所与の為替レート制度の下では、為替市場への介入レートの水準の決定を含め、為替レートに関する政策の実施

(implementation)は通常は中央銀行に委ねられている(Lybeck and Morris, 2004)(表14-1-4)。他方、為替レート制度の選択に関する権限については、国によって異なっている。先進国については政府が権限を有しているケースが圧倒的に多い。ただし、為替レート制度や平価の変更についても中央銀行との協議を義務付けているケースもみられる[3]。他方、発展途上国については、少なくとも独立した金融政策を適切に行っていくうえで、どのような為替レート制度を採用するかは非常に重要な前提条件であることから、中央銀行が為替レート制度についても何らかの権限を有しているケースは少なくなく、特に低所得国ほど、中央銀行が権限を有するケースが多くなっている。

先進国では現在、為替レート制度の選択が現実的な政策課題になっているわけではない。現実的な論点となりうるのは為替市場介入の実行に関する判断である。最初に、主要国の為替市場介入について法的枠組みをみると(BOX参照)、米国では財務省(外国為替安定基金〈The Exchange Stabilization Fund：ESF〉)とFRBが権限をもっており、現実にも大半のケースにおいては両者が折半で介入している。実際の介入業務はFRBと財務省の両方の代理人であるニューヨーク連銀が行っている。ユーロエリアでは欧州

●表14-1-4　為替レート制度に関する権限の所在

(2003年末、構成比単位：％)

	中央銀行が決定		政府が決定		合計	(数)
	単独決定	政府と協議のうえ決定	単独決定	中央銀行と協議のうえ決定		
高所得国	-	4	4	92	100	(28)
中所得国の上位	18	18	9	55	100	(11)
中所得国の下位	16	22	10	52	100	(31)
低所得国	6	43	6	45	100	(31)
合計	9	24	6	61	100	(101)

(出所) Lybeck and Morris (2004) p.16

3　EUの場合、蔵相理事会(ECOFM：European Council of Finance Ministers)が為替レート制度や平価の変更の権限を有するが、変更にあたっては、欧州中央銀行もしくはEU委員会からの勧告(recommendation)と、欧州中央銀行との協議が必要とされている(マーストリヒト条約第111条)。ユーロエリアの為替市場介入の制度的な枠組みについては、日本銀行国際局(1997)、ECB(2000)、Smaghi(2007)を参照。

中央銀行が介入権限を有している。英国では大蔵省が介入権限を有している。日本については、英国と同様、政府（財務省）が介入権限を有している。政府が為替市場介入を行う場合、日本銀行は政府の代理人として為替市場介入に係る事務を行っている[4]。政府は為替市場介入で取得した外貨を「外国為替資金」として保有し、その損益は外為資金特別会計で経理されている。

BOX　米国およびユーロエリアの為替市場介入

米国

FRBの公式刊行物である"Purposes and Functions"では以下のように説明されている。

■　為替市場介入は国際通貨政策（international financial policy）に対する全般的な責任を有する財務省との緊密な相談と協力（close and continuous consultation and cooperation with U.S. Treasury）の下で行われている。

■　ニューヨーク連銀の公開市場操作支配人（The manager of System Open Market Account at the Federal Reserve Bank of New York）は、FOMCと財務省の両方の代理人として行動し、1970年代の終わり以降、ほとんどすべての介入を共同かつ折半で行っている。

■　過去の為替市場介入に関する評価と為替レート問題が米国の金融政策の主要焦点（main focus）とみられることへの消極姿勢（reluctance）から、1995年以降はごく稀にしか介入を行わなかった。

■　為替市場介入が行われた場合、フェデラルファンド・レートがFOMCで決めた目標金利から乖離してしまうため、公開市場操作によって準備預金への影響の相殺、すなわち、不胎化を行う。

ユーロエリア

欧州中央銀行の公式刊行物である"The Monetary Policy of the ECB"（European Central Bank〈2004〉）では以下のように説明されている。

■　物価安定という金融政策の目的は為替レート政策においても尊重されている。マーストリヒト条約においても、為替レート政策の目的が物価安定であることが明

4　日本銀行法は以下のように規定している。
　第40条第1項「日本銀行は、必要に応じ自ら、又は第36条第1項の規定により国の事務の取扱いをする者として、外国為替の売買を行うほか、我が国の中央銀行としての外国中央銀行等（外国の中央銀行又はこれに準ずる者をいう。以下同じ。）又は国際機関（我が国が加盟している国際機関をいい、国際決済銀行を含む。以下同じ。）との協力を図るため、これらの者による外国為替の売買の事務の取扱いをする者として、外国為替の売買を行うことができる」
　第2項「日本銀行は、その行う外国為替の売買であって本邦通貨の外国為替相場の安定を目的とするものについては、第36条第1項の規定により国の事務の取扱いをする者として行うものとする」

記されている。
　"2. Concurrently with the foregoing, and as provided in this Treaty and in accordance with the timetable and the procedures set out therein, these activities shall include the irrevocable fixing of exchange rates leading to the introduction of a single currency, the ECU, and <u>the definition and conduct of a single monetary policy and exchange rate policy the primary objective of both of which shall be to maintain price stability</u> and, without prejudice to this objective, to support the general economic policies in the Community, in accordance with the principle of an open market economy with free competition."（マーストリヒト条約　Article4）
　■　為替市場介入はESCB（欧州中央銀行と加盟中央銀行）が行う（"...the sole competence for deciding on and carrying out operations in the foreign exchange market lies with the Eurosytem"）。

14－2．為替レートの変動と金融政策

　本節では、為替レートの変動に対し、金融政策はどのように対応すべきかを議論する。第11章では金融政策運営に関する一般的原則を説明し、為替レートについては、その変動自体を問題にするのではなく、為替レート変動が物価安定や持続的成長に及ぼす影響に照らして判断する必要があることを述べた。本節では、この点をより詳しく説明する。

金融政策運営上の為替レートの位置付け

　最初に問題となるのは為替レートに関するレジームの選択であるが、先進国については固定為替レートの採用は現実的な選択肢ではない。変動為替レートを選択するということは、為替レートは市場における自由な売買の結果として決まるものであり、例外的な状況を除き、その為替レートの変動を所与としたうえで、金融政策を運営するというレジームを選択することを意味する。金融政策の目的は物価安定を通じて経済の持続的成長に貢献することであり、特定の為替レート水準を意識して金融政策を運営することは経済の不安定化をもたらす。どの国でも為替レートの変動を受け入れることに対しては、変動為替レート制度移行から間もない段階では程度の差こそあれ抵抗があり、それが原因となって、金融政策運営に失敗したケースは多い。しかし、そうした一般的傾向と比較しても、日本は自国通貨の為替レート上昇に対する抵抗が強かったように思われる。前述のように、1973～74年の大インフレは、円高防止ないし円高による景気悪化の回避を過度に意識した経済政策や金融政策がとられたことによる面が大きい（第５章参照）。1980年代後半のバブルについても、円高防止の考え方の影響は無視できない。日本以外の

国についてみると、1997年のアジア金融危機も、為替レートが事実上、固定為替レート制度のように運営されていた結果、危機発生以前は、自国通貨の為替レートが不変であるという予想が広がり、そうした予想に基づく短期の外貨借り入れの増加が過大な国内投資を生み出し、危機発生の一因となった。

為替レートの変動は物価や景気に影響を与える限りにおいて、金融政策の運営にあたっても考慮されているが、特定の為替レート水準を意識して金融政策を運営することは結果として経済の不安定化を招くということを各国は徐々に学んできているといえよう。

為替レートの変動による経済への影響

為替レートの変動が経済に与える影響は経済構造や金融市場の発展に応じて変化してきている。第1に、為替レートの変動が物価に与える影響（いわゆるパススルー効果）は、近年どの国でも低下している。これは物価上昇率の低下とともに、物価安定予想が広がったため、為替レートの変動によるコストの変化を一時的な変化とみなし、直ちには価格設定に反映させない傾向が強まったことによる。第2に、財の輸出入の面では、国際的な水平分業、サプライチェーン・マネジメントの進展もあって、為替レートの変動が輸出入数量に与える影響も複雑化している。第3に、国際的な資本取引が活発になった結果、対外的な資産・負債ポジションの意味が大きくなっている。為替レートが変動することにより、対外純資産（負債）の時価総額も変化するが、近年はこれが無視できない規模となっている（第19章参照）。

為替レート指標

以上のような経済構造や金融市場の変化を背景に、どの為替レートの変動を重視すべきかも重要な論点となる。米国以外の国（地域）においては、対ドル為替レートの動向に関心が集まる傾向が強いが、貿易を通じる影響につ

●表14-2-1　実効為替レート計算上の国別ウエート

日本円		ユーロ	
国・地域	通貨ウエート	国・地域	通貨ウエート
米国	25.8%	米国	23.7%
中国	15.4%	英国	20.8%
ユーロエリア	12.4%	日本	10.4%
韓国	9.0%	中国	7.2%
台湾	8.3%	スイス	6.8%

（注）日本は輸出ウエート（2005年）で計算。ユーロエリアはEER 24
　　（1999～2001年基準）の輸出入ウエートで計算。

いていうと、米国向けのウエートは円・ユーロとも約4分の1にすぎず、貿易金額で加重平均した実効為替レートの動きのほうがより重要である（表14-2-1）。図14-2-1は2001年以降の円の対ドル・対ユーロ為替レートおよび実効為替レートの推移を示しているが、為替レートの動きを対ドル為替レートの動きで代表して議論することは実態に合わなくなってきている。一方、資本取引については、米ドル建ての金融資産の取引が多いという現状を考えると、対ドル為替レートの動向が重要である。

●図14-2-1　円の為替レート推移
（2001年1月＝100）

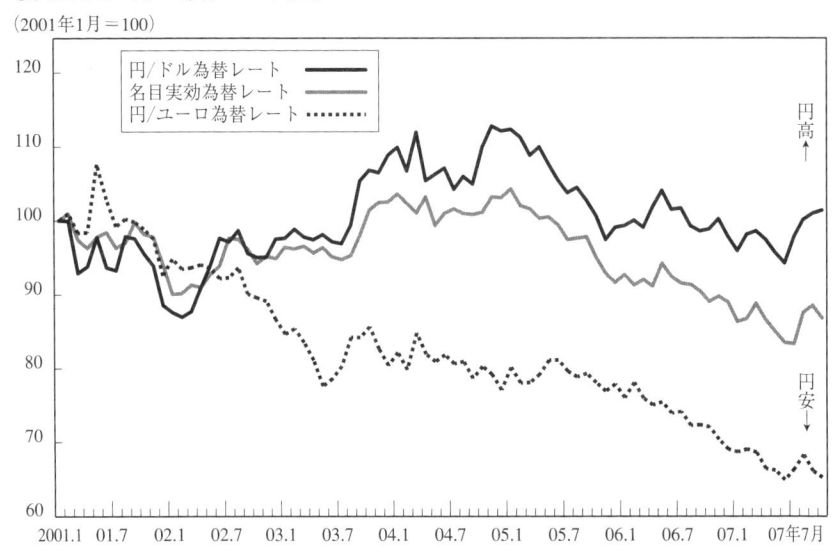

14-3. 為替市場介入の効果

　前節では為替レート変動に対する金融政策の対応のあり方を議論したが、本節では金融政策の対応を所与として、為替市場介入自体について議論する。為替市場介入については2つの論点が存在する。第1は、為替市場介入は為替レートに対し影響を与えることができるかという効果をめぐる論点である。第2は、為替市場介入が金融政策運営に対し影響を与えることがないかどうかという論点である。本節では第1の論点を扱い、次節では第2の論点を扱う。

為替市場介入の効果と評価

為替市場介入の効果に関する実証研究は、従来は介入に関する詳細なデータが公表されていないこともあって精密な分析は困難であったが、最近は為替市場介入に関するデータ公表の進展もあって、実際のデータを用いた研究が行われるようになっている[5]。例えば、Galati and Melick（2002）はマルク/米ドルおよび円/米ドルの為替レートについて実際の日々の介入金額を使って実証分析を行っている（前者は1985～96年、後者は1991～96年を対象としている）。同研究では2つのアプローチを使って分析がなされているが、イベント・スタディーによるアプローチの結論は以下の通りである。第1に、為替市場介入は状況によっては、トレーダーの予想為替レートを当局の介入目的と整合的なものとすることに成功している。第2に、そうした為替市場介入のインパクトは個々の為替市場介入によって相当異なる。もうひとつのアプローチである計量的手法を用いた分析では、為替市場介入は統計的に有意な影響を与えていないという結果が得られている。

為替市場介入の効果は全体として必ずしも判然とせず、厳密に検証することは難しいが、公平な評価としては以下のような評価が妥当と考えられる。

第1に、外国為替市場での活発な取引を考えると、一般的には為替市場介入で為替レートに影響を与えられるとは考えにくい。ただし、もともと為替市場介入は頻繁に行うことが想定されているわけではなく、極めて限定的な状況において、その実行の適否を検討するという性格のものである。その意味では、議論の対象となるのは、当局による一般的な外貨売買の効果ではなく、例外的な状況で行われる為替市場介入の有効性についての評価であろう。逆にいうと、欧州中央銀行のスマッギ理事の以下の指摘に示されるように、為替市場介入は成功する確率が高いと判断するときにのみ行われるべきものといえよう。

"Last, but not least, the effectiveness of the policy action depends on the credibility that the authorities have acquired in using that same instrument in the past. Failure may lead to a loss of credibility, which may in turn impair the effectiveness of any future policy action. Authorities must thus be convinced that they have a high probability of

---

5 Galati and Melick（2002）、Fatum and Hutchison（2006）、Ito and Yabu（2007）参照。なお、国際経済学の代表的な教科書であるKrugman and Obstefeld（2006）は為替市場介入の効果について以下のように述べている。
 "Given the meager evidence that sterilized intervention has a reliable effect on exchange rate, however, a skeptical attitude is probably in order."

success before deciding to intervene on foreign exchange markets, either verbally or directly."（Smaghi, 2007）

　第2に、そうした例外的な状況で行われる為替市場介入について考えると、関係国が為替レートの水準について同一の判断に立ち、協調的に介入する場合には、為替市場介入が有効であるケースも存在する。言い換えると、上記の条件が満たされない為替市場介入は、一般的には効果を期待しにくい。

「不胎化介入」と「非不胎化介入」の区別

　為替市場介入の効果を議論する場合、介入が「不胎化介入」（sterilized intervention）あるいは「非不胎化介入」（non-sterilized intervention）のいずれであったかが議論されることがある。為替市場介入を行うと外貨の売買に伴って自国通貨の量が増減するが、「不胎化介入」とは、自国通貨の量の変化を相殺するような金融調節を行うことによって、為替市場介入の後も中央銀行通貨量が変化しない為替市場介入のことをいう。反対に、「非不胎化介入」とは、中央銀行通貨量が増減する為替市場介入のことをいう。

　「不胎化介入」と「非不胎化介入」を区別する議論は、通常は、前者は効果を発揮しないが、後者は効果があるという文脈でなされる。「不胎化介入」と「非不胎化介入」の差は自国通貨の資金（中央銀行当座預金）の増減だけであるので、上記の議論は、結局、金融政策の変化は為替レートに影響するという議論と同じことになる。為替レートの決定要因は複雑であり、金融政策の変化と観察される為替レートの変化が1対1で対応しているわけではないが、金融政策の変化は為替レートに何らかの影響を及ぼす。しかし、その場合は、金融政策の変化が為替レートに与える影響を議論すれば十分であり、「不胎化介入」と「非不胎化介入」という概念を用いることに実益はない。

　このように「不胎化介入」と「非不胎化介入」を区別することに意味はないが、そのこと以上に、金融政策や為替市場介入に関する現在の制度を前提とする限り、「非不胎化介入」というものは想定しにくい[6]。例えば、外貨の買い介入が行われるケースを考えよう。このケースでは、自国通貨の資金（中央銀行当座預金）が市場に支払われ、中央銀行当座預金残高が増加する。「非不胎化介入」とは中央銀行がそうした状態を放置することを意味するが、その場合には、短期金利水準が低下する。しかし、中央銀行は短期金利について誘導目標水準を有しているため、金融政策の運営方針が変わらない限り、決められた誘導目標水準を実現するためには、為替市場介入と同額の資金吸収オペレーションを行わなければならなくなる。言い換えると、短期金利の誘導目標水準が設定されている限り、為替市場介入は必ず「不胎化介入」と

なる。もちろん、誘導目標水準を変更することはできるが、それは金融政策の変更そのものである。言い換えると、中央銀行が金融政策について短期金利の誘導目標を有しているということは、為替市場介入は「不胎化介入」であることを意味している[7]。

上述のように、「不胎化介入」と「非不胎化介入」の区別には意味はないが、日本のように政府が為替市場介入を行う体制をとっている場合は、以下の理由からも両者の区別に意味はなくなる（図14-3-1）。日本における円対価の外貨買い介入を例にとると、政府は政府短期証券（Financing Billを略して、FBと呼ばれる）を市場で入札発行することによって円資金を調達したうえで、外貨の買い入れ代金として当該円資金を市場に対し支払っている。言い換えると、ドルの買い介入自体は日本銀行当座預金を増やす要因となるが、円資金調達のために行われる政府短期証券の発行は日本銀行当座預金を減らす要因となる。従って、為替市場介入に伴って生じる政府の行動を一連のプロセスとしてみた場合、中央銀行当座預金に対する影響は中立的であり、介入は自動的に「不胎化介入」となる。

日本における実際の運営をみると、外貨買い介入時の介入資金ファイナンスのための政府短期証券を日本銀行が一時的に引き受けているため、円資金の受払いのタイミングのズレが生じうる。すなわち、政府は現在、外貨介入を行った時点では政府短期証券を発行せず、日本銀行引き受けでファイナンスすると同時に、速やかに日銀引き受け政府短期証券の償還を行うために、次回の政府短期証券の入札発行以降、政府短期証券の対市場発行を増やすという操作を行っている。従って、政府短期証券の対市場発行が行われるまで

---

6 ニュージーランドでは2007年6月に、変動相場制移行（1985年3月）以来初めて、中央銀行が為替市場介入を行ったが、同行副総裁は介入直後に以下のように述べている。
 "It does not fundamentally alter monetary policy and does not signal a further easing of conditions. The direct impact of FX interventions is always offset via the Bank's money market operations." (Spencer, 2007)
 ボルカー（元FRB議長）も「不胎化介入」について以下のように述べている。
 「ここは介入が不胎化されたか否かを測る方法についてのエコノミストの間の技術的な議論を振り返る場ではない。しかし、私は重要な事実を証言できる。それは、中央銀行は自らの操作を行う時に、通常はそのようなことは考えないということである。ほとんどすべての中央銀行は、金融政策について独自の目標をもっており、それは外国為替の介入額によっては規定されていない。もし介入がマネタリーベースを拡大もしくは縮小するならば、当然の本能として国内金融面での措置でこれを相殺するだろう。すなわち、中央銀行は自動的に彼らができる範囲の介入を不胎化する。それがFRBのやり方であるし、多額の相殺取引をやれるだけの発達した金融市場がある国の中央銀行は、どこでも実際にそうするだろう。（中略）セントラル・バンカーたちの心の中では、金融を緩和するか引き締めるかの決定はまったく別のものである。このような決定は、より広い経済的な考慮に基づいて行われるものであり、介入の機械的な効果によるものではない」（ボルカー・行天，1992：345～346頁）

7 金融政策の誘導目標が当座預金残高で設定されている場合も同様である。

の間は、日本銀行の政府に対する与信が発生し、財政の支払い要因となるが、政府短期証券は満期3カ月で毎週発行されているので、ズレが3カ月を超えることはない。また、そもそも財政資金による当座預金の変動は公共事業支払いや税金の受け入れによって日常的に生じており、為替市場介入による変動分だけを識別できるわけではない。

●図14-3-1　日本における為替市場介入の概念図
　　　　　　（円売り為替介入に伴う円の流れ）

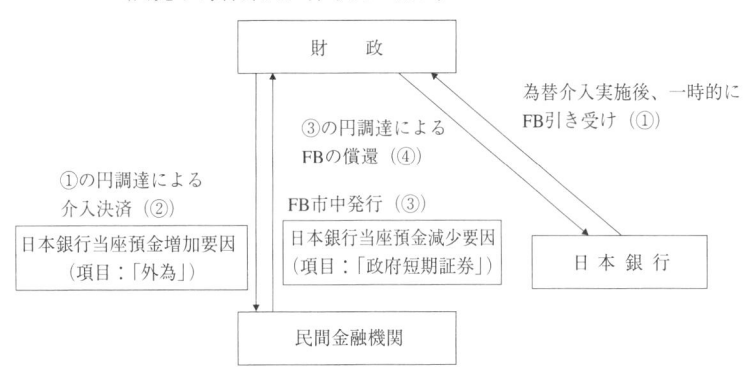

```
                    財　政
                      ↕
       ①の円調達による        為替介入実施後、一時的に
         介入決済（②）        FB引き受け（①）
       ③の円調達による
         FBの償還（④）
       FB市中発行（③）
  ┌─────────────┐  ┌─────────────┐  ┌─────────┐
  │日本銀行当座預金増加要因│  │日本銀行当座預金減少要因│  │ 日 本 銀 行 │
  │　　（項目：「外為」）　 │  │（項目：「政府短期証券」）│  └─────────┘
  └─────────────┘  └─────────────┘
                      ↕
                　民間金融機関
```

（注）日本銀行により一時的なFB引き受けが行われた場合の例。
（出所）日本銀行金融市場局「2003年度の金融調節」（2004年5月）

　このように、為替市場介入にあたり「不胎化介入」と「非不胎化介入」を区別することには意味がないが、それにもかかわらず、両者を区別した議論が現在でもなお行われることがあるのはなぜだろうか。言い換えると、両者を区別して議論することに意味がある状況とはどのような状況であろうか。

　第1のケースは、金融調節の操作目標が短期金利ないし当座預金残高のいずれであれ、金融政策の誘導目標が明確でないケースである。この場合は、そもそも「不胎化介入」と「非不胎化介入」を区別する基準自体がはっきりしないため、為替市場介入の「不胎化介入」と「非不胎化介入」を議論することは、金融政策の運営方針の変更を議論することと同義となる。第7章で述べたように、かつては中央銀行は誘導目標を必ずしも明確化していなかったが、「不胎化介入」と「非不胎化介入」を区別する議論はそのような状況の下での思考様式の名残かもしれない。現在でも、エマージング諸国では日々の誘導目標は必ずしも明確ではない。

第2のケースは、政府が為替市場介入の権限を有している下で、中央銀行が金融政策運営の独立性を有していないケース、ないし、独立性が弱いとみられているケースである。この場合、市場参加者は為替市場介入に表れた政府の行動に基づいて、中央銀行の行う金融政策の基本方針を推測する可能性が高い。

14-4. 為替市場介入と金融政策
金融政策に関するシグナル効果
　前節の最後で述べたように、為替市場介入は運営の仕方如何では、金融政策運営にも大きな影響を及ぼす。例えば、自国通貨の為替レートの上昇時に外貨の買い介入が行われると、市場参加者は、当局は介入水準以上の自国通貨の上昇を回避したいと考えていると判断するだろう。第2節で述べたように、為替市場介入の効果はそれ自体としては限定的であるとすると、市場参加者は、当局は自国通貨の為替レートの上昇を抑制するために、それと整合的に金融政策運営の基本方針を変更すると推測するかもしれない。仮に、そのような推測が行われると、為替市場介入は金融政策の運営方針に関する何らかのシグナルを発したことになる。中央銀行が金融政策についても為替市場介入についても責任を有する場合には、為替市場介入が金融政策に関するシグナル効果を有することがあったとしても、同一の主体が判断しているため、金融政策との間で齟齬が生じることはない。その意味で、潜在的な問題が生じるケースとしては、政府が為替市場介入の権限を有し中央銀行が為替市場介入の権限を有していないケースである。

　図14-4-1は1980年代後半における日本の為替市場介入と金融政策の運営スタンスとの関係を示したものであるが、1988年春以降ドルが反転上昇した局面で、欧州各国はドル売り介入を行うとともに金融引き締めに転じているのに対し、日本ではドル買い介入が行われている。仮にそうした為替市場介入スタンスの違いが金融政策に関するスタンスの違いというシグナルとして受け取られることがあったとすれば、それが金融政策について日本銀行の意図と整合的であったかどうかが問題となる[8]。

　この点に関しては、問題の発生の仕方は金融政策と為替市場介入の権限の所在によって異なってくる。第1のケースは、金融政策の独立性を有する中央銀行が為替市場介入の権限を有するケースである。典型は欧州中央銀行で

8　翁・白川・白塚（2001）参照。

●図14-4-1　1980年代後半における日本の為替市場介入と金融政策

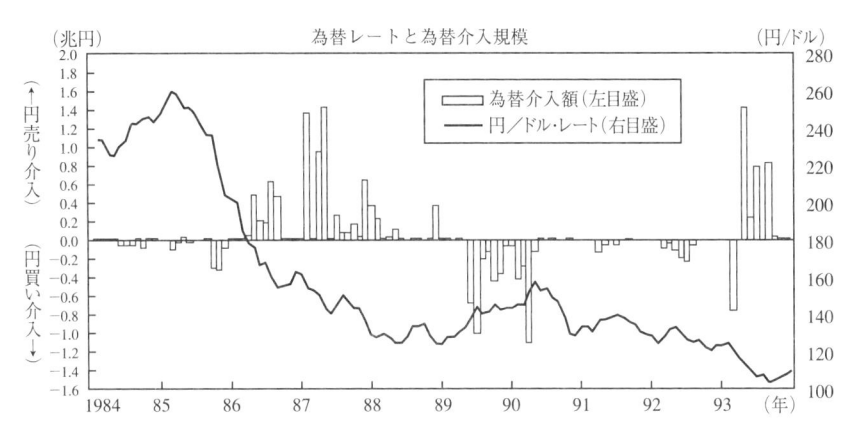

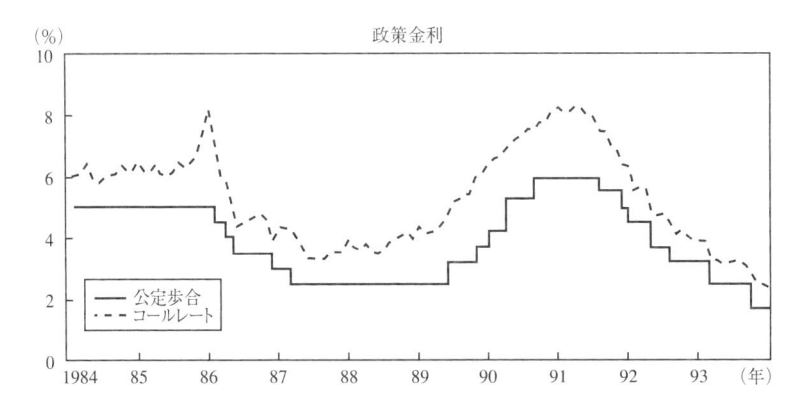

(注) 為替市場介入額は政府短期証券 (外国為替資金証券) 発行超額、対民間財政収支から推計。
出所) 翁・白川・白塚 (2001)

あるが、このケースでは、為替市場介入も金融政策も中央銀行が行っているので、為替市場介入が金融政策について誤ったシグナルを送る可能性はない。実際、欧州中央銀行の行う為替市場介入の目的は物価安定であることがマーストリヒト条約に明記されている（前出BOX参照）。

　第2のケースは、政府が為替市場介入に関するスポークスマンになるが、為替市場介入自体は政府と中央銀行が介入するケースであり、米国がこれに

該当する。もちろん、為替市場介入に関する意思決定が複数の主体に分かれている以上、政府（財務省）とFRBの意見が一致しないことも起こりうる。実際、ごく稀ではあるが、財務省が単独で介入を行ったこともあった[9]。その場合、FRBが介入に参加しない以上、為替市場介入の金融政策に対する意味合いは薄れ、為替市場介入が金融政策についてのシグナルを送る可能性はない。因みに、ボルカーは米国の為替市場介入について以下のように述べ、財務省とFRBの双方が拒否権をもったシステムであったと描写している。

　「私の経験では、財務省もまた、市場経験や資金のみならず、金利という切り札への究極的な責任をもつFRBの強い反対をおして介入することには慎重であろう。この結果は、一種の相互拒否権であり、介入に対してより慎重な機関が慣行上最終決定権限をもつというものである。歴史的にみて、より慎重なのは通常、財務省であったといってよい」（ボルカー・行天, 1992）

　第3のケースは、金融政策の独立性は中央銀行が有しているが、為替市場介入については政府が権限を有するケースである。日本や英国がこれに相当する。この場合、為替市場介入には金融政策上のインプリケーションは含まれていないことを意味する[10]。

為替市場介入の位置付け

　以上の説明を踏まえ、為替市場介入についてはどのように位置付けるべきであろうか。

　第1に、オープンエコノミー・トリレンマで説明したように、自由な国際資本移動が行われる下では、独自の金融政策を追求しながら、為替レートの固定を実現することはできない。その意味で、特定の為替レート水準の維持を目的とした為替市場介入は行うべきではない。第2に、市場参加者の予想がファンダメンタルズから極端に乖離する可能性は全くないとはいえない。稀ではあるがそのような状況に陥ったと判断される場合には、為替市場介入を行うことは許容される[11]。第3に、その場合でも、為替市場介入は金融政策運営の基本方針と整合的なものである必要がある。

　現在、多くの先進国は基本的に為替市場介入を行っていないため、現時点での基本的な考え方を確認することは難しいが、FRBの公式刊行物である"Purposes and Functions"（Board of Governors of Federal Reserve System

---

9　FOMCは毎年、最初の会合で外貨の売買の条件等を再確認する手続きをとっている。
10　英国では、イングランド銀行に独立性が付与されてからは政府は為替市場介入を行っていない。

〈2005〉）では、米国が為替市場に稀にしか介入しないことについて以下のような説明がなされている。

"Based on an assessment of past experience with official intervention and a reluctance to let exchange rate issues be seen as a major focus of monetary policy, U.S. authorities have intervened only rarely since 1995." (p. 54)

このような考え方は前述の考え方と同様であり、他の海外主要国もほぼ同様の考え方に立っていると推測される。

---

11 ただし、為替市場介入のコストも意識する必要がある。為替市場介入が自国通貨の為替レートの上昇抑制に対して偏って行われる場合には外貨準備が蓄積されていく。その場合、外貨準備である以上、流動的な資産での運用にならざるを得ないが、当局が介入を行わなかった場合、すなわち、民間部門が外貨を保有して運用する場合の運用利回りを放棄するという意味で、外貨準備の保有には機会費用が発生する。

第15章　金融市場と金融システム

　これまでは基本的に金融市場が正常に機能している状態を前提として金融政策を説明してきた。第9章で説明した金融政策の効果波及経路も、基本的に金融市場が正常に機能している状態を前提としている。そこでは金融政策の効果は政策金利の変化と比例的な関係（リニアな関係）が想定されている。しかし、実際には金融市場が突然正常に機能しなくなり、これが原因となって経済が不安定化する事態が時として発生している。言い換えると、経済の変動や金融政策の効果はいつもリニアな関係として表現できるものではない。そうした事態は金融危機、システミック・リスク（systemic risk）、システミック・イベント（systemic event）等の言葉で呼ばれる（以下では、「システミック・リスク」という言葉を使う）。そうした事態が起きると、本来は経済発展を支える通貨や金融システム、金融市場といった存在それ自体が経済の混乱の源泉となってしまう[1]。

　中央銀行の役割は物価の安定と金融システムの安定の実現であり、金融政策の目的は物価の安定であると一般的には整理されるが、実際には物価の安定と金融システムの安定との関係は複雑である（第20章参照）。また、金融政策も金融システムの安定を目的とする政策も、中央銀行が用いる手段は中央銀行通貨（流動性）の供給である。その意味で、中央銀行が政策を実行する際には、物価の安定と金融システムの安定、金融政策と金融政策以外の中央銀行の政策（バンキング政策）の相互依存関係を十分に考慮する必要がある。

　本章では、そのような相互依存関係を意識しながら、システミック・リスクおよびそれへの中央銀行の対応について説明する。システミック・リスクについては、これが顕在化した場合にどのように対応すべきかという事後の問題と、どのようにしてそのような事態を防ぐかという事前の問題があるが、本章では主として前者の問題を取り上げる（後者の問題は第20章で議論する）。以下、第1節では、システミック・リスクの形態や発生原因、経済への影響を説明する。第2節では、システミック・リスクの議論において中心的な役

1　第1章で引用したFriedman(1968)の文章を参照。

割を果たすキャッシュの流動性と市場流動性という2つの流動性概念と、両者の相互作用について解説する。第3節では、システミック・リスクへの中央銀行の対応のあり方について述べる。第4節では、バンキング政策の手段を説明する。第5節では、金融市場や金融システムに関する政策の制度的枠組みについて概観する。

15-1. システミック・リスク

システミック・リスクははっきりと定義することの難しい概念であるが、「資金（流動性）不足による支払い不履行が原因となって、ひとつの銀行の破綻が他の銀行の破綻を連鎖的にもたらす事態」をいう。ただ、近年はそうした古典的なシステミック・リスクの形態だけでなく、言わば「市場型のシステミック・リスク」ともいうべき事態に対する関心も高まっている[2]。その典型は、「ブラック・マンデー」の株価の大幅な下落（1987年）、ロシア危機および大手ヘッジファンド（LTCM：ロング・ターム・キャピタル・マネジメント）の破綻（1998年）やサブプライム・ローン問題発生（2007年）後の金融市場でみられたような金融市場の機能の急激な低下である。

古典的なシステミック・リスク

古典的なシステミック・リスクが発生する際の具体的なルートとしては、以下の3つが挙げられる。第1は、心理的な連想に伴う預金の取り付けである。これはひとつの銀行での預金の支払い不履行という事態が心理的な連想を通じて他の銀行での預金の取り付けを引き起こす事態である。第2は、インターバンク市場での直接的な与信の焦げ付きである。破綻銀行に対し与信を有する貸し手銀行は与信の焦げ付きに伴う損失から自己資本が減少し支払い不能となる可能性がある。第3は、時点ネット決済システムを通じる連鎖的な波及である。時点ネット決済システムはシステム参加者全員が支払いを行うことが前提となっている（第8章参照）ため、ひとつの銀行の破綻は決済システムに参加している他の銀行にも直ちに影響する。

市場型のシステミック・リスク

金融市場の果たしている重要な機能のひとつは、「市場で成立している価格で当該金融資産（商品）を直ちに売却できる」ことである。そのような市場は「市場流動性」があると表現される（第2節参照）。市場に流動性があるということは、通常の状況の下では当然の前提であり、市場参加者はこれを前

---

[2] 2つのシステミック・リスクの形態については、Kambhu, Weidman, and Krishnab (2007) を参照。

提として取引を行っている。しかし、金融市場においては、流動性が突然枯渇するという事態が時として生じる。そうした事態は頻繁には起きないが、起きた場合には経済活動に大きな影響を与える。金融市場が正常に機能しなくなる状態は、金融市場の「流動性の枯渇」という表現以外に、金融市場の「不安定化」「機能不全」「機能低下」とも呼ばれる（英語では、"evaporation of market liquidity" "distress" "disruption in financial market" "dislocation"等の言葉が用いられる）。また、前述の古典的なシステミック・リスクと区別する意味で、「市場型のシステミック・リスク」という言葉が使われることもある。

　市場流動性の低下した金融市場は、互いに関連しているが、以下のような現象によって特徴づけられる（BOX 1 参照）。第 1 に、価格がいくらであるかがわからない。価格が名目的には立っている場合でも、実際にその価格で直ちに売却したり購入したりすることが難しくなる。極端な場合には、取引が完全にストップする。サブプライム・ローン問題から金融市場が混乱した2007年8月以降は、満期を迎えたABCP（asset-backed CP）のロールオーバーが困難となったほか、他の証券化市場でも新規の発行が事実上ストップした（図15-1-1参照）。第 2 に、市場参加者が取引相手（カウンターパーティー）に対する信用リスク（カウンターパーティー・リスク）を強く意識するようになり、取引相手を選別する動きが広がる（カウンターパーティー・リスクについてはBOX 2 参照）。第 3 に、価格が急激に変化し、ボラティリティーが高まる。例えば、ロシア危機・LTCM破綻の場合は、低格付け社債の信用スプレッド（国債との金利差）やエマージング諸国のドル建て国債のスプレッ

● 図15-1-1　米国のCPとABCPの金利推移

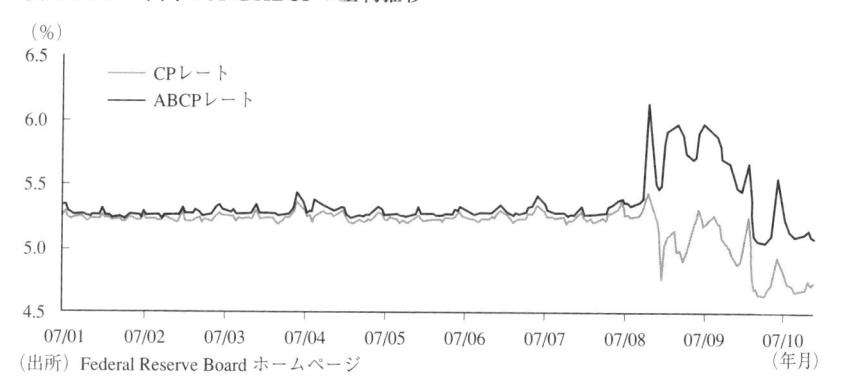

（出所）Federal Reserve Board ホームページ

第15章 金融市場と金融システム　*301*

●図15-1-2　ロシア危機・LTCM破綻後の金融市場：信用スプレッド

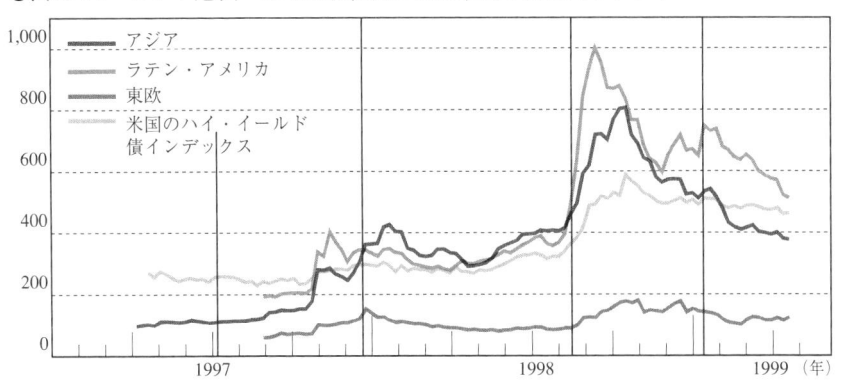

（注）1. 縦線はタイ、韓国、ロシア、ブラジルの危機の始まりを示す
　　　2. 米国国債比のスプレッド
　　　3. アジアは中国、インド、インドネシア、韓国、マレーシア、フィリピン、タイ
　　　4. ラテン・アメリカは、アルゼンチン、ブラジル、チリ、コロンビア、メキシコ、ペルー、ベネズエラ
　　　5. 東欧はチェコ、ハンガリー、ポーランド
（出所）BIS Annual Report（1999）

●図15-1-3　1998年秋以降の急激な円安の修正

対米ドル為替レートの推移

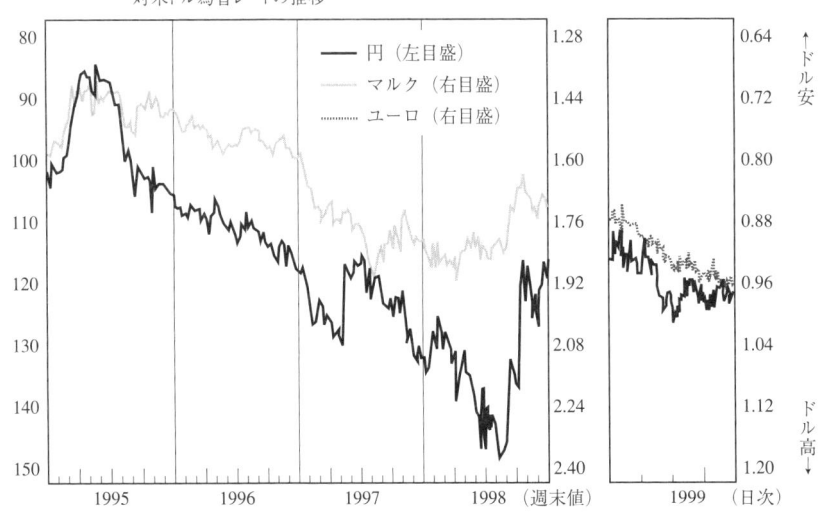

（出所）BIS Annual Report（1999）

ド（米国国債との金利差）が急激に拡大した（図15-1-2）。為替市場ではそれまでの円安から急激な円高化が進行した（図15-1-3）。また、米国の国債市場では、最も活発に取引されている最近発行銘柄（on-the-run）とそれ以外の銘柄（off-the-run）の金利格差が大幅に拡大した。

BOX 1　サブプライム・ローン問題発生後の金融市場

　2007年8月以降の金融市場においては様々な興味深い現象が観察された。
■　**レポ市場金利とフェデラルファンド金利の格差拡大**　レポ取引は国債が担保となっているため、安全資産としての需要が増大し、金利が低下した。この結果、無担保取引であるフェデラルファンド取引の金利との格差が拡大した。
■　**ターム物金利の上昇**　先行きの政策金利の低下予想が広がったにもかかわらず、金融機関に対するカウンターパーティー・リスクの高まりや流動性調達への懸念を反映してターム物金利は高止まりした（図1）。
■　**証券化市場の機能低下**　担保として組み込まれている資産の評価が困難化したことから、ABCP市場では一般のCP市場に比べ金利が上昇するとともに、発行残高が急減した（前出図15-1-1）。CDO市場でも新規の発行が事実上ストップした。そのような状況の下で、銀行は証券化商品に対し流動性補完機能の発動を求められたことから、バランスシートが拡大し、必要な自己資本も増加した。

●図1　ドルおよびユーロのターム物金利

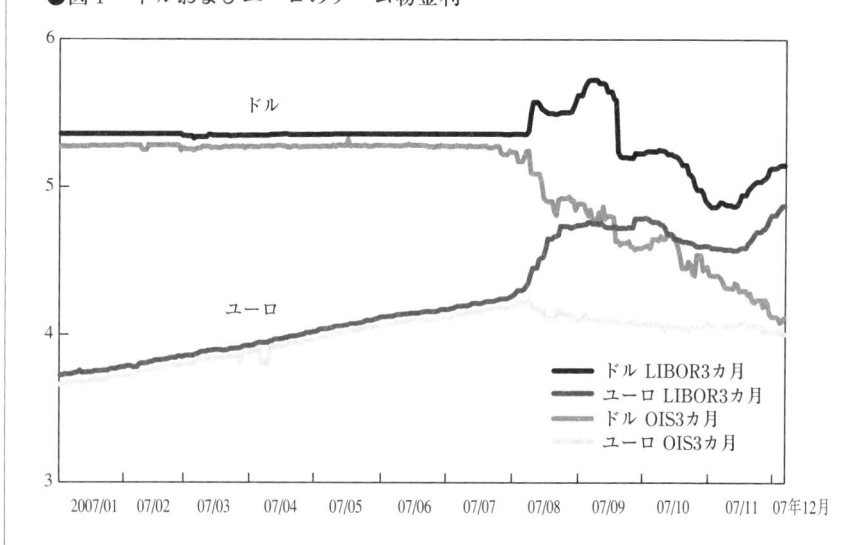

BOX 2　カウンターパーティー・リスク

　各種のデリバティブ取引においては契約締結後に債務の支払いが発生する。このため、契約締結後の価格変動如何によって含み益ないし含み損が発生する（図1、図2）。含み益の場合は、取引相手（カウンターパーティー）に対し与信するかたちになる。仮に与信になっている状態で相手が倒産し支払い不能になると、以前と同じポジションを構築するために市場で新たな取引相手を探して契約を結ばなければならないが、この場合は、追加的なコスト（再構築コスト）が発生する。逆に、取引相手から与信を受けているケースでは、相手先が倒産すると、以前と同じポジシ

●図1　スワップ取引とデフォルト

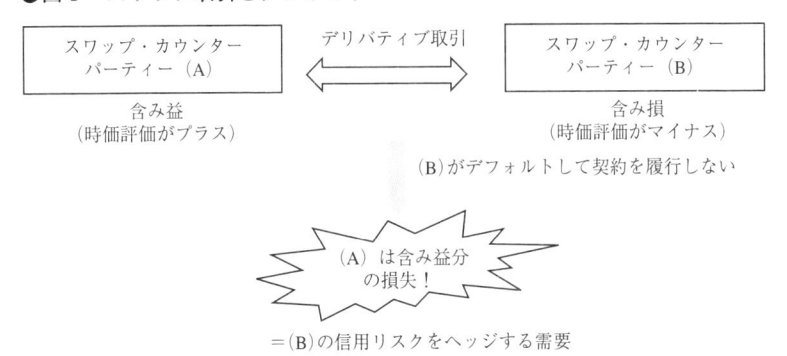

```
┌──────────────┐   デリバティブ取引   ┌──────────────┐
│スワップ・カウンター│ ⇐==========⇒ │スワップ・カウンター│
│  パーティー（A）  │                  │  パーティー（B）  │
└──────────────┘                  └──────────────┘
      含み益                                 含み損
  （時価評価がプラス）                   （時価評価がマイナス）
                    （B）がデフォルトして契約を履行しない

                    ＊（A）は含み益分
                        の損失！＊

              ＝（B）の信用リスクをヘッジする需要
```

（出所）河合・糸田（2007）

●図2　スワップ取引の含み益

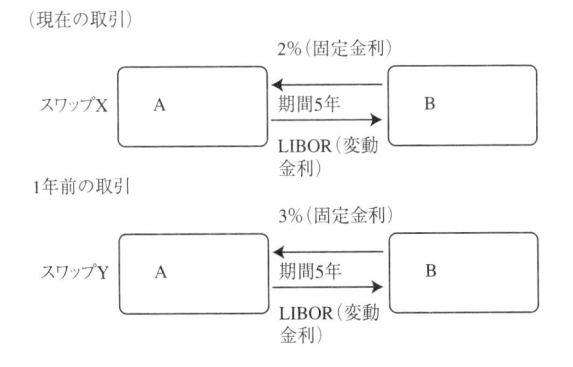

（現在の取引）

```
                        2%（固定金利）
          ┌───┐   ←──────   ┌───┐
スワップX │ A │     期間5年      │ B │
          └───┘   ──────→   └───┘
                       LIBOR（変動
                         金利）
```

1年前の取引

```
                        3%（固定金利）
          ┌───┐   ←──────   ┌───┐
スワップY │ A │     期間5年      │ B │
          └───┘   ──────→   └───┘
                       LIBOR（変動
                         金利）
```

市場参加者Aからみて、スワップYはプラスの
市場価値を有する

ョンを有利な条件で再構築することができるので、結果としては利益が発生する。カウンターパーティー・リスクとは取引先に対する信用リスクのことをいい、上述の再構築コストで測られる。カウンターパーティー・リスクは現時点での再構築コストだけでなく、将来の潜在的な再構築コストまで含めて判断するケースが多い。

システミック・リスクの発生原因

上述した2つのタイプのシステミック・リスクの発生メカニズムは複雑であり、この点に関する統一的な理論モデルが存在するわけではないが、以下の3つを原因として挙げることができる[3]。

■ **資産価格の大幅な下落** システミック・リスクが発生する原因として第1に挙げられるのは、資産価格の大幅な下落である。資産価格の大幅な下落は典型的には大規模なバブルの崩壊として生じる。日本の1980年代後半におけるバブルでは地価・株価が急激かつ大幅に上昇したが、1990年代初め以降のバブル崩壊過程では地価・株価が大幅に下落した。その結果、金融機関、一般事業会社の自己資本が大きく減少し、特に、銀行の自己資本の減少は古典的なシステミック・リスクをもたらす基本的な原因となった。また、金融機関、一般事業会社を問わず、自己資本の減少は全般にリスク・テイクの慎重化をもたらし、実体経済活動にも直接的に悪影響を及ぼした(第20章参照)。さらに、リスク・テイクの慎重化は、マーケット・メイキング機能の低下等を通じて金融市場の流動性を低下させ、市場型のシステミック・リスクをもたらす要因にもなった(第3節参照)。資産価格の下落は大規模なバブルの発生と崩壊によってももたらされることが多い。それ以外にも、1987年のブラック・マンデーのように、必ずしもバブル崩壊とはいえないかもしれないが急激な価格下落によっても引き起こされる。この場合に生じるシステミック・リスクは市場流動性の低下というかたちをとることが多く、より市場型のシステミック・リスクに近いものとなる。

■ **物理的障害による金融取引・決済の遅延** 物理的障害による金融取引・決済の遅延によってもシステミック・リスクは発生する。取引・決済の遅延は、コンピューター・システムの障害、取引・決済量の急増、電力供給の中断、地震等の自然災害、テロなど様々な要因によって生じる。金融取引・決済の遅延は金融市場の価格形成にも影響を与える。1987年のブラック・マンデー

---

3 以下の記述にあたってはKambhu, Weidman, and Krishnab (2007)を参考にした。

の原因は現在でも特定できているわけではないが、株価下落によって取引が急増し、システムの処理能力を上回ることになり、その結果生じた取引の遅延も価格下落に拍車をかけたといわれている[4]。

■ **市場の自己増幅的なダイナミックス**　原因が何であれ、いったん、市場において流動性が低下すると、その影響が相乗的な効果を発揮して、市場流動性がさらに低下することになりやすい。例えば、多くの市場参加者が同時に市場での売買を控えるようになると、市場流動性が低下する。価格下落とその下で生じるボラティリティーの増大から計算されるリスク量は増大するが、多くの市場参加者が同一のモデルでリスク量を計算する場合には、一斉に大量の売却が行われる結果、価格と市場流動性の低下が相乗的に進行する。

システミック・リスク発生の影響

システミック・リスクが発生し、金融市場や金融システムの機能が低下すると、経済活動に大きな影響が生じる。

第1に、金融機関は全般にリスク・テイクに対し慎重となる。例えば、古典的なシステミック・リスクが顕在化するような状況では、金融機関は流動性リスクを意識せざるを得ないため、現金や国債といった流動的な資産の保有を増やし、企業向けの与信には慎重となる。リスク・テイクの慎重化は金融機関に限定されるものではなく、一般事業会社の行う金融的な活動についても生じる。例えば、企業は他の企業との間で企業間信用について受信と与信の両方の関係にあるが、資金繰りに不安を感じると、リスクの高い企業に対する企業間信用の供与に慎重となる。企業の内部でも各部門は内部資金の利用をめぐって複数の投資プロジェクトが代替的な関係にあるが（内部金融市場）、企業の財務責任者はリスクの高い投資の実行に慎重になりやすい。

第2に、リスク・ヘッジが困難となる結果、円滑な経済活動が阻害される。例えば、企業は様々なリスクに直面しているが、リスクをコントロールする手段が利用可能であるからこそ、自分の得意とする事業や活動におけるリスク・テイクに専念することができる。先物やオプション、スワップ等のデリバティブ取引は、為替レート、金利、商品価格をはじめ様々な価格変動のリスク・ヘッジ手段を提供しているが、そうしたリスク・ヘッジが可能なのは、金融取引の相手方があらかじめ決められた条件で取引を確実に履行することが前提となっている。しかし、市場流動性が低下すると、そうした前提が満たされなくなる。その結果生じる金融市場の流動性低下は実体経済活動にも

4　ブラック・マンデーの株価下落の原因については、Carlson（2007）を参照。

悪影響を与える。

15-2. キャッシュ流動性と市場流動性

前節のシステミック・リスクの議論においては、「流動性」(liquidity) という概念が重要な役割を果たした。本節ではこの「流動性」という概念について、より詳しく解説する[5]。

キャッシュの流動性と市場流動性の概念

流動性という言葉はよく用いられるが、これまでの説明からもある程度明らかなように、この言葉は異なる2つの意味で使われる。第1の流動性概念は支払いに充てるキャッシュ、通貨を持っているかどうかという意味での流動性であり、「キャッシュ流動性」(cash liquidity, funding liquidity) と呼ばれる。キャッシュ流動性は手持ちの現預金、外部からの資金借り入れ能力、売却可能な保有流動性資産の量によって規定される。第2の流動性概念は「保有している資産を市場で成立している価格で直ちに売却できる」という意味であり、「市場流動性」(market liquidity) と呼ばれる。キャッシュ流動性は金融機関や企業といった組織に対応する (institution-specific) 概念であるのに対し、市場流動性は当該金融資産に対応する (asset-specific) 概念である。市場参加者は金融資産を市場で売却することによってキャッシュを得ることができるが、市場流動性の低い市場では、キャッシュを得るのに価格を大幅に引き下げたり (「叩き売り」)、売却に長い時間を要したりする[6]。市場流動性が極端に枯渇した市場では、そもそも売却自体が著しく困難となる。

---

[5] 流動性に関する理論のわかりやすい説明は、齊藤 (2000)、齊藤・柳川 (2002) を参照。ニューヨーク連銀のEconomic Policy Review の2007年11月号 (Volume 13, Number 2 November 2007) はシステミック・リスクについてのコンファレンスの記録であり、興味ある議論が展開されている。特に、Kambhu, Weidman, and Krishnab (2007) を参照。国債市場の流動性についてはBIS Committee on the Global Financial system (1999a) を参照。

[6] Borio (2007) は上述の2つの流動性について以下のように説明している。

"Market liquidity is more easily recognised than defined. A working definition is that a market is liquid if transactions can take place rapidly and with little impact on price. So defined, market liquidity has several dimensions. Tightness refers to the difference between buy and sell prices, for example the bid-ask spread in a quote-driven market. Depth relates to the size of the transactions that can be absorbed without affecting prices. Immediacy denotes the speed with which orders can be executed, and resiliency the ease with which prices return to 'normal' after temporary order imbalances."

"The notion of funding (cash) liquidity should be distinguished from that of market liquidity. Funding liquidity can be defined as the ability to realise ('cash in') value, either via the sale of an asset or access to external funding. This is what underpins an institution's capacity to meet its contractual obligations. In modern financial markets, funding liquidity is best thought of as including not only command over cash and deposits, but also over other instruments that can be used to meet margin calls and hence, effectively, settle transactions, most commonly government securities."

市場流動性の決定要因

　キャッシュ流動性は中央銀行の金融政策運営や銀行の与信姿勢によって大きく影響を受けることは当然であるが、市場流動性についてはどのような要因によって決定されるのだろうか。金融市場における取引は、大別すると、取引所取引と店頭取引（over-the counter）に分けられる。前者ではブローカーを通じて取引所に売買注文が集中する。取引所で取引される金融資産としては典型的には株式が挙げられる。後者ではマーケット・メーカーと呼ばれる金融機関（証券会社、銀行）が売買両方の価格を提示して、顧客の注文に対し、いつでもその価格で買い（売り）に応じることになる。国債や社債等の債券、外国為替は、通常は店頭取引として扱われる。デリバティブ取引も店頭取引が多い。以下では、そうした取引の実態を踏まえて、主として店頭取引を念頭に置きながら市場流動性の決定要因を説明する。

　店頭取引において流動性を供給するうえで重要な役割を果たすのは、機能的にいうと、マーケット・メーカーと裁定トレーダーである。マーケット・メーカーは当該金融資産の在庫を保有することによって売買両方向の注文に応じており、短期的な需給の不一致を調整することを通じて時間的に連続して流動性を提供する役割を果たしている。マーケット・メーカーが市場流動性を提供する対価は売買の価格差から得られる利益である。これに対し、裁定トレーダーとは、価格が様々な要因から変動しても、最終的には長期的な均衡価格に収斂するということに賭けてポジションを保有する市場参加者のことをいう[7]。近年における現実の金融市場に即していうと、ヘッジファンドや機関投資家がこれに該当する。

　市場流動性が低下する事態は、上述の２種類のプレーヤーによる流動性供給機能が低下することによって生じるが、その原因としては、少なくとも、以下の４つが挙げられる。第１は、自己資本の減少である。例えば、価格が急激に下落すると、買い持ちポジションをとっていたマーケット・メーカーは損失を被るが、損失額が多額に上ると、リスク・テイク能力が低下するため売買の価格差を広げたり、極端な場合には、売買両方の価格の提示を中止する。第２は、金融市場価格のボラティリティーの上昇である。ボラティリティーの上昇は予想されるリスクの増大を意味するが、このルートを通じてもマーケット・メイキングに慎重となる。第３は、キャッシュ流動性の低下である。マーケット・メーカーにしても裁定トレーダーにしても、自らのポ

7　ファイナンスや市場流動性をめぐる議論では「裁定」という言葉が使われるが、ここで言う裁定は「カバー付き金利裁定」という場合の裁定と異なり、リスクフリーの取引ではない。

ジションや投資分について資金調達を行わなければならない。資金調達が困難化すると、たとえ当面の価格変動リスクの評価（マーケット・メーカーの場合）や長期的な均衡価格への収斂（裁定トレーダーの場合）に自信があっても、ポジションや投資を処分せざるを得ない。通常の市場変動であれば、価格が下落しても、すぐに反対方向の買い注文を出す市場参加者（contrarian）が現れる。しかし、市場流動性が低下するような状況の下では、そうした投資家が現れてこない。第4は、価格への信頼性の低下である。通常であれば、市場で「価格発見」（price discovery）が行われているが、市場流動性が低下すると、価格がいくらであるかがわからない状態となる。その結果、取引相手の財務状態やカウンターパーティー・リスクを正確に認識することが難しくなり、その面からも取引に慎重となる[8]。

キャッシュ流動性と市場流動性の関係

キャッシュ流動性と市場流動性は異なる概念であるが、上述の説明にも示されているように、相互に関連している。

最初に、キャッシュ流動性が市場流動性に与える影響からみてみよう。市場流動性が低下する過程では、キャッシュ流動性の不足という問題に直面する。例えば、米国のサブプライム・ローンの焦げ付きに端を発した2007年8月以降の証券化商品市場の混乱では、償還期の到来したABCPの借り換えが困難化した。このため、ABCPの発行体はバックアップラインを発動して銀行借り入れを行ったが、これは銀行の資金繰りの逼迫をもたらした。その結果、銀行は顧客に対する流動性供給を抑制したが、これによってマーケット・メーカーはファイナンス面からも在庫の保有が難しくなるため、売買両サイドの価格提示に慎重となる。また、裁定トレーダーも長期的な価格収斂に賭けたポジションをとることが難しくなる。言い換えると、キャッシュの流動性低下が市場流動性の低下をもたらすことになる。

一方、市場流動性の低下もキャッシュ流動性に影響を与える。第1に、市場流動性が低下し価格が下落する過程では、一時的なキャッシュの流動性不足が発生する。市場が平常な状況の場合には、インターバンク資金市場で過不足の調整が円滑に行われるが、市場流動性低下時においては、資金調達は困難化する。第2に、市場流動性が低下し市場価格の下落から資金不足に直面するような状況の下では、支払いを遅らせるという行動が広がるため、「すくみ」現象が発生しやすくなり（第7章参照）、これがさらに資金繰りの緊張

---

8 複雑な金融商品はモデルに基づいて価格が評価される（mark-to-model）が、金融市場の流動性低下時には、そうした金融商品の価格についての信頼性の低下は特に重要な問題となる。

をもたらす。第3に、ボラティリティーの上昇を反映して担保掛目が引き下げられるが、この結果、担保で資金調達を行っていた市場参加者は調達が困難化する。担保と同様の効果をもつ証拠金についても、積み増し、すなわち「追い証」（margin）を求められるが、これも資金需要の増加要因となる。

以上述べたように、キャッシュ流動性と市場流動性は相互に関連しており、価格が急落したり、物理的な障害から取引・決済が遅延する局面では、両者の相互作用によって事態が深刻化する。

15－3. 中央銀行の対応
金利引き下げと流動性供給

金融市場や金融システムの機能が低下した際、中央銀行がとりうる対応としては、以下の2つのタイプの対応が考えられる（BOX 3参照）。

第1の対応は、短期金利の引き下げという金融緩和政策である。金融市場の流動性低下・機能低下はファイナンシャル・コンディション（第9章参照）の悪化をもたらすが、これが実体経済活動に影響を与える場合には、短期金利の引き下げがオーソドックスな対応となる。金利引き下げがどの程度有効であるかは、金融市場や金融システムの機能低下の程度に依存する（大規模なバブル崩壊により金融市場の機能が低下した場合に、金融緩和がどの程度有効であるかという問題については、第20章で検討する）。

第2の対応は、中央銀行のバンキング政策とでもいうべき対応であり、中心をなすのは流動性供給の増加である。古典的なシステミック・リスクの場合は、流動性不足というかたちで問題は表面化するが、市場型のシステミック・リスクの場合も、最終的には流動性不足というかたちで問題が表面化する。その意味では、いずれのタイプのシステミック・リスクであれ、流動性供給はそうした事態への有効な対応策である。この場合、中央銀行による流動性供給の増加は金融市場における当座預金需要の増加に対応したものであり、必ずしも短期金利の低下をもたらすものではない[9]。一方、短期金利の引き下げは、第7章で説明したように、少なくとも短期的には実際の流動性の供給を必ずしも増やさなくても実現するものである。

ソルベンシーと流動性

このように中央銀行は2つの対応手段を有しているが、これによって解決できる問題と解決できない問題を明確に認識する必要がある。金融市場や金

9　Borio（2007）参照。

融システムの機能低下の原因を分類すると、概念的にはソルベンシー（solvency）の問題と流動性（liquidity）の問題に分けられる。ソルベンシーの問題とは債務を支払う能力があるかどうかであり、自己資本の水準の問題に帰着する。これに対し、流動性の問題とは資金繰りの問題であり、支払いに充てられる十分な量の通貨やキャッシュを持っているかどうかという問題に帰着する。長期的にみると、流動性の問題はソルベンシーの問題を反映していることが多いが、ソルベンシーに問題がないケースでも流動性不足に直面することはありうる。中央銀行の対応のあり方を考える場合に最も重要な点は、問題の原因がソルベンシーにあるのか、流動性にあるのかということに関する判断である。純粋に流動性の問題であれば、中央銀行は対応手段を有している。しかし、ソルベンシーの問題であれば、中央銀行は基本的には対応手段を有していない。

中央銀行の直面する問題

　以上が金融市場や金融システムの機能低下時にとりうるオーソドックスな対応手段であるが、中央銀行はしばしば以下のような問題に直面する。

　第1に、ソルベンシーの問題と流動性の問題とを区別することは容易ではない。例えば、「コンピューター2000年問題」であれば純粋に一時的な流動性の問題として認識できる。しかし、多くの金融機関の経営状態が悪化している場合は、両者の区別は容易ではない。そのような状況では、一般の預金者が個々の金融機関について正確な情報に基づいて経営内容の違いを認識することは難しいし、また、そのために多くの時間をかけて情報収集を行うインセンティブも有していない。この結果、ソルベントな金融機関についても預金者が一斉に預金引き出しに走り、その結果、当該金融機関が顧客基盤を失うことがあれば、本来はソルベントな金融機関がインソルベントな金融機関となる可能性も否定できない。また、金融市場の機能が大きく低下しているときには、市場流動性の枯渇からパニック的に市場が混乱し、ソルベンシーの問題を引き起こす可能性もある。さらに、「価格発見」が困難化している状況の下では、そもそも問題がソルベンシーと流動性のいずれにあるのかをリアルタイムで正確に認識することは難しい。ソルベンシーに問題がある場合、中央銀行は問題の根源を解決することはできないが、流動性の問題が引き金となってソルベンシーの問題が悪化する事態は防がなければならない。その意味で、中央銀行による流動性の供給の本質的性格は、ソルベンシーの問題が別途の方策によって解決されるまでの間の「つなぎ」の措置である。

　第2に、流動性供給は金融市場の安定性維持と機能回復に寄与するが、同

時に、市場参加者の流動性リスク管理への注意を弱めることによって将来のモラルハザードを生み出す危険も秘めている。また、金融市場や金融システムの機能低下が景気に悪影響を及ぼすと判断される場合には、政策金利の引き下げが行われるが、金融市場の機能低下や価格下落が大きなものであった場合は、市場がある程度落ち着きを取り戻した後も、再度同様の事態が起こることへの懸念から、金融緩和が過度に長期化する傾向もみられる。

この点でしばしば言及されるのは1987年10月の世界的な株価暴落（ブラック・マンデー）後の日本の経験であるが、1998年のLTCM破綻の後の米国の金融緩和とその後のITバブル、米国のITバブル崩壊後の住宅バブルの関係にも類似の要素が観察される。バブル形成のメカニズムは複雑であり、上述のような金融政策だけでバブルが発生するわけではないが、バブル崩壊の影響を緩和するため別のバブルを生み出すことになれば、問題が先送りされることになり、金融政策運営に難しい課題を投げかけている（第20章参照）。

第3に、金融機関が深刻な資本不足に直面した場合、中央銀行の対応は難しい。中央銀行は自己資本を有しており、その範囲で資本を供給することは原理的には可能である。さらに、それを超えて自己資本を供給することも、とりあえずは可能である。しかし、いずれの場合にも、発生する損失は最終的には国民の負担となるものである。民主主義社会における統治のあり方、政府と中央銀行の本来の役割分担からすると、中央銀行の基本的な役割は流動性の供給であり、損失発生の可能性のある資本の供給については、政府が担うべきと考えられる。ただし、現実に金融機関が資本不足に直面し、これが原因となって経済活動が収縮するおそれがある極限的な状況に直面する場合、中央銀行がどのように対応すべきかは難しい問題である（第18章参照）。

BOX 3　金融政策と中央銀行の他の政策との境界線

　金融政策と金融政策以外の政策は、それほどはっきりと区別されているわけではない。中央銀行は、金融市場の機能低下が予想されるときに、市場に対し流動性を供給する。例えば、「コンピューター2000年問題」が懸念された2000年初めを挟んで、各国中央銀行は大量の資金供給を行った。2001年9月の米国同時多発テロの勃発直後も、連邦準備制度だけでなく、多くの中央銀行が大量の資金供給を行った。そうした資金の供給は日本銀行法に規定される「通貨及び金融の調節」に該当し、金融政策という範疇の中で取り上げられることが多い。しかし、この場合、資金供給の主たる理由は物価情勢の変化が予想されたからというより、放置したことによって金融市場参加者が資金調達に不安を感じ金融市場や金融システムの安定性が損なわ

れたからである。もちろん、こうした資金供給を金融政策として整理することは概念的には可能である。その場合は、資金調達の不安を感じる事態を放置すると、経済活動にも悪影響が生じ究極的には物価上昇率にも影響を与える可能性があるので、「通貨や信用の量を調節することを通じて物価の安定を実現する政策」であると整理される。

しかし、そのような定義に従うと、「最後の貸し手」として特定の銀行に対して行う資金供給はどのような政策と定義すべきであろうか。そうした資金供給は通常は、金融政策とは概念的に区別された信用秩序維持政策・金融システム安定化政策として分類されるが、「放置すると経済活動にも悪影響が生じ究極的には物価上昇率にも影響を与える可能性がある」という点では、前述の緊急時の資金供給と同様の性格を有している。

物価の安定を目標とする資金供給の調節が金融政策、金融システムの安定を目標とする資金供給の調節が金融システム政策という二分法が用いられるが、金融システムの不安定化が物価や経済活動にも大きく影響した近年のわが国の経験にも示されるように、両者は必ずしもはっきりと区別できるわけではない。

15－4. バンキング政策

市場型システミック・リスクへの対応

第1節では「古典的なシステミック・リスク」と「市場型のシステミック・リスク」という2つのシステミック・リスクの相違点を説明したが、古典的、市場型いずれのタイプのシステミック・リスクであれ、流動性供給は有効な対策である。しかし、中央銀行からみると、前者に比べ後者のほうが以下の理由から対応がより難しい。第1に、前者は流動性不足の主体を特定することが相対的に容易であるのに対し、後者の場合は市場の状況の変化に応じて流動性不足の状況も変化するため、流動性不足の主体を特定することが相対的に難しい。第2に、流動性不足の背後にあるソルベンシーの問題も、後者のほうが複雑であり、把握が難しい。すなわち、前者では原因は貸出の焦げ付きや有価証券の値下がりであり比較的把握しやすいのに対し、後者では金融市場の価格の変化に伴うカウンターパーティー・リスクの変化も把握しなければならない。金融市場のグローバル化を反映し、そうしたカウンターパーティー・リスクの変化を把握することをより難しくしている。

バンキング政策の手段

中央銀行が流動性供給を行うかどうかを決定する際の基本的な判断基準は、放置するとシステミック・リスクが顕在化するおそれがあるかどうかという点に関する判断である[10]。中央銀行はシステミック・リスクの顕在化を回避す

るために、以下のような手段を活用する。

■ **資金供給オペレーション（公開市場操作）** 市場全体に対し資金を供給することは流動性不足への有効な対応策である。ただし、金融市場の機能低下時にはカウンターパーティー・リスクが高まっているため、マクロ的には十分な資金が供給されていても、資金不足に直面している経済主体に資金が行き渡らない可能性が高い。このような状況に陥った場合には、オペ先の範囲の拡大、有担保の貸出の適格担保の基準緩和、オペ期間の延長等が必要となる[11]。これらはいずれもインターバンク資金市場の機能を中央銀行が部分的に代替するという点で共通している。

■ **金融機関への相対貸出** これは資金不足の金融機関に対しペナルティー・レートで貸出を行う方法である。相対型の貸出は資金供給オペレーションと比べると、資金不足の金融機関に資金が供給されるという点では有効であるが、金融機関以外の主体が流動性不足に直面している場合には効果は間接的である。また、中央銀行からの借り入れの事実が知られた場合の評判の低下（"stigma"）を懸念して金融機関が借り入れを避ける傾向が強い場合には、相対型の貸出は必ずしも所期の安定化効果を発揮できないことになる[12]。

■ **中央銀行によるカウンターパーティー引き受け** 代表的な事例としては、日本の銀行のドル調達が困難化していた時期に日本銀行が資金供給と資金吸収を同時に行った「両建てオペレーション」が挙げられる。両建てオペレーションが拡大したのは1998年秋であるが、この時期は日本長期信用銀行の問題をはじめ国内の金融システム不安が高まるなかで、日本の銀行のドル調達が困難化し、いわゆる「ジャパン・プレミアム」（信用度の高い銀行のドル調達コストとの格差）が拡大していた時期である（図15-4-1）。さらに、そのような状況の中で、ロシア危機や大手ヘッジファンドのLTCM破綻の影響から国際金融市場も変動した。日本の銀行は日本銀行の資金供給オペレーションで調達した円資金を為替スワップでドルに転換した。この場合、為替スワップの相手方（カウンターパーティー）である外国銀行は円資金を取得するが、これをコール市場で運用すると、経営内容の悪化した日本の銀行の信用リス

---

10 貸出ファシリティー（第8章参照）による資金供給は、システミック・リスクの防止というより、オーバーナイト金利の安定的な形成を意識して設計されている。ただ、この場合でも、スプレッドの水準が十分大きいときは、システミック・リスクの防止という色彩が強くなる。

11 日本銀行は1990年代後半以降の金融調節にあたって上記の措置を実行したが、特に量的緩和政策採用期間中は、そうした手段を全面的に活用した。連邦準備制度は2007年12月以降、日本銀行の施策に比べると限定的ではあるが、同様の方向の措置を導入した。

12 King (2007b)参照。この点に関する日本の量的緩和政策採用期における経験については第18章参照。

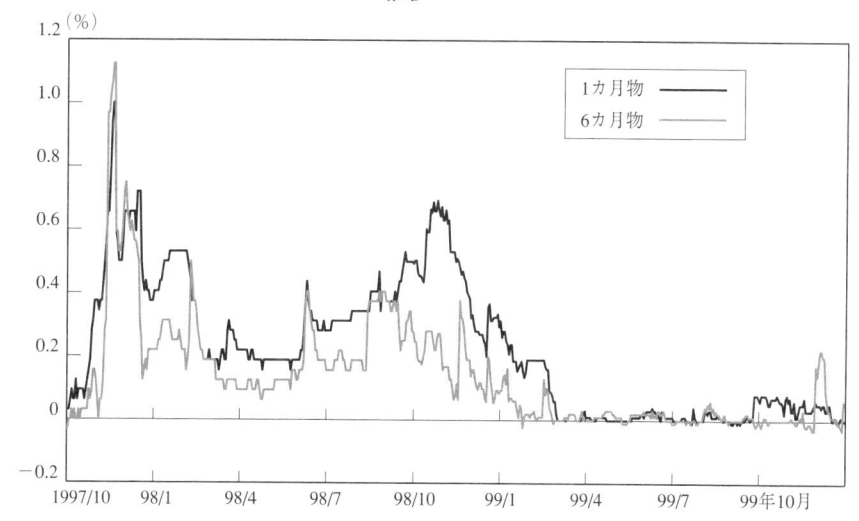

●図15-4-1　ジャパン・プレミアムの推移

(凡例: 1カ月物、6カ月物)

クにさらされることになるため、結局、そうした取引自体に慎重となる。そのような状況の下で、日本銀行が有利子の債務である売出手形を振り出すことによって、外国銀行は安全確実な金融資産で運用することが可能となった（図15-4-2）。日本銀行が行った円資金の供給と吸収の両建てのオペレーションはネットでは資金供給を増加させるものではないが、中央銀行が取引のカウンターパーティーになることによって、日本の銀行の円滑なドル資金繰りを支える効果を発揮した。また、機能の低下したターム物の円資金市場の機能を代替する役割も担った。

■　**決済システムの稼働時間の延長**　決済システムの物理的障害発生時や金融市場の価格が急激に変動した場合、民間当事者間の資金決済が確実に行われるようにするために、中央銀行の運営する決済システムが稼働できる状態にあるとともに、状況に応じて稼働時間を延長することも有効である。

■　**外貨資金の供給**　自国の銀行が外貨資金の不足に直面している場合は、当該国の中央銀行が外貨を自国の銀行に供給することも可能である。その場合、中央銀行はまず保有外貨を使うが、当該通貨（外貨）を発行する中央銀行との間で互いに通貨を預け合うかたちで資金を調達することも行われる[13]。

---

[13] 「外貨スワップ」と呼ばれることが多い。

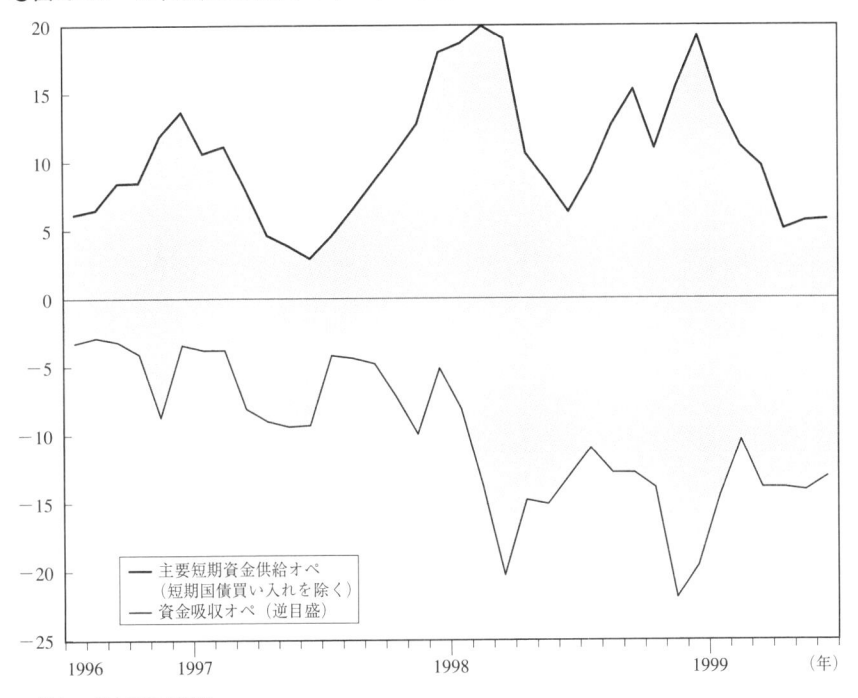

●図15-4-2　日本銀行の両建てのオペレーション

（注）1. 期末残高（兆円）。
　　　2. 主要短期資金供給オペは、長期国債借り入れ、短期国債買い現先、手形買い入れ、国債買い現先、CP買い現先、手形買いの合計残高。資金吸収オペは、短期国債売り現先、国債売り現先、手形売出の合計残高。
（出所）日本銀行「マネタリーベースと日本銀行の取引」

■　**中央銀行としての声明の発表**　発表すべき内容は状況によって異なるが、中央銀行の運営する決済システムが稼働していること、「最後の貸し手」として流動性を供給する用意があることなどが主たる内容となる[14]。

15-5. 金融システムに関する政策の制度的枠組み

物価の安定は経済の持続的成長にとって重要であるが、金融システムの安定も持続的成長にとって重要である。本節では、金融政策との関係を意識し

14　この点で、連邦準備制度が同時多発テロの際に発表した次の声明は、シンプルではあるが危機時における声明として過不足のない文章として評価が高い。
　"The Federal Reserve System is open and operating. The discount window is available to meet liquidity needs."

ながら、金融システムに関する政策の制度的枠組みを説明する。

金融システムに関する政策の内容

　金融システムの安定を実現する政策は金融機関に対する規制・監督に係る政策と同一視されることも多いが、金融システムの安定は金融機関が健全経営を行うこと、金融市場が適切に機能する状態を維持すること、決済システムが効率的・安定的に機能することの3つの要素が揃って初めて実現するものである。

　金融システムに関する政策はいくつかの分野ないし活動から構成され、様々な分類が可能であるが、金融政策を説明する本書の目的からは、以下の分類が有用である。

　第1の分野は、個別の金融機関（銀行、証券会社、保険会社等）に対する規制である。銀行を例にとると、銀行の開業の免許付与、自己資本比率規制の実施等が挙げられる。第2の分野は、個別金融機関に対する監督である。金融監督当局はこの機能を果たすため、オンサイトないしオフサイトの検査を行っている。例えば、銀行の自己資本比率が低下すると、是正措置が求められる。さらに、債務超過に陥った場合には、破綻手続きがとられる。第3の分野は、個々の金融機関の経営内容の監視ではなく、全体としての金融システムの状況の把握である。第4の分野は、金融システムがシステミック・リスクに直面した際の「最後の貸し手」機能の実行である。第5の分野は、決済システムの安全性や効率性を高めるための政策である。

　金融システムに関する政策の枠組みは国によって異なっており、中央銀行はこれらの活動のすべてに関与しているわけではない[15]。第1の規制については、主要先進国では連邦準備制度、イタリア銀行、オランダ銀行等のように、規制権限を有しているケースと、日本銀行、イングランド銀行等のように、規制権限を有していないケースの両方がある[16]。第2の監督についても同様である。日本銀行は監督権限は有していないが、日本銀行に預金口座を有する金融機関とは法律に基づいて考査契約を締結したうえで、考査を行っている。第3の金融システムの状況に関するモニタリングは、規制・監督当局はもちろん行っているが、中央銀行も規制・監督権限の有無にかかわらず実体的に

---

[15]　金融機関の規制・監督に対する関与の仕方は国によって異なるが、日本について述べると、日本銀行法では、「銀行その他の金融機関の間で行われる資金決済の円滑の確保を図り、もって信用秩序の維持に資することを目的とする」（第1条第2項）と規定され、さらに、そうした目的を実現するために、金融機関に対する考査やシステミック・リスクを回避するための貸出について規定されている。

[16]　エマージング諸国では中央銀行が規制・監督機能を有しているケースが多い。

行っている。第4の「最後の貸し手」機能は中央銀行に固有の機能である。第5の決済システムに関する政策は、どの中央銀行も大きな役割を担っている[17]。

金融政策との関係

■　**個別金融機関に対する規制・監督**　中央銀行が個別金融機関に対する規制・監督権限を有することについては、長所と短所があり、国によって制度の枠組みは異なる。長所としては、規制・監督権限を有することによって金融機関の状況をより正確に把握できるため、金融政策の運営にとっても有用な情報が提供されることが挙げられる。他方、金融政策は金融機関の利害に大きな影響を与える行為であるだけに、それらの機関に対する規制・監督機能を有することによって中央銀行が利益相反的な状況に直面する危険を指摘する議論もある。そうした危険を重視する立場に立つと、金融政策の独立性を維持するためには、規制・監督権限を有しないほうが望ましいという議論も可能である。どのような制度設計が望ましいかは、それぞれの国の歴史的経緯もあり、一義的に結論を下すことは難しい。

■　**金融市場のモニタリング、金融システムの状況把握**　日本のバブルの拡大と崩壊、北欧の銀行危機、アジア金融危機、LTCMの経営破綻、いずれをとっても金融市場や金融システム全体の問題とマクロ経済との関係は密接である。それだけに、中央銀行が金融市場のモニタリングや金融システムの状況を的確に把握することは、金融政策の運営にとって非常に重要なものとなっている。その際、必要な要素は少なくとも3つある。第1は、金融市場の価格を分析することである。分析にあたっては、ファンダメンタルな要因に基づく分析と、いわゆる「需給」に基づく分析の両方が不可欠である（BOX 4参照）。第2は、金融機関という主体（entity）についての分析である。第3は、上述の2つの分析を踏まえたうえで、マクロ的に金融システムの動向について把握することである。この点で、中央銀行は非常にユニークな組織である。日本銀行の副総裁であった山口泰はこの点を以下のように述べている。

　「どの国でも、中央銀行は、法的に規定されている目標の書きぶりにかかわらず、物価の安定を通じてマクロ経済の健全な発展に貢献することを責務と感じています。また、個別金融機関に対する監督権限を有しているか否かにかかわらず、金融システム全体の安定確保に大きな責任を持ってい

17　決済システムにおける中央銀行の役割については、日本銀行（2002）を参照。主要国の中央銀行は決済システム政策もカバーした定例報告書を公表しているケースが多い。日本銀行も毎年1回、「決済システム・レポート」を公表している。

ます。このため、つねにマクロ経済と金融システムの接点を意識して仕事をしており、この点でユニークな存在だと思います」（山口, 2000b）

中央銀行が金融システムの状況を的確に把握するためには、ミクロ的な手法とマクロ的な手法の両方を活用する必要があるが、日本のバブル期以降の経験を振り返ってみると、当局は個々の金融機関のリスク把握に失敗したというより、金融システム全体としてのリスク把握に失敗した。その意味で、マクロ的なアプローチは非常に重要である。しかし、同時に、個々の金融機関で起きている問題に対する知識や感覚がなければ、マクロ的にみて正しい認識に到達することが難しいことも事実である。このように考えると、中央銀行は何らかの方法、チャネルで、個別金融機関や金融取引の実態を認識できるような立場にあることが重要である[18]。日本銀行のケースに即していうと、前述の実地考査は重要なチャネルのひとつである。考査を通じて得られた情報は「最後の貸し手」機能を果たす際に利用されるが、金融政策運営にも間接的に役立っている。個々の金融機関の考査結果自体は機密情報であり金融政策運営の目的に転用することはできないが、考査を通じて得られた問題意識や感覚は、マクロ的なリスク判断を行ううえで貴重である。

■ **規制・監督の制度設計** 金融機関に対しどのような規制を行うかは金融機関の健全経営の確保という観点から重要であることは言うまでもないが、マクロの経済動向にも大きな影響を与える。特に、「規制上の自己資本」（regulatory capital）の測定方法は金融機関の行動を通じて金融市場やマクロ経済に影響を与える可能性がある。リスク・プレミアムは景気拡大（後退）期に縮小（拡大）する傾向があるが（第9章参照）、それだけに、自己資本比率規制が景気増幅的（pro-cyclical）にならないように設計されることは重要である。この点で、中央銀行は規制・監督権限の有無にかかわらず、分析的な面での貢献が期待される。実際、主要国の中央銀行は規制・監督権限を有していない中央銀行を含め、バーゼル銀行監督委員会のメンバーとして自己資本比率規制の策定のプロセスに参加している。

■ **ファイナンシャル・リテラシー** 金融政策の運営にあたっては個人の金融知識が必ずしも十分でないことも意識しておく必要がある。個人の金融知識が十分でない場合は、金利低下の過程で、個人がリスクを十分に認識しない

---

18 Volcker（1990）は以下のように述べている。
"But I will insist that neither monetary policy nor the financial system will be well serverd if a central bank loses interests in, or influence over, the structure and performance of the financial system."

まま過大なリスク・テイクを行い、金利が反転上昇した場合に、混乱が生じる可能性がある[19]。そうした観点から、先進国の中央銀行は近年、金融知識の普及・向上（ファイナンシャル・リテラシー）にも取り組んでいる。

BOX 4　金融市場の価格形成に対する 2 つの見方

　長期金利、株価、信用スプレッド、為替レートをはじめ、金融市場の価格形成については、伝統的に 2 つの見方が存在する。第 1 の見方は、ファンダメンタルズ重視の見方である。長期金利についていうと、実質金利と予想物価上昇率によって長期金利を説明する。信用スプレッドについていうと、債務者の倒産確率や損失率（LGD：Loss Given Default）によって説明する。第 2 の見方は、「需給」を重視する見方である。「需給」に影響する要因としては、会計制度や取引ルールといった制度要因や、相場変動局面における「損切り」等の取引フローが挙げられる。

　以下の文章（日本銀行の「金融市場レポート」〈2007年 1 月〉からの抜粋）は2006年後半の長期金利および信用スプレッドの動きについて解説しており、基本的にはファンダメンタルズな要因で説明がなされているが、アンダーライン部分は需給を重視した説明となっている。

　「長期金利は、7 月の政策金利引き上げ以降、市場参加者による先行きの景気・物価見通し、政策金利水準調整についての見方や、米国長期金利の低下を受けて、中長期ゾーン中心に総じて低下基調を辿り、イールドカーブはフラット化した。具体的には、①市場予想比弱めの経済指標を受けて、景気に対する強気な見方がやや後退したこと、②CPIの基準改定や改定以降の市場予想を下回るCPIなどを受けて、先行きの物価上昇率が小幅なものに止まるとの見方が強まったこと、③米国における景気減速観測の高まりやインフレ懸念の後退、などが影響した。また、主に①および②を背景とする、海外投資家によるポジションの解消が、長期金利の低下を促したとの指摘もある。12月には、国内投資家の債券購入姿勢の強まりもあって、新発10年国債利回りが、3 月の量的緩和政策解除後で初めて一時1.5％台まで低下した」

　「クレジット市場をみると、春先から拡大してきた社債などの対国債スプレッドやクレジット・デフォルト・スワップ・プレミアムは、夏場以降、緩やかに縮小した。その主因は、企業業績や信用力といった企業の財務ファンダメンタルズが

19　例えば、日本では近年非常に低い金利の継続の影響もあって、配当の高い分配型の投資信託や外貨預金、外国為替証拠金等への投資が増加した。低金利が続けば、ローリスク・ローリターンの預金から相対的にハイリスク・ハイリターンの金融資産への資産移動が起こることは自然であるが、投資家がリスクとリターンの関係を十分に理解していない場合には、金利環境が変化した局面で問題が生じる。もうひとつの事例としては、変動金利型のローンが挙げられる。長く続いた低金利の最終局面では、将来の金利リスクを十分に意識しないまま変動金利型のローンの利用が増加する傾向がある。米国におけるサブプライム・ローンの焦げ付きの増加は固定金利型ではなく、大半が変動金利型で生じている。

引き続き良好であったほか、金利のインプライド・ボラティリティが低位で安定したことである。また、そうした環境のもとで、投資家がクレジットに対する投資意欲を強めたことも、スプレッドやプレミアムの縮小を後押しした面がある」

金融市場の価格は長期的にはファンダメンタルズな要因で決定される価格に収斂していくが、短期的には必ずしもファンダメンタルズな要因だけでは捉えられない様々な取引フローによっても変動する。そうした取引フローによる影響を市場関係者は「需給要因」という言葉で表現している[20]。「需給要因」を重視する立場からは、様々な「ポジション」の動向は重要な情報となる。例えば、1998年秋の急激な円安修正は円キャリートレードのポジションの巻き戻し（unwinding）を抜きには理解できない。金融市場の分析にあたっては、上記の2つの考え方を複眼的にもっておくことが重要である。

20　金融資産の価格はストックである金融資産の供給（存在量）と需給が一致するように変動しており、その意味では、「需給要因」という言葉自体はミスリーディングである。

第16章　財政運営と金融政策

　金融政策の目的は物価の安定を通じて持続的な経済成長の実現に貢献することであるが、物価の安定は中央銀行の金融政策運営だけで実現できるものではない。財政破綻からハイパーインフレーションが生じた歴史的事例が示すように、国の財政制度や財政運営は時として、物価を含め一国の経済動向に大きな影響を与える。それだけに、金融政策運営の観点からも、財政に関する制度設計や政策運営は重要である。本章では、財政に関する制度と政策について金融政策との関係を意識しながら説明する。以下、第1節では、財政のレジームと物価の関係を議論する。第2節では、金融政策との関連で財政をめぐる制度を取り上げる。第3節では、財政政策の運営について述べる。

16－1．財政のレジームと物価
ドイツのハイパーインフレの経験
　財政の制度や財政政策の運営がインフレを防ぐうえで重要な与件であることは多くの人が直感的に理解しているが、以下ではそのことを示す具体例として、ドイツのハイパーインフレーション（以下、ハイパーインフレ）の経験を振り返ってみよう。ドイツのハイパーインフレの直接的な原因は国債の中央銀行引き受けによる過大な通貨の発行であったが、それをもたらしたのはドイツの深刻な財政状況であった（以下の説明はSargent, 1982に基づく）。ドイツは第1次世界大戦後、敗戦国として多額の賠償金の支払いを課せられた結果、国家財政が極度に悪化し、財政支出は中央銀行による国債引き受けによって賄われることになった。このため、過大な通貨が供給されることになり、激しいインフレが発生した。インフレが激しくなると、予想物価上昇率も著しく上昇する。そうなると、民間経済主体はインフレの高進を前提に支出を急ぐことになるため、インフレはさらに激化し、予想物価上昇率は一段と高まる。そのプロセスでは、民間経済主体は租税支払いを納税期限ぎりぎりまで繰り延べようとするため、財政バランスはこの面からも悪化した。この結果、最終的に歳入のほとんど100％が中央銀行引き受けに依存するような状況となった。このようなドイツのハイパーインフレ発生の経緯を振り返

った場合、インフレの原因は直接的・形式的には通貨の過大な発行という金融政策上の要因として整理することは可能であるが、より根源的な原因は維持不可能なドイツの財政状態であったというべきであろう。

それでは、ハイパーインフレの終息の原因は何であったのだろうか。ドイツのハイパーインフレは発生も劇的だったが、終息も劇的であった。政府は1923年10月にレンテンマルクと呼ばれる新しい通貨（1レンテンマルク＝1兆ライヒスマルク）の発行を発表した。この措置自体には実質的な内容はほとんどなく、意味のある部分は、ライヒスバンクに代わる中央銀行（レンテンバンク）の設立とレンテンマルクの発行上限および政府への与信上限の発表であった。当時、政府は歳入のほとんど100％を中央銀行引き受けに依存しており、本措置の実行を可能にする実質的な内容が盛り込まれていたわけではなかったが、この措置の発表を機に、政府の中央銀行借り入れは止まるとともに（財政収支の均衡化）、インフレも終息に向かった（表16-1-1）。政府が増税および政府支出削減のために一連の措置を現実に実行したのは、インフレが終息に向かってからであった。インフレの終息過程のマネーサプライの動向も興味深い。いったんインフレが終息に転じると、通貨保有の機会費用が劇的に低下するため、通貨への需要が増加する。このため、インフレが終息に転じた後も、マネーサプライの増加にもかかわらず、インフレは生じなかった。

以上のドイツの経験が示すように、管理通貨制度の下では、財政の制度・

●表16-1-1　ドイツの卸売物価指数（1914〜24年）

年末	指数	年/月末	指数	年/月末	指数	年/月末	指数
1914	125	1922/ 1	3,670	1923/ 1	278,500	1924/ 1	117,320,000,000,000
1915	148	2	4,100	2	588,500	2	116,170,000,000,000
1916	151	3	5,430	3	488,800	3	120,670,000,000,000
1917	203	4	6,360	4	521,200	4	124,050,000,000,000
1918	245	5	6,460	5	817,000	5	122,460,000,000,000
1919	803	6	7,030	6	1,938,500	6	115,900,000,000,000
1920	1,440	7	10,160	7	7,478,700		
1921	3,490	8	19,200	8	94,404,100		
		9	28,700	9	2,394,889,300		
		10	56,600	10	709,480,000,000		
		11	115,100	11	72,570,000,000,000		
		12	147,480	12	126,160,000,000,000		

（出所）Sargent（1982）をもとに著者作成

レジームのあり方は物価安定を支える根源的な要因として非常に重要である[1]。財政赤字が巨額で将来にわたって財政バランスの均衡を回復することが難しい場合には、結局は中央銀行の国債引き受けに依存しようとする力が働きがちとなり、中長期的な物価安定の達成は難しくなる。その意味で、政府が長期的に財政バランスを維持する意思と能力を有しているか、さらに、そうした政府の財政バランス維持の方針を国民が支持するかどうかは、物価安定を支える根源的な要因である。

フィスカル・ドミナンス

財政のレジームや財政政策が金融政策とどのように関係しているかという問題を考えるために、以下では、金融政策と財政政策について、対照的な2つのレジームを取り上げて考察する[2]。

第1のレジームは、独立性を保障された中央銀行が物価安定を目的として金融政策を運営する一方、財政当局は健全財政を保障するルールに従って財政を運営するというレジームである。例えば、政府が国債残高のGDP比率に上限を設け、この水準以上には国債を発行しないことを約束するというルールがこれに該当する。この場合、民間経済主体が健全財政を信用するとすれば、今日の減税措置は明日の増税予想を生み、民間経済主体の恒常所得は変化しない。これは、財政支出のファイナンス方法の違い如何によって総需要に違いがないという状況であり、いわゆるリカード・バローの「中立性命題」の妥当する世界である。この場合、財政政策は景気に対し中立的であるため、中央銀行は金融政策によって物価をコントロールすることができる。

第2のレジームは、中央銀行に独立性がなく、他方、政府は財政政策を裁量的に運営し、健全財政にもコミットしないケースである。この場合、政府が減税を実施しようとすると、財源が必要である。このため、中央銀行は政府の財政赤字をファイナンスすることを目的として中央銀行通貨を増加させ、

---

[1] Sargent (1982)は第1次世界大戦後の4つのハイパーインフレ終息の経験に関する研究に基づいて、以下のように述べている。

"The essential measures that ended hyperinflation in each of Germany, Austria, Hungary, and Poland were, first, the creation of an independent central bank that was legally committed to refuse the government's demand for additional unsecured credit and, second, a simultaneous alteration in the fiscal policy regime. These measures were interrelated and coordinated. They had the effect of binding the government to place its debt with private parties and foreign governments which would value that debt according to whether it was backed by sufficiently large prospective taxes relative to public expenditures. In each case that we have studied, once it became widely understood that the government would not rely on the central bank for its finances, the inflation terminated and the exchanges stabilized." (p.89)

[2] この点については、近年、「物価の財政理論」(fiscal theory of price level)をめぐって興味ある論争が活発に行われている(木村, 2002、渡辺・岩村, 2004)。

その結果として、インフレが発生する。この場合、インフレの究極的な原因は政府の赤字財政にあるが、直接的な原因は中央銀行による財政赤字ファイナンスである。このような政府の財政行動が金融政策を左右し、物価上昇率を決定する状況は、フィスカル・ドミナンス（fiscal dominance）と呼ばれる[3]。

上述の第1のケースでは、中央銀行が金融政策を主導し、それによって実現する経済状況の中で、政府は財政バランスを維持するように努める。これは、多くの国が現在採用しているレジームである。これに対し、第2のケースは、政府が財政政策を決定し、その結果生じる財政の不均衡を解消するように中央銀行が追随的に金融政策を調整するレジームである。ドイツのハイパーインフレは中央銀行の財政赤字ファイナンスからインフレが生じた古典的なケースである。物価の安定を実現するためには、中央銀行に金融政策の独立性を与えるだけでなく、上述したようなフィスカル・ドミナンスという状況に陥らないための制度設計が不可欠である。

16-2. 財政に関する制度

前節で述べたフィスカル・ドミナンスを防ぐことの重要性は、現実の財政制度や中央銀行制度の設計にあたっても十分意識されている。

■ **健全財政の原則**　物価の安定を実現するうえで、長期的にみて維持可能な財政バランスを実現することは重要である。健全財政のルールという点では、ユーロ参加の条件を定めたマーストリヒト条約の基準が有名である[4]。また、健全財政の原則を実効的にするために、ユーロ参加国を対象に1997年には「安定・成長協定」（Stability and Growth Pact）が採用された[5,6]。

■ **対政府信用供与の禁止**　現在、中央銀行による政府への直接的な信用供与は、多くの国（地域）において中央銀行法で禁止されている。例えば、マーストリヒト条約では中央銀行が政府に対する信用供与を行わないことがユーロ参加の条件となっている。日本のケースに即していうと、財政法も日本銀

3　Sargent and Wallace (1981) 参照。
4　ユーロ参加の条件として、一般政府部門（中央・地方政府、および社会保障基金）の財政赤字が対名目GDP比3％以内にあること、一般政府部門の債務残高が対名目GDP比60％以内にあることなどが求められている。
5　「安定・成長協定」は過大な財政赤字（対名目GDP比3％超過）の発生を防ぐサーベイランス・システムと、実際に超過した場合の是正手続きおよび罰則規定から構成されている。
6　ニュージーランドでは中央銀行総裁が任命されるときに、大蔵大臣と中央銀行総裁が政策目的に関する合意（Policy Target Agreement）を取り交わしているが、合意が取り交わされる際に、大蔵大臣は健全財政維持の方針を明らかにしている（"As Minister of Finance my priority is to maintain a disciplined fiscal policy approach to help the Governor achieve the inflation outcomes in the PTA"）。

行法も原則として国債の引き受けを禁止している。もっとも、特別の事由がある場合は、国会の議決を経た範囲内で、政府に対し資金の供与を行うことは認められている（財政法第5条、日本銀行法第34条）[7]。日本銀行では政府との取引について「対政府取引に関する基本要領」を定め、これに基づいて実際の取引を行っている。国債の引き受けは、現在、長期国債買いオペの結果保有している国債の償還に際して、借り換えのために国債を引き受ける場合に限定されている。政府短期証券（FB）については日本銀行による引き受けが認められているが、2000年度以降は公募入札方式に移行している。なお、公募入札移行後も、為替市場介入における円売り介入等、国庫に予期せざる資金需要が生じた場合などには、例外的に日本銀行が所要のFBを引き受けている（為替市場介入に伴うFBの発行については第14章参照）[8]。

■ **対政府取引の透明性** 中央銀行による政府への信用供与は原則的に禁止されているが、例外的に信用供与が行われる場合でも、透明性を確保することが重要である[9]。

16－3. 財政政策の運営
財政政策の役割

財政政策は以下の3つの面で経済活動に影響を与える。第1に、総需要を

---

7 財政法第5条は「すべて、公債の発行については、日本銀行にこれを引き受けさせ、又は借入金の借入については、日本銀行からこれを借り入れてはならない。但し、特別の事由がある場合において、国会の議決を経た金額の範囲内では、この限りでない」と定めている。また、日本銀行法第34条には、「日本銀行は、我が国の中央銀行として、前条第1項に規定する業務のほか、国との間で次に掲げる業務を行うことができる。（中略）第3号 財政法第5条ただし書の規定による国会の議決を経た金額の範囲内において行う国債の応募又は引受け」との定めがある。これらの定めに基づいて、毎年度の特別会計予算総則において、国債整理基金特別会計における日本銀行引受公債の限度額は「同行の保有する公債の借換えのために必要な金額」と規定されている。日本銀行の政府との取引については日本銀行企画室（2004）を参照。

8 財政法第7条は「国は、国庫金の出納上必要があるときは、財務省証券を発行し又は日本銀行から一時借入金をなすことができる」と定めており、日本銀行法第34条には、「日本銀行は、我が国の中央銀行として、前条第1項に規定する業務のほか、国との間で次に掲げる業務を行うことができる。（中略）第4号 財務省証券その他の融通証券の応募又は引受け」との定めがある。日本銀行によるFB引き受けは、こうした法律の規定に基づいて行われている（日本銀行企画室, 2004）。

9 IMFの作成したCode of Good Practices on Transparency in Monetary an Financial Policy: Declarations of Principlesでは、金融政策と財政政策の組織的な関係については、以下のように規定されている。
1.2 The institutional relationship between monetary and fiscal operations should be clearly defined.
1.2.1 If credits, advances, or overdrafts to the government by the central bank are permitted, the conditions when they are permitted, and any limits there of, should be publicly disclosed.
1.2.2 The amounts and terms of credits, advances, or overdrafts to the government by the central bank and those of deposits of the government with the central bank should be publicly disclosed.

変化させることを通じて、景気や物価に影響を与える。第2に、財政支出の構成を変化させることを通じて、資源配分に影響を与える。第3に、財政支出の構成や税制を変化させることを通じて、所得分配に影響を与える。このうち金融政策との直接的な関係が深いのは、第1の、総需要を変化させる側面である。

　財政政策と金融政策の関係は、20年ほど前まではマクロ経済学において活発に議論されたテーマであったが、今日では、財政政策を景気安定化のために裁量的に用いることは適当ではないという考え方が支配的となっている。そうした考え方が支配的となるに至った理由としては、第1に、財政政策が裁量的な需要管理政策として使われた結果、非効率な政府支出が増加し、財政バランスが悪化したことが挙げられる。第2に、財政政策発動に関するラグの存在から、景気の安定を目的とした財政政策が結果的に景気の振幅を拡大させる傾向を有していたことも挙げられる。ただし、今日でも財政が「自動安定化装置」（built-in-stabilizer）としての役割を果たすことについては重要と考えられている。すなわち、累進課税制度を前提とすると、景気拡大期には所得の増加以上に税収が増加し、可処分所得の伸びが抑制される。一方、景気後退期には所得の減少ほどには税収は減少しないため、可処分所得の減少が緩和される。これによる可処分所得と消費の安定化効果は、景気に対し安定化する方向で作用する。

　現実に財政政策を景気安定化政策として活用する程度は上述した一般的な考え方に加えて、経済や財政の状況にも依存しており、国により時期によりかなり異なっている。因みに、図16-3-1は1995年以降の日米の経済成長率と財政支出の寄与度の推移を示したものであるが、日本では1990年代末以降、財政支出の寄与度は低下している。一方、米国をみると、2001年から2002年に

●図16-3-1　日本と米国の経済成長率と財政支出の寄与度の推移

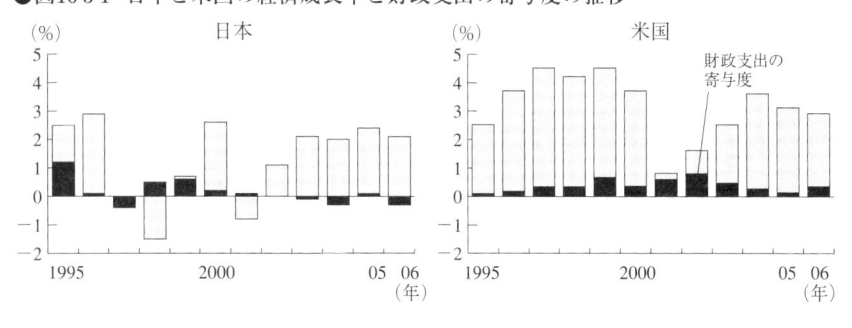

かけての景気後退局面では、財政支出の寄与度がかなり高まっている。財政政策は景気安定化政策としては用いないというのが基本的な考え方となっているが、上述のように、米国でもそうした考え方で完全に割り切っているわけではなく、局面によっては財政政策を使用するケースがみられる[10]。

デフレ下の財政政策

財政政策は「自動安定化装置」としての役割を別にすると、基本的に景気安定化政策としての役割はないというのが支配的な考え方であるが、経済がデフレの状況に陥った場合にも、同様の議論が当てはまるのだろうか。インフレーション・ターゲティングの枠組みでは、財政当局が財政節度の維持というかたちで中央銀行の物価安定という目的達成に協力することが謳われているが、そこで想定されているのは、もっぱらインフレ抑制である。物価下落の下の財政政策の役割については、デフレ・スパイラルの危険とゼロ金利制約の深刻さに関する評価如何によって変わってくる（第19章参照）。日本は1995年にはコールレートが0.5％程度にまで低下し、実態的にゼロ金利制約に近い状況となった。仮に、デフレ・スパイラルの危険が大きく、金融政策についてもゼロ金利制約によって有効性を失うという立場に立つ場合には、論理的な帰結として積極的な財政拡大が必要となる。他方、デフレ・スパイラルの危険は大きくないと判断する場合、あるいは、ゼロ金利制約に直面しても、金融政策は有効性を維持できると判断する場合は、財政政策については景気刺激的な政策は必要とされず、「自動安定化装置」としての役割を果たせば十分という結論になる。ただ、いずれの立場に立つにせよ、経済活動が大きく落ち込む状況の下で、景気変動を増幅する方向（景気悪化時の財政緊縮）に財政政策を運営することは望ましくないというのが一般的な考え方である。

デフレの状況の下で、金融政策と並んで財政政策についても積極的な役割を果たすべきという議論の典型は、積極的な財政政策と日本銀行による国債買いオペの増額を主張したバーナンキ（当時FRB理事）の提案である[11]。政府が国債を発行すると金利を支払う必要があるが、中央銀行の収益は政府に移転するため、国債を中央銀行が保有する場合は、実質的な金利負担は生じない。このため、政府が国債を発行して財政支出を拡大する一方、中央銀行が金融市場から国債を買い入れた場合には、政府は金利の支払い負担なしに財政支出を拡大できる。そのような目的を有した中央銀行の国債買い入れは、

---

10 Blinder（2004b）は裁量的な財政政策が必要となる例外的なケースについて議論している。
11 Bernanke（2003）参照。

しばしばマネタイゼーション（monetization）と呼ばれる。上述のバーナンキの提案する政策も中央銀行ファイナンスによる減税（ないし政府支出の増加）のマネタイゼーション提案であった（この点については第18章参照）。

日本における財政政策と金融政策の議論

　上述のように、財政政策の役割は基本的には資源配分ないし所得分配に関わる政策であり、景気安定化政策としての役割は金融政策に委ねられている。このような考え方は先進国ではかなり定着してきているが、日本では、現在でもなお、金融政策と財政政策を「ゼロサム」の関係で捉え、両者を代替的な政策と位置付ける議論がなされることがある。例えば、「財政に出動余力がないので、ここは金融政策の出番である」といった趣旨のコメントが聞かれることがある。これは景気安定化政策の「必要な対応幅」のようなものを想定し、それを財政政策と金融政策とで分け合うという思考様式であるが、こうした思考様式は経済の不安定化を招きやすい。中央銀行は金融政策を運営する際、政府支出の動向も考慮したうえで、先行きの景気や物価を予測している。仮に、政府支出が減少するなかで、全体として物価面で心配がなく景気が弱いときには、金融政策を緩和する必要がある。一方、全体として景気も強く物価面でも懸念がある場合には、政府支出は減少していても、金融政策を引き締める必要がある。いずれの場合でも、財政政策と金融政策を合わせた「必要な対応幅」のようなものを想定して両者で分担することを「財政政策と金融政策の協調」と捉えるのは不適当である。

　以上のような思考様式は、国際的な資本移動が活発化した経済を考えると、より一層不安定な効果を生み出す。例えば、政府が財政支出の抑制（拡大）を図るケースを考えてみる。マンデル・フレミングの理論は単純化された理論モデルであるが、有用な洞察を与えている。すなわち、財政支出の抑制は金利の低下（上昇）を通じて自国通貨の為替レートの下落（上昇）をもたらすが、これは当初の財政支出の抑制額に等しい設備投資の増加（減少）をもたらす。この場合、財政支出の抑制はそれ自体としては需要減少（増加）要因であるが、開放経済の下では、そのことが他の需要項目を増加（減少）させるというメカニズムが備わっている。それにもかかわらず、一定の「必要な対応幅」を想定して金融緩和（引き締め）を行うと、景気刺激効果が強く（弱く）なりすぎてしまう。

　金融政策と財政政策の関係では、金融緩和を続けることによって、国債の利払い負担の軽減を図る必要があると議論されることがある。しかし、第9章で説明したように、長期金利の水準は実質金利、予想物価上昇率、リス

ク・プレミアムの３つの要素に規定される。政策金利である短期金利が経済の実態から離れて低位に維持されると、予想物価上昇率が上昇する。また、そのような政策がとられる場合には、将来の経済情勢に関する不確実性も高まり、リスク・プレミアムも拡大する。言い換えると、政策金利である短期金利を低位に維持することが長期国債金利の低位安定につながるわけではない。長期国債の安定的な金利形成を図るためには、金融政策が物価安定の下での持続的成長を目標に運営されるとともに、そうした金融政策運営の姿勢に対する信認が維持されていることが最も重要である。

第17章　よりよい金融政策への道

本書はこれまで金融政策の目的（第Ⅰ部）、金融政策の決定体制（第Ⅱ部）、金融調節（第Ⅲ部）、金融政策の運営に必要な各プロセス（第Ⅳ部）を説明し、第Ⅴ部では、金融政策の運営と密接な関連を有する制度や政策について議論した。これらは金融政策を的確に運営するうえでいずれも重要な要素であるが、金融政策がその目的を適切に達成するためには、上述の説明だけでは抜け落ちる重要な要素が存在する。現実の金融政策運営をみると、中央銀行と社会の相互作用ともいうべき要素も金融政策運営に重要な影響を及ぼしている。そうした観点から、本章では、金融政策が目的を達成するために必要な基盤や条件について議論する。以下、第1節では、中央銀行に求められる条件について説明する。第2節では、よりよい金融政策運営という観点からみて、望ましい慣行の形成について述べる。第3節では、中央銀行間の協力について説明する。

17－1. 中央銀行に求められる条件
中央銀行の専門家としての高い能力

中央銀行に求められる最も重要な条件は、言うまでもなく、金融政策運営に責任を有する当局として高い専門的能力を備えていることである。この点では、実体経済や金融市場・金融システムについての現状把握と先行きについての予測能力が、最も基本的な要素である。さらに、本書でも度々触れたように、金融政策とそれ以外の政策は密接に関連していることを考えると、決済システムの運営や「最後の貸し手」としての資金供給をはじめ、中央銀行はバンキング政策の面でも専門的能力が求められる。

中央銀行はそうした専門的能力を発揮するために作られた組織であるが、中央銀行の有する専門的な能力は、以下のような制度的特徴に支えられている。

第1は、幅広い情報へのアクセスである。中央銀行が経済統計に基づいてマクロの経済情報を収集するのは当然であるが、それ以外にも多様な情報を活用している。まず、中央銀行は金融市場の一員であり、また、金融機関と

の様々な接点があることから、日々の業務を通じて金融に関する情報を入手しており、マクロ経済と金融との相互作用を意識しながら、経済現象を様々な観点から分析することが可能となっている。ミクロの経済情報については、個々のビジネスの当事者に比べると情報量は少ないが、半面で、金融政策運営という中央銀行のパブリックな目的に対する理解と協力に支えられ、マクロ経済や金融の状況に関する判断に役立つ様々なミクロ情報が集まっている。金融政策が直面せざるを得ない様々な不確実性、金融市場・金融システムとマクロ経済の相互連関の重要性を考えると、上記のメリットは大きい。

　第2は、バンキング業務という実務との接点である。中央銀行は具体的なバンキング業務を通じて政策を実行する組織であり、「政策」だけを企画する組織でも「調査」だけを行う組織でもない。具体的なバンキング業務を有するということは、政策の実行可能性が実務的にテストされるという意味でも、確実な知識を蓄積するという意味でも、強みとなるものである。

　第3は、リサーチを重視する組織文化である。中央銀行にとってマクロ経済の予測や政策分析を専門に行うことは組織としてのコアの目的を実現するうえで不可欠であるため、他の組織に比べて多くの人的資源を調査・研究という仕事に割いている。この点は、主要国中央銀行に共通する特徴であり、それゆえ中央銀行サークル全体として、基礎的・理論的な研究を尊重する組織文化を有し、それが中央銀行間の情報交換・コミュニケーションを円滑にするうえでも重要な役割を果たしている。

　中央銀行は組織に蓄積されたそのような強みを活かし、専門家集団として能力を最大限発揮することが期待されている。中央銀行の金融政策運営について議論がなされる際には、委員会における金融政策の決定というプロセスに焦点が当たることが多いが、適切な金融政策の運営は、委員会での討議、それを支えるスタッフの調査研究、決定された政策を実行するための具体的なバンキング業務、そうした一連の仕事を効率よく行うための組織運営等があって初めて、専門家としての能力を発揮することが可能になるものである。

中央銀行に対する国民の支持

　中央銀行は上述した専門的能力に基づいて金融政策を適切に運営することが求められているが、そうした金融政策運営を積み重ねることによって、中央銀行が誠実さ（probity）を有した組織として国民から支持されていることが不可欠である。この点、1980年代後半のバブル期の日本経済についてみると、政策金利の引き上げに対する支持は少なかったが、どのような政策であれ、最終的に国民からほとんど支持されない政策を行うことは難しい。ただ

同時に、「国民の支持」が金融政策を運営する際の絶対的な条件であることを強調すると、そもそも中央銀行に独立性を与えて金融政策運営を委ねる意味がなくなる。民主主義社会における中央銀行として、国民からある程度の支持を得ることは不可欠の要素であるが、金融政策の遂行にあたり、国民の支持の必要性だけを強調することも不適当である。

　そうした中央銀行に対する支持は結局、物価安定の下での経済成長という良好な実績がなければ得にくいものである。その意味では中央銀行に対する国民の支持の有無は、長期的には前述した第1の条件である専門家として高い能力を有するという条件に帰着する面が大きい。しかし、現実に中央銀行に対する十分な信認がない場合、あるいは、中央銀行の独立性を尊重する慣習がない場合には、難しい課題に直面する。この点は、特に、新たに独立性を得た中央銀行に共通する大きな課題である[1]。

金融政策の目的に関する国民的な認識の共有

　金融政策が適切に運営されるためには、金融政策の目的が物価安定の下での持続的成長であることについて国民の間で広く認識が共有されることが不可欠である（金融政策に対する国民の認知度についてはBOX1参照）。インフレーション・ターゲティングの枠組みにおける目標物価上昇率は、この目標を国民が長期間にわたって支持し、そうした国民の声を立法府も行政府も尊重するという性格のものである。FRBのコーン副議長の言葉を借りると、"a national embrace of a goal" とでもいうべきものである[2]。従って、どの国でも目標物価上昇率が設定される際には、そうした国民の幅広い支持が不可欠であり、また、それと整合的なかたちで政府が経済政策を運営することも重要な前提条件となる[3]。

　因みに、日本の高度成長期は10％程度の高いGDP成長率を記録したが、消費者物価上昇率は6％程度と高めであり、今日の基準に照らして判断すると、物価安定という目的は達成されていなかった[4]。当時、高度成長を支持するエコノミストは、高成長下では消費者物価が上昇することは正常であるという

---

[1] 欧州中央銀行はブンデスバンクの金融政策のスタイルを引き継いでいる。これにはブンデスバンクの金融政策のスタイルがユーロエリア全域にも適しているという判断もあったかもしれないが、それと同時に、ブンデスバンクに対する信認を引き継ぐという効果も狙っていたと推測される。

[2] Kohn (2007b, c) は以下のように述べている。
"A formal inflation target represents a national embrace of a goal, in which elected authorities recognize the primacy of price stability and publicly support indeed, even require the central bank's pursuit of that goal. To the extent that elected authorities channel the desires of the electorate, a central bank directed to adopt an inflation target is being given a strong signal as to the goal's importance to the public at large."

議論を展開し[5]、他方、日本銀行は消費者物価の上昇に警戒感を表明するという構図がよくみられた。高度成長期における日本の金融政策に対する評価は論者によって異なるが、振り返ってみて、日本銀行が今日的な意味で物価安定と判断される上昇率（例えば、1％前後の消費者物価上昇率）を目指して金融政策を運営しようとしても、最終的には国民の支持は得にくかったと推測される。

BOX1　中央銀行の金融政策に関する認知度

中央銀行が金融政策を行っていること、あるいは、金融政策の目的が物価安定であることについては、必ずしも国民が認識しているわけではない。例えば、日本銀行についてみると、「日本銀行は、『物価の安定』をその目的のひとつとしている」

日本銀行　　　　　　　　　　　　　　　　　　　　　　　　　　　　　　（単位：％）

		「知っている」	「見聞きしたことはあるがよく知らない」	「見聞きしたことがない」
問1	2006年12月	33.5	46.4	19.7
	2007年3月	35.4	45.0	19.2
	2007年6月	31.6	45.4	22.4
問2	2006年12月	32.3	44.1	23.4
	2007年3月	33.0	45.9	20.7
	2007年6月	30.5	42.8	26.3

（注）問1：日本銀行は、「物価の安定」をその目的のひとつとしている。
　　　問2：現在の金融政策は、短期金利の操作を通じて行っている。
（出所）日本銀行「生活意識に関するアンケート調査」

3　英国では、大蔵大臣が目標物価上昇率をイングランド銀行に対して指示し、現実の物価上昇率が目標から上下1％を超えて乖離する場合に大蔵大臣宛の公開書簡の発出を求めている。英国は2007年4月に消費者物価上昇率が初めて目標物価上昇率を1％以上上回ったため、イングランド銀行総裁が大蔵大臣宛に公開書簡を発出したが、これに対する大臣の返信（下記）では、公務員の賃金をインフレ目標に合わせて2％以内とする必要性を述べている。
"The Government will continue to support the MPC in the forward-looking decisions it takes in the future. For its part the Government will continue to be vigilant and disciplined in the fight against inflation. To that end, as I announced to Parliament on 1 March 2007 overall headline settlements for public sector workforces covered by Pay Review Bodies are to be less than 2 per cent inflation target in 2007-08. And fiscal policy has been supporting monetary policy with a fiscal tightening in the Pre-Budget Report and a fiscally neutral Budget."
4　1961年から70年までの消費者物価指数(除く、帰属家賃ベース)平均上昇率は5.7％であった。
5　この議論の代表的な論者である下村治は以下のように述べている。
「日本の経済が成長するとき、その成長とともに、消費者物価が上昇することをことさらに異常視し、警戒することはまとはずれといわなければならない。ことに、成長速度が大きければ大きいほど、消費者物価上昇率は大きくなるのが正常な関係だから、日本経済の成長速度を無視して、消費者物価上昇割合の大きさだけを問題とするのは無意味だ」(下村, 1963)

イングランド銀行

	回答者の割合(%)
金融政策委員会（MPC）	4
イングランド銀行	36
政府	4
財務省	1
議会	0
その他	2
わからない	53

（注）問：金利決定主体は誰か。
（出所）Bank of England, Public attitude to inflation, Quarterly Bulletin, Feb. 2007

という質問に対し、「知っている」という回答は33.5%である。イングランド銀行についても、「金利決定主体は誰か」という質問に対し、イングランド銀行ないし金融政策委員会と回答した割合は4割であり、認知度が非常に高いというわけではない。

17－2. 望ましい慣行の確立

よりよい金融政策運営を実現するためには、以下で述べるような様々な慣行が確立されることも重要である。

独立性の尊重

現在、多くの中央銀行は金融政策の独立性を法的に与えられているが、現実の運営としても、法律の規定通りに独立性を尊重する慣行が定着することが重要である。この点では、現在は独立性を尊重する慣行が定着している国についても、当初からそうした慣行が定着していたわけではない。例えば米国でも、1980年代までは政府首脳が公開の席で連邦準備制度の金融政策について批判することも珍しくなかったが、1990年代に入ってから、ルービン財務長官によって、金融政策についてコメントをしないという慣行（"absolute refusal to comment on monetary policy"）が確立されていった[6]。現在では大統領や他の行政府の首脳が金融政策についてコメントをすることはなくなっている。経済諮問委員会の大統領経済報告についても、かなり以前から金融政策に関する評価的な記述はみられなくなった[7]。その結果、市場参加者は金融政策の決定に責任を有する連邦準備制度による情報発信と自らの経済見通しのみに基づいて、先行きの政策金利を予想することが可能となっている。英国についても、大蔵大臣は目標物価上昇率を設定した後は、イングランド銀行をサポートする姿勢を表明するだけで、金融政策について具体的にコメ

ントすることはない。欧州中央銀行については、中央銀行に対応する単一の「政府」が存在するわけではなく、また、域内各国の政府も経済状態の違いを反映して一致した見解があるようにはみえない。

　他方、中央銀行サイドにも対外的な発言にあたって自制が求められる。中央銀行は金融政策運営に関して独立性を有する以上、自らが直接的な責任を有さない政策分野については、それが物価安定の下での持続的成長や金融システムの安定を実現するという目的に影響を与えない限りは、具体的なコメントをすることを控える必要がある。中央銀行が責任を有する政策の範囲は国によって異なる。米国のケースでいうと、為替レートに関する政策については、連邦準備制度も法的な権限を有し基本的に財務省と同額の介入を行うケースが多いが（第14章参照）、対外的な発言については、財務長官と財務次官に一元化されている。財政政策の運営については、物価安定の下での持続的成長という目的に影響を与えると判断する場合には、発言を行っており、近年の例でいうと、財政赤字の問題がこれに該当している。これに対し、欧州中央銀行は、財政政策の基本的な運営スタンスや構造政策について情報発信を行うことが多い。

　政策に関する情報発信の体制は、それぞれの国の置かれた法的な枠組みによって異なるが、政府・中央銀行とも情報発信については、法律の枠組みに従い、政策に責任を有する当事者が情報を発信するという慣行が確立されることが不可欠である。

学界と中央銀行間の知的交流

　適切な金融政策運営を行ううえで、経済理論の果たす役割は大きい。その意味で、学界と中央銀行の間の知的交流や協力は重要である。知的交流や協力が最も必要とされる分野は、現実の経済に即した実証的な分析である。こ

6　ルービン元財務長官はグリーンスパン議長時代の金融政策を回顧したコンファレンスでのスピーチで以下のように発言している（Rubin, 2005）。

　"It seemed to me at the time, and it seems to me now, that the administration and the Federal Reserve each played its appropriate role with respect to the two dimensions of macroeconomic policy, fiscal and monetary. We felt that our administration's consistent and absolute refusal to comment on monetary policy and our unqualified support for the independence of the Fed on monetary policy could serve three purposes: keeping monetary policy as free as possible from political influence; reinforcing the credibility of monetary policy by our commitment to its independence; and hopefully, generating respect for our administration's economic soundness and thus for its economic policy decisions more generally. A former Fed official also thought that our clear and consistent adherence to a 'no comment' position on monetary policy may have made it easier for the Fed to work with us in other areas."

7　例えば、1964年のCEA報告では、"It would be self-defeating to cancel the stimulus of tax reduction by tightening money."といった記述がみられる。

れに加えて、理論の発展自体に向けて中央銀行と学界が協力することも重要である。中央銀行は学界に比べ現実の経済の変化にいち早く接する立場にあるだけに、自らインハウスの調査研究部門でも基礎的な研究を行うとともに、学界に対しては政策当事者としてどのような問題に直面しているかを説明する必要がある。学界では自らの問題意識に加えて、中央銀行ないし実務家の提起する問題意識にも触発されて、新たな研究が始まることが期待される。

そのような観点から近年の日本の状況をみると、政策当局者が学者に対し性急に「理論的な答え」を求める傾向を強めるとともに、学者も性急に「理論に基づく政策」を提案する傾向を強めているようにみえる。しかし、既存の理論から直ちに正しい政策的な処方箋が書けるほど、理論が発達しているわけではない。同時に、理論の枠組みなしには、複雑な経済の変化を理解することもできない。その意味で、学界と中央銀行との知的交流は地道に着実に取り組むべきものであり、双方ともそれぞれの置かれた立場や責任、知識の強みと限界を認識したうえで、建設的な議論・対話を重ねていくことが必要である。そうした議論・対話は国内的にも重要であるが、海外の学界との関係でも重要である。現在、経済学の研究の中心地は圧倒的に米国であるが、そのことも反映して、理論自体も米国の現在の経済・市場構造が無意識の前提となっていることも多い。その意味で、政策分析にあたっては理論モデルの選択が重要となるが、このような点に関する議論も含めて、内外の学界と中央銀行との知的交流は重要である。

エコノミストによる多様な見方

金融政策に関する中央銀行による情報発信が適切に機能するためには、情報の発信者と受信者の双方の努力が不可欠である。中央銀行による情報発信の受信者はエコノミストに限定されるわけではなく、最終的には国民であるが、金融政策判断の専門的な領域については、エコノミストの果たす役割は特に大きい。その意味で、中央銀行自身による説明の努力とエコノミストによる分析の両方が重要である。多様な経済主体の参加によって金融市場の流動性が向上するのと同様に、金融政策に関する議論についても、できるだけ多様なバックグラウンドをもったエコノミストによる専門的な議論が重要である[8]。

メディア報道

どの国でもメディアは金融政策に関する報道を通じて、金融政策に関する

---

8 日本のバブル崩壊後、不良債権問題について必要なアクションの採用が遅れたが、銀行系エコノミストが不良債権問題について発言を控えたこともひとつの遠因として挙げられる。

世論の形成に影響を与えている。特に、金融政策委員会の終了直後に記者会見を行っている中央銀行についていうと、メディアは中央銀行が国民や内外の市場参加者に対し最初に情報を発信する際の手段であるだけに、その影響は大きい。メディアが金融政策に与える影響という観点からみると、第1の論点は、カバーする金融政策のタイム・ホライズンの違いである。メディアのタイム・ホライズンは金融政策のタイム・ホライズンに比べて相当に短い。第2の論点は、メディア報道では次回の金融政策委員会で政策金利の変更があるかどうか、ある場合にはその幅はいくらかという点に関心が集中しがちである。そのようなメディア報道の傾向は中長期的な物価安定を実現していくという中央銀行の金融政策運営姿勢とは適合しないことも多く、どの中央銀行も最適な対応を模索している状態である。

金融市場の発展に向けた市場参加者の努力

金融市場は経済の発展を実現していくうえで重要な役割を果たすが、金融政策を運営するという中央銀行の立場からみても、以下の面で重要である[9]。第1に、金融市場は中央銀行が金融調節を実践する場であると同時に、金融政策の効果が長期金利や為替レート、株価等を通じて、経済全体に波及していく場である。第2に、金融市場は金融政策の判断に必要な情報を抽出するうえでも重要な役割を果たしている。第3に、金融市場は民間経済主体がリスクを移転する場でもあることから、経済に加わったショックを吸収し金融システムの安定を確保するうえでも重要である。

このように、金融市場は金融政策を運営するうえで重要な役割を果たすが、そうした役割が十分に発揮されるためには、単に市場が存在するだけでは不十分であり、流動性と効率性の高い市場が必要となる。例えば、国債市場の流動性を考えると、発行面では、定期発行の慣行、発行条件の事前公表、発行ロットの確保をはじめ様々な条件が必要である。流通の面でも、効率的で安全な国債の決済システム、発達したレポ市場の存在、流通を阻害しない税制、グローバルに市場参加者を呼び込めるルール等、様々な条件が必要である[10]。これらは、第一義的には発行当事者である国や民間の市場参加者自身が取り組むべき課題であるが、実現する便益は市場全体に薄く広く広がる性格のものであるだけに、個々の当事者にはコストをかけてまで改善に取り組む十分なインセンティブが働かないケースもある。この点で、中央銀行はユニ

---

9 金融市場が経済や社会の発展に果たす役割についてはRajan and Zingales（2003）を、中央銀行にとっての金融市場の役割についてはWarsh（2006）を参照。
10 国債市場の流動性向上についてはBIS Committee on the Global Financial System（1999a）を参照。

ークな立場に立っている。すなわち、中央銀行はオペレーションを通じて国債市場の参加者になっているほか、国債の決済システムも運営している。さらに、前述の理由から市場全体の発展によって利益を享受する立場にあることも手伝って、個々の市場参加者からみると市場発展の外部効果と映ることが、中央銀行にとっては内部効果として認識されることも多い。このため、市場改革・市場慣行見直しの触媒役（catalyst）を務めやすい立場にもある。実際、日本銀行に限らず、各国の中央銀行は、短期金融市場や外国為替市場をはじめ、市場参加者の組織する市場慣行委員会のメンバーやオブザーバーとなったり、非公式の相談役となることを通じて、市場の基盤整備にも努力している[11]。また、金融市場や金融取引の法律問題について民間の関係者の法律的なフォーラムの事務局を務めていることも多い。

統計改善に向けた努力

正確でタイムリーな経済統計[12]は金融政策運営に必要不可欠な情報である。例えば、物価の正確な把握は一見する以上に難しい仕事である。物価の測定の仕方如何で、実質成長率や生産性の数字も変わってくるが、これらは金融政策の運営にも大きな影響を与える。しかし、本書でも指摘したように、経済統計には様々な限界もある。特に、近年は、経済構造の変化を反映して、統計作成の面でも様々な課題に直面している。その意味で、経済や金融市場の変化に合わせて統計を見直していくことは重要な課題である[13]。中央銀行は統計の利用者であると同時に作成者でもあるが、政府・中央銀行を問わず、統計作成当局は今後とも、限られた資源制約の中で、費用対効果の分析を踏まえたうえで不断の統計改善に取り組んでいくことが求められている。

17-3. 中央銀行間の協力

金融市場や経済のグローバル化の進展を考えると、中央銀行間の協力は重要である[14]。中央銀行間の協力は、以下の4つに分けて議論することが有用である。

第1は、一般的な情報交換である。この点でまず挙げられるのは、中央銀

---

11 各国中央銀行は自国の外国為替市場慣行委員会の活動に関与しており、日本銀行も東京外国為替市場の書記として活動に参加している。東京外国為替市場慣行委員会の活動や日本銀行との関係については鳩貝・川添（2004）を、短期金融市場や国債市場と日本銀行との関係については白川（2004, 2005a）を参照。
12 金融政策運営における経済統計の重要性についてはPoole（2007b）を参照。
13 Kroszner（2006）参照。
14 金融市場のグローバル化の下での中央銀行の果たす役割については、翁・白川・白塚（1999）を参照。中央銀行間の国際協力やその中でBISの果たした役割については、Borio and Toniolo（2006）を参照。

行の首脳レベルでの経済・金融情勢判断や金融政策の運営方針に関する情報交換である。近年はそうしたレベルでの情報交換にとどまらず、金融調節、決済システムの運営、考査、コンピューター・システムといった中央銀行の業務自体に関する技術的なレベルでの情報交換も格段に強化されている。金融政策を適切に運営するためには、そうした技術的なレベルでの知識が不可欠であり、今後、この面での重要性はさらに増大していくと考えられる。

第2は、上述した業務面での具体的協力である。例えば、外国為替取引の資金決済の面では、時差リスクへの対応が問題となっていたが、各国中央銀行は稼働時間を延長することによって、この問題に対処している。各国中央銀行が信用を供与する際の担保についても、金融市場のグローバル化に伴い、海外市場で発行された証券、非居住者の発行する証券、海外で寄託された証券、外貨建て証券等の円滑な受け入れがオペレーショナルなレベルで重要な問題になっていくと予想される（BOX 2参照）。

第3は、金融機関の監督や金融市場の取引・決済における基準やベスト・プラクティスの作成である。これらはそれ自体で強制力をもつものではないが、金融市場の変化に柔軟に対応しつつ、グローバル化の進展に対応する工夫であり、近年その役割が拡大している「ソフト・ロー」のひとつの形態といえる[15]。

第4は、金融政策面での協力である。しばしば議論されるのは金融政策に関する「国際政策協調」（international policy coordination）であるが、「国際政策協調」は曖昧な概念である。仮に、「国際政策協調」ということを「自国の経済情勢の判断からは採用しない政策を国際的な関係に配慮して採用すること」と定義するならば、そうした意味での「国際政策協調」は存在しえない。各国の中央銀行が責任を有するのはあくまでも自国の物価や経済の安定に対してである[16]。もちろん、自国の金融政策は為替レートをはじめ様々な変数を通じて海外にも影響を与えるが、自国の経済に最も大きな影響を与えるのは、外国の金融政策ではなく、自国の金融政策である[17]。また、海外の経済情勢は当然国内の経済情勢にも影響を与えるが、その場合でも、最終的に自国の金融政策を左右するのは自国の経済情勢である。このことは自明ではあるが、1980年代後半には、「国際政策協調」の名を借りて、自国に有利な政策

---

15 Borio and Toniolo（2006）参照。
16 小宮（1988b）は1980年代初頭以降の日米貿易摩擦の原因や背景について分析するとともに、マクロ経済政策に関する「政策協調」について明快な批判を行っている。

を他国に押し付けるかたちで展開されることが多かった。また、日本国内でも早期の金利引き上げに対する反対の論拠として「国際政策協調」の必要性が主張されることが多かった。

　上述のように、金融政策に関する「国際政策協調」は弊害が大きいが、他方、金融市場のグローバル化が進展する下で、金融機関の規制・監督や金融市場の動向のモニタリングをはじめ、各国間の協力の必要性は格段に高まっている。このような状況を背景に、各国の中央銀行は海外の中央銀行との協力関係を強化している。また、その過程で培われる中央銀行間の人的ネットワークも重要である。

　そうした協力関係を構築するうえで、国際決済銀行（BIS: Bank for International Settlements）の果たす役割は大きい[18]。BISでは年6回の総裁会議のほか、各種の委員会活動が行われている。その中でも、特にバーゼル銀行監督委員会、グローバル金融システム委員会（Committee on the Global Financial System）、支払い決済委員会（Committee on Payment and Settlement）の活動は重要である[19]。

　ノーベル経済学賞を受賞したヒックスは40年前に、世界金融市場の成立によって各国の中央銀行が「中央」銀行でなくなることを指摘するとともに、そうした事態への対応の必要性を示唆しているが、現在進行中の中央銀行間の協力関係はまさにそうした対応のプロセスと位置付けられる[20]。

17　Feldstein（1988）は、レーガン政権下における経済諮問委員会委員長としての経験を踏まえ、マクロ経済政策の国際協調について、次のように述べている。
"Although international coordination of macroeconomic policy-making sounds like a way to improve international relations more generally, there is a serious risk that it will have the opposite effect. An emphasis on international interdependence instead of sound domestic policies makes foreign governments the natural scapegoats for any poor economic performance. Pressing a foreign government to alter its domestic economic policies is itself a source of friction and the making of unkeepable promises can only lead to resentment. It would in general be far better if the major industrial countries concentrated on the pursuit of sound domestic economic policies and reserved the pursuit of international cooperation for those subjects like international trade and national security in which cooperation is truly essential."

18　BISはドイツの賠償金支払いを統括する必要から1930年に設立されたが、現在では中央銀行間の議論や政策分析を促進するフォーラム（a forum to promote discussion and policy analysis among central banks and within the international financial community）や中央銀行の主要な取引相手（a prime counterparty）として機能しており、本書執筆時点では55の中央銀行が加盟している。

19　それぞれの委員会（ないし、その前身の委員会）の設立の経緯をみると、グローバル金融システム委員会（1971年）はユーロ・カレンシー市場の拡大が、バーゼル銀行監督委員会（1974年）および支払い決済委員会（1980年）はヘルシュタット銀行およびフランクリン・ナショナル銀行の破綻がきっかけとなっており、中央銀行間の国際協力が金融市場のグローバル化を反映していることを示している（Borio and Toniolo, 2006）。

BOX 2　中央銀行業務の国際化

外貨調達によるオーバーナイト金利の変動

　オーバーナイト金利は最終的には中央銀行による当座預金供給量によって決まってくるが、外国の金融機関が外貨調達を目的としてオーバーナイト資金市場で活発に資金調達を行う場合には、それによって国内の金利形成に影響が生じることもある。例えば、日本のオーバーナイト資金市場であるコール市場では、米国の資金決済繁忙日（例えば、納税日、国債発行日）に合わせて日本の円資金市場で円を調達のうえ為替スワップ市場でドルを調達する動きもみられる。為替スワップ市場が瞬時に調整される場合には、国内のオーバーナイト資金市場は海外のオーバーナイト資金市場の動きから完全に遮断されるはずであるが、現実にはしばしば海外金融機関の行動によって短期的な変動が生じている。現在、外国銀行は準備預金制度に基づく所要準備が少ないことに加え、コール市場で調達の半分以上を占める大きな資金調達主体になっているため、外国銀行の行動がコールレートに影響を与えるケースも増加している（第7章参照）。2007年8月のサブプライム・ローン問題発生後の欧州の短期金融市場でも、欧州系銀行がユーロ・ドルの為替スワップを実行することによってドル資金不足に対処したが、そうした動きはユーロの短期金融市場の資金逼迫をもたらすとともに、最終的にはフェデラルファンド市場にも影響を与えた。これらの例が示すように、金融市場調節にあたって、外国銀行の資金調達・運用や為替スワップ市場のモニタリングならびに海外中央銀行との情報交換は、以前に比べて重要性を増している。海外中央銀行との情報交換は平常時においても重要であるが、国際金融市場が混乱しているときには、特に重要である。

国際金融市場の混乱回避に向けた資金供給

　各国の金融市場に同時に大きな影響を及ぼす可能性がある場合に、各国が緊密な情報交換を行いながら金融市場に対する流動性供給を行うケースも近年増加している。その例として、1999年年末から2000年年初にかけての「コンピューター2000年問題」、2001年9月の「同時多発テロ」、2007年8月以降のサブプライム・ローン問題に端を発した金融市場の混乱時の対応が挙げられる。

CLS銀行を通じての外国為替取引の決済

　外国為替取引は複数通貨の決済を伴うが、決済に伴う時差リスクを解消すること

20　Hicks（1967）は以下のように述べている。
　"Only in a national economy that is largely self-contained can a national central bank be a true central bank; with the development of world market, and (especially) of world financial markets, national central banks take a step down, becoming single banks in a world wide system, not at the 'centre' any longer. Thus the problem that was (partially) solved by the institution of national central banks has reappeared, and is still unsolved (though we are trying to solve it), on the world level."

を目的として、多通貨決済メカニズムであるCLS銀行が2002年に業務を開始した[21]。現在、15通貨の外国為替取引の決済が行われている。CLS決済においては、15通貨の中央銀行のRTGSシステムが決済プロセスを通じてつながっていることから、ある国におけるシステム面や事務面の障害が他国にも直ちに影響する。円の場合は、早い時間帯に位置するため、時限性の高いペイイン（ネット支払い通貨の払い込み）が時間通りに行われることの重要性は特に大きい。

---

[21] ニューヨークで設立され、実際の業務はロンドンにあるCLS Servicesで行われている。CLS銀行を通じての外国為替決済の仕組みについては、日本銀行決済機構局（2006）を参照。

第VI部
近年の金融政策運営をめぐる論点

第V部までは金融政策運営を理解するうえで重要な基礎的な理論と制度を説明するとともに、必要に応じ、現実の事例にも言及したが、対立する見解がある場合には論点が明らかとなるようにバランスをとって説明することに努めた。第VI部では、現実の日本経済やその下での金融政策の経験について、より詳しく検討するとともに、対立する見解がみられる論点についても著者自身の考えを述べることとしたい。もとより、我々の知識は不完全であり、すべての論点について「正解」が得られているわけではない。従って、以下の3つの章の主たる狙いも、著者の実際の経験に照らし、既存の理論では十分に解明されていない事実や中央銀行の政策当局者が直面した悩みを説明することによって、将来の学問的研究や政策論議のための材料を提供することにある。取り上げるテーマは以下の3つである。第1は、資産価格の上昇への金融政策の対応である。第2は、デフレの危険の評価である。第3は、量的金融緩和政策の効果や副作用の評価である。これらは今後のマクロ経済政策や金融政策の運営を考えるうえでも、重要であり、今後多くの政策当事者や学者、エコノミストによる議論が必要なテーマである。以下では、時代を遡るかたちで、第18章では量的金融緩和政策を、第19章ではデフレ・スパイラルやゼロ金利制約の意味を、そして第20章では資産価格上昇への金融政策の対応を取り上げる。

第18章　量的金融緩和政策

日本銀行は2001年3月に量的金融緩和政策(以下、「量的緩和政策」)の枠組みを採用した。量的緩和政策や同政策採用以降の日本経済の展開をどのように評価するかは、日本だけでなく多くの国にとって、将来の金融政策運営を考えるうえで非常に重要である。本書第VI部では、短期金利がゼロ金利制約に直面した場合、金融政策は有効性を発揮できるか、物価下落と景気後退の悪循環(デフレ・スパイラル)は生じるかという2つの論点を取り上げる。本章では主として第1の論点を扱い、第2の論点は次章で扱う。以下、第1節で量的緩和政策の枠組みを説明した後、第2節ではゼロ金利制約下の金融緩和政策のオプションを説明する。そのうえで、第3節では量的緩和政策の景気・物価に対する効果を、第4節では金融システムの安定性維持の面で発揮した効果を検証する。第5節では、現実の量的緩和政策の経験を通じて意

識されるようになった政策運営上の論点を述べる。

18－1. 量的緩和政策の枠組み
量的緩和政策の採用

　日本銀行は2001年3月、世界的なITバブル崩壊後の厳しい景気後退に対処して「量的緩和政策」と呼ばれる金融政策の枠組みを採用した[1]。量的緩和政策採用時の発表文書によると、同政策の目的は、「物価が継続的に下落することを防止し、持続的な経済成長のための基盤を整備する」ことであった。「量的緩和政策」は以下で述べるように、性格の異なる2つの要素から成り立っていた。第1の要素は、金融調節の目標をコールレートから日本銀行当座預金残高という量に関する目標に変更するとともに、当座預金残高目標を引き上げ潤沢な資金供給を行うことであった。第2の要素は、「量的緩和政策」の枠組みを消費者物価指数（全国、除く生鮮食品）の前年比上昇率が安定的にゼロ％以上となるまで継続することを約束するものであった。当座預金残高を潤沢に供給すると、足元のオーバーナイト金利はゼロになるので、上記の約束は消費者物価指数（全国、除く生鮮食品）の前年比上昇率が安定的にゼロ％以上となるまでゼロ金利を継続することを約束したことに等しかった。ゼロ金利継続の約束による効果はそうした約束に対する信認が得られるならば実現されるものであり、潤沢な「量」を必要とするものではなかった（量的緩和政策下の当座預金残高とコールレートの関係については図18-1-1参照）。

　「量的緩和政策」はもっぱら量の拡大による刺激効果を狙った政策のように受け止められることが多いが、実際には、量の拡大による効果を期待するという要素と、金利を通じる効果を期待する要素と、性格的に相異なる2つの要素から成り立っていた。通常は金利と量はコインの裏表の関係にあり、「金利的緩和」と「量的緩和」とがそれぞれ別個に存在するわけではない。しかし、量的緩和政策は短期金利がゼロ％に到達した後も量を増加させる政策で

---

[1] 当時の経済情勢に関し、量的緩和政策発表時の日本銀行の対外公表文には以下のような認識が示されている（「金融市場調節方式の変更と一段の金融緩和措置について」2001年3月19日）。
「日本経済の状況をみると、昨年末以降、海外経済の急激な減速の影響などから景気回復テンポが鈍化し、このところ足踏み状態となっている。物価は弱含みの動きを続けており、今後、需要の弱さを反映した物価低下圧力が強まる懸念がある。
顧みると、わが国では、過去10年間にわたり、金融・財政の両面から大規模な政策対応が採られてきた。財政面からは、度重なる景気支援策が講じられた一方、日本銀行は、内外の中央銀行の歴史に例のない低金利政策を継続し、潤沢な資金供給を行ってきた。それにもかかわらず、日本経済は持続的な成長軌道に復するに至らず、ここにきて、再び経済情勢の悪化に見舞われるという困難な局面に立ち至った。(以下、略)」
また、量的緩和政策採用の目的については、以下のように述べている。
「日本銀行として、物価が継続的に下落することを防止し、持続的な経済成長のための基盤を整備する観点から、断固たる決意をもって実施に踏み切るものである」

あるので、量の増加が景気・物価への刺激効果を発揮できるかどうかを検証する貴重な判断材料を提供している。

量的緩和政策の枠組みは、通常の金融緩和政策と比較すると以下の3つの点で異例の政策であった。第1に、足元のオーバーナイト金利が限りなくゼロに接近した。第2に、中央銀行当座預金残高がGDPとの比較でみて過去に例のない水準にまで著しく増加した。第3に、中央銀行が将来の金利水準を特定の指標に結びつけて明示的に約束した[2]。

●図18-1-1　量的緩和政策下の当座預金残高とコールレートの関係

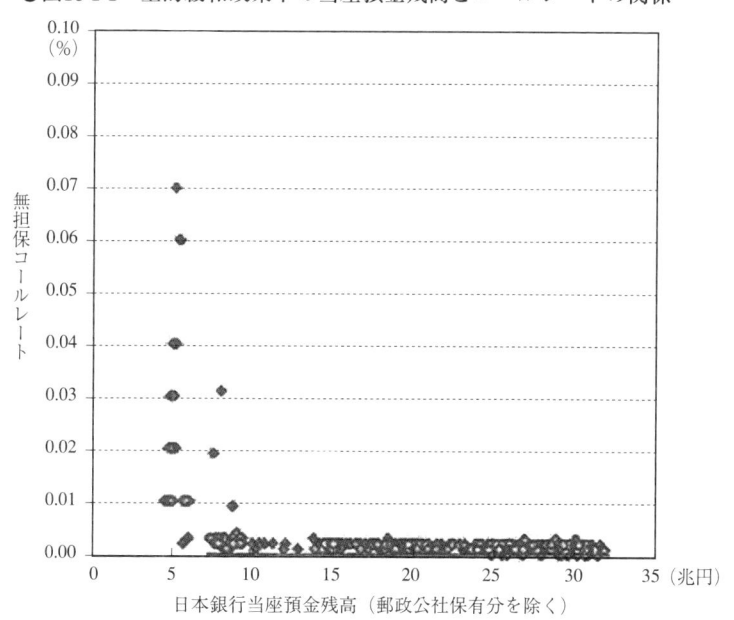

(注) 1. 期末日、年末日を除くベース。
　　 2. 2001年5月15日のデータ（当預：6.3兆円、コールレート：0.16%）を割愛。
(出所) 日本銀行金融市場局「2005年度の金融調節」

---

[2] 「量的緩和政策」は日本銀行が1999年2月から2000年8月まで採用した、いわゆる「ゼロ金利政策」と共通点もあるが、相違点もある。第1に、足元のオーバーナイト金利をゼロにするという点では両者は共通しているが、ゼロ金利の水準は異なった。ゼロ金利政策の下ではオーバーナイト金利は0.02%まで低下したが、量的緩和政策の下では0.001%にまで低下した。第2に、潤沢な資金供給という点では、ゼロ金利政策下では所要準備を1兆円上回る程度（5兆円）であったが、量的緩和政策下では30兆〜35兆円まで残高が引き上げられた。第3に、ゼロ金利継続の約束についても両者は共通しているが、ゼロ金利継続を判断する際の基準の客観性が異なっていた。すなわち、ゼロ金利政策の下では「デフレ懸念の払拭が展望できるまで」という条件であったが、量的緩和政策の下では、より客観的に検証しやすい消費者物価指数の前年比に基づいてゼロ金利継続の約束が行われた。

量的緩和政策の展開

　量的緩和政策は2001年3月に採用された後、消費者物価指数（全国、除く生鮮食品）の前年比が安定的にゼロ％以上になったと判断された2006年3月

●図18-1-2　量的緩和政策下の当座預金残高と残高目標の推移
（1）量的緩和政策導入以降の推移

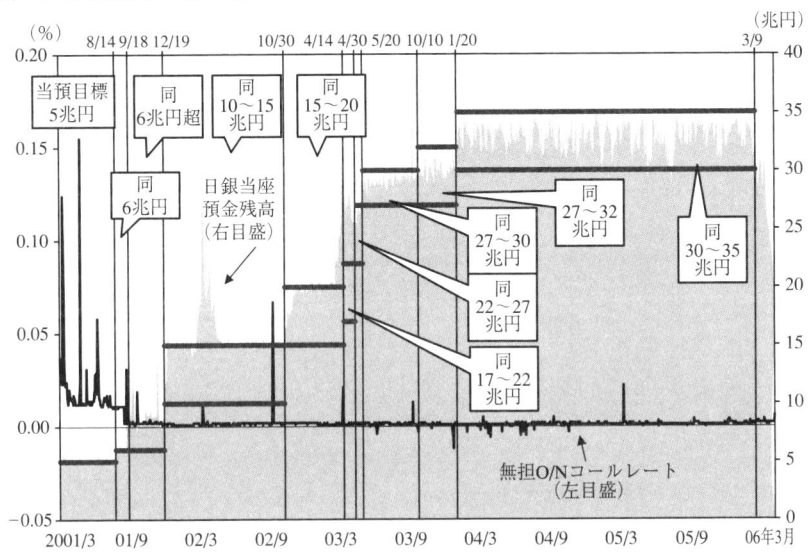

（2）2006年1月以降の推移

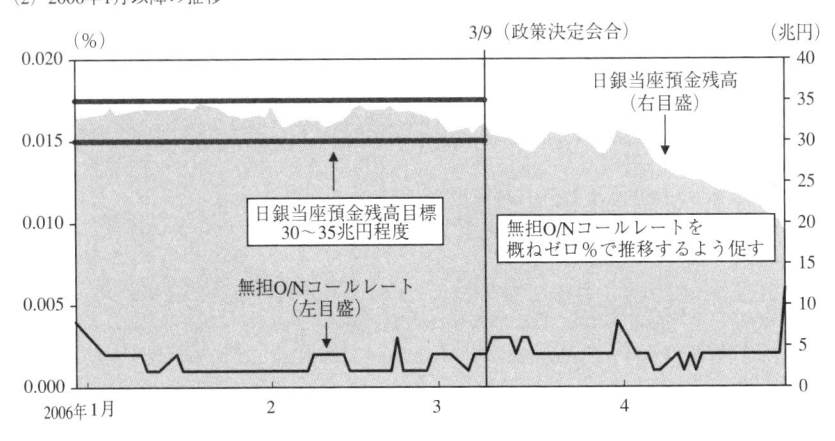

（出所）日本銀行金融市場局「2005年度の金融調節」

● 表18-1-1　日本銀行のバランスシートの推移
（単位：億円）

	マネタリーベース	当座預金	銀行券	長期国債
A. 2001年	660,798	46,791	572,365	249,198
2002年	837,874	146,277	649,304	503,855
2003年	944,737	202,235	699,391	583,566
2004年	1,088,359	330,731	713,873	665,750
2005年	1,106,457	331,025	730,816	665,841
B. 2006年	1,117,348	326,137	746,617	645,622
(B)−(A)	456,550	279,346	174,252	396,424
(B)/(A),%	+69	+597	+30	+159
2007年	902,284	100,692	756,628	519,198

（注）各年2月末
（出所）日本銀行ホームページ「マネタリーベースと日本銀行の取引」

までの5年間にわたって採用された。当座預金残高目標は当初5兆円でスタートし、以後累次にわたって引き上げられ、2004年1月には「30兆〜35兆円」まで引き上げられた（図18-1-2）。

この間の当座預金残高の増加は実額で27.9兆円、率にして約600％の増加であった。所要準備を上回る当座預金残高は最終的に約27兆円にまで増加し、GDPの約5％という高水準となった。また、当座預金を円滑に供給するための手段として長期国債の買い入れ増額が行われ、買い入れ金額は量的緩和政策採用前の月額4,000億円から最終的に月額1兆2,000億円にまで引き上げられた。その結果、残高ベースでみると、日本銀行保有の長期国債は量的緩和政策採用期間中に39.6兆円、約160％増加した（表18-1-1）。一方、オーバーナイト金利は若干の変動はあったが、大半の時期において0.001％で推移した。

BOX 1　消費者物価上昇率と成長率の予測

次頁の表は、消費者物価上昇率（除く生鮮食品）と成長率について、民間調査機関による予測と日本銀行の展望レポートの予測の推移、ならびに実績を示したものである（日本銀行については中央値の公表を開始した2003年度分以降）。これによると、景気が急速に落ち込んだ2001年度については当初の過大予測が期を追うごとに下方修正されている。

(消費者物価上昇率)

	前年度時点における予測		当該年度における予測		実績
	9月	3月	9月	3月	
2001年度：民間	0.1	−0.4	−0.8	−0.9	−0.8
2002年度：民間	−0.8	−1.0	−0.8	−0.7	−0.8
2003年度：民間	−0.6	−0.7	−0.3	−0.1	−0.2
：日銀		−0.4	−0.2		
2004年度：民間	n.a.	−0.4	−0.3	−0.1	−0.2
：日銀	−0.3	−0.2	−0.2		
2005年度：民間	0.0	−0.2	0.0	0.1	0.1
：日銀	0.1	−0.1	0.1		

(成長率)

	前年度時点における予測		当該年度における予測		実績
	9月	3月	9月	3月	
2001年度：民間	2.1	0.8	−0.8	−1.4	−0.8
2002年度：民間	0.0	−0.5	0.1	1.5	1.1
2003年度：民間	1.0	0.3	1.7	2.9	2.1
：日銀		1.0	2.4		
2004年度：民間	n.a.	1.1	2.3	3.5	2.0
：日銀		2.5	3.1	3.6	
2005年度：民間	1.7	1.1	2.0	3.3	2.4
：日銀	2.5	1.3	2.0		

(注) 消費者物価は2005年基準。成長率の実績値については速報段階から最終実績までの改定が大きいため、実績値と予測値の単純な比較はややミスリーディングであることに留意する必要がある。
(出所) 民間予測は各年3月と9月時点において、25前後の民間調査機関の予測を著者が単純集計したもの
日本銀行「展望レポート」

18−2. ゼロ金利制約下の金融緩和政策のオプション

本節では、短期金利がゼロに到達した場合、金融緩和効果を実現するためにどのようなオプションが残されているかを概念的に整理する。この点に関し、Bernanke and Reinhart (2004) は、ゼロ金利制約下で考えられる金融政策のオプションを概念的に以下の3つのタイプに整理して議論している。彼らの議論はマクロ経済に与える影響という観点に基づく整理であり、後述するように、日本の経験に照らすと、量的緩和政策の枠組みはマクロ経済に対する直接的な影響よりは、金融市場、金融システムに与えた影響のほうが重要であった。その意味では、彼らの議論は日本の量的緩和政策の効果や副作用を評価する際の枠組みとしては必ずしも十分ではないが、最初にこの枠組

● 図18-2-1　時間軸効果の概念図

無担保コールレート（翌日物）　　　　　債券利回り（2年物）

―――― 通常の金利政策
- - - - ゼロ金利継続による金融緩和の前借り

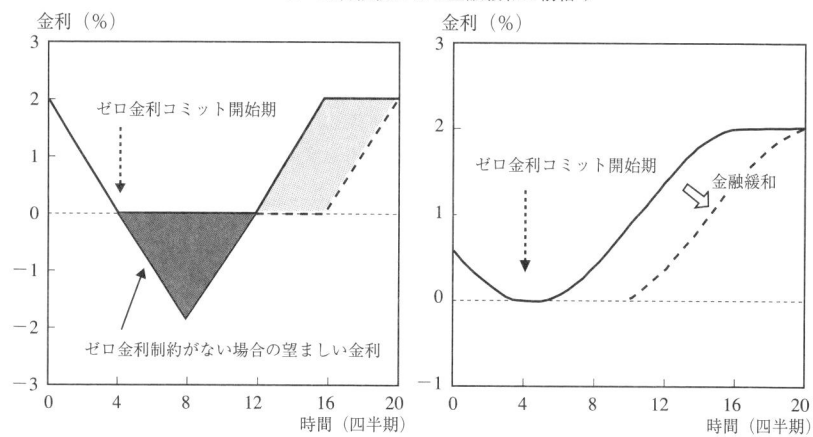

説明：金融政策ルール（例えば、テイラー・ルール）に基づく最適金利の経路を示している。景気後退・物価下落に応じて政策金利を低下させると、第4四半期に政策金利がゼロ制約に直面し、それ以降はゼロ金利制約がない場合の最適金利水準を実現できない。こうした状況に対処するために、現時点において、将来（第12四半期目）景気・物価が回復局面入りし平時の政策ルールであれば政策金利を引き上げるべき局面になっても政策金利を引き上げないことを約束する。ゼロ金利制約時の金融緩和の不足を軽減し、その後の金融緩和が景気・物価を著しく過熱させないところで、平時における望ましい政策金利水準に戻す。こうした政策スタンスを民間経済主体が信用すれば、右側の図が示すように、こうした将来の短期金利の経路をあらかじめ織り込んで中長期金利が低下するので、政策金利がゼロになった第4四半期以降に一段の金融緩和効果が生じる。

（出所）鵜飼（2006）

みに沿って整理する。

■　**第1のタイプ：将来の短期金利予想に働きかける政策**　将来においてプラスの金利が望ましいと判断する場合でもゼロ金利を継続することを現時点で約束する政策である。こうした約束が信じられる場合には、やや長めの金利の低下が期待できる。このルートを通じる緩和効果は「時間軸効果」（policy duration effect）と呼ばれることが多い（図18-2-1）。日本銀行が行った消費者物価指数に基づくゼロ金利継続の約束は第1のタイプに相当する。

■　**第2のタイプ：中央銀行の購入する資産の構成の変化**　典型的には長期国債の買い入れが挙げられる。ただし、長期国債の買い入れ増加に伴って中央銀行のバランスシートも拡大するため、長期国債の買い入れの効果というかたちで議論すると、第1のタイプ（量拡大の効果）と第2のタイプ（資産構成

変化の効果)とを一緒に議論してしまうことになる。純粋に資産構成変化の効果に焦点を当てるために、第2のタイプの政策オプションとして、以下では特定のリスク資産の買い入れと短期国債の売りオペというツイスト・オペを想定する。

■ **第3のタイプ：中央銀行のバランスシートの拡大** 中央銀行のバランスシートの拡大（量の拡大）が刺激効果を発揮するルートとしては、ポートフォリオ・リバランス効果、予想に働きかける効果、財政ファイナンス等が指摘される（後述）。ただし、短期金利がゼロに到達すると、短期国債の買い入れオペはゼロ金利の金融資産同士の交換となるため、中央銀行のオペレーション先である民間金融機関は中央銀行の短期国債買い入れに応じるインセンティブを失ってしまう。従って、量の拡大という第3のタイプの政策オプションは、資産構成の変化という第2のタイプの政策オプションとの組み合わせでない限り実行できない。他方、資産構成の変化という第2のタイプの政策オプションは量の拡大という第3のタイプの政策オプションを必要とせず、単独で実行できる。

18－3．量的緩和政策の効果：景気と物価

本節では、前節の概念的整理を念頭に置きながら、量的緩和政策がマクロ経済に与えた効果を検証する[3]。

時間軸効果

量的緩和政策採用以降の中長期金利の推移をみると、2002年から03年にかけて低下している（図18-3-1）。標準的な金利の期間構造理論を前提とすると（第9章参照）、消費者物価指数に基づく約束は将来にわたる予想短期金利（オーバーナイト金利）と、将来の短期金利に関する不確実性を反映したプレミアム（ターム・プレミアム）の両方を低下させることを通じて長期金利を低下させると考えられる。しかし、そうした約束がない場合でも、市場参加者は経済・物価情勢に応じて先行きの短期金利を予想しているはずである。従って、時間軸効果の存在を主張するためには、「約束」がない場合でも生じる内生的な金利低下を推定し、現実の金利低下が推定値以上であることを検証しなければならない。

Oda and Ueda（2005）は簡単なマクロ経済モデルとファイナンス理論を用いて時間軸効果のない場合の金利水準を推定し、これと現実の金利水準を比

---

[3] 量的緩和政策の効果に関する実証研究については、鵜飼(2006)の包括的なサーベイ論文が有用である。

●図18-3-1　中長期金利の推移

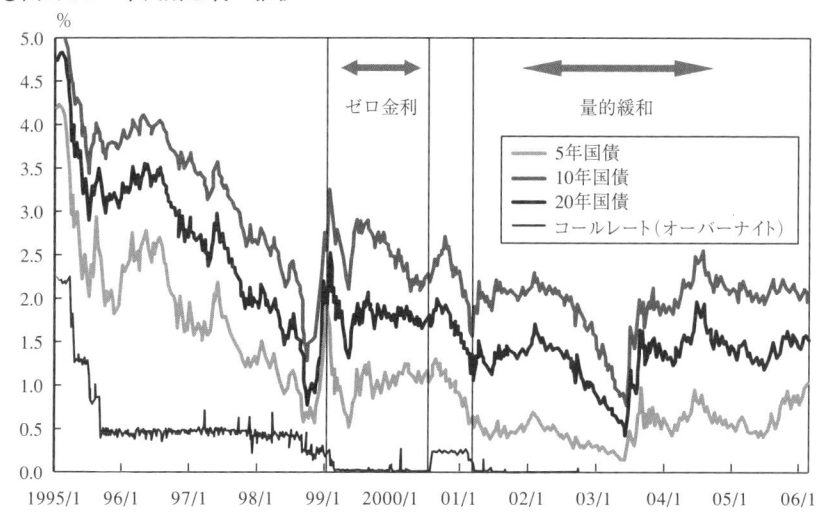

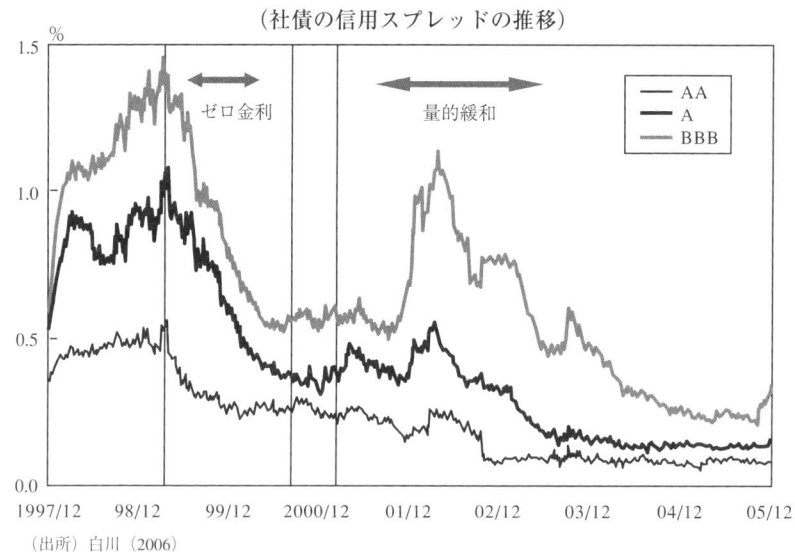

（社債の信用スプレッドの推移）

（出所）白川（2006）

較することによって時間軸効果の存在を検証している（図18-3-2）。それによると、時間軸効果の大きさは2002年頃までは0.1％程度であり、2003年には0.2～0.5％に拡大している。また、期間別にみると、時間軸効果は3年物のほうが大きい[4]。時間軸効果の存在やその大きさを厳密に検証することは難しいが、上述の推計結果は以下の3つの点で比較的リーズナブルであるように思われる[5]。第1に、景気後退ないし回復の初期局面では「約束」の有無にかかわらず予想金利は低いので、時間軸効果は存在したとしても大きいとは考えにくいが、推定結果はそうした推測と整合的である。第2に、景気回復が本格化してくると、ゼロ金利継続期間に関する不確実性が生まれてくるため、この

●図18-3-2　時間軸効果の推定

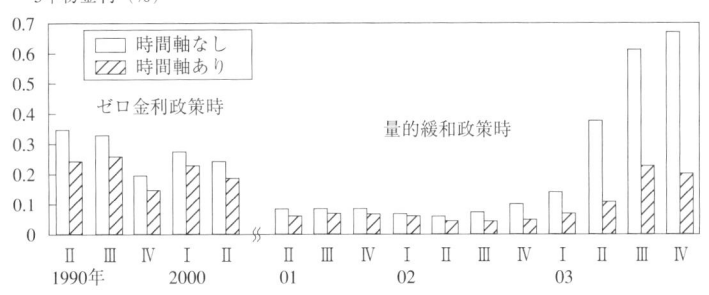

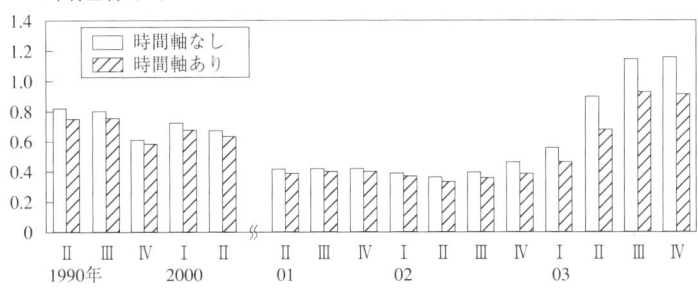

3年物金利（％）

10年物金利（％）

（出所）Oda and Ueda（2005）

4　Oda and Ueda（2005）を参照。本論文に関するやさしい解説については、原論文の共著者のひとりによる解説（植田，2005）を参照。
5　モデルによる検証は有益であるが、一方で、結論は選択するモデル（経済構造）に左右される。加えて、マクロ経済モデルにおける重要な変数である需給ギャップ等の推定値は今後も改定され、その結果、時間軸効果の推定結果も影響を受ける可能性がある。その意味で、時間軸効果についての厳密な検証は難しい。

時期になって初めて時間軸効果の存在がテストされる。その意味で、世界経済の好転を反映し、日本の景気回復が次第に明確化していった2003年の時間軸効果が拡大しているという推定結果は時間軸効果の存在と整合的である。第3に、中央銀行が将来の金融政策を約束する場合でも、将来の不確実性の大きさを考えると、遠い将来について約束することはできないし、また約束したとしても約束が信じられるとは想像しにくい。その意味で、時間軸効果が10年や5年ではなく、3年程度で最大になっているのもリーズナブルな推定結果のように思われる。一方、10年物の金利をみると、米国金利との相関係数が高く[6]、また、量的緩和政策解除後も長期金利の水準が量的緩和政策期と比べて有意に上昇したわけではない。そのような事実は長期ゾーンの金利には時間軸効果が作用しにくいという推測と整合的である。

なお、量的緩和政策採用時には「期待に働きかける」ことを目的として、上述の時間軸効果以外にも、様々な政策が提案された。最も多く提案されたのはインフレーション・ターゲティングの採用であった（第19章BOX参照）。インフレーション・ターゲティングは金融政策の透明性を高めることを目的とした政策遂行の枠組みであり、それ自体としてインフレ予想を高める効果を有したものではないが、1990年代末以降、予想物価上昇率引き上げの手段として、インフレーション・ターゲティングの採用が提案された。しかし、そうした提案においては、中央銀行の「言葉」（目標物価上昇率の公表）が予想物価上昇率の上昇につながるメカニズムは説得的には示されていなかった。「言葉」が予想に働きかけるうえで有効なのは、中央銀行が物価上昇率を高めるうえで有効な政策手段を有しており、その政策手段を「言葉」と整合的に動かすという予想を民間経済主体が抱いている場合である。そうでない場合に、単に「言葉」を発するだけで予想を変えることはできない。その点では、前述の時間軸効果はゼロ金利の継続を通じて将来の短期金利の予想に働きかけ、これを通じて物価にも影響を与えることを期待した政策であった。

中央銀行の購入する資産の構成の変化

前述の通り、タイプ2の政策は単独で存在しうるが、タイプ3の政策はタイプ2の政策と組み合わせることによってしか存在しない。このことを念頭に置くと、最初に、中央銀行当座預金残高の大幅な増加がどのような方法で実現したかを確認する必要がある。

6　10年国債金利の日次変動の相関係数（日次変化率の20日相関係数）をみると、2005年中は、日米は0.60、米国・ドイツは0.52、2002～04年中は、それぞれ0.38、0.54である（日本銀行金融市場局, 2006）。

ゼロ金利の下では、短期資産の買いオペはゼロ金利の当座預金と、限りなくゼロに近い金利水準の金融資産との交換となるため、オペレーションへの金融機関の応募は当然減少する。実際、量的緩和政策採用期間中、時期によってオペレーション予定額に実際の応募が満たない事態（いわゆる「札割れ」）が頻発した（図18-3-3）[7]。そのような状況の中で民間経済主体による中央銀行当座預金保有を増加させるためには、金融機関が中央銀行の資金供給オペレーションに応じることが有利であるという状況を作り出す以外に方法はない。

●図18-3-3　資金供給オペレーションにおける「札割れ」の推移

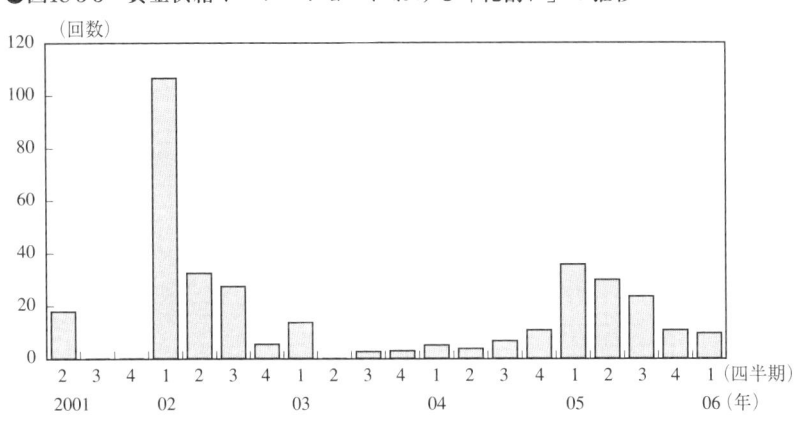

（出所）日本銀行金融市場局「2005年度の金融調節」

そのために選択された第1の方法は手形オペの期間の長期化であった[8]。平均期間をみると、量的緩和政策採用直前は1カ月半程度であったが、2005年第2四半期には6カ月を上回るまで長期化した（図18-3-4）。ゼロ金利で長期の資金供給オペレーションを大量に行うということは、相対的に信用度の低い金融機関に有利である。そうした状態を恒常化させることは、期間の長期化、相対的に信用度の低い資産の買い入れ比率の上昇という2つの意味において、資産構成の変化を意味したが、このオペレーションは相対的にリスクの高い資産（信用度の低い金融機関のコール、CD、CP、社債等）の信用スプ

---

[7] 「札割れ」については日本銀行金融市場局（2005b）を参照。
[8] 「手形オペ」とは、あらかじめ日本銀行に差し出している国債等を担保に民間金融機関が振り出す手形を買い入れることによって資金供給を行うオペレーションである。この資金供給オペレーションは現在は廃止されており、その機能は「共通担保資金供給オペ」に引き継がれている。

●図18-3-4 短期資金供給オペの平均期間

(出所) 日本銀行金融市場局「2005年度の金融調節」

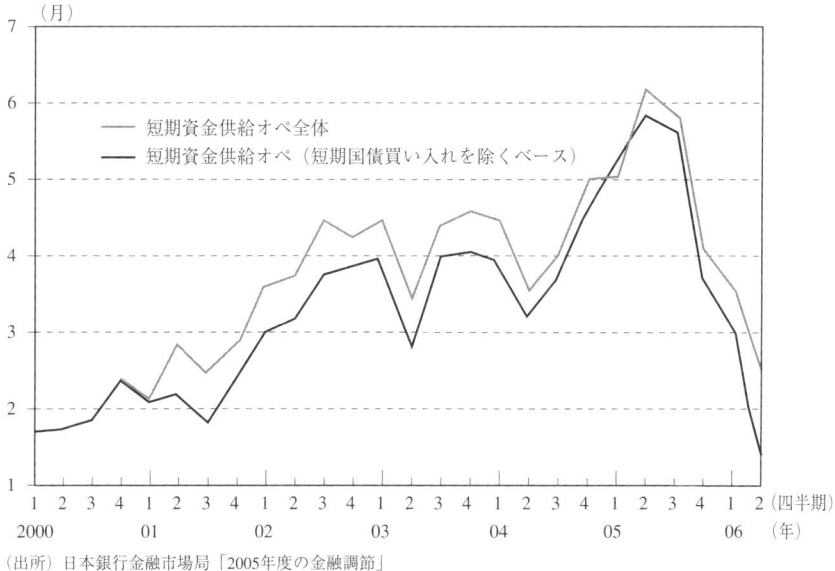

　レッドを圧縮させる効果を有した。これは量の拡大が信用スプレッドの低下をもたらしたというより、量の拡大を実現するためにとられた資産構成の変化が信用スプレッドの低下をもたらしたといえる。仮に、量を変えずに前述のツイスト・オペを行った場合にも、上述のスプレッドの変化が観察されたと推測される。

　第2の方法は、前述した長期国債の買い入れ増加であった。金融機関は国債を売却する際、市場での売却と日本銀行への売却(日本銀行の国債買いオペ)という2つの方法があるが、後者は前者と比較すると、第1に1回の買い入れ金額が多額である、第2にほぼ定期的に実行されることがわかっている、第3に取引手口が民間のライバル金融機関に知られることがないという特色がある。第8章で説明したように、日本銀行の長期国債オペは利回り較差に基づく入札で落札銘柄が決まるので、期間構成は金融機関の選好を反映するかたちで決定される。量的緩和政策の採用期間中、金融機関は日本銀行の国債買いオペを流動性の低い中短期債の在庫ポジションを調整するための効率的な手段として活用した。言い換えると、長期国債オペによって生じた日本銀行の資産構成の変化は、民間部門の保有する国債のポートフォリオと

の関係では、長期化というより短期化であった。

なお、日本銀行当座預金残高の増加という点では、為替市場における大量の外貨買い介入が当座預金残高目標の引き上げに寄与したという見解が聞かれることがある。しかし、日本銀行当座預金への影響という点では外貨買い介入とそのファイナンスのための政府短期証券発行が相殺しあうため、外貨買い介入が当座預金残高の増加につながったとは考えられない（BOX 2 参照）。

BOX 2　量的緩和政策採用期下の大量為替市場介入

日本は2003年春から2004年3月にかけて、為替市場において未曾有の大量の円売り・ドル買い介入を行った（大半が米ドル対価）。そうした大量の為替市場介入について「非不胎化介入」であったという記述が時折みられるが、為替市場介入の仕組みを前提とする限り、「非不胎化介入」は存在しない（第14章参照）。なお、「非不胎化介入」であったかどうかという論点とは別に、年中の為替市場介入と日本銀行当座預金残高の増加額が見合っていることから、「為替市場介入が量的緩和の遂行を容易にした」という評価が聞かれることもある[9]。しかし、外貨買い介入によって円資

●図1　為替市場介入と「政府短期証券」の状況

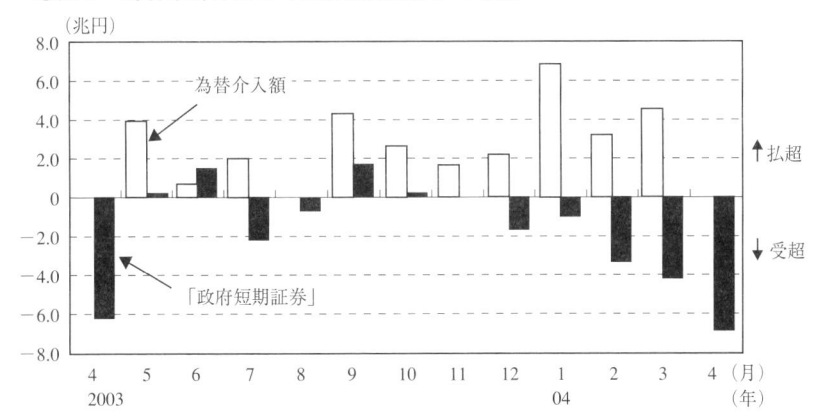

（兆円）

（注）「政府短期証券」は、「日銀当座預金増減要因と金融調節」中の同項目の計数（ただし、短期国債買い入れオペ調整後）。
（出所）日本銀行金融市場局「2003年度の金融調節」

9　Taylor（2007）は以下のように述べている。
"Our policy toward exchange rate intervention in Japan was part of our effort to be supportive of quantitative easing. By not registering strong objections to the intervention, effectively allowing it to happen, we made it easier for the Japanese to pump up their money supply." (p. 286)

金が支払われる時点では当座預金が増加することをもって量的緩和の遂行を容易にしたという評価をするとすれば、逆に、政府短期証券発行時点では当座預金は減少することをもって、量的緩和の遂行を困難にするという評価をしなければならない（図1）。

量拡大の効果

■ **マネタリスト的なチャネル**　量的緩和政策採用前も採用後も、マネタリーベースを拡大すれば、マネーサプライの増加を通じて景気拡大・物価上昇が実現するという議論が展開された（第19章BOX参照）。そのルートとしては、信用乗数理論に基づくマネーサプライの増加、インフレ予想の醸成、流動性飽和に伴うリスク資産への需要シフトによる金融資産の価格変化（「ポートフォリオ・リバランス効果」）等が指摘された。しかし、量的緩和政策採用後のこれらの数字が示すように、信用乗数理論に基づくマネタリスト的なチャネルは観察されなかった[10]（図18-3-5）。量の拡大は国民のインフレ予想を高める効果があるという議論も聞かれたが、世論調査の結果から判断すると、量的緩和政策に対する国民の認知度は必ずしも高くなかった[11]。そうした国民の認

●図18-3-5　マネタリーベースの拡大等の推移

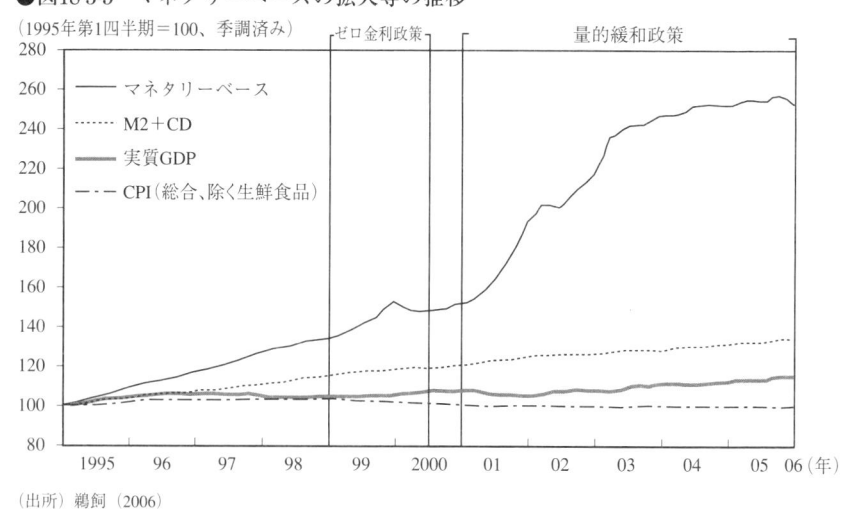

(出所) 鵜飼 (2006)

10　小宮 (2002a) はこの点を最も明確に主張している。

知度に加えて、現実の物価上昇率の推移等からみて、量の拡大によってインフレ予想が高まるという効果が生まれたとは考えにくい。

■ **ポートフォリオ・リバランス効果**　「ポートフォリオ・リバランス効果」とは、ゼロ金利下にあっても、流動性（マネタリーベース）の飽和という状況を作り出すことによって生じるリスク資産への需要のシフトとして定義されることが多い。ポートフォリオ・リバランス効果の存在を主張する論者は、量的緩和政策の採用期間中に観察された信用スプレッドの低下を「ポートフォリオ・リバランス効果」の例として挙げることがある。しかし、そうした信用スプレッドの低下は「ポートフォリオ・リバランス効果」という概念を用いることなしに、以下の2つのルートから信用スプレッドの低下が生じたと考えるほうが自然な解釈である。第1に、リスクフリー金利の低下に直面した投資家が相対的に利回りの高い金融資産の購入を増やした可能性がある。言い換えると、金利低下に誘発された投資家の裁定行動である。第2に、前述したように、当座預金残高を増加させるための日本銀行の資金供給オペレーションが信用スプレッドを圧縮した。そうした信用スプレッド圧縮効果のそもそもの源泉は資産構成の変化であり、量の増加ではない。

■ **シグナル効果**　量の拡大の効果として、量的緩和政策に関する「シグナル効果」が指摘されることがある。「シグナル効果」の意味は論者によって異なるが、当座預金残高の増加は、「消費者物価指数に基づく量的緩和政策継続の約束が確実に守られるという安心感を醸成する」という効果が指摘されることもある。しかし、前述のように、時間軸効果はゼロ金利継続の約束が信頼されることによって生まれるものであり、大量の当座預金残高を必要とするものではなかった。量の増加がそうした安心感を醸成するうえで一定の効果を発揮した可能性はあるが、いずれにせよ、いったん量的緩和政策継続の約束に対する信頼が定着すると、量の拡大によって「シグナル効果」がさらに強まるわけではない。

■ **財政支出のファイナンス効果**　マネタリーベースの拡大による景気刺激効果を主張する際の理由として、マネタイゼーションによる財政支出の増加が

11　2005年11月から12月にかけて行われたアンケート調査（「生活意識に関するアンケート調査」）の結果によると、「現在の金融政策では、金利ではなく、日本銀行当座預金残高を操作目標として金融調節を行う、いわゆる『量的緩和政策』を行っている」という問いに対し、「知っている」は25.3％、「聞いたことはあるが、よくは知らない」が39.0％、「聞いたことがない」が35.3％であった。また、「日本銀行は、現在の『量的緩和政策』を『消費者物価指数（全国、除く生鮮食品）の前年比上昇率が安定的にゼロ％以上となるまで継続する』ことを約束している」という問いに対しては、「知っている」は6.4％、「聞いたことはあるが、よくは知らない」が28.3％、「聞いたことがない」が49.4％であった。

主張されることもある。マネタイゼーションを主張する論者は政府が無制限に財政支出を増やすことをコミットし、同時に中央銀行が無制限に国債を取得するコミットを行えば、デフレから脱却できると主張する。量的緩和政策期に採用された政策をみると、日本銀行は消費者物価の前年比が安定的にゼロ％以上となるまでゼロ金利を継続することを約束した。一方、政府は積極財政政策を採用したわけではなかった。従って、マネタイゼーションによる財政支出の増加（減税）がどのような効果を有するかは、量的緩和政策の経験からは実証されない。

18－4. 量的緩和政策の効果：金融システムの動揺回避

本節では、量的緩和政策が金融市場・金融システムに与えた影響や効果について説明する。

金融システムの動揺回避のルート

量的緩和政策の枠組みは、以下のようなルートを通じて金融市場や金融システムの動揺を回避するうえで効果を発揮した。第1に、金融機関は大量の日本銀行当座預金を保有することになったので、その面から流動性不安が軽減した。第2に、日本銀行が資金供給を弾力的に増加させる方針をあらかじめ示したことも流動性不安の軽減に寄与した。そうした弾力的な資金供給は、金融調節方針における、いわゆる「なお書き」で明らかにされていた[12]。金融市場で何らかのストレスが発生した場合、放置するとオーバーナイト金利が上昇するので、この弾力的な資金供給の本質的な意味合いはゼロ金利の実現であった。第3に、信用度の低い金融機関や企業の信用スプレッドが低下した。こうした信用スプレッドの低下は、前述のように、時間軸効果や当座預金拡大の資金供給オペレーションによってもたらされた。第15章で述べたように、流動性不足に直面する金融機関にとって利用可能な中央銀行からの資金調達手段が相対型の借り入れである場合、借り入れの事実が知られることによる評判低下（"stigma"）を恐れて借り入れの利用を控える傾向がある。この点、量的緩和政策採用期間中に実施した長期の手形オペは、信用リスクの高まりから市場での流動性配分機能が低下している状況の下では資金繰りの安定化に貢献する。特に、量的緩和政策の枠組みは信用スプレッドを徹底

---

[12] 「なお書き」の表現は局面に応じて若干変化したが、量的緩和政策を解除する直前の表現は以下の通りである。「なお、資金需要が急激に増大するなど金融市場が不安定化するおそれがある場合には、上記目標にかかわらず、一層潤沢な資金供給を行う。また、資金供給に対する金融機関の応札状況などから資金需要が極めて弱いと判断される場合には、上記目標を下回ることがありうるものとする」

的に圧縮する効果を有したため、オペレーションによる資金供給は信用度の低い金融機関にとって"stigma"を感じることなく資金を調達できるという利点があった（随伴する副作用については後述）[13]。

　第4に、日本銀行当座預金の増加は日本の金融機関のドル資金調達の円滑化に貢献した。日本の金融機関は経営困難に直面するまでは無担保でドル資金を調達していたが、1990年代半ば以降、信用度の低下からドル調達が次第に困難化していった。そのような状況の下で、日本の金融機関はドル資金の調達にあたり、直物市場で円売り・ドル買いを行い、先物市場で円買い・ドル売りを行う為替スワップに依存するようになっていった。為替スワップによるドル資金調達は、経済機能的にみると、外国金融機関に引き渡した円資金を担保とするドル資金の調達である。無担保ではなく有担保の取引であれば日本の金融機関にドル資金を貸し付けてもよいと判断する外国金融機関が

●図18-4-1　為替スワップを利用した外国銀行の円資金調達コストの推移

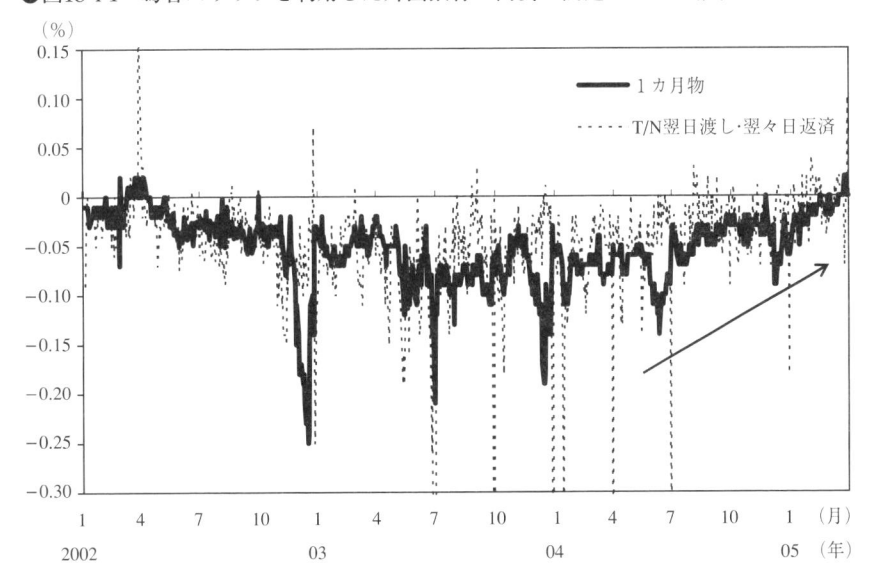

(注) 円転コストはドル資金市場の金利（外国銀行の調達希望金利）と為替スワップ市場の価格をもとに試算。
(出所) 日本銀行金融市場局「2004年度の金融調節」

13　連邦準備制度は短期金融市場の流動性低下に対処し、2007年12月に全預金取り扱い金融機関を対象に期間1カ月程度のターム・オペを開始したが、これは日本銀行の全店手形オペ（現在の全店共通担保資金供給オペ）と同じ内容である。

存在する可能性はあるが、量的緩和政策を採用していた当時の経済情勢の下では、以下の理由から、積極的な取引インセンティブはなかった。第1に、担保の機能を果たす円資産（資金）の運用利回りがゼロであった。第2に、外国金融機関が円資金を民間債務で運用すると、信用リスクが大きかった。このうち、第1の問題については、取引当事者が為替スプレッドを調整し、仕上がりの円資金調達コストをマイナスにすることによって解決が図られた（図18-4-1)[14]。第2の問題の信用リスクについては、外国金融機関が日本銀行当座預金への「運用」を増やすかたちで解決が図られた。外国金融機関からみると、日本銀行当座預金は信用リスクや価格変動リスクを意識せずにすむ格好の運用手段として機能した。実際、外国金融機関の保有する日本銀行当座預金はピーク時には7兆円にも達した（図18-4-2)。日本銀行は日本銀行当座預金の吸収手段として売出手形（第15章参照）も活用したが、売出手形はわずかとはいえ金利が付されていることから、外国金融機関が為替スワップ取引の取引当事者になることを促進し、これを通じて円滑な外貨調達に寄与する効果を発揮した。

●図18-4-2　在日外国銀行の保有する日本銀行当座預金残高

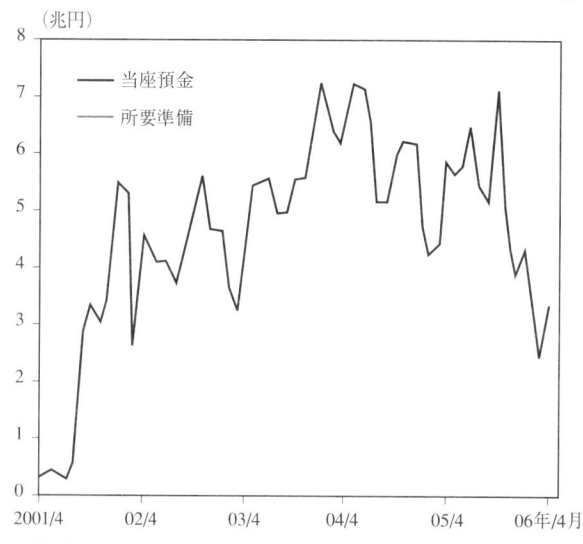

（注）所要準備額はわずかであるため、図のうえでは判別しにくい（2006年2月は440億円）。
（出所）日本銀行金融市場局「2005年度の金融調節」

14　マイナス金利については西岡・馬場（2004b）を参照。

上記の4つのルートのほか、量的緩和政策採用の1カ月前に採用された「補完貸付制度」（第8章参照）も金融市場の安定化効果を発揮した[15]。このような金融市場・金融システムの安定化効果は、日本の経済や金融機関が置かれていた当時の厳しい状況を考えると、中央銀行の果たしうる大きな貢献であった。また、その際のルートは、単なる量の拡大による効果というより、オペレーション面での様々な工夫、担保面の見直し、補完貸付制度をはじめ、中央銀行のバンキング機能を最大限活用したことによる面が大きかった[16]。

金融市場安定化効果の副作用と限界

量的緩和政策は上述のような効果を発揮したが、同時に、その副作用や限界についても認識しておく必要がある。

■　**短期金融市場の機能低下**　量的緩和政策の採用期間中、短期金融市場の取引は大幅に減少した（BOX 3参照）。これは、金利水準が限りなくゼロに接近したこと、また、信用スプレッドも著しく低下したことから、資金を放出しても得られる金利収入では取引コストやリスクをカバーできなくなったことを反映している。いったん金融市場がこのような状況になると、金融機関は資金調達ニーズが発生しても、その時点での金利水準では直ちには資金を調達することができなくなるため、結果として、流動性に対する予備的需要が発生した。この結果、コストがゼロの保険を買う感覚で、日本銀行のオペレーションにより資金調達を行うインセンティブが生まれた。前述の通り、量的緩和政策は金融システム不安時には金融市場・金融システムの安定化効果を発揮したが、金融システム不安が去った後も量的緩和政策を続けると、短期金融市場に本来備わっている流動性の配分機能を低下させることによる副作用が大きくなる。

■　**流動性不足と資本不足**　日本銀行の流動性供給は金融市場・金融システムの安定化効果を発揮したが、これで対処できる金融システム不安は基本的に流動性調達への不安に由来するものに限られる。日本銀行のオペレーションや時間軸効果は信用スプレッドをなにがしか圧縮する効果を有していたが、それによって節約される資本額はわずかである。

■　**将来のモラルハザードの発生**　企業や金融機関の破綻は現象的には流動性の不足が原因となって発生するが、大量の流動性供給を行って破綻を防いだ

15　コールレートの誘導目標金利と「補完貸付制度」の適用金利とのスプレッドは、大半の時期において0.1％であった。また、補完貸付の利用日数制限についても、2003年3月以降は時限措置として撤廃されている。

16　そうした施策については、量的緩和政策採用期間における各年度の「金融調節の動向」（日本銀行金融市場局）を参照。

ことは、多くの金融市場参加者の記憶に残ることになる。その結果、企業や金融機関の流動性リスクへの感覚が弱まることになれば、長期的には金融システムを弱体化させるおそれもある。その意味では、金融市場・金融システムが現実に動揺する危険があるときには、モラルハザードの問題が存在しても流動性供給は行う一方、金融システム不安が過ぎ去った後も、長く流動性を大量に供給し続けると、金融システムや経済の発展にとって却ってマイナスになる。

BOX 3　ゼロ金利下の短期金融市場

量的緩和政策の下では短期金融市場の機能という点でも注目すべき事実が数多く観察された[17]。

■　**コール市場の規模縮小**　日本銀行当座預金残高が増加した結果、コールレートは0.001％にまで低下したが、この金利水準ではオーバーナイトの資金運用から得られる収入は100億円を放出してもわずか273円である。他方、コール市場での取引には、ブローカー手数料（137円）、約定確認手数料（200円）、日銀ネット（日本銀行当座預金の受払いのためのオンライン・システム）を利用した決済サービスの料金（40円）をはじめ、様々な取引コストがかかる。このため、コールレートが0.001％にまで低下すると、取引のインセンティブが低下し、コール市場の取引は大きく減少した（図1）。

■　**予備的需要の発生**　コール市場の規模縮小は、結果的に、資金調達不安を生み出す面もあった。コール市場は本来は、オーバーナイトでの資金過不足を調整する場であるが、上述のような状態になると、市場参加者は必要なときに資金を調達できるかどうかに不安を感じることになり、流動性に対する予備的な需要が発生した。この結果、日本銀行のオペレーションに応募することによって資金を調達する動きが広がった。

■　**取引を支える基盤的機能の低下**　短期金利がゼロになると、取引インセンティブが低下する結果、ディーラーの数が削減される。また、コール市場取引が縮小する結果、使用されないクレジット・ラインの見直しが行われ、設定金額や設定先も減っていった。このように、ゼロ金利の長期化とともに、取引を支える基盤的機能が徐々に弱体化していった。金利が上昇すると、これらの機能は次第に復元していくはずであるが、量的緩和政策解除後の推移から判断すると、機能の本格的な回復にはかなりの時間を要するように窺われる。

■　**当座預金需要の予測精度の低下**　通常は民間金融機関の決済に伴う当座預金需要は所要準備金額を下回るため、所要準備金額を上回って資金を供給すれば金利はゼロになる。しかし、ゼロ金利の下では、当座預金保有の機会費用がゼロとなるため、

17　日本郵政公社（当時）の契約ベースの日本銀行預け金を含む。

民間金融機関が積極的に自らの当座預金の保有金額をコントロールしようというインセンティブがなくなる。この結果、コールレートの誘導に必要な当座預金需要の予測も難しくなり、ゼロ金利水準の実現に必要な当座預金供給金額の予測についても、時として不確実性が増大した。

●図1　無担保コール市場の残高の推移

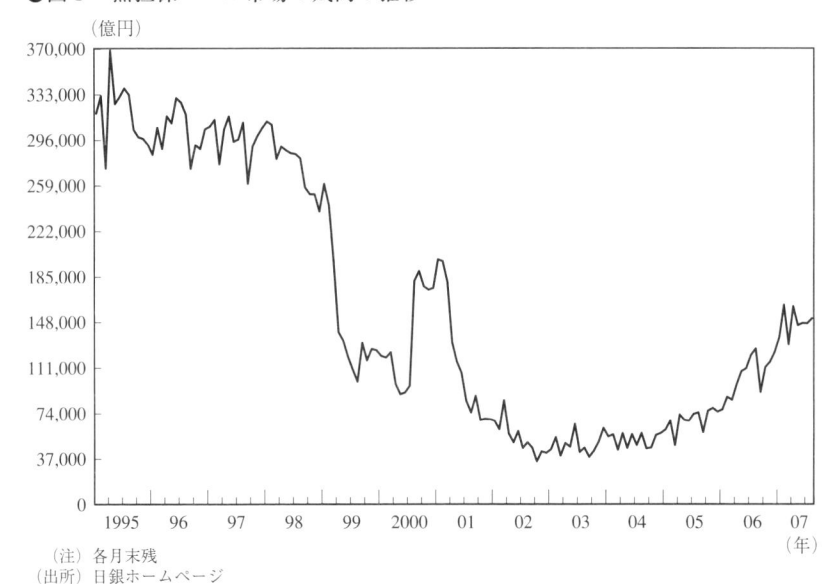

(注)　各月末残
(出所)　日銀ホームページ

18－5．量的緩和政策運営上の論点

前2節では、量的緩和政策のマクロ経済や金融市場・金融システムに対する影響を説明した[18]。そこでの結論を要約すると、第1に、量的緩和政策の景気・物価に対する刺激効果という点では中心的な効果は時間軸効果であり、量の拡大はほとんど効果を発揮しなかった。第2に、量的緩和政策の枠組み、特に前述の「約束」や潤沢な資金供給は全体として、金融市場や金融システムの安定に対し貢献した。第3に、そうした量的緩和政策の枠組みの金融市場・金融システムの安定化効果は同時に流動性配分機能の低下という副作用

18　日本銀行政策委員会としての評価は日本銀行（2005b）を参照。

も伴った。もちろん、副作用は効果の裏返しでもあるが、両者のバランスの見極めが重要である。本節では上述の評価を前提としたうえで、量的緩和政策期に直面した政策運営上の課題を、時間軸効果、金融政策に関する情報発信、非伝統資産の購入に分けて検討する。

時間軸効果

時間軸効果に関する第1の論点は、「約束」は時間的整合性を有しているかという論点である[19]。時間軸効果に対しては、「有効であるのならば、ゼロ金利継続の基準となる消費者物価上昇率をもっと引き上げたほうがさらに有効性が増すのではないか」という疑問が提起される。例えば「4％の消費者物価上昇率を10年間経験するまでゼロ金利政策を継続する」ことを日本銀行が約束したと仮定しよう。一見すると、これによって時間軸効果は強化されそうであるが、以下の理由から、必ずしもそのような効果は期待できない。これは、民間経済主体は4％の消費者物価上昇率が10年間も継続するという事態は望ましくないと判断するとともに、責任ある中央銀行がそのような政策を10年間も維持するとは考えないだろうと予想する可能性が高いことによる。いったん経済がデフレ環境から脱却したら、当初の勇敢なコミットメントはもはや最適な政策の枠組みとはならない。クルーグマンは、中央銀行は「流動性の罠」の下では「『無責任になることについて、信頼できる約束』をしなければならない」（a central bank must 'credibly promise to be irresponsible'）（Krugman, 2000）と述べたが、中央銀行が無責任であり続けるのは難しいし、無責任であることを信じ込ませることも難しい。

第2の論点は、上記の点とも関連するが、現在の委員会のメンバーはどの程度将来の委員の意思決定を拘束できるかという論点である[20]。日本銀行政策委員会の場合、委員の任期は5年である。言い換えると、ある時点での委員会全体としての残り平均任期は2.5年である。このため、仮に「約束」が有効であると判断しても、自らの残りの任期をはるかに超えるような期間にわたって約束を行えるかという問題が発生する。実際、2001年に量的緩和政策の枠組み導入を決定した委員は任期満了に伴い順次退任し、量的緩和政策採用期間の最後の1年は当初の決定に参加していない委員のみによって量的緩和政策が運営されることになった。理論的な可能性だけからいうと、どのよう

---

19 白川（2005b）参照。
20 白川（2005b）参照。
21 審議委員については委員全員の任期が同時に到来しないように設計されているが、これは継続性を強める方向に作用する。

な約束が望ましいかの判断は委員によって異なる以上、継続性は自動的には保証されない[21]。しかし一方で、新しい委員会メンバーは約束を破棄することに伴う中央銀行としての信認低下のコストも意識するであろう。その場合、新しいメンバーが白紙で金融政策を判断することが難しくなるのは、中央銀行に対する民主的なコントロールという観点からは望ましくない。将来の金融政策に関して何らかの「約束」を行う必要がある場合は、経済の置かれた状況の厳しさと将来の不確実性の両方のバランスをとって、「約束」の最適な強さを決定する以外にはない。

第3の論点は、ある程度の時間軸効果を期待できるとして、前述した短期金融市場の機能低下という経験を踏まえると、低金利の継続を約束するオーバーナイト金利の水準としては、0.001％がよいのか、もう少し高い水準がよいのかという論点である。短期金融市場は流動性の配分という重要な機能を担っていることを考えると、継続を約束すべき低金利の水準は「ゼロ金利」ではなく、若干のプラスの金利であったように思われる。

不確実性のある金融政策に関する情報発信

量的緩和政策採用時に直面した第2の論点は、効果の不確実な金融政策を行う際の情報発信のあり方である。1997年ないし98年頃から、中央銀行当座預金の大幅な増加や長期国債の買いオペの増加、非伝統的資産の買い入れ等を内容とする「積極的な金融政策」を主張する議論が強力に展開されるようになった。現時点で振り返ってみると、経済に対する刺激効果という点では時間軸効果に意味があり、量拡大の効果については否定的な評価が支配的となっているが[22]、量的緩和政策を採用した2001年時点では、そうした認識はまだ共有されていなかった。

植田（2005）が指摘しているように、日本銀行の採用したゼロ金利継続の約束という政策の意味は必ずしも正当に理解されていなかった。前述のクルーグマン提案はゼロ金利継続の政策をマネーサプライという次元に翻訳したものであり、本質はゼロ金利継続の約束（コミットメント）の提案であったと考えられるが、そのことは当時、必ずしも正確な理解を得るには至らなかった。他方、ゼロ金利下での量拡大による刺激効果に対し否定的ないし懐疑的な見解も根強く聞かれた[23]。

量的緩和政策採用時の日本銀行金融政策決定会合の議事要旨をみると、量

---

22 例えば、Eggertsson and Woodford（2003）参照。
23 日本銀行当座預金残高の引き上げや長期国債買いオペの効果をめぐる議論については、小宮（2002a）に収められた論文および座談会を参照。

拡大の効果には懐疑的な意見も多かったが、最終的には経済の厳しい状況を踏まえ、効果を点検しながら量的緩和政策を進めていくというアプローチが採用された[24]。量の拡大については、過去に例のない政策であったことも手伝い、その効果に関する評価も論者によって大きく分かれている[25]。このように、効果についての評価の分かれる政策であっただけに、当座預金残高に関するコミュニケーションは難しいものとならざるを得なかった。量増加の効果を重視する論者は当然のことながら、量をアグレッシブに増加させるかどうかで日本銀行の金融政策の積極度を評価した。さらに、日本銀行が量の効果について懐疑的な見解を述べることが人々の予想をデフレからインフレへと変化させる効果を減殺したと批判した。他方、量増加の効果を認めない論者は、日本銀行は意味のない金融政策をあたかも意味があるかのように説明していると批判した。

　もともと学者やエコノミストらの間でも意見が大きく分かれている以上、中央銀行の委員会の中でも多様な意見が存在するのは自然であり、健全である。まして、経済が厳しい下で、過去に例のない不確実性の高い金融政策の採用の是非を決める場合に意見が分かれるのは自然である。そのように考えると、日本銀行が量的緩和政策の枠組みを採用した際、効果を検証しながら量的緩和政策を進めていくという考え方に立ってこの政策の採用を決定したことは十分理解できる。量的緩和政策採用から5年経過した2006年3月に量的緩和政策を解除した時点の主要紙の社説をみると、「量」の増加による景気・物価の刺激効果を積極的に評価した論評はみられない。このように、量の増加に対する見方が変化したのは、現実に量が増加し、その効果をある程度検証できたからだともいえる。日本銀行のコミュニケーションという点では、量的緩和政策採用の約1年後に小宮（2002a）が行った以下の指摘が、今日の時点でも妥当すると思われる。

　「本来、有効な政策が当局者の発言による人々の予想の変化のために効果を失ったり、逆に本来、効果のない政策が当局者の発言で効果を発揮した

24　議事要旨には以下のように記述されている。
　「ただし、当座預金残高という量そのものの持つ効果や、今後の当座預金残高の増額による追加緩和の可能性については、今後とも検討を続けていくこと、とされた」
25　例えば、米国のテイラー財務次官（現スタンフォード大学教授）は「量的緩和政策採用のニュースに歓喜（ecstatic）した」と当時を回顧している。
　"In March 2001, the Bank of Japan announced that it would follow a new type of monetary policy called 'quantitative easing' under which it would pump up the money supply in Japan until the deflation ended. I was ecstatic when I heard this announcement." (Taylor, 2007 p. 285)

りすることは稀である、と私は思う。(中略) 人々の予想は移ろいやすいものではあるが、デフレに向かうとかインフレに向かうというような大きな流れが、当局者の発言だけでそれほど簡単に誘導操作ができるようなものではなかろう」(275頁)

非伝統資産の購入

量的緩和政策期には、多くの「積極緩和」論者が様々な資産の購入（買い切り）を提案した。購入が提案された資産としては、長期国債、株式、ETF (Exchange Traded Fund)、REIT (Real Estate Investment Fund)、外貨資産、不動産等、多岐にわたった。

このうち、長期国債については、日本銀行は従来より買い入れており、量的緩和政策期には買い入れ金額を増加させた。資産担保証券についても、同市場の基盤整備に向けた市場参加者の様々な努力を支援することを通じて企業金融の円滑化を図るという観点から、時限措置で買い入れを行った。一方、株式については、当座預金の供給ないしオーバーナイト金利のコントロールという金融政策の目的達成のためではないが、2002年11月から約2年間（その後、3年間に延長）の時限措置として民間金融機関の保有する株式を対象に総額2兆円（その後、3兆円に増額）を限度とする買い入れを公表し、実施した。これは、民間金融機関保有株式の価格変動リスクが金融機関経営の大きな不安定要因となっている状況下、金融システムの安定を確保するとともに、金融機関が不良債権問題の克服に着実に取り組める環境を整備するという観点から行われたものである。株式買い入れの目的は中央銀行通貨の供給ではなく、金融機関の資本不足の問題に対処した中央銀行によるリスクの負担（資本の供給）であり[26]、その意味で通常の金融政策とは異なるが、経済の安定に貢献することを目的としているという点では同一であった。

大きな議論の対象となったのは株式、外貨資産、ETF、REIT等の資産（以下では、「非伝統資産」と呼ぶ）の購入であった。この点については、2つの観点からの検討が必要である。

第1は、「非伝統資産」の買い入れは景気・物価に対し刺激効果を有するかどうかという、有効性の観点である。この点については、量を増やすという目的（タイプ3の政策）からは、非伝統資産の購入は不要であった（第3節

26　2002年度末において、大手銀行の保有株式のリスク量（信頼水準99％、保有期間1年）のTier1自己資本に対する比率は80％近くという高水準に上っていた（日本銀行, 2005a）。当時の株式市場の流動性の低い状況を前提とすると、日本銀行による銀行の保有株式の買い入れは株式の価格変動リスクの軽減を通じて、実質的に資本供給の効果を発揮したと考えられる。

参照)。資産構成を変化させるという目的(タイプ2の政策)についていうと、規模の小さい市場であればアグレッシブな購入がわずかな価格変化をもたらす効果は否定できないが、発達した金融市場においては長期間にわたってファンダメンタルな要因で規定される価格水準から乖離した水準に価格を誘導できるとは考えにくい。

　第2は、中央銀行法で許容される業務であるかどうかという適法性の観点である。この点で最も議論の対象となったのは円安誘導を目的とした外貨資産の購入である。円安誘導を目的とした外貨資産の購入の効果については、上述の第1の議論がそのまま当てはまるが、いずれにせよ、効果については論者の評価は異なっていた。また、効果があると判断する場合でも、大国が「近隣窮乏化政策」と映る政策を展開できるかという点も議論された。そうした効果や実現可能性はいずれも重要な論点であるが、もうひとつ重要なのは日本銀行法で許容されている業務かどうかという論点であった。為替レート水準の調整を目的としない場合は、日本銀行は日本銀行法上も外貨資産の購入を行えるが、為替レートいわゆる為替市場介入(「外国為替相場の安定を目的とするもの」)については、政府が法的権限を有しており、日本銀行には権限はない(第14章参照)。

　中央銀行は無利子で負債を発行できる権限を有していることを考えると、中央銀行に対する何らかの民主的なコントロールが必要である。この点に関しては、日本銀行の山口副総裁(当時)が2001年当時の講演で述べた考え方が基本となるように思われる。

　　「逆に、中央銀行がアグレッシブに色々な資産を購入するというのは、金融政策という形はとりながらも、ロス負担、つまりは納税者の負担を覚悟したり、ミクロ的な資源配分に関わるという意味で、実質的には中央銀行が財政政策の領域に近いことを行うことを意味しています。しかし、中央銀行がそうしたことを行うことが許されるかどうかという問題があります。(中略)中央銀行に対し、どのような資産でも購入するということを求める場合には、そして、それが大規模なものになればなるほど、そうした資産の買入れは実質的には国会の議決を経ない財政政策に近い性格を有するということを明確に認識する必要があります。そのことを認識した上で、経済の状況に照らし、その是非を考えるというのが議論の筋道であるように思います」(山口, 2001)

第19章　デフレの危険とゼロ金利制約の評価

　量的緩和政策が採用された2001年初めの時点では、物価下落と景気後退の悪循環、すなわち「デフレ・スパイラル」の発生が強く懸念された。その後の展開をみると、日本経済は厳しい調整を余儀なくされたが、幸いデフレ・スパイラルは発生しなかった。デフレの危険をどのように評価するかは金融政策の運営上、重要な論点である。すなわち、物価はいったん下落するとデフレ・スパイラルをもたらす可能性が高いと判断するのであれば、物価上昇率がプラスの領域にあっても、あらかじめ「デフレの糊代」をとって高めの目標物価上昇率を設定し、これを目標に金融政策を運営したほうが安全であるという考え方が生まれる。他方、そうした危険は大きくないと判断するのであれば「デフレの糊代」は不要であり、目標物価上昇率は理想的な物価指数でみてゼロという結論になる（第4章参照）。本章では、そうした議論に照らして日本の経験を振り返るとともに、デフレの危険とゼロ金利制約についての評価を行う。以下、第1節では、議論の出発点として近年の日本の物価下落の経験を振り返る。第2節では、日本経済がデフレ・スパイラルに陥らなかった理由を考察する。第3節では、第2節の議論とも関連するが、「ゼロ金利制約」によって金融政策の有効性は阻害されるのか、阻害されるとすれば、どのような場合なのかという問題について考察する。第4節では、過去の内外のデフレの経験に関する事実も振り返りながら、そのうえでデフレの危険やゼロ金利制約について考察する。

19－1. 近年の日本の物価下落
物価下落に関する事実
　1990年代後半以降、日本は緩やかながら持続的な物価下落を経験した。消費者物価指数（全国、除く生鮮食品）の年間平均でみると、ピークは1997年度、ボトムは2006年度であり、この間の下落率は2.6%であった（表19-1-1）。これを単純平均すると、年間の平均下落率は0.2%であった。月次ベースで前年比下落率が最大を記録したのは2001年5月であり、下落率は1.1%であった。どのような状態を「デフレ」と呼ぶかは、当然のことながら、言葉の定義に

よる。従来は、「円高のデフレ効果」という表現に示されるように、デフレという言葉は景気悪化という意味で使われることもあった。また、「資産デフレ」というように、デフレという言葉で資産価格の下落を意味することもあった。さらに、物価下落と景気後退が併存する状態をデフレという言葉で表現することも多かった。いずれにせよ、デフレを「一般物価の継続的な下落」と定義するならば、1998年以降の日本は「デフレ」を経験した[1]。

戦後の日本の消費者物価上昇率の推移を振り返ると、四半期ベースで前年比マイナスを記録したのは1950年、1955〜56年、1958年、1986〜87年、1995〜96年を含めて6回ある（表19-1-2）。1998年以降の期間の物価下落は平均下落率でみて0.5％であり、下落幅は過去の物価下落期と比較すると小さかった。他方、下落の継続期間という点では、今回の物価下落は最も長かった。この間、海外諸国・地域の消費者物価上昇率をみると、日本以外にも中国、香港、シンガポール、台湾という近接する東アジア諸国が2000年代前半に小幅ながら物価下落を経験した（表19-1-3）。

次に、今回の日本の物価下落を過去の内外のデフレの事例と比較すると、過去のデフレの事例は物価下落率が大きく、下落期間も長いことが特色として挙げられる。Bordo and Filardo（2005）は、今日的な問題意識に基づいて、

●表19-1-1　1997年度以降の消費者物価指数の動向

	消費者物価指数 （除く生鮮食品）	前年比 （％）
1997年度	102.8	0.7
1998年度	102.7	−0.1
1999年度	102.6	−0.1
2000年度	102.0	−0.6
2001年度	101.2	−0.8
2002年度	100.4	−0.8
2003年度	100.2	−0.2
2004年度	100.1	−0.1
2005年度	100.0	−0.1
2006年度	100.1	0.1
1997〜2006 年度下落率		−2.6

（注）消費税調整後

1　2001年3月の政府の「月例経済報告」では以下のように述べられている。
　「デフレについては、これまで日本では、論者によって様々な定義が用いられてきたが、『持続的な物価下落』をデフレと定義すると、現在、日本経済は緩やかなデフレにある」

● 表19-1-2 戦後の日本の物価下落

(単位:%)

マイナスを記録した期間(年/四半期)	期間の長さ(四半期)	平均下落率(%)	四半期ベースの最大下落率(%)
1950/1～1950/4	4	−6.9	−11.5
1955/2～1956/1	4	−1.1	−1.7
1958/2～1958/3	2	−1.1	−1.1
1986/4～1987/2	3	−0.6	−1.2
1995/2～1996/2	5	−0.3	−0.7
1998/3～2006/1	31	−0.5	−1.8

(注) 戦後の消費者物価指数の動きを共通のベースで比較するため、消費者物価指数(除く帰属家賃)で計算している。1998～2006年については期間中ゼロないし小幅プラスになった時期が5四半期存在する。前年比は当該四半期の前年比の単純平均である。

● 表19-1-3 近年の東アジア諸国・地域の消費者物価指数の推移

(前年比、単位:%)

	2000年	2001年	2002年	2003年	2004年	2005年	2006年
中国	0.4	0.7	−0.8	1.2	3.9	1.8	1.5
香港	−3.7	−1.6	−3.0	−2.6	−0.4	0.9	2.0
日本	−0.4	−0.8	−0.9	−0.2	0	−0.6	0.2
シンガポール	1.3	1.0	−0.4	0.5	1.7	0.5	1.0
台湾	1.3	0	−0.2	−0.3	1.6	2.3	0.6

(出所) IMF World Economic Outlook

19世紀後半のデフレの事例を分析している。物価の短期的な変動の影響を均すために物価指数の5年平均の動きをみると、ピークからボトムへの下落率は、日本の昭和初期は6.1%、そうしたスムージングを行わないベースでは46.7%の下落、年間の最大下落率は18.7%にも達した。このような物価の大幅な下落は他の主要国についても同様に観察されている。20世紀以降では最大の物価下落は1920年代から30年代にかけて記録されているが、主要国の物価下落は年間の最大下落幅が10%を超えるような大幅な下落であった(表19-1-4)[2]。

---

[2] 第2次世界大戦以前の消費者物価指数は小売物価指数を使用しているが、今日の基準でいうと、当時の小売物価指数は現在の卸売物価指数(企業物価指数)や商品市況に近い性格を有している点には留意が必要である。

●表19-1-4　20世紀以降の主要国の物価下落の経験

	ピーク年	5年平均のピーク/ボトム下落率(%)	累積変動率(%)	持続期間（年）	最大年間変動率(%)
米国	1920	−8.5	−16.3	2	−10.8
	1926	−4.4	−26.9	7	−10.3
日本	1920	−6.1	−46.7	10	−18.7
ドイツ	1928	−6.2	−22.6	4	−9.6
フランス	1902	−0.3	−1.0	3	−1.0
英国	1920	−5.3	−42.3	10	−27.5

（出所）Bordo and Filardo（2005）のTable2からの抜粋

デフレ・スパイラルの議論

　日本でデフレ・スパイラルが議論され始めた時期を特定することは難しいが、「デフレ・スパイラル」という言葉で新聞記事を検索すると（図19-1-1）、1990年代半ばから登場し始め、98年に急増している。その後いったん減少した後、2001年から02年にかけて急増し、その後はまた減少している。こうした新聞記事の件数が示すように、日本で最もデフレ・スパイラルの危険が意識されたのは2001年前後であった。

　2000年代前半の物価の下落に対しては2つの考え方が存在した。第1の立場は、物価下落を景気悪化の原因とみる立場である。この場合、物価下落が原因となって景気悪化がもたらされ、これがさらに物価下落をもたらすというデフレ・スパイラルの危険が強調される。2003年3月に、日本を代表する有力な経済学者より成る「現代経済研究グループ」から公表された「日本経済復活への提言」には、「デフレ問題の解決なくして、景気回復・財政再建はありえない」と述べられている（BOX参照）ように、第1の立場に立つ場合は、何よりも物価の下落を止めることが先決となり、金融政策の運営の面では、物価上昇率が十分高まるまで量的緩和政策ないしゼロ金利政策を続けるべきであるという政策提案になる。これに対し、第2の立場では、物価下落は景気悪化の結果であり、その限りにおいては望ましくないが、物価下落が原因となって景気悪化が生じているとは考えない。いずれの考え方に立つにせよ、2001年の量的緩和政策採用時点では、世界的なITバブルの崩壊を背景に、景気はすでに後退に向かっており、金融緩和が必要という点では考え方に違いはなかった。両者の考え方の違いが具体的な金融政策運営の違いとなって表れるのは、景気が回復に転じ、需給ギャップのマイナスが解消する局

面である。前者の立場に立つ場合は、景気が拡大局面に入っても物価上昇率が有意に高まらない限り量的緩和政策ないしゼロ金利政策を続けることが必要となる。これに対し、後者の立場に立つ場合は、景気が拡大し需給ギャップのマイナスが解消する局面にあるならば、物価が上昇していなくても金融緩和政策を修正することが必要な局面もあると考える。

その後の日本経済の推移をみると、景気は世界的なITバブルの崩壊を受けて厳しい局面を経験したが、2002年年初を底に緩やかに回復に向かい、本書執筆時点では戦後最長の景気拡大が続いている（図19-1-2）。一方、消費者物価指数の下落率は2001年度（平均）および2002年度（同）にはマイナス0.8％にまで拡大したが、その後は緩やかながらマイナス幅が縮小し、2006年度以降は概ねゼロ％近傍で推移している。もちろん、景気拡大期間が戦後最長といっても成長率の水準自体は高くはないが、これは潜在成長率が高くないという実物的（real）な要因の反映である。

●図19-1-1　新聞におけるデフレ、デフレ・スパイラルの登場回数

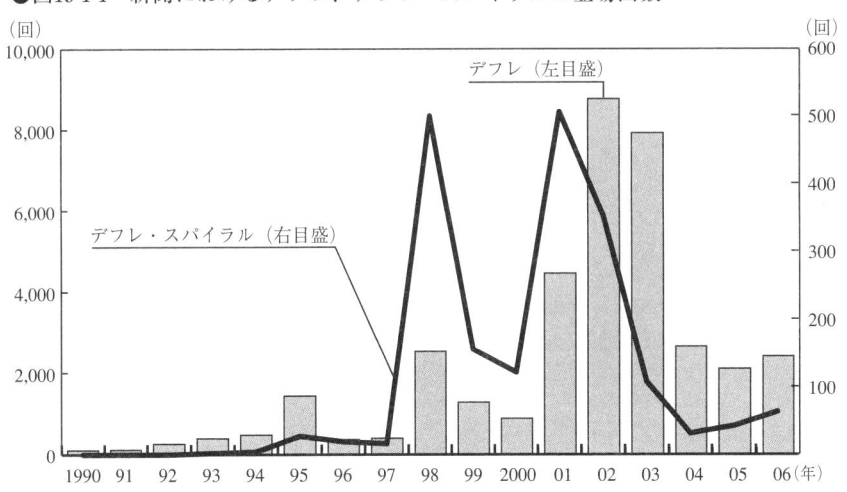

(注) 日本経済新聞、朝日新聞、読売新聞、毎日新聞を対象。

●図19-1-2　消費者物価指数

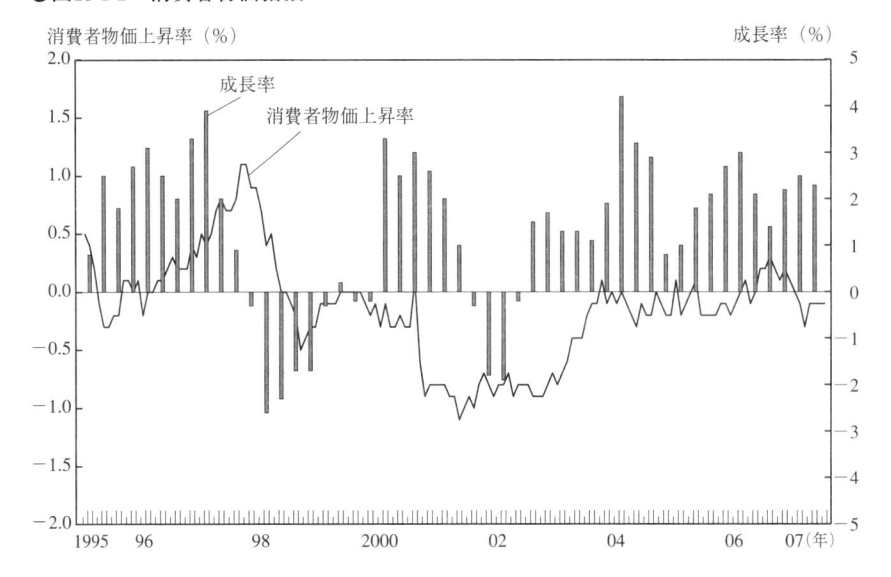

グラフ：消費者物価上昇率（％）と成長率（％）の推移（1995年～2007年）

BOX　現代経済研究グループによる「日本経済復活への提言」
（日本経済新聞「経済教室」、2003年3月19日）

１．日本経済の現状
(1)デフレからの脱却と不良債権問題の解決が鍵

　日本経済はデフレが継続する深刻な状態にある。デフレが実質債務を増加させ、逆資産効果から債務者（中略）の消費や投資を抑制している。さらに、デフレ継続の期待が将来の収入期待も減退させ、所得効果によって消費、投資をいっそう抑制する。新規の不良債権も次々に発生して、銀行部門の財務体質の弱体化は止まらない。公的部門の実質債務も増大する。デフレ問題の解決なくして、景気回復・財政再建はありえない。（中略）

２．短期の政策パッケージ
(1)金融政策

　日銀は当面、デフレからの脱却に全力を注ぐべきである。そのためにはマネタリー・ベースの適切な形での供給増加が不可欠である。（中略）今後は、いっそうの長期国債の買い切りの積み増し（中略）に加えて、株価指数連動株式投資信託（ETF）や上場不動産投資信託（REIT）の市場での購入などの「非伝統的手段」を積極的に

活用すべきである。(中略) またデフレを終結し、物価の安定を実現するためには、時間が必要である。このため、2年程度の期間 (2005年3月) の「物価水準」上昇の程度 (たとえば3%) と、その後のインフレ目標 (たとえば2%プラスマイナス1%) を、ただちに、設定すべきである。非伝統的手段を含む金融政策と、時間軸を明確にした「インフレ目標」によって、デフレが終結するという期待が高まるから、日銀券供給の効果を高まるとともに、さらにその後に予想されるインフレ率の抑制が可能になる。

19−2. デフレ・スパイラルに陥らなかった理由

第4章ではデフレ・スパイラルの議論を概念的に説明したが、本節ではこの議論で想定されているメカニズム、すなわち、名目賃金の下方硬直性とゼロ金利制約を中心に、2001年以降の日本経済でデフレ・スパイラルが生じなかった理由を考察する。この点については以下のようないくつかの仮説が考えられる。

名目賃金の下方硬直性

第1の仮説は、名目賃金の下方硬直性が存在しなかったことである。図19-2-1は日本と米国の賃金上昇率の推移をマクロ・ベースで示したものであるが、1990年代後半以降、名目賃金水準は伸縮的に変動しており、その下落幅は物価の下落率を上回っていることが確認される。ただし、マクロ・ベースの賃

●図19-2-1　日米の名目賃金の動向

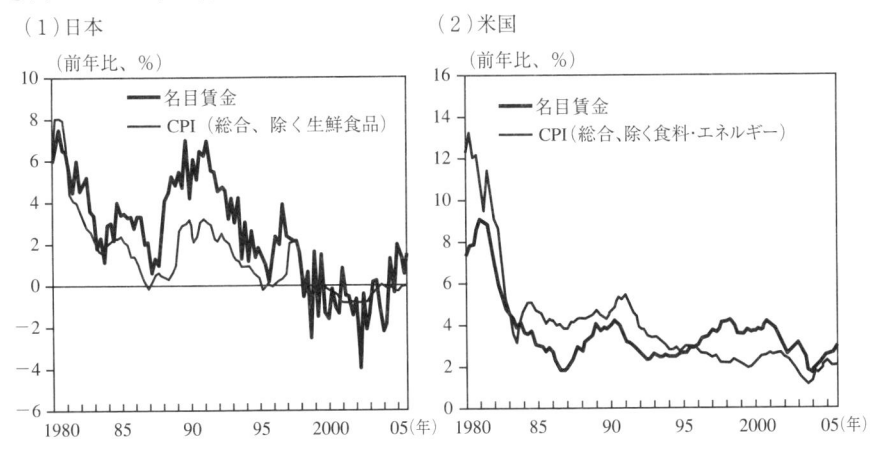

(1) 日本　　　　　　　　　　　　　　(2) 米国

(出所) 日本銀行 (2006b)

金水準は賃金水準の異なる労働者の構成比率の変化によっても生じるので、名目賃金の下方硬直性の有無を検証するためには、ミクロ・レベルの賃金に遡って分析する必要がある。黒田・山本（2006）は労働者1人当たりの名目賃金変化率の分布の形状を統計的に検証し、名目賃金の下方硬直性は1997年頃までは観察されたものの、98年以降はフルタイム労働者の年間収入で測った名目賃金の下方硬直性は観察されなくなったという実証結果を報告している（図19-2-2）[3]。

●図19-2-2　名目賃金変化率の分布（2000～2001年）

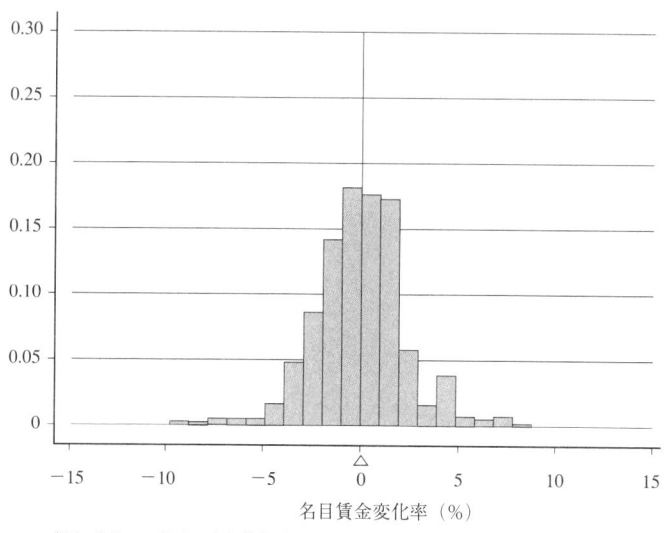

（注）横軸の△印は、中央値を示している。
（出所）黒田・山本（2006）

　日本の企業は景気が悪化する状況の下で、収益を確保するために様々な方法で賃金水準の抑制を図った。一方、労働者も雇用機会の確保を優先し、賃金の引き下げを受け入れた。物価上昇率が高いときには名目賃金の下方硬直性は存在したが、名目賃金の設定行動も物価動向の影響を受けて内生的に変化した[4]。

3　フルタイム労働者1人当たりの年間給与は「賃金構造基本統計調査」の都道府県・企業規模・年齢層・性別データを用いて推計された。

ゼロ金利制約

第2の仮説としては、発生したショックの性格を考慮すると、ゼロ金利制約は理論で想定されるほど深刻ではなかったことが考えられる。金利水準がゼロに到達している状況の下では、物価下落は実質金利（市場実質金利）の上昇を意味する。しかし、その場合でも、r^*（均衡実質金利）$>r$（市場実質金利）が維持される限り、金融緩和政策は引き続き刺激効果を発揮できる（第3節参照）。$r^*>r$が維持されるケースとしては、概念的には以下の2つのケースが考えられる。第1のケースは、均衡実質金利の落ち込みが小幅ないし短期間にとどまるケースである。第2のケースは、ゼロ金利継続の「約束」が有効に機能し、相対的に長期の市場金利が低下するケースである。

均衡実質金利の水準と市場実質金利の関係を正確に比較することはできないが、近似値として企業経営者による予想成長率と実質金利を比較してみよう。図19-2-3は、企業経営者に対するサーベイ調査による先行きの予想成長率と、短期実質金利を比較している。日本の企業経営者の成長率見通しは、現実の成長率の低下とともに2000年代初頭までは低下しているが、2000年代の

●図19-2-3　中長期の予想成長率と実質金利

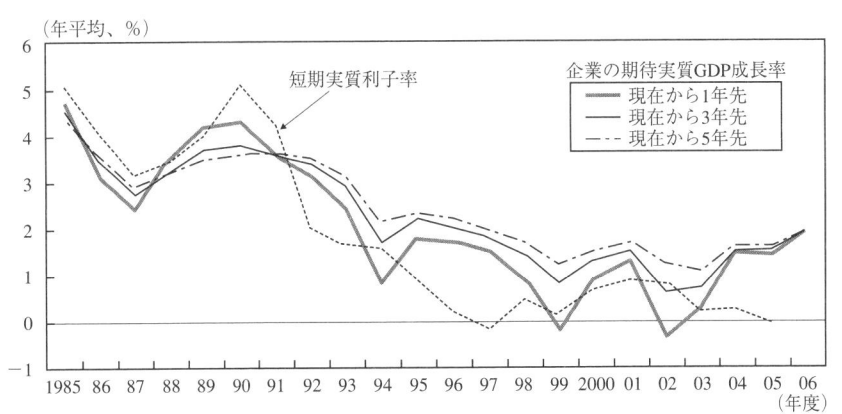

（注）　1.　企業の期待成長率（『企業行動に関するアンケート調査』〈内閣府経済社会総合研究所〉に掲載されている）は、線形補完で補われている。
　　　 2.　短期実質利子率＝コールレート（オーバーナイト、無担保）−CPI（除く生鮮食品）の前年比変化率。

（出所）　白川（2006）

4　黒田・山本（2006）は、名目賃金の下方硬直性が観察されなくなったことの理由として、以下の2つの仮説を挙げている。第1は、「賃下げは滅多に起こらないという社会規範」がなくなり、名目賃金が下方に調整されるようになったという仮説である。第2は、そうした社会規範自体は存続しているものの、大きなショックに対する1度限りの大規模な調整として名目賃金の引き下げが観察されたという仮説である。

●表19-2-1　世界経済の成長率

(単位：％)

	2000年	2001年	2002年	2003年	2004年	2005年	2006年
世界全体	4.8	2.5	3.1	4.0	5.3	4.9	5.4
先進国	4.0	1.2	1.6	1.9	3.3	2.5	3.1
新興アジア諸国	7.9	1.2	5.4	3.2	5.8	4.7	5.3
日本	2.9	0.2	0.3	1.4	2.7	1.9	2.2
米国	3.7	0.8	1.6	2.5	3.9	3.2	3.3
ユーロエリア	3.9	1.9	0.9	0.8	2.0	1.4	2.6
中国	8.4	8.3	9.1	10.0	10.1	10.4	10.7

(出所) IMF World Economic Outlook (2007年4月)

低下をみると、先行き3年ないし5年という中期のタイムスパンでは、短期の成長見通しほどには低下していない。成長率の低下予想が一時的なものにとどまった有力な原因のひとつは海外経済の回復・成長であったと考えられる。表19-2-1は世界経済の成長率の推移を示しているが、2003年以降は、高い成長が続いた。一方、市場金利についても前述の時間軸効果がある程度の効果を発揮し、中短期の市場実質金利をある程度引き下げる方向に寄与したと考えられる。このように、均衡実質金利の落ち込みは小幅かつ短期間にとどまる一方、時間軸効果による市場金利低下の影響もあり、均衡実質金利が市場実質金利を上回っていたと推測することも可能である。

為替レートの減価

第4章で説明したデフレ・スパイラルの議論は閉鎖経済（クローズド・エコノミー）が前提となって組み立てられている。しかし、現実の経済は開放経済（オープン・エコノミー）であり、為替レート変動の影響を考慮する必要がある。為替レートの決定メカニズムは複雑であり、また現実の為替レートの動きと金融政策との関係は1対1で対応するものではないが、2001年以降の実質実効為替レートの動きをみると、全体として円安が進んでいる（図19-2-4）。日本経済がデフレ・スパイラルに陥らなかったことを説明する第3の仮説としては、為替レートの減価がデフレ・スパイラルを防止したことが挙げられる。2001年以降の円安は以下の2つのルートを通じてデフレ・スパイラルの防止に寄与した。

第1のルートは、実質実効為替レートの減価を通じる純輸出の増加である。

円の実質実効為替レートは2001年年初以降、量的緩和政策解除時までの間に18.5％低下した（図19-2-4）[5]。円の実質実効為替レートの減価を分解すると、円の名目為替レート減価の寄与度は3分の1強、日本の物価上昇率が輸出相手国の物価上昇率よりも低いことの寄与度は3分の2弱であった。国内物価の下落はデフレ・スパイラルの危険を高める要因として議論されるが、同時に対外競争力の上昇要因でもあり、純輸出の増加をもたらすことを通じてデフレ・スパイラルの発生を防止する要因としても作用した。第2のルートは、

●図19-2-4　円の実質実効為替レートの推移

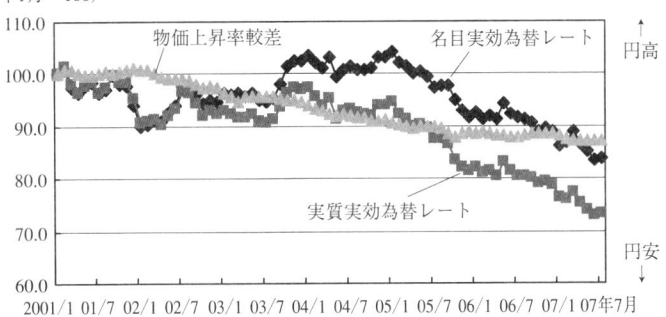

指数水準
(2001年1月＝100)

●表19-2-2　日本の対外純資産残高の増減推移

年	対外純資産増減 （兆円）	うち、為替要因 （兆円）	円・ドル為替レート （円／ドル）	円・ユーロ為替レート （円／ユーロ）
2000	48.3	13.4	114.90	107.87
2001	46.2	20	131.47	117.32
2002	−3.9	−10.5	119.37	125.72
2003	−2.5	−10.3	106.97	134.91
2004	13	−1.9	103.78	140.96
2005	−5.1	24.1	117.48	139.70
2006	34.4	15.2	118.92	156.98
累計	130.4	50		

（注）各年年末
（出所）財務省「本邦対外資産負債残高」

[5] 日本銀行算出の実質実効為替レートによる。

円安に伴う対外純資産残高増加の資産効果である（表19-2-2）。日本の対外純資産残高は2006年末で215.1兆円と、実額では世界最大であり（2000年末で133.0兆円）、名目GDPに対する比率は42％と諸外国に比し高水準である（2000年末で26％）[6]。このような対外純資産ポジションの構造を前提とすると、円安は巨額のキャピタル・ゲインを発生させる[7]。キャピタル・ゲインのうち、公的部門に発生するキャピタル・ゲインについては経済活動に直ちに影響を与えるとは考えられないが、民間部門に発生したキャピタル・ゲインは民間部門の経済活動を下支えする効果を発揮したと考えられる[8]。

金融恐慌の回避

第4の仮説としては、「金融恐慌」という言葉で表現されるような金融システムが崩壊する事態だけはぎりぎりのところで回避されたことが挙げられる。我々が「デフレ」という言葉で想像する代表例は、1930年代の米国における大恐慌の経験のように、金融システムが全面的に不安定化するような事態と併存している（この点に関する歴史的な事例は第4節参照）。金融恐慌と呼ばれる状況に陥ると、経済活動は極端に収縮する。

この点で1990年代以降の日本をみると、バブルの崩壊に伴う不良債権の増加を主因に金融システムは不安定化したが、預金者が元本を失いシステミック・リスクが全面的に広がるというような事態だけは何とか回避された。金融システム問題の直接的な原因は自己資本の大幅な毀損であり、これを解決するためには、公的資金による資本注入が不可欠であった。それと同時に、これが実現するまでの間は、システミック・リスクの顕在化を回避することが最低限必要であった。この面では、政府による預金債務の全額保護の宣言と日本銀行による「最後の貸し手」機能に基づく個別金融機関への貸出は大きな役割を果たした。さらに、量的緩和政策の枠組みも潤沢な流動性供給や信用スプレッドの圧縮を通じて、日本の金融システムの不安定化を回避することに寄与した（第18章参照）。また、最終的に金融機関に対する公的資本の注入も実現した。1990年代以降の日本では不良債権問題の解決に長い時間を要したが、民間金融機関による不良債権処理の努力と政府や中央銀行のこれらの施策によって、金融恐慌だけは何とか回避できた。この間のマネーサプライの動きをみると、バブル崩壊直後に伸び率は大幅に低下したが、不良債

6　日本の対外資産・負債残高の解説については、日本銀行国際局が年末計数に基づいて毎年公表している論文が参考になる。2006年年末分については、日本銀行国際局（2007）を参照。

7　2000年末でみると、純資産は公的部門が45.3兆円、銀行部門が21.8兆円、その他部門が65.9兆円である。

8　対外純資産残高の変化を通じる影響については小宮（2006）が強調している。

権問題が深刻化した1990年代後半においても残高が減少することはなかった。

これに対し、米国の1930年代のデフレ期においては、連邦準備制度が「最後の貸し手」機能を果たさなかったことからシステミック・リスクが顕在化し、マネーサプライ残高は約3分の1も減少した[9]。

19–3. ゼロ金利制約の評価

本節では、前節で扱ったデフレ・スパイラルの議論とも関連するが、ゼロ金利制約の意味について理論的な考察を行う[10, 11]。

「ゼロ金利制約」の意味

■ 「ゼロ金利下限」「ゼロ金利制約」を議論するためには、「制約」の意味を正確に定義する必要がある。「制約」の第1の意味は、金利水準がゼロに到達すると、金利はそれ以上には低下できないということである。通常の状況では、名目市場金利（i）と均衡実質金利（r）と予想物価上昇率（π）の間には、リスク・プレミアムを無視すると、フィッシャー方程式が成立する（$i = r + \pi$）。しかし、名目市場金利がゼロに到達すると、物価上昇率が低下しても名目金利はそれ以上には低下しえないため、実質市場金利が上昇する。その結果、均衡実質金利（r）が需要の落ち込み等の理由によりマイナスになった場合、均衡実質金利が実質市場金利（$i - \pi$）を下回り、金融緩和政策が刺激効果を

9　Bernanke（2002a）は1930年代初頭における銀行危機への連邦準備制度の対応について以下のように述べている。"It was in large part to improve the management of banking panics that the Federal Reserve was created in 1913. However, as Friedman and Schwartz discuss in some detail, in the early 1930s the Federal Reserve did not serve that function. The problem within the Fed was largely doctrinal: Fed officials appeared to subscribe to Treasury Secretary Andrew Mellon's infamous 'liquidationist' thesis, that weeding out 'weak' banks was a harsh but necessary prerequisite to the recovery of the banking system. Moreover, most of the failing banks were small banks (as opposed to what we would now call money-center banks) and not members of the Federal Reserve System. Thus the Fed saw no particular need to try to stem the panics. At the same time, the large banks-which would have intervened before the founding of the Fed-felt that protecting their smaller brethren was no longer their responsibility. Indeed, since the large banks felt confident that the Fed would protect them if necessary, the weeding out of small competitors was a positive good, from their point of view."

10　金融政策が有効性を失うという議論は、ケインズが「流動性の罠」（liquidity trap）と表現して展開している（Keynes, 1936）が、ケインズの「流動性の罠」は「永久期限国債（コンソル）の金利がゼロに近い正の水準で通貨需要が無限に大きくなる現象」を議論しており、日本経済が直面した短期金利のゼロ制約に関する議論ではない。

11　海外の中央銀行や学界での議論をみると、名目賃金の下方硬直性を重視する議論は以前ほどは行われなくなっているように窺われる（Yellen, 2005、Bank of Canada, 2006）。因みに、カナダの中央銀行は5年ごとにインフレーション・ターゲティングに関する政府との合意（agreement）を見直しているが、2006年の見直し時の背景資料（Bank of Canada, 2006）において、低インフレによって労働市場における調整が阻害されたという証拠はほとんどないと結論づけている（"There is also little evidence that labor market adjustment has been inhibited by low inflation"）。

生み出せない状況が発生する可能性がある。現実の日本経済に即して説明すると、量的緩和政策を採用していた期間中、1年金利は0.035%、3年金利でも0.246%であった（表19-3-1）。厳密にどの期間ゾーンまでがゼロ金利制約に直面していたと特定した評価をすることは難しいが、短期ゾーンについてはほぼゼロの金利水準にあった。以下では、この意味での「制約」のことを便宜的に「ゼロ金利下限」(zero-lower bound)と呼ぶことにする。

●表19-3-1　国債の期間別の金利水準

(単位：%)

残存期間(年)	量的緩和政策採用期間中	量的緩和政策解除後（～2007年8月）
1	0.035	0.593
3	0.246	0.973
5	0.549	1.283
7	0.904	1.490
10	1.353	1.760
20	1.974	2.240

■　**「金融政策の有効性制約」**　「制約」の第2の意味は、「ゼロ金利下限」の存在によって現実に金融政策が刺激効果を発揮できなくなるという意味である。以下ではこのことを、便宜的に「金融政策の有効性制約」と呼ぶことにする。金融政策の効果の出発点はオーバーナイト金利であるが、この金利の果たす役割としては、資金調達コストを左右するという役割と、将来の政策金利の経路に関する情報発信手段としての役割の2つを挙げることができる[12]。前者の役割についてみると、金融機関の資金調達に占めるオーバーナイト調達のウエートは小さい。「短期」の範囲をもう少し広げて定義すると、ゼロ金利下限に到達する資金調達の割合は高まる。ただし、その場合でも、民間経済主体の意思決定を左右する信用スプレッドは必ずしもゼロに到達したわけではない。いずれにせよ、短期ゾーンの資金取引においてゼロ金利が文字通り制約条件となる場合、借り手にとっては不利、貸し手にとっては有利という状況が生まれることになる。しかし、その場合でも、短期資金と長期資金は代替的であるため、通常の市場メカニズムを前提とすると、取引が長期化する

12　Bernanke (2004b)は漸進的な政策金利変更の利点のひとつとして、ゼロ金利制約に到達する可能性が小さくなることも挙げている。

というかたちでの需給調整メカニズムが働く。もちろん、短期資金と長期資金は完全には代替的ではないが、ある程度は上述の代替メカニズムが作用すると考えられ、その程度に応じて、ゼロ金利制約は緩和されると考えられる。一方、後者の将来の政策金利に関する情報発信の手段という役割についてみると、「約束」による時間軸効果を活用する余地は残っている。言い換えると、このような代替的なメカニズムが十分に作用するならば、「ゼロ金利下限」には到達しても「金融政策の有効性制約」には直面しないことも考えられる。

ゼロ金利制約の発生する状況

「ゼロ金利下限」によって現実に「金融政策の有効性制約」が生じるかどうかを考えるために、想定される状況を以下の2つの基準で分類することが有用である。第1は、ショックが均衡実質金利と予想物価上昇率のいずれの下落によって発生するかという基準である。

最初に、均衡実質金利が大きく低下するケースを取り上げよう。例えば、予想物価上昇率がゼロ％のときに、均衡実質金利が1％からマイナス1％に低下すると、実質市場金利が均衡実質金利を上回ることになるため、金利を通じる刺激効果が発揮されず、物価は低下する。この場合は、まず均衡実質金利の背後に存在する予想成長率の低下が生じた後で、物価が下落する。次に、予想物価上昇率が低下するケースを考えよう。例えば、均衡実質金利がゼロ％のときに、予想物価上昇率が1％からマイナス1％に低下すると、短期金利がゼロ％にまで低下しても、実質市場金利が均衡実質金利を上回ることになるため、金利を通じる刺激効果が発揮されず物価が下落する。この場合は、予想物価上昇率の低下がまず先行し、その後で、現実に物価上昇率が下落する。

「金融政策の有効性制約」の状況を分類する第2の基準は、ショックが一時的か永続的かという基準である。成長率が低下するケースを考えると、現在のような悲観的な状況はずっと続くわけではないと予想するのか、先行きもこのような悲観的な状況が続くと予想するのかで、2つのケースが考えられる。物価下落についても同様である。

2001年以降の日本の経験の解釈

最初に、ショックが一時的か永続的かという点から検討しよう。ショックが永続的であれば、イールドカーブはフラット化するはずである。しかし、現実に観察されたイールドカーブをみると、全体に金利水準は低下したが、期間が長くなるほど金利水準が高いという関係が維持された（図19-3-1）。ショックが一時的であることを示す直接的な証拠としては、前述した企業経営

●図19-3-1　長期金利の推移

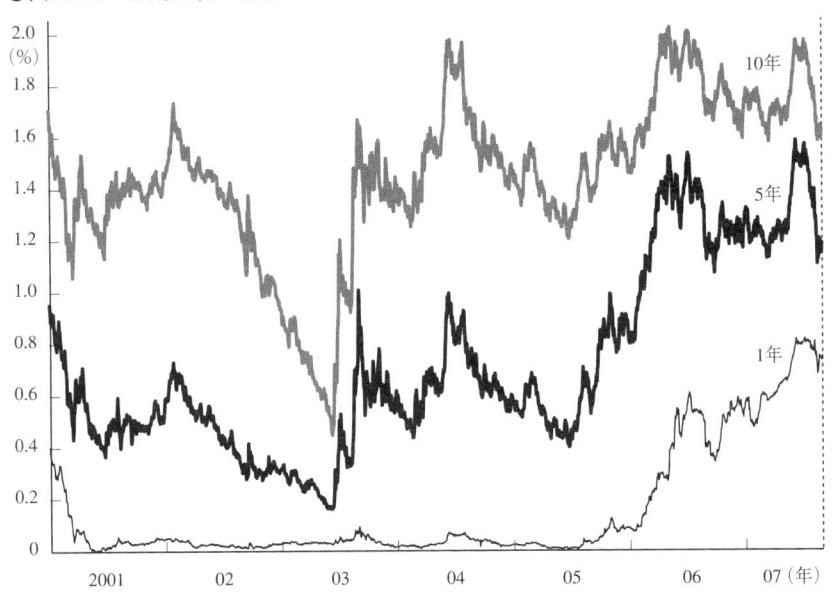

者の成長率予想（前出図19-2-3）が挙げられる。世界的なITバブル崩壊後の日本経済を襲ったショックは厳しかったが、企業経営者の成長率予想が大きくは落ち込んでいないことから判断すると、企業や個人は足元のような落ち込みが長期間続くとは判断していなかったように思われる。

次に、ショックは均衡実質金利、予想物価上昇率のいずれの下落によって生じたのかという問題を検討しよう。ショックが予想物価上昇率の下落で生じたとすれば、まず予想物価上昇率が下落し、現実の物価下落率がこれに追随することになるはずであるが[13]、エコノミストの予測をみても、現実の物価下落に遅れて物価下落予想が広がっている（表19-3-2）。このような事実から判断すると、ショックは均衡実質金利の下落によって発生したと考えられる。

言い換えると、2000年11月をピークとする日本の景気後退は物価の下落予想ではなく、世界的なITバブルの崩壊を出発点とするものであり、また、これによって予想成長率が低下し、これを反映して均衡実質金利も低下したと解釈される。先行きの予想成長率は1990年代以降トレンドとして徐々に低下

13　この点については、高村・渡辺(2006)の議論が参考になった。

● 表19-3-2　消費者物価上昇率に関する民間調査機関の予測の推移と実績

	前年度時点における予測		当該年度における予測		実績 (2005年度基準)
	9月	3月	9月	3月	
2000年度	―	―	―	―	−0.4
2001年度	0.1	−0.4	−0.8	−0.9	−0.8
2002年度	−0.8	−1	−0.8	−0.7	−0.8
2003年度	−0.6	−0.7	−0.3	−0.1	−0.2
2004年度	n.a.	−0.4	−0.3	−0.1	−0.2
2005年度	0.0	−0.2	0.0	0.1	0.1

(注) 民間機関の予測は各年3月と9月時点において、25前後の民間調査機関の経済見通しを著者が単純集計したもの。

していたが、世界的な景気後退は趨勢的な成長率の周辺で予想成長率をさらに低下させる方向に作用した。民間経済主体は趨勢的な成長率の低下が直ちに反転するとは予想していなかったが、それと同時に、足元の成長率の落ち込みが長期間続くとも予想していなかった。実際、その後の推移をみると、世界的な景気回復を反映して日本の成長率も高まっていった。

　このように、経済に加わるショックが一時的な成長率の低下である場合には、均衡実質金利の低下も一時的であるため、長期ゾーンの均衡実質金利の低下は小幅なものとなる。これに加えて、ゼロ金利継続の「約束」は名目金利の低下を通じて実質市場金利を低下させる。日本の2001年以降の経験については、この両方のルートによって実質市場金利が均衡実質金利を上回ることが回避されたという解釈も可能である。

19−4. 暫定的な評価

　上述のように、日本はデフレ・スパイラルに陥ることはなかったが、これは、今回はたまたま海外経済の回復という幸運に恵まれたと考えるべきなのか、それとも緩やかな物価下落に伴うデフレ・スパイラルの危険はそれほど大きくないと考えるべきなのだろうか。この点について、過去のデフレの歴史は有力な判断材料を提供している。この点に関し、Bordo and Filardo (2005) は19世紀以降の世界の様々なデフレの経験について詳細な研究を行ったうえで、デフレの危険に関して以下のような評価をしている。

"In history, deflation has often coincided with robust economic growth. This is in sharp contrast to the conventional wisdom that generally is drawn from a more limited focus on deflation in Japan in the 1990s and deflation episode in the Great Depression."（p.9）

　そうした彼らの主張の背後にあるのは図19-4-1に集約される過去のデフレ期の事例（88ケース）である。図19-4-1の横軸は産出量の変化率、縦軸は物価の下落率を表しており、いずれもデフレのボトム水準からの変化率を示している。横軸のゼロよりも右側は産出量が増加しているケース、左側は産出量が減少しているケースである。この図からは以下の2点が確認される。第1に、産出量の縮小を伴うデフレは稀である[14]。第2に、産出量の大幅な減少を伴うデフレ（彼らの言葉を借りると"ugly deflation"）は大半が1930年代の大恐慌期に集中している。Bordo and Filardo（2005）はこれらの事実を「定型化さ

●図19-4-1　デフレの事例と経済活動

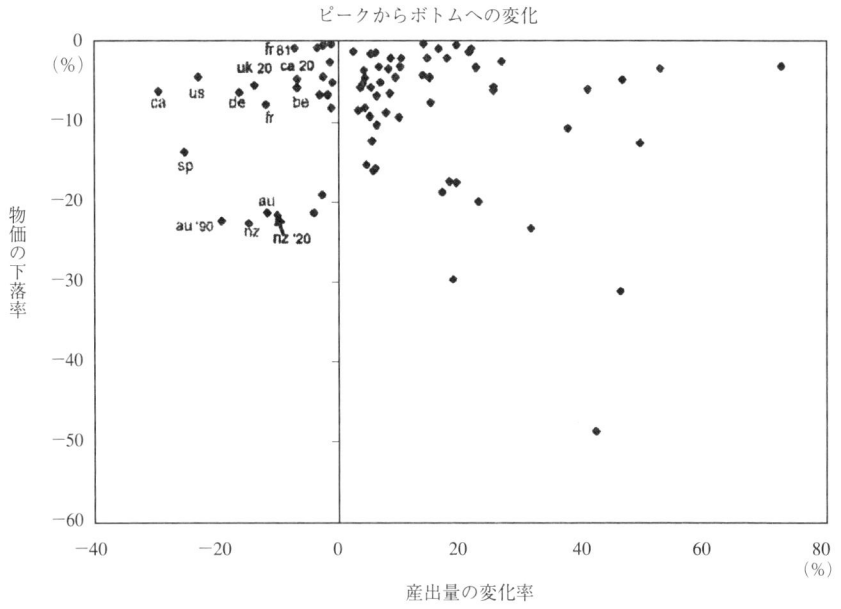

ピークからボトムへの変化

（注）数字がなく英文字の印はGreat Contraction期。au：オーストラリア、be：ベルギー、ca：カナダ、de：ドイツ、fr：フランス、sp：スペイン、nz：ニュージーランド、uk：英国、us：米国。以下はGreat Contraction期以前のデフレ。fr '81：フランス（ピークは1881年）、au '90：オーストラリア（ピークは1890年）、ca '20：カナダ（ピークは1920年）、nz '20：ニュージーランド（ピークは1920年）、uk '20：英国（ピークは1920年）。
（出所）Bordo and Filardo（2005）

14　Bordo and Filardo（2005）は物価下落率とGDP成長率の関係に基づいて分析を行っているが、GDPには上昇トレンドがあることを考慮すると、厳密には需給ギャップと物価下落率との関係について分析する必要がある。この点は青木浩介氏（ロンドン・スクール・オブ・エコノミックス教授）の指摘に基づく。

れた事実」として報告している。もし彼らの結論が正しいとすると、政策的に重要な論点は大恐慌期のデフレはなぜ大幅な経済活動の収縮を伴ったのかという点であるが、彼らの論文では、米国については銀行危機というかたちでシステミック・リスクが顕在化したことが、また、金ブロック圏（フランス、ベルギー、オランダ、スイス、イタリア等）については固定為替レートを維持したことがその理由として挙げられている。

Bordo and Filardo（2005）は上述した歴史的な事例についての分析を踏まえたうえで、「デフレへの懸念はやや誇張されている」（"To an observer looking at the long history, current concern about deflation may seem to be somewhat overblown" p.26）と述べている。

近年の日本の経験の評価

「デフレの危険」や「ゼロ金利制約」については、近年、日本だけでなく世界的にも活発に議論された。例えば、2002年11月には、FRBのバーナンキ理事（当時）によって"Deflation: Making Sure 'It' Doesn't Happen Here"と題する有名な講演が行われた[15]。また、現実にもFRBは2003年6月に「歓迎されざるインフレ率の大幅な低下」の危険を考慮して、フェデラルファンド・レートを1％にまで引き下げるとともに、この金利水準を2004年12月まで維持した[16]。金融政策運営上、「デフレの危険」や「ゼロ金利制約」をどの程度深刻なものと認識するか、またそのような危険を意識した積極的な金融緩和政策をどのように評価するかは重要な論点であるが、現状ではまだコンセンサスが形成されるには至っていないというのが公平な評価であるように思われる。次章で取り上げる資産価格上昇やバブルの発生との関係も含めて、議論は続いている。

著者は「デフレの危険」や「ゼロ金利制約」については、以下のように考えている。第1に、デフレがデフレ・スパイラルをもたらすかどうかの最大の鍵を握っているのは、金融システムの状況である。金融システムが動揺すると、デフレ・スパイラルが生じるおそれがあり、中央銀行はそうした事態を防ぐために「最後の貸し手」機能を含め、バンキング機能を使って金融システムの安定性を維持しなければならない。第2に、ゼロ金利制約が存在す

---

15 Bernanke（2002b）参照。
16 2003年6月のFOMC声明は以下のように述べている。
"The Committee perceives that the upside and downside risks to the attainment of sustainable growth for the next few quarters are roughly equal. In contrast, the probability, though minor, of an unwelcome substantial fall in inflation exceeds that of a pickup in inflation from its already low level. On balance, the Committee believes that the latter concern is likely to predominate for the foreseeable future."

る下で発生するマイナスの需要ショックが一時的か永続的かによって、ゼロ金利制約が金融政策を制約する程度は異なってくる。一時的であれば、均衡実質金利と市場実質金利との逆転は起こらず、デフレ・スパイラルは生じない。

現実の金融政策運営にあたっては、これらの点に照らして状況を具体的に判断していく必要がある。従って、一般論を述べることはできないが、デフレの危険が現実化した1930年代との比較では以下のような違いを指摘できるように思われる。

第1の違いは、金融システムの安定性を高めるためのセーフティー・ネットが格段に整備されていることである。1930年代は連邦準備制度が「最後の貸し手」機能を適切に発揮せずデフレが深刻化したが、現在は、中央銀行は金融システムの安定性維持に対する責任を十分認識している。また、多くの国で預金保険制度が導入されている。さらに、決済システムの面でも、近年、多くの国で即時グロス決済システム（RTGS）が導入された結果、金融機関の破綻が決済システムを通じて連鎖的に波及するリスクも小さくなっている（図19-4-2）。前述したように、過去の深刻なデフレは金融システムの不安定化が引き金となっているケースが多い。その意味で、中央銀行が「最後の貸し

●図19-4-2　RTGSを新規に採用した中央銀行数

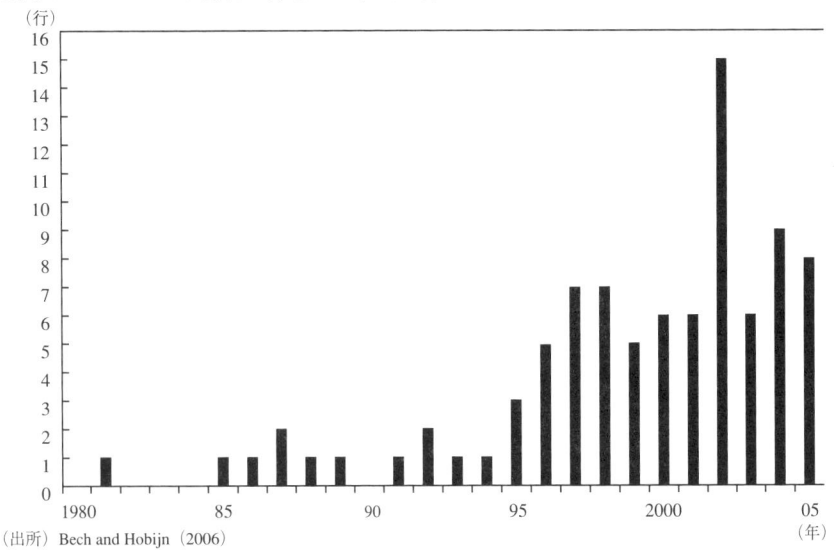

（出所）Bech and Hobijn（2006）

手」機能を適切に果たすかどうかは、デフレの危険を防止するうえで決定的に重要な要素である。

なお、中央銀行の「最後の貸し手」機能についてはモラル・ハザード論との関係が議論される。モラル・ハザードの発生を防ぐことは非常に重要であるが、中央銀行が「最後の貸し手」として行動しない結果、金融システムが動揺し経済活動が収縮する場合には、モラル・ハザードの発生原因と無関係な一般の国民の経済活動や生活にも非常に大きな影響が及ぶことに留意する必要がある。また、金融システムの動揺や経済活動の収縮が起こると、その反動から保護主義や規制主義的な立法が広がり、経済的な悪影響が長期にわたって尾を引く事態も予想される。そのように考えると、システミック・リスクの危険がある場合に、中央銀行が「最後の貸し手」機能を適切に発揮することは非常に重要である。

第2の違いは、経済の開放度が高まっていることである。開放度を輸出入の対GDPで測ると、日本については比率に大きな変化はないが、米国については大きく上昇しており、1930年代の7％から現在は25％にまで上昇している（表19-4-1）。また、保護主義が広がった1930年代と異なり、現在は自由貿易体制がとられている。さらに、資本取引も活発化しているため、輸出入のファイナンスも容易になっている。仮に一国の成長率や物価上昇率が有意に低下するショックが発生しても、開放経済の下では、以下の理由からデフレ・スパイラルは発生しにくい構造となっている。第1に、自国の物価が下落すると、名目為替レートが一定でも実質為替レートは減価する。第2に、デフレ・スパイラルの可能性が議論されるような国の通貨については、景気の後退予想から名目為替レートが減価する可能性が高い。上述の2つの要因による実質為替レートの減価は純輸出の増加をもたらす。第3に、内外の成長率較差も純輸出の増加要因として作用する。これらはいずれも経済活動の収縮を回避する方向に作用する。第4に国際的な資本移動が活発化した経済

●表19-4-1　輸出入の対GDP比

	1930年代	現在
日本	33.2％	25.5％（2001〜2006年度）
米国	7.4％（1930〜1935年平均）	25.2％（2001〜2006年）

（注）日本の1930年代は高橋財政開始（1931年12月）前の2年間（1930年、1931年）の平均。

では、内外の多様な投資家の投資が期待できるので、国内要因によるリスク・プレミアムの一方的拡大は生じにくくなることが期待される。

このように考えると、均衡実質金利の低下が大幅なものである場合の対応が問題となる。この点では、日本の経験が示すように、バブル崩壊に伴う経済活動の急激な落ち込みが問題となる。次章では資産価格上昇下での金融政策の対応のあり方について議論する。

第20章　資産価格上昇と金融政策

　本章では、資産価格上昇への金融政策の対応のあり方について議論する。日本でバブルが発生した1980年代後半時点では世界的にもバブルは比較的稀な事態であったが、その後、バブルないしバブル的な現象の発生と崩壊という事態を多く経験するようになっており、資産価格上昇への金融政策の対応のあり方は今や各国中央銀行が直面する共通の重要課題となっている。以下、第1節では、議論の出発点としてバブル経済の特徴とバブル崩壊の影響について概観する。第2節では、資産価格上昇への金融政策の対応について2つの考え方を紹介する。この問題が厄介なのは、多くのバブルは物価が安定している状況で起きているという逆説的な事実であるが、第3節ではバブルが物価安定の下で生じていることが多いという事実について考察する。第4節では、資産価格の上昇局面でバブルの発生を認識できるかという問題を検討する。第5節では、バブル防止におけるプルーデンス政策の役割について議論する。第6節では、バブル崩壊後に積極的な金融緩和を行えば経済活動の落ち込みを回避できるかどうかを検討する。第7節では以上の議論を踏まえたうえで、資産価格上昇下での金融政策の対応のあり方について基本的な考え方を述べる[1]。

20-1. バブル経済の特徴とバブル崩壊の影響
1980年代後半の日本のバブル経済

　本節では、最初に1980年代後半の日本のバブル経済を中心に特徴を振り返る。

　バブルという言葉は一般には「資産価格がファンダメンタルズから乖離して急激かつ大幅に上昇する状態」の意味で使われる。後から振り返ってみると、1980年代後半の日本経済は異常な活況を呈し、典型的なバブル経済であったといえる。その特徴は以下の3点に要約される（図20-1-1）。第1に、地価・株価等の資産価格が急激かつ大幅に上昇した。日経平均株価は1986年に

---

[1] 本章の執筆にあたっては、翁邦雄氏（中央大学教授）の「資産価格バブル・グローバリゼーションと金融政策についての2つの見解」（未定稿〈翁、2007〉）および同氏との議論が特に有益であった。

入ってから上昇テンポを速め、ピークを迎えた89年末には38,915円と、プラザ合意の成立した85年9月（12,598円）比3.1倍の水準に達した。株価はその後反落に転じ、ピークからの下落率は約70％にも上った。地価は、長期時系列の利用可能な「市街地価格指数」でみると、ピークを迎えた1990年9月は85年9月比で約4倍の水準に達した。市街地価格指数はその後下落に転じ、ピークからの下落率は約90％にも上った。この間に発生したキャピタル・ゲインの規模をみると、土地・株式の合算で名目GDP比4倍以上（1986〜89年）

●図20-1-1　バブル期の日本の金融経済情勢

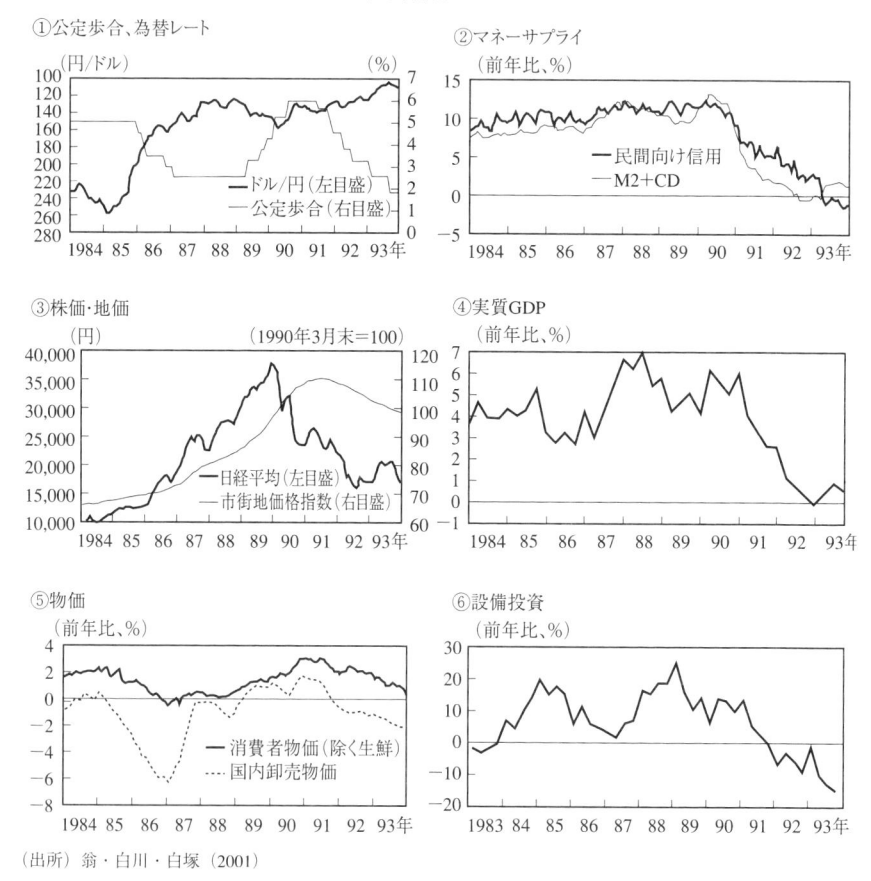

①公定歩合、為替レート
②マネーサプライ（前年比、％）
③株価・地価
④実質GDP（前年比、％）
⑤物価（前年比、％）
⑥設備投資（前年比、％）

(出所) 翁・白川・白塚（2001）

2　国民所得統計の調整勘定によると、名目GDPの425％に達した（翁・白川・白塚, 2001参照）。

にも上ったと推計される[2]。第2に、信用の膨張と債務の増加が異例の大規模で発生した。具体的な数字でみると、マネーサプライ、あるいはその裏側にある民間部門向け信用は年率10%を超える拡大が続いた。第3に、投資比率がそれ以前のトレンドを上回って大きく上昇した。民間企業設備投資の対GDP比率をみると、1987〜91年度平均は18.2%と、それ以前の10年間平均（15.1%）を大きく上回った（図20-1-2）。バブルの規模を比較できる正確な統計が存在するわけではないが、上述した1980年代後半の日本のバブルは世界の経済史の中でも未曾有の大きさであった[3]。

●図20-1-2　設備投資の対GDP比率

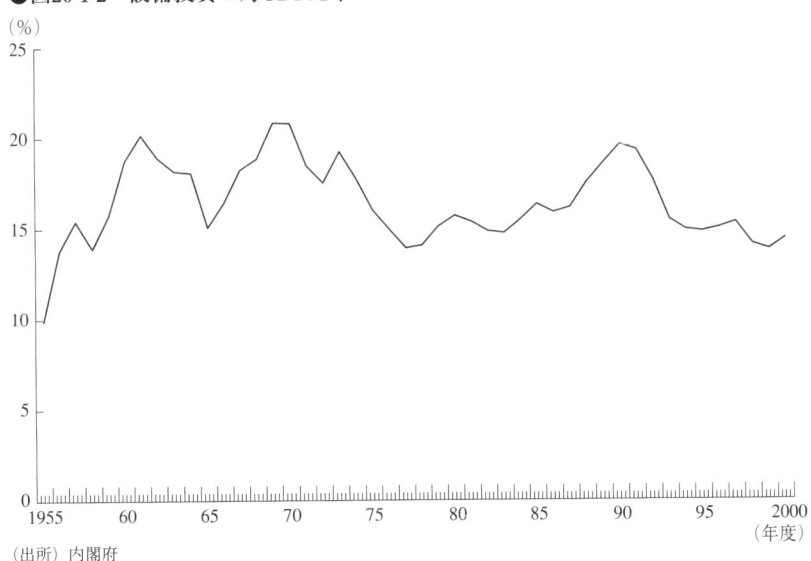

(出所) 内閣府

バブルの発生頻度の増大傾向

　日本でバブルが発生した1980年代後半時点ではバブルは比較的稀な事態であったが、その後の世界経済の動きをみると、1990年代初頭にかけての北欧の不動産バブル、1990年代後半の世界的なITバブル、2000年代半ばにかけての米国の住宅バブルをはじめ、バブルないしバブル的な現象の発生と崩壊という事態は以前よりも増加傾向にある。

3　翁・白川・白塚（2001）参照。

● 図20-1-3　米国の株価推移

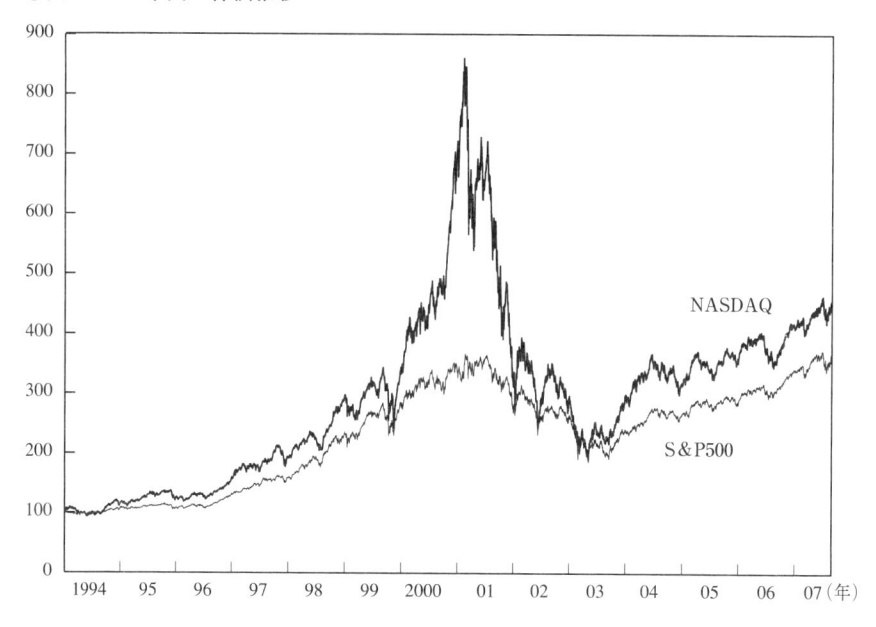

上述した近年のバブルをみると、それぞれ固有の特徴もあるが、資産価格の上昇、信用・レバレッジの拡大、経済活動の過熱が観察されるという点では共通している。それと同時に、近年発生しているバブルないしバブル的現象は、以前のバブルと比較すると、以下のような新たな特徴を備えるようになっており、政策当局の対応のあり方を考える際にも、そうした特徴を十分念頭に置く必要がある。

第1に、バブル的な価格変動を示す資産が多様になってきている。バブル期における資産価格の上昇の代表例は株価や地価、住宅価格であるが、それ以外の資産についてもバブルは発生しうる。例えば、サブプライム・ローン問題は住宅バブルの崩壊によって引き起こされたが、住宅価格だけでなく、社債スプレッドの低下をはじめクレジット市場の価格形成一般にバブル現象が発生した。また、バブルは必ずしも当該資産全体の価格上昇という形態をとるのではなく、その中の特定部門の価格が上昇するという形態をとることも多い。1990年代後半の米国では株価が大きく上昇したが、その中でもIT関連企業の株上昇は著しかった。米国の住宅バブルの場合も、特定地域の住宅価格の上昇は特に際立っていた（図20-1-3）。

第2に、具体的なリスク・テイキングの形態が複雑化してきている。1980年代後半における日本のバブルでは不動産投資が著しく増加したが、その取得資金はもっぱら銀行借入等の債務の取り入れで賄われた。これに対し、近年はデリバティブを使ったリスク・テイキングが活発に行われるようになっている[4]。また、リスク・テイキングの対象となる価格の変化は地価や株価といった単純な価格変化だけではなく、将来の価格差（スプレッド）変化の予想に基づいて取引を一方方向に傾ける（ポジション）ことも活発に行われている[5]。デリバティブ取引の発達や金融市場のグローバル化によって、ポジションの形態は複雑化するとともに、そもそもどのようなポジションが積み上がりつつあるのかを迅速に認識することが難しくなってきている。

　第3に、バブル崩壊後のシステミック・リスクの発生形態が変化してきている。第15章で述べたように、資産価格の大幅な下落はシステミック・リスクをもたらす一因であるが、以前に比べ、「市場型のシステミック・リスク」の発生が増加する傾向にある。

バブル崩壊の影響

　中央銀行であれ金融機関の監督当局であれ、資産価格上昇への政策対応を考えるときに最も重要なことは、観察される資産価格の上昇が仮にバブルであった場合、バブル崩壊後に何が起こるか、バブル崩壊はどのような意味において弊害を生むかという点に関する認識である。バブルの形態は多様であり、またバブル発生の規模も異なるので、過度に一般化することは適当ではないが、バブル崩壊の意味を認識しておくことは重要である。バブルが崩壊し資産価格が下落すると、多くの場合、金融市場・金融システムの機能が低下し、（程度の差はあるが）システミック・リスクが意識されるような状況が発生する。その影響はマクロ経済的には経済の総需要の減少、景気の後退というかたちで表れるが、バブルの規模が非常に大きく、従ってバブル崩壊の規模も大きい場合は、より深刻な影響が発生する。1980年代後半の日本のバブルに即していうと、バブル崩壊の影響は長期にわたる成長率の低下というかたちで表れた。日本の場合、バブルの崩壊が経済に大きな悪影響を及ぼした主要なルートは以下の3つであった（ただし、この間の成長率の低下につ

4　リスク・テイキングの増加はレバレッジ（leverage）ないし信用の膨張という言葉で表現されることが多いが、この言葉はオンバランスでの負債の増加という伝統的な意味よりも拡張されて使われている。

5　例えば、LTCMは破綻前には、米国債についてon-the run銘柄（直近発行の最も流動性の高い銘柄）とoff-the run銘柄の金利差縮小に賭けたポジションを積み上げていたといわれている（BIS Committee on the Global Financial System, 1999b参照）。

いては、それ以前から続いている趨勢的な生産性低下の影響も大きく、バブル崩壊による影響だけを過度に強調することは適当でない)[6]。

　第1のルートは、資産価格の下落に伴うマイナスの資産効果や設備投資、住宅投資、耐久消費財等のストック調整である。これは需要面を通じる影響であり、バブル期の需要増加とバブル崩壊後の反動的な需要減少が見合う性格のものである（図20-1-4の左図）。

　第2のルートは、資本設備価値の減価と供給能力の低下である。バブル期には投資が増加するが、資産価格の大幅な上昇予想やその下で生じた特殊な需要パターンを前提に初めて価値が生まれる投資案件も多い。そうした投資案件はバブル崩壊後も物理的には存在するが、将来、他の用途に転用される可能性は乏しい。この場合、そうした投資案件に使われた資源は無駄に費消されたことになる。上述の第1のルートは需要面を通じる影響であるのに対し、第2のルートは供給面を通じる影響であり、生産能力水準の下方への調整を意味する（図20-1-4の右図）。これは、バブル期の価格シグナルが資源配分の歪み（dynamic resource misallocation）をもたらすことによって生じる弊害である。

　第3のルートは、自己資本の減少に伴うリスク・テイク能力の減少である。これは需要の減少というかたちでも影響を与えるが、以下のようなかたちで供給の減少をもたらすものでもある。すなわち、バブル崩壊期には、資産価値が大きく下落する一方で債務は残存するため、自己資本が減少する。そのような状況の下では、企業、金融機関とも自らの倒産リスクを意識するようになるため、収益性は高くてもリスクの高い投資には慎重になりがちである。また、既存の投資を回収することによって損失が確定することを恐れ、収益性の低い投資を継続する行動も生まれやすい。生産性の上昇は技術革新と同義ではなく、産業間・企業間・企業内・地域間を問わず、生産要素の最適な配分を通じて実現する面も大きいが、上述のような行動が広がると、効率的な資源配分が達成されず、経済全体として生産性が低下することになる。このように、第3のルートも供給面を通じる影響であるが、第2のルートがすでに投下した資源の消失に伴う1回限りの生産能力の水準低下であるのに対し、第3のルートは新たな資源配分への、より長期にわたる悪影響であり、潜在成長率（生産性）の低下というかたちをとって顕在化する（図20-1-4の右図）。さらに、そうした生産性低下が徐々に認識されるようになると、将来の

6　翁・白川・白塚（2001）に基づく。

予想所得が減少するので需要も低下する。

上述の3つのルートのうち、第1のルートは最もわかりやすく、日本のバブル崩壊後も、かなり長い間、景気低迷を通常の景気循環として捉える見方が圧倒的に多かった。しかし、日本の経験に照らすと、バブルの崩壊は先食いした需要の反動減ということ以上に、動学的な資源配分の失敗による経済的な資源の損失と、リスク・テイク機能の低下による生産性の低下というルートを通じて、経済の供給サイドに悪影響を与えることがより大きな問題であった[7,8]。資産価格は資源配分を左右する重要なシグナル機能を果たすが、バブル期は資産価格の大幅な変動により、適切な資源配分に失敗するケースと位置付けられる。

●図20-1-4　バブル崩壊が経済に与える影響

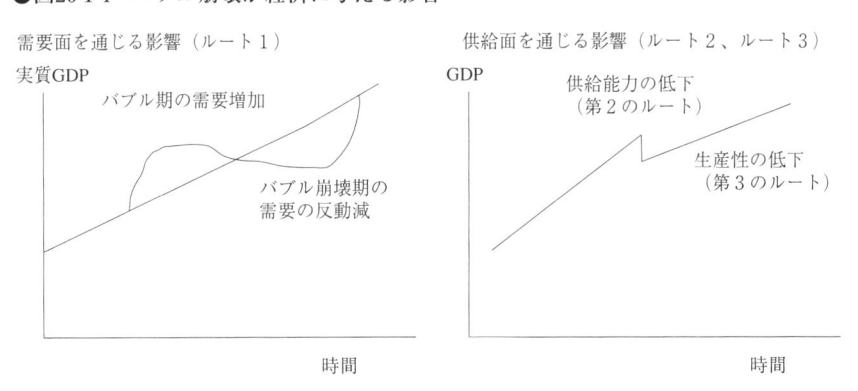

需要面を通じる影響（ルート1）
実質GDP
バブル期の需要増加
バブル崩壊期の需要の反動減
時間

供給面を通じる影響（ルート2、ルート3）
GDP
供給能力の低下（第2のルート）
生産性の低下（第3のルート）
時間

20－2．資産価格上昇への金融政策の対応：2つの考え方

上述したように、近年、バブルないしバブル的な現象が以前に比べて発生頻度が高まっている。しかし、資産価格が上昇していても、その時点においてはそれがバブルであるかどうかはわからない。仮に中央銀行がバブルと認識しても、そのことを理由とする金融引き締めには国民やエコノミストの支

7　バブル崩壊による生産性低下への影響を重視した著作としては池尾(2006)を参照。生産性への影響についての実証分析は、大谷・白塚・中久木(2004)、大谷・白塚・山田(2007)を参照。
8　ただし、1990年代以降の日本経済の低迷がもっぱらバブルの崩壊によって生じたと考えることは不適切である。この点については、バブルの発生以前から続いている日本経済の生産性低下についての本格的な研究が不可欠である。

持は得にくい。資産価格の上昇は、ある程度時間が経過して初めて、それがバブルであるのか、バブルではなく経済の高度成長であったのかがわかるという性格のものである。それだけに、中央銀行は金融政策の運営にあたり難しい課題に直面する。資産価格の上昇に対する金融政策の対応のあり方については、現在2つの対照的な議論が行われている[9]。単純化して整理すると、第1の議論は、「金融政策は資産価格には割り当てられるべきではなく、バブルが崩壊した後に積極的（aggressive）な金融緩和を行うことによって対応すべきである」という議論である。第2の議論は、「バブル崩壊後に発生する経済へのマイナスの影響の大きさを考えると、金融政策はバブルの発生を回避することに努めるべきである」という議論である。敢えて分類すると、前者はFRB関係者ないし米国の主流派経済学者から多く聞かれる考え方であるのに対し、後者はBIS関係者ないし欧州の中央銀行関係者から多く聞かれる考え方である。もちろん、FRBやBISが組織の公式見解としてそうした考え方を表明しているわけではないが、便宜的に前者を「FRB view」、後者を「BIS view」と呼ぶことにする。

FRB view

　FRB viewは以下の3点に要約される[10]。

■　**「物価のレンズ」**　資産価格は経済活動や物価に大きな影響を与える重要な変数のひとつである。従って、金融政策の運営にあたっては、資産価格の上昇がマクロの経済変数に与える影響を予測し、影響を与えると判断する限りにおいて引き締めを行う必要はあるが、資産価格を金融政策の目標とすることは適当でない。金融政策の目標は物価の安定であり、資産価格の安定ではない。

■　**バブルの判定の困難性**　資産価格の上昇がバブルであるかどうかは事後的にしかわからない。資産価格は市場参加者の無数の知恵を反映して形成されており、中央銀行が市場参加者よりも優れた判断能力を有しているとは考えられない。仮にそうした判断能力を有していたとしても、バブルを潰すためには極めて大幅な短期金利の引き上げが必要となるが、必要とされる金利引き上げ幅がいくらであるかは事前にはわからない。また、投資家の資産価格上昇の予想が反転した場合は、それ自体として景気に対し大きな抑制効果を発揮することになるが、大幅な金利の引き上げはそうした予想の修正と相俟

9　日本のバブル期の金融政策については、山口（1999）、翁・白川・白塚（2001）を参照。
10　資産価格上昇に対する金融政策の対応については、近年、多くのFRB関係者が講演を行っている。代表的な議論としては、Kohn（2006a）、Mishkin（2007）が挙げられる。

って実体経済活動に壊滅的な影響を与える。従って、資産価格の上昇に対して短期金利の引き上げで対応することは不適当である。

■ **プルーデンス政策の必要性**　バブルの発生の危険に対して公的当局が対応するとすれば、その手段は金融政策ではなく、銀行監督等のプルーデンス政策である。

BIS view

BIS viewは以下の3点に要約される[11]。

■ **「金融的不均衡のレンズ」**　資産価格の上昇が経済活動や物価に与える影響を注意深く観察する必要があることは言うまでもないが、様々な「金融的不均衡」の蓄積と巻き戻し（unwinding）にも十分注意を払う必要がある。「金融的不均衡」とは、長期的には持続可能とは考えにくい金融現象が同時に起こることをいう。例えば、地価や住宅価格、株価等の資産価格の上昇、信用スプレッドの縮小、信用の膨張（レバレッジの拡大）、ボラティリティーの低下、実質金利と成長率の水準の長期間にわたる乖離、投資比率の上昇等が典型的な例として挙げられる。

■ **持続困難な現象の「組み合わせ」の判断**　バブルが発生しているかどうかの認識が難しいことは事実であるが、中央銀行にとって必要なことは、観察される資産価格の上昇がバブルであるかどうかの判断というより、現在の経済状態が持続可能なものかどうかの判断である。そうした持続性の判断を可能にする単一の客観的指標はないが、上述した持続可能性を疑わせるいくつかの動きが併存しているかどうかは判断にあたっての重要な基準である。この点で資産価格の上昇と並んで特に重要なのは、信用の膨張ないしレバレッジの拡大である。

■ **金融政策とプルーデンス政策の協力**　金融的不均衡の発生を防ぐためには、金融政策とプルーデンス政策の両方が必要である。この点で、中央銀行と銀行監督当局は従来以上に密接に協力する必要がある。

20－3. バブルはなぜ物価安定の下で発生するか？

FRB viewとBIS viewをめぐる第1の論点は、目標物価上昇率についての考え方の違いに帰着する。前述のように、FRB viewはマクロ経済の動向、特に物価の動向を重視し、インフレ・リスクがあるかどうかに焦点を合わせてい

11　代表的な著作としては、Borio and Lowe (2002)、White (2006)、European Central Bank (2005a)が挙げられる。

る。金融引き締めはインフレのリスクがあると予想される程度に応じて行うべきであり、そうしたリスクがないときには、たとえバブル的な現象がみられる場合でも行うべきではないことになる。また、インフレとデフレのリスクを比較すると、デフレ・スパイラルの危険やゼロ金利制約を重視し、デフレのリスクのほうが大きいという判断に立っている。これに対しBIS viewは、短期的にはインフレ・リスクがない場合でも、「金融的不均衡」が拡大すると、最終的にはその巻き戻しによって経済に大きな変動がもたらされる危険を重視する。第15章では金融市場や金融システムの機能の低下について説明したが、そうした機能低下は上述した金融的不均衡が巻き戻される過程で生じている。このような考えから、たとえ差し迫ってインフレ・リスクが高まっていると判断されない場合でも、「金融的不均衡」の巻き戻しのリスクが大きいと判断される場合には、金融引き締めを行う必要があると考える。デフレのリスクについてはすでに第19章で検討したので、ここでは物価安定下の「金融的不均衡」拡大のリスクについて検討する。

物価安定下のバブルの発生：日本の経験

この問題を考えるために、物価安定の下でバブルが発生した日本の経験を最初に振り返ってみよう。1980年代後半以降の日本の物価動向を振り返ってみると、1986年6月から89年2月まで消費者物価の前年比は小幅のマイナスないしゼロ％台を続けた（第5章参照）。このような状況を背景に、財・サービス価格についてはインフレ圧力は存在しないという見方が一般的であった

●表20-3-1　G7諸国の消費者物価上昇率

(前年比、単位：％)

	1985年	1986年	1987年	1988年	1989年	1990年	1991年	1985～1991年のピーク上昇率の1985年対比
カナダ	4.0	4.1	4.4	4.0	5.0	4.8	**5.6**	1.6
フランス	**5.8**	2.5	3.3	2.7	3.5	3.4	3.2	—
ドイツ	2.1	−0.1	0.2	1.3	2.8	2.7	**3.5**	1.4
イタリア	**9.2**	5.8	4.7	5.1	6.3	6.1	6.2	—
日本	2.0	0.6	0.1	0.6	2.3	3.1	**3.3**	1.3
英国	5.2	3.6	4.1	4.6	5.2	7.0	**7.4**	2.2
米国	3.5	1.9	3.6	4.1	4.8	**5.4**	4.2	1.9

(注)　太字は1985～1991年のピーク。日本の消費税率引き上げの影響は調整していない。
(出所)　IMF World Economic Outlook

（当時の新聞論調についてはBOX 1 参照）。その後も、物価は上昇したとはいえ当時の基準からすると大きく上昇したわけではなかった。国際的にみても、日本の当時の物価上昇率は低いほうに属していた（表20-3-1）。仮に、現在インフレーション・ターゲティング国の多くで採用されている「2±1％」という目標物価上昇率で評価すると、日本は物価安定に失敗したといえるかどうかは疑問であるし、当時の基準で判断すると、なおさらそうである。

BOX 1　バブル期の新聞社説

　日本銀行は1989年5月末に長く続いた金融緩和政策を修正し公定歩合を引き上げたが、金利引き上げに関する同年前半の日本経済新聞の主要な社説は以下の通りである。

■　3月4日：日米の公定歩合の差4.5％の重み　「日銀は2年ほど前、金融引き締めを本気でやろうとしたことがある。その理由は通貨供給量が年率で2ケタふえ続けていたことにあった。従来の金融政策の常識からいえば、その発想も当然であった。（中略）しかし、その後も通貨供給の伸びが続いているのに、いまだに物価は超安定状態を保っている。（中略）しかし、日本の対外的な政策課題ないし目標を考えると、実際の政策の方向はおのずと決まってくる。それは、現状維持の金融政策をできるだけ長く続ける道である。対外的な課題は、内需拡大を持続させ、それをテコに輸入を増やし黒字不均衡を是正していくことである。（中略）日本には総需要超過という形のインフレ圧力はない。インフレ対策よりも個別の物価政策が、いまこそ出番である」

■　4月22日：自分勝手な利上げ競争は回避せよ　「日本はどうか。（中略）貿易黒字は再び黒字に転じている。よほどインフレ懸念がはっきりしないかぎりは、利上げには慎重な姿勢が必要であろう」

■　5月31日：金利偏重より総合調整を　「米欧の相次ぐ利上げを横目にずっとアンカー役に徹してきた日銀が利上げに動いたが、その波紋は小さくない。とくに世界の金融資本市場がG7協調体制に疑問をもっているときだけに、市場に波乱の芽を残す心配がある。（中略）ここで重要なことは金融政策にばかり依存しない総合的な政策調整である」

バブルと物価安定の逆説的な関係：3つの仮説

　日本のバブルは物価が安定する下で起きたが、過去15年くらいの世界のバブルの事例を振り返ると、多くのバブルは物価上昇率が低下傾向の中で生じている。例えば、1997年7月のタイのバーツ危機に端を発した東アジアの金

● 表20-3-2 東アジアの金融危機時期前後の消費者物価上昇率

(前年比、単位：%)

	1992年	1993年	1994年	1995年	1996年	1997年	1998年	1999年	2000年
韓国	6.2	4.8	6.3	4.5	4.9	4.4	7.5	0.8	2.3
マレーシア	4.8	3.6	3.7	3.2	3.5	2.7	5.3	2.7	1.6
タイ	4.2	3.3	5.1	5.8	5.9	5.6	8.1	0.3	1.6
インドネシア	7.5	9.7	8.5	9.4	7.0	6.2	58.0	20.7	3.8

(出所) IMF World Economic Outlook

融為替危機をみると、物価上昇率は危機発生時まで、むしろ低下傾向にあった（表20-3-2）。ロシア危機の発生以前のロシア経済、ITバブル崩壊以前ならびに住宅バブル崩壊以前の米国経済についても同様である。さらに、第2次世界大戦以前のバブル事例をみても、米国の1920年代をはじめとして、物価上昇率については同様の傾向が観察される。

　物価安定は経済の持続的成長の重要な前提条件であるが、一方で、バブルが発生するのは物価が安定しているときが多いという逆説的な事実はどのように解釈すべきだろうか。偶然の一致なのか、それとも何らかの関連があるのだろうか。物価安定とバブルが全く無関係であるとすれば、「インフレ下のバブル発生」という組み合わせがあっても不思議ではないが、そうした組み合わせはみられない。物価安定は望ましいことであるが、同時に、いくつかの条件と重なり合うと、以下のような予想形成も生まれやすくなり、その下で生じる人間の行動パターンがバブルを生み出す要因として作用する。

　第1に、物価安定の下で高成長がある程度長い期間にわたって続くと、生産性の上昇、「ニューエコノミーの到来」といった強気の期待が生まれやすくなる。日本の1980年代後半のバブル期でいうと、物価の安定には円高や原油価格の大幅下落（逆オイル・ショック）という一時的な供給サイドの要因が大きく寄与していたが、現実に高成長が続く下で物価上昇率が低い状態が続くことによって、生産性が上昇したという楽観的な見方が広がった。第2に、物価の安定が続き目先インフレ圧力の高まりも予想されない場合には、中央銀行が金利引き上げのアクションをとらない限り、現在の低金利が今後とも長く続くという予想が生まれやすくなる[12]。その結果、資産価格が上昇するが、キャピタル・ゲインの一段の増加は期待しにくくなるため、リターンを上げるための方法としてレバレッジの増加（債務の増加）が活用される。また、

低金利の持続はキャッシュの流動性を高めるが、その結果生じる資産価格の上昇はさらに市場流動性も高めることを通じて、一段の資産価格の上昇をもたらす（第15章参照）。第3に、上述のような低金利が続く下で、リスク評価能力の低い投資家が低金利資産からリスク資産への投資を増やす傾向が生まれる。その結果、資産価格はさらに上昇する。

物価が安定していれば必ずバブルが発生するわけではなく、バブルは物価安定の下で経済が持続的に成長しているときに発生するケースが多い。しかし、前述したような人間の心理や行動パターンまで考えると、物価の安定した状態が長く続くことによって期待が強気化し、結果としてバブルが生まれやすくなる可能性は意識しておく必要がある。その意味では、物価安定を強調する考え方が「物価のレンズ」だけを通して経済の先行きを判断するという思考様式につながると、結果として大きなリスクの蓄積を見過ごすことになりかねない。BISのチーフ・エコノミストのホワイトの言う通り、「物価安定だけで十分なのか？」（"Is price stability enough?"）（White, 2006）という意識は常にもち、中長期的な経済の持続的成長を脅かすおそれのある「金融的な不均衡」にも注意する必要がある。

20-4. バブルは認識できるか？

FRB viewとBIS viewをめぐる第2の論点は、バブルの存在をリアルタイムで認識できるかという論点である。バブルは多くの人が現在の状況をバブルとは考えないからこそ発生するものであり、その意味で、資産価格が上昇しているときに、それがバブルであるかどうかを判定することは難しい。バブルの判断が難しい最大の理由は、資産価格の上昇が物価安定の下での高い成長率と併存して発生するため、生産性向上の可能性（「ニューエコノミー」への移行）を否定できないからである[13]。実際には生産性が上昇しているにもかかわらず生産性が変化していないという認識に立って強力な金融引き締めを行うと、潜在的な成長能力は抑制されてしまう。一方、生産性が上昇していないにもかかわらず生産性が上昇したという認識に立って金融引き締めを行わないと、インフレが発生する。

資産価格上昇の下での金融政策運営についての議論が時として混乱するの

---

12 例えば、日本のバブル期のインプライド・フォワード・レートをみると、1988年、89年前半にかけて景気は過熱していったにもかかわらず、3年先のインプライド・フォワード・レートはほとんど横ばいで推移した（翁・白川・白塚, 2001参照）。

13 翁・白川・白塚（2001）参照。

は、問題の立て方自体が必ずしも適切でないことに起因する面が大きい。提起されている問いが「金融政策の目標は物価の安定ではなく資産価格の安定である」ということであれば、そうした主張を支持する中央銀行やエコノミストはほとんどいないだろう。FRB viewはもとより、BIS viewもそうした考え方には立っていない。意味のある問いは、「金融政策は資産価格の上昇に対応すべきか」ということではなく、「物価上昇率が低い状況の下で、資産価格の上昇をはじめいくつかの『金融的不均衡』とみられるような現象が発生している場合に、金融引き締めを行う必要があるかどうか。必要があるとしても、どのようにして必要性を判断するか」という問いであろう。

この点についてBorio and Lowe（2002）やWhite（2006）は、資産価格の上昇、信用の膨張、投資比率の上昇といった現象の組み合わせをモニターすることによって、完全とはいえないが、ある程度の判断は可能であるし、またそうした判断を行うのが中央銀行ではないかという立場に立っている。もちろん、FRB viewも資産価格の上昇を無視しているわけではないが、BIS viewとの対比では、需要サイドを通じる景気やインフレに対する短期的な上昇圧力を重視する傾向が強い。これに対し、BIS viewは「金融的不均衡」の蓄積と巻き戻し過程での動学的な資源配分の歪みという供給サイドへの影響を重視する傾向が強い。また、そうした考え方の系でもあるが、影響を考える際のタイムスパンが長い。また、当面のインフレ上昇を懸念するというより、バブルが崩壊した後の金融システムへの影響やデフレを懸念する。

20-5. プルーデンス政策の役割

本節では、FRB viewとBIS viewをめぐる最後の論点であるプルーデンス政策の果たす役割について議論する。FRB viewではプルーデンス政策はバブル期の政策対応としては中心的な役割を担うのに対し、BIS viewでは金融政策とプルーデンス政策はそれぞれ補完的な役割を果たす。いずれの立場に立つにせよ、バブル期、バブル崩壊期ともプルーデンス政策の果たす役割が大きいことに変わりはない[14]。

金融機関によるリスク管理体制

監督当局による金融機関の監督は、金融機関自身のリスク管理体制を検証することが基本的な役割であり、金融機関経営者に代わって経営を行う（micro-management）ことではない。バブルを防止するうえで最も重要なこ

---

14 バブル期におけるプルーデンス政策については、Borio（2007）を参照。

とは金融機関自身が適切なリスク管理を行うことであるが、過去の経験を踏まえると、以下のような限界もある。第1に、金融機関にとってもバブルの存在を認識することは難しい。リスク管理に必要なリスク量の計算は、過去の相関関係やボラティリティーに基づいて行われるが、バブル崩壊の過程で起こることはそうした過去の傾向が成立しなくなることである。第2に、バブルの存在をある程度認識できたとしても、金融機関が現在の利益を放棄してまで、他の市場参加者とは大きく異なるポジションをとることは期待しにくい。近年、多くの金融機関がストレス・テストを行い、現在の環境が大きく変化した場合のリスク量を計算する習慣が確立しつつある。ストレス・テストは有用な道具であり、個々の金融機関によってはストレス・テストの結果に基づいてポジションを調整する先もある。しかし、競争圧力が働くなかで、多くの金融機関にとってポジションを手仕舞うだけのインセンティブは働きにくい[15]。

監督当局と中央銀行の役割

金融機関の健全なリスク管理体制を確保するという点では、監督当局や中央銀行の適切な対応も重要である。監督当局に求められることは、金融機関が適切なリスク管理体制をとっているかどうかを検証することである。それと同時に、監督当局や中央銀行は金融システム全体としてのリスクの分析を行い、必要に応じ情報発信を行う必要がある。個々の金融機関は各種のリスク・ファクターの相関を考慮したうえでリスク分散に努めているが、前述のように、資産価格の上昇、ボラティリティーの縮小といった好環境が続くと、リスク量を直近の関係に基づいて計算するようになる結果、リスク量を過小評価することになりやすい。その意味では、監督当局や中央銀行が、鍵を握るマクロ経済変数が大きく変化した場合の影響をシミュレーションで評価する(マクロのストレス・テスト)ことは重要である。

このような監督当局や中央銀行による監督や全体のリスクについての情報発信・警告はそれ自体としてバブルを防止することはできないが、そうした監督政策は適切な金融政策運営と補完的な関係に立つものである。

20−6. バブル崩壊後の積極的な金融緩和は有効か?

本節では、FRB viewが主張するように、バブルが崩壊した後に積極的な金融緩和を行うことが有効であるかどうかを検討する。

---

15 金融機関が十分なインセンティブを感じるということは、バブル崩壊後の資産価格の調整幅が非常に大きいことを意味する。

日本のバブル崩壊後の金融政策の評価

　この点について考察するために、1990年代初頭において、日本銀行がより一層の金融緩和を行っていたならば、日本経済がどのように推移したかを考えてみよう。最初に、当時の日本銀行の金融政策がどの程度緩和的であったかを評価する必要がある。この点を判断するためのベンチマークとしてテイラー・ルールに基づく金利水準を計算すると、バブル崩壊後の日本の短期金利の動きはテイラー・ルールと整合的であった[16]。日本銀行がより一層の金融緩和を行うべきであったという主張は、景気や物価との関係から導かれる過去の平均的な金融政策ルールから離れて、もっと大幅に政策金利（短期金利）を引き下げるべきであったという主張に等しい。そうした主張の妥当性を検討する場合、2つの論点が存在する。

　第1は、中央銀行は大幅な政策金利引き下げの必要性を認識できるか、また認識できたとしても、その必要性を十分説得的に説明できるかという論点である。そうしたアグレッシブな金利引き下げが可能となるためには、バブル崩壊時点で将来の景気後退の程度や、さらにはゼロ金利制約に到達する可能性をある程度正確に予測できることが前提となる。この点については、1990年代前半時点でのエコノミストや金融市場参加者の予想を事後的に振り返ってみると、物価上昇率、成長率いずれについても楽観的な予想が支配的であった（第10章参照）。バブル崩壊後の景気予測が楽観的であるのは、1990年代前半時点での日本経済に限らず、その後の多くの事例に共通する傾向である。

　第2は、そうした大幅な政策金利の引き下げによって、その後の成長率や物価上昇率は異なる経路をたどっていたかどうかという論点である。この点に関しては、FRBのエコノミストが2002年に公表した論文（"Preventing Deflation: Lessons from Japan's Experience in the 1990s"）が出発点となる分析を提供している[17]。彼らはFRB/Globalモデルと呼ばれる標準的なニューケインジアン・モデルを使って日本経済に関するシミュレーションを行っている。シミュレーションの結果は「1991年から95年年初の間のどの時点であっても短期金利をさらに2.5％ポイント引き下げていればデフレに陥らなかった」というものであり、これに基づいて、彼らは「1990年代前半時点では、金融政策の効果は有意には低下していなかった」という結論を引き出している

16　木村・藤原・原・平形・渡邊（2006）参照。
17　Ahearne *et al.*（2002）参照。

● 図20-6-1　FRBエコノミストのデフレ防止のシミュレーション

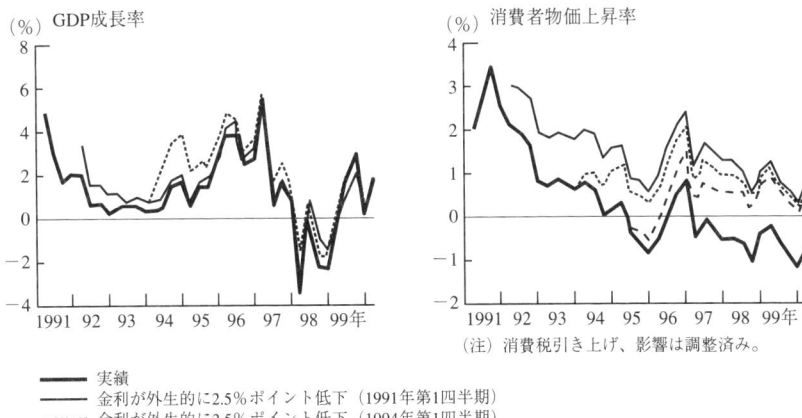

（％）GDP成長率

（％）消費者物価上昇率

（注）消費税引き上げ、影響は調整済み。

―――― 実績
―――― 金利が外生的に2.5％ポイント低下（1991年第1四半期）
‥‥‥‥ 金利が外生的に2.5％ポイント低下（1994年第1四半期）
― ― ― 金利が外生的に2.5％ポイント低下（1995年第2四半期）

（出所）Ahearne et al.（2002）

（図20-6-1）[18]。しかし、上述のシミュレーション結果をこのように解釈することは以下の理由から不適当である。第1に、彼らがこの結論を引き出すのに用いたシミュレーションは標準的なニューケインジアン・モデルに基づくものであり、この時期の日本経済を特色づけた最も重要な特徴、すなわち、資産価格の下落に伴う自己資本の大幅な毀損が経済に深刻な影響を与えたルートは組み込まれていない[19]。第2に、シミュレーションの結果によると、2.5％ポイントの金利引き下げによって物価上昇率の下落は回避できているが、成長率はほとんど変化していない。結局、上述のAhearne et al.（2002）のシミュレーション結果からは、いったん大規模なバブルが崩壊すると、アグレッシブな金利引き下げを行っても経済活動の停滞は変わらないという結論が引き出されるように思われる。第3に、バブルが崩壊した直後の時点において、それがそもそもバブルの崩壊であるのか、一時的な資産価格の下落であるのかを識別できない。日本のバブル期をみても、株価は1987年のブラック・マンデーによりいったん下落した後、本格的な上昇局面を迎えている。結局、景気や物価に関する見通しから導かれる短期金利（テイラー・ルール金利）

18　彼らは財政政策についてもシミュレーションを行っており、財政政策についてもデフレ防止能力の低下は見出せないと結論づけている（"Simulations of the FRB/Global model suggest that a moderate amount of additional fiscal loosening would have sufficed to prop up economic activity and keep inflation from turning negative"）。
19　FRB/GlobalモデルについてはLevin, Rogers, and Tryon（1997）を参照。

以上に大幅な短期金利の引き下げを決定できるというケースを想像してみると、通常のマクロ経済モデルからは予測できないような景気や物価の大幅な落ち込みを想定することに等しい。しかし、そうした想定は言わば非線形（non-linear）の予測であり、資産価格の下落による影響自体に大きなウエートをかけた政策決定にかなり近いものとなる。言い換えると、その場合の金融政策運営は事実上、一般物価ではなく資産価格を重視していることになる。

木村・藤原・原・平形・渡邊（2006）は、バブル崩壊後の日本銀行の金融政策についてAhearne et al.（2002）とは異なり、資本制約の影響も組み込んだJEM（Japanese Economic Model）と呼ばれる日本経済のモデルを用いて金融政策運営に関するシミュレーション分析を行っている。これによると、政策効果の不確実性を考慮した場合には、当時の日本銀行の政策運営はほぼ最適なものであったが、インフレ過程の不確実性、すなわちいったん物価上昇率が低下すると、それがしつこく続くかもしれないという可能性を重視した場合の「最適政策」は、実際の政策よりも積極的な金融緩和政策であったという推計結果を報告している（図20-6-2）[20]。そこで、彼らはより積極的な金融緩和を行っていたら実際の経済がどのように変化していたかというシミュレーションを行っている。具体的には、名目短期金利を1993年上期から95年上期にかけて最大でさらに1％引き下げた場合のシミュレーションを行っているが、その場合でも成長率に与える効果は限定的である[21]。

FRB関係者は前述のAhearne et al.（2002）によるシミュレーション分析等を背景に、「日本の1990年代以降の経済低迷という経験から得られる教訓はバブル崩壊後にアグレッシブに金融緩和を行うことである」という見解を繰り返し表明しているが、適切な教訓の引き出し方であるとは思えない[22]。資産価格下落の影響を定量的に評価することは難しいが、大規模なバブル崩壊の影

---

20 ここで言う「最適政策」の意味については第11章BOX2を参照。
21 木村・藤原・原・平形・渡邊（2006）は、シミュレーションの結果については「バブル崩壊以降、より積極的な政策対応を行っていれば、物価上昇率や成長率をある程度下支えすることはできていたと考えられるが、その効果は限定的であり、早めの金融緩和だけで90年代の長期停滞という全体像を変えることはできなかったと考えられる」と結論づけている。本文で述べたように、Ahearne et al.（2002）は2.5％の引き下げのシミュレーションを行っているが、木村・藤原・原・平形・渡邊（2006）は2.5％の引き下げは「いかなる最適ルールからも導き得ないほど非現実的な設定といえる」と述べている。
22 典型例としては、Mishkin（2007）の以下のような記述が挙げられる。
 "The lesson that should be drawn from Japan's experience is that the task for a central bank confronting a bubble is not to stop it but rather to respond quickly after it has burst. As long as the monetary authorities watch carefully for harmful effects stemming from the bursting bubble and respond to them in a timely fashion, then the harmful effects can probably be kept to a manageable level."

響は非常に大きいように思われる（BOX 2 参照）。

●図20-6-2　JEMを用いた金融政策運営のシミュレーション

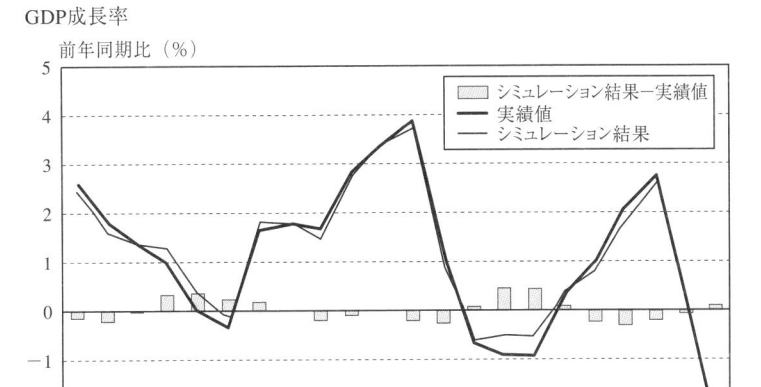

GDP成長率

CPI変化率

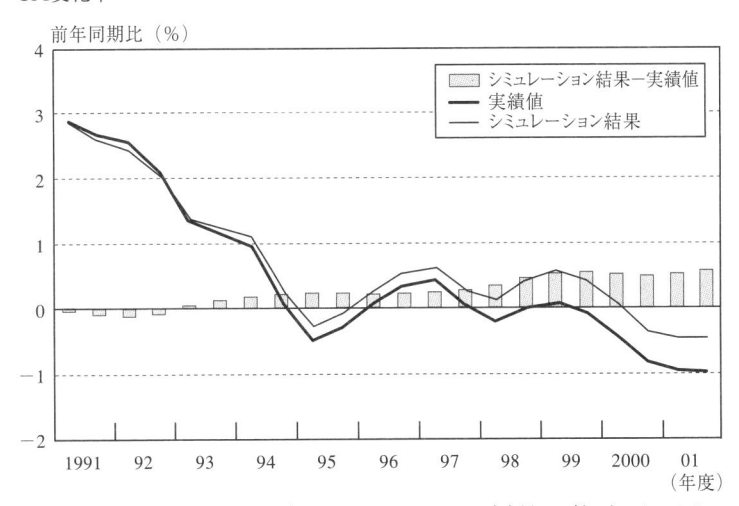

(注) シミュレーションは、JEM（Japanese Economic Model）を用いて行った。このシミュレーションでは、金融政策が、インフレと産出量ギャップの分散の加重平均を最小化する単純なルールに従っている。

(出所) 木村・藤原・原・平形・渡邊 (2006)

BOX 2　資産価格変動が日本経済に与えた影響に関する分析

　Fuchi, Muto, and Ugai (2005) は、資産価格の変動によって引き起こされるファイナンシャル・アクセラレーター効果（第9章参照）が、1980年代以降の日本経済に及ぼしてきた影響を分析している。具体的には、Bernanke, Gertler, and Gilchrist (1999) のモデルを修正した日本版ファイナンシャル・アクセラレーター・モデルを推計し、識別された純資産/総資産比率への外生的ショックが日本の産出量と物価に対して、大幅でしかも持続的な影響をもたらしたという分析結果を報告している（図1）。

●図1　資産価格変動の影響

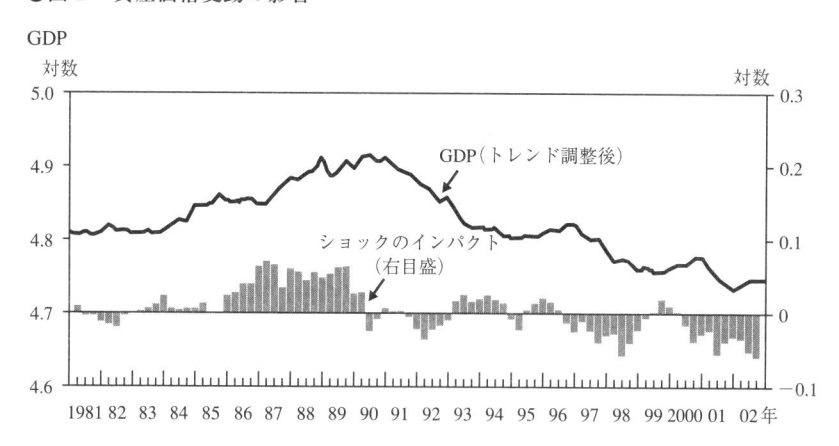

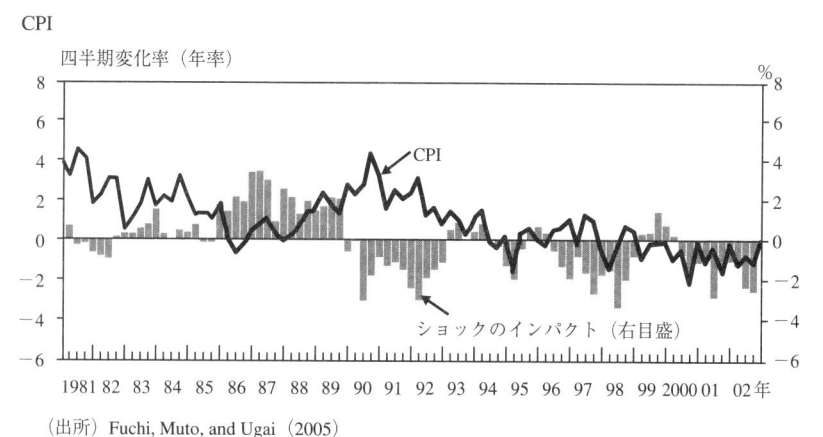

（出所）Fuchi, Muto, and Ugai (2005)

20−7. 資産価格上昇への対応
基本的な考え方

それでは、中央銀行は資産価格の上昇に対してどのように対応すべきであろうか。この点に関しては、著者は以下のような考え方に立っている。

第1に、資産価格の上昇を抑制することに金融政策を割り当てることは適当ではない。金融政策の目的である物価安定は、それを通じて持続的な成長を実現することを期待するものである。そうした考え方の原点に立ち返ると、中央銀行としては需給ギャップや物価上昇率といった伝統的なマクロ経済変数に十分な注意を払うと同時に、「金融的不均衡」の動向にも注意が必要である。その際の判断は「バブルを潰す」ということではなく、「経済のバランスのとれた持続的拡大」が損なわれるかどうかという、マクロの経済判断に還元されるものである。その結果、リスクが大きいと判断する場合には、仮に足元の物価上昇率が安定しても金融政策を引き締め方向に運営する必要がある。

第2に、金利引き上げの直接的な効果は支出の増加に対しなにがしかのブレーキをかける程度であり、短期的な効果はそれほど大きくないであろうが、それでも低金利の永続期待が幾分弱まることを通じて、強気の期待の自律的な修正タイミングを幾分なりとも早める効果はあると思われる。そのことは「金融的不均衡」が拡大する期間を若干短くすることを通じて、将来の「巻き戻し」による悪影響を小さくする効果が期待できる[23]。もっとも、金利引き上げによって物価上昇が抑えられると、経済主体が経済の良好なパフォーマンスに対しさらに自信を深め、バブルがさらに拡大するという厄介な事態の発生する可能性も否定はできない。

第3に、バブルが崩壊した後にテイラー・ルール以上に大幅に短期金利を引き下げても、それに先立って発生したバブルの規模が非常に大きい場合には、景気刺激効果は限定的なものとならざるを得ない。また、資産価格が下落する場合でも、当初の段階ではそれがバブルの崩壊の初期段階なのか、一時的な相場の綾であるのかの判別が難しく、先行きの経済に与える影響を的確に見極めることは難しい。言い換えると、バブルをリアルタイムで認識することは難しいのと同様に、バブルの崩壊をリアルタイムで認識することも難しい。バブル崩壊後に積極的な金融緩和を行う必要性を否定するものではないが、もっぱら「事後対応」の重要性を強調することはバランスを欠いて

---

23 Kent and Lowe (1997) 参照。

いる。「事前対応」も「事後対応」も同程度に重要である。なお、大規模なバブルの崩壊等の影響は非常に大きいことを考えると、仮にデフレの「糊代」に対応した金利の引き下げ余地をもっていたとしても、その金利引き下げ余地を活用して得られる景気刺激効果は限定的である。一方、ショックが小さい場合、ないし一時的な場合は、ゼロ金利制約は深刻な問題とはならない（第19章参照）。

　第4に、バブル期における過大なリスク・テイキングを避けるうえでは金融機関自身によるリスク管理が基本となるが、これに加えて、金融機関によるリスク管理体制を監督当局が検証することも重要である。その意味で、適切な監督政策と金融政策は補完的な関係にある。

　第5に、物価は安定しているが中長期的には成長の持続性という点からみてリスクがあると判断する場合、金融引き締めの必要性を説明することは決して容易ではないが、中央銀行は自らの置かれた経済環境や中央銀行制度の枠組みを前提としたうえで、説明の努力を重ねる以外にない。

　それでは、金融機関をはじめ民間経済主体がリスク管理に努め、規制・監督当局がリスク管理の検証体制を整備し、さらに中央銀行が適切に金融政策を行えば、バブルは防止できるだろうか。上述の努力はすべて重要であるが、そうした努力を払ったうえで、著者はバブルの発生を完全に防止することは以下の理由から難しいのではないかと感じている。第1に、期待が強気化したり弱気化することは人間性（human nature）の一部であり、将来これが変わるとは考えにくい。第2に、様々なリスク管理技術はある時点でリスクの横断的な比較を行ったり、異常行動を認識するという点では強みを発揮するが、多くの金融機関がとっているポジションが共通のマクロ変数に左右されるようになっている場合には、十分なチェック機能を果たしにくい。第3に、規制・監督当局も中央銀行もバブルの防止を最優先に政策を運営すれば、結果として市場経済のもつダイナミズムを阻害することになりかねない。このように、バブルの発生は完全には防止できないと考えられるが、それでも中央銀行としては前述したような努力を重ねることによって、経済の安定を図っていくことが求められている。

資産価格上昇下の金融政策の説明

　そうした中央銀行の対応という面で、最後に、資産価格上昇下の金融政策の運営について中央銀行はどのような説明を行うべきかを考察したい。中央銀行にとって説明が難しい状況は、物価上昇率が当該中央銀行の考える物価安定のゾーンの中に収まっている場合、ないし下限を下回っているような状

況の下で、金利引き上げが必要と判断するケースである。そのような状況が発生するケースとしては、以下の3つが考えられる（図20-7-1）。第1のケースでは、足元の物価上昇率は低いが、先行き需給バランスがタイト化し、物価上昇率は安定ゾーンを上回って上昇していく。このケースでは、需給ギャップを用いてインフレ圧力の高まりをオーソドックスに説明すればよい。第2のケースでは需給ギャップはタイト化し、物価上昇率は若干高まるが大きくは高まらず、その後はバブルの崩壊から物価上昇率が安定ゾーンを下回って低下する。ケース2はケース1に比べると、金利引き上げの必要性を説明することは難しくなる。しかし、説明が最も難しいのは、物価上昇率が若干ながらも高まるまでのタイムラグが長く、その後はバブルの崩壊から物価上昇率が安定ゾーンを下回って低下するケース3である。

●図20-7-1　バブル崩壊前後の物価上昇率の変動パターン

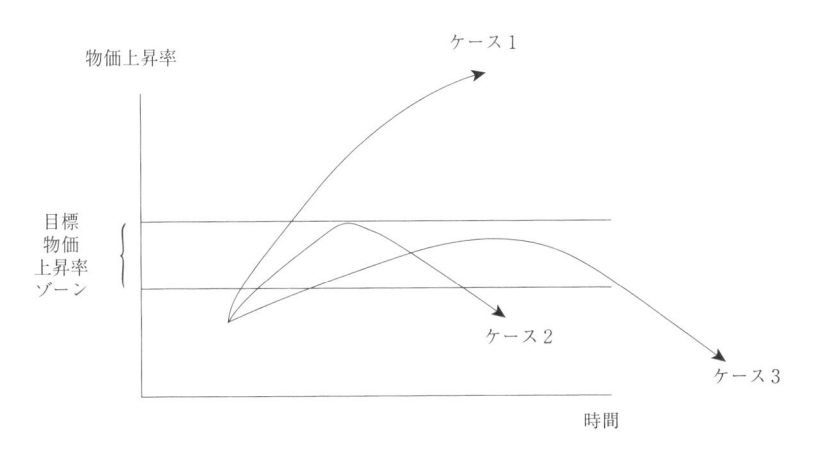

この点で興味深いのは、住宅価格の上昇と家計債務の増加に直面したインフレーション・ターゲティング採用国の金融政策の説明である。典型的な例は英国やスウェーデンである。両国とも近年、金利引き上げの際に、資産価格上昇や家計の債務増加に言及するケースが増加している。また、そのことの結果でもあるが、中長期的な物価上昇リスクに言及するケースが増えており、予測のタイムスパンも長くなっている。例えば、スウェーデンは2006年1月から金利の引き上げ（1.5％から1.75％への引き上げ）に転じたが、その時点では物価上昇率は0.9％と目標下限（1％）を下回っていた。金利引き上

げ時の中央銀行理事会の議事要旨を読むと、需給ギャップに基づく標準的な景気・物価見通しと並んで、住宅価格の上昇、家計債務の増加の影響への言及が多く、金利を引き上げなかった場合に、かなり長い先行きにおいて景気・物価の下落が生じるリスクにも言及がなされている[24]。スウェーデンの中央銀行が2007年に公表した公式文書によると、金融政策の運営にあたっては、資産価格は以下のような扱いになっている[25]。

"The paths of asset prices and indebtedness can at times be either difficult to rationalize or unsustainable in the long term. This means that there are risks of sharp corrections in the future which in turn affect the real economy and inflation. (中略) In practice, taking risks of this kind into consideration can mean that interest rate changes are made somewhat earlier or later, in relation to what would have been the most suitable according to the forecasts for inflation and the real economy."

イングランド銀行のキング総裁も以下のように述べている。

"Monetary policy will, therefore, need to be alert to the information contained in a wide range of asset prices, to be forward-looking in its aim of maintaining low and stable inflation, and to be ready to respond to changes in the signposts."[26]

インフレーション・ターゲティングを採用している中央銀行の場合、資産価格上昇の影響をインフレーション・ターゲティングにどのように組み込むべきかは大きな課題となっている。インフレーション・ターゲティングの枠

---

24 2006年1月の金融政策委員会 (The Executive Board Meeting) の議事要旨には以下のような記述がみられる。
  ・As before, there was also reason to take into consideration the fact that house prices and household indebtedness were continuing to rise rapidly. The reason was that if this development continued at the same rapid rate there could be a risk of a severe subsidence in growth and employment further ahead.
  ・House prices and household indebtedness should be included in monetary policy assessments to the extent that an adjustment in these could have a negative effect on demand, and thereby inflation, at a later stage.
  ・If an interest rate increase contributed to a slowdown in the rate of increase for house prices and household indebtedness this should be regarded as a bonus. However, it would be an important bonus, as it would reduce the risk of prices and indebtedness growing to levels that were not sustainable in the long term.
  ・If the interest rate were not raised at the present meeting, there was a risk that house prices and household indebtedness would continue to increase at the same rate as before. House prices would thus fall a greater distance when the adjustment had to be made, and the need for adjustment in household debts would also be greater. This would mean that the ensuing slowdown in consumption would be greater, as would the decline in inflation that it would cause.
25 Sveriges (2007a) pp.15-16
26 King (2006a) 参照。

組みの中で説明しようとすると、長いタイムスパンの予測を示す必要があり、現実にも予測期間を長くしている。しかし、資産価格変動の影響について、上昇の結果生じる下落の影響という、優れて非線形的な変化をモデルに基づく予測に取り込むことは非常に難しい。また、予測に取り込んだ場合でも、それは標準的なマクロ経済モデルに基づいて予測を行った結果、2～3年後のインフレ率が目標を上回るという予測が生まれたというより、資産価格上昇の中長期的な影響を物価に「翻訳」したかたちをとっているという面が強くなる。事実、スウェーデンの金融政策に対しては、「資産価格をターゲットにしている」という批判が経済学者から寄せられている。これに対し、リクスバンクのイングベス総裁は "We must explain that we do not target house prices but that we do not ignore risks associated with them. This is far from having a target for house prices." と述べている（Ingves, 2007）。

　一方、インフレーション・ターゲティング採用国以外の対応をみると、欧州中央銀行は金融政策運営にあたって「経済分析」（economic analysis）と「金融分析」（monetary analysis）の2つの分析に基づいて金融政策を決定するというアプローチをとっているが、後者の「金融分析」は資産価格上昇の影響をカバーしうる枠組みとなっている[27]。日本銀行についても、「2つの柱」の中の第2の「柱」で点検されるリスクのひとつとしてバブル発生のリスクの点検が挙げられている。

　金融政策運営の枠組みとしてどのような枠組みを採用するにせよ、重要なことは現在の物価安定が中長期的に持続可能なものであるかどうかを判断し、そのうえで、それぞれの国の置かれた状況に即して、どのような説明のスタイルを作るかということである。そうした説明は決して容易ではないが、必要なことであり、現実に多くの主要国中央銀行がそうした方向へ向かって努力しているように思われる。

27　European Central Bank (2004) 参照。

終章　金融政策運営の課題

　本書はこれまで各章で中央銀行が直面している課題に触れてきたが、終章ではこれまでの議論の要約も兼ねて、中央銀行が現在直面し今後も取り組んでいかなければならない課題を簡潔に述べることにしたい。

物価変動のダイナミックスの理解

　金融政策を適切に運営するためには物価変動のダイナミックスについての正確な理解が不可欠である。この点ではグローバル化の進展の影響をどのように理解するかは重要なポイントのひとつである。「グローバル化」自体はプロセスにすぎず、いつまでも先進国における物価上昇率の低下要因として期待できるわけではない（第3章参照）。

　それでは、グローバル化した経済における物価上昇率の決定メカニズムについてはどのように理解すべきだろうか。従来は「財＝貿易財」「サービス＝非貿易財」という二分法で考えることが多かったが、サービスのオフショアリングの進展はサービスを貿易財化させつつある。グローバル化による物価上昇率の低下は財を中心に生じていたが、今後は財だけでなく、サービス価格の面でも物価変動のダイナミックスが変化する可能性もある。物価上昇率を左右する大きな要因である「需給ギャップ」については、従来同様、自国の国内需給に重点を置いて考えるアプローチ（country-centric approach）でよいのだろうか。それとも、世界全体の需給に重点を置いて考えるアプローチ（globe-centric approach）の重要性が相対的に高まっていくのだろうか。物価変動のダイナミックスと物価上昇率の決定要因を正確に理解することは、今後とも金融政策運営にとって重要な課題である。

金融市場のモニタリング

　金融市場は、グローバル化の進展、デリバティブ取引の発達、ヘッジファンドをはじめとする新しいタイプの金融機関の登場等、過去20年近くの間に大きく変化した。そうした変化は資金の効率的な配分やリスクの移転等の面で大きな役割を果たし、経済の発展に貢献してきている。しかし、それと同時に金融市場の変動が出発点となって経済の大きな変動が生じるケースも増加してきており、バブルの発生頻度も高まっている。そのような状況の下で、

金融政策の効果波及経路も変化しており、市場流動性の増大や枯渇が経済に大きな影響を及ぼすようになっている（第15章参照）。

　中央銀行としてこのような状況に適切に対応することは、金融政策の面でもプルーデンス政策の面でも重要であるが、そのための大前提として、金融市場の状況を的確にモニタリングすることの重要性は格段に高まっている。モニタリングの対象先は銀行（商業銀行）だけでなく、投資銀行、年金、保険、ヘッジファンド、政府系ファンドをはじめ多様な経済主体のモニタリングが不可欠となっている。また、様々な市場プレーヤーの活動が国境を超えて展開され、「ポジション」の形態も複雑になっているなかで、中央銀行が「ポジション」の性格や動向を正確かつ迅速に認識することはモニタリング上の大きな課題である。

金融政策の効果波及経路をどのように理解するか？

　第9章では金融政策の効果波及経路を教科書的にオーソドックスに説明したが、近年は、金融政策が企業や金融機関のリスク・テイク能力（意欲）の変化をもたらすことを通じて、効果を発揮するルートが重要性を増しているようにもみえる。例えば、金融機関が自らの認識するリスク量（VaR）と自己資本の比率を一定に保つように行動しているとすると、景気拡大期にはボラティリティーの低下等からリスク量が小さくなる結果、資産を拡大する一方、景気後退期にはその反対のメカニズムから資産を縮小するという景気増幅的な行動が生まれやすい。そのような傾向が存在すると、金融政策の効果波及経路についても、金融政策の運営スタンスが金融機関によるリスク認識を大きく左右する金融市場のボラティリティーや様々なリスク・ファクターの相関係数にどのような影響を与えるかが重要になってくるが、これらはその影響を簡単に予測できるものではない。さらに、自己資本比率規制をはじめ、各種の制度もリスクの測定に影響を与える。いずれにせよ、金融市場が変化する下で、金融政策の効果波及経路を的確に認識することは大きな課題である。

金融政策の目的をどのように理解するか？

　1990年代以降、多くの先進国は物価安定の実現に成功した。物価の安定をもたらした大きな要因は、1960年代から70年代にかけてのインフレ高進、スタグフレーションの進行という経験を経て、物価安定の重要性が理解されるようになったことである。また、現実の物価安定を背景に、中央銀行の物価安定重視の金融政策に対する信認が高まったことも寄与している。さらに、グローバル化が進展するプロセスで物価上昇率が低下するという幸運にも恵

まれた。物価安定が達成されたことは中央銀行にとって喜ぶべきことであるが、前述のように、近年はバブルの発生頻度も高まっている。また、逆説的ではあるが、バブルは低インフレ下で発生している。バブルと物価動向の関係は複雑であり十分解明されているわけではないが、経済活動の変動や不均衡は直ちには物価に表れずに、資産価格の変動というかたちをとって表れる傾向を強めているようにもみえる。

　中央銀行の仕事は物価の安定と金融システムの安定を通じて経済の持続的な成長の基盤を整えることである。中央銀行の2つの仕事のうち、金融政策とは主として前者に関わる政策であり、本書でバンキング政策と呼んだ政策は後者に関わる政策である。前者と後者は密接に関連しており、両者の境界線は明確ではない。また、無理に明確化することに意味があるわけではない。近年におけるバブルの経験が示すように、物価の安定が過度の楽観を生み出すひとつの要素となりうることまで考えると、物価の安定と金融システムの安定との関係は複雑である。金融政策が金融システムにも大きな影響を与えることがある一方、バンキング政策がマクロ経済の姿を大きく左右することもある。金融政策の運営にあたっては、中央銀行に期待されている究極の目的が安定的な金融環境を整えることであることを忘れてはならない。

　金融政策の目的をどのように理解すべきかという点については、上述したような根源的な問題のほかに、物価をどのように測定するかという、より実践的な問題もある（第4章参照）。絶えざる品質の変化、購入量によって価格が変わる複雑なプライシングの普及、サービス経済化の進行等を背景に、物価上昇率を統計的に正確に把握すること自体も困難になりつつある。そのような状況の下で、金融政策の目的や「物価安定」をどのように理解し、また具体的にどのように表現することが望ましいのだろうか。これらの点については、各国に等しく適用可能な解決策があるわけではなく、中央銀行法の規定やそれぞれの置かれた経済的・社会的状況も考慮しながら、その国にとって最適な解決策を工夫していく必要がある。

金融システムの安定における貢献

　金融システムの安定は物価の安定と並んで、持続的な経済成長を実現するためには不可欠の条件である（第15章参照）。金融システムの安定を目的とした政策（施策）は規制・監督当局による金融機関への規制・監督だけでなく、関係する幅広い当局の施策や市場参加者の自主的取り組みを含む幅広い活動として捉えるべきものである。金融システムの安定を実現するうえで重要な要素は、金融機関（institution）、決済システム、市場機能の3つである。金

融機関に対する規制・監督権限という点では、中央銀行の置かれた立場は国によって異なるが、決済システムの面では決済サービスの提供を通じて、また、それを背景とする民間決済システムのオーバーサイトの活動を通じて、重要な役割を果たしている。中央銀行は金融市場の機能を維持するという点でも果たすべき役割は大きい。

　金融システムの安定を維持するうえで、中央銀行にとって最も基本的な役割は決済サービスの提供と「最後の貸し手」機能であるが、中央銀行の役割はこれにとどまるわけではなく、インフラストラクチャーの整備の面でも果たすべき役割は大きい。市場が十分にその機能を発揮するためには、決済システム、金融市場取引に係る取引ルール、会計、税制、法律等、様々なインフラストラクチャーが必要である。この面では、中央銀行自身のバンキング業務を金融市場の変化に応じて見直す必要がある。また、近年のバブルの経験に照らすと、消費者の金融知識（ファイナンシャル・リテラシー）は経済や金融システムの安定を実現するうえで重要である。介入主義的な行動は不適当であるが、この面でも中央銀行として果たすべき重要な役割が存在するように思われる。さらに、金融市場のグローバル化の進展を考えると、国際的な基準、ベスト・プラクティスの作成等の面で、中央銀行としての貢献が期待されている。その際、金融機関の規制・監督当局との協力も重要である。

中央銀行の組織文化

　管理通貨制度の下で、物価の安定、金融システムの安定を最終的に担保するものは人間の判断能力であるが、経済や金融に関する人間の知識は限られており、変化を予測する能力は必ずしも高くない。変化の意味を素早く認識することも難しい。それだけに、通貨のコントロールを行う中央銀行には専門家として常に学習を続けることが求められている。この面では、中央銀行の専門家としての能力を支える「組織」と「人」は非常に重要であり、さらにはリサーチとバンキングを重視する組織文化（corporate culture）の果たす役割も大きい（第17章参照）。

　金融政策委員会で政策金利を決定するというアクションは、中央銀行にとっては中央銀行という組織に化体された「資本」から生み出される今期の「消費」ともいうべきものであるが、「資本」自体の蓄積も重要である。特に重要な資本は人的資本であるが、パブリックな目的をもった組織で働くことに対するインセンティブをいかにして維持するかは主要国中央銀行に共通する大きな課題となっている。

中央銀行間の協力

　中央銀行間の協力は、主要国で中央銀行が成立した後、比較的早い段階から始まっている。これは、中央銀行は各国にひとつしか存在せず、一国の経済における適切な役割を追求しようとすると、同じ課題を有している他の中央銀行との対話や協力が必然的に重要となることを反映している。そうした対話や協力の必要性は経済や金融市場のグローバル化の進展を反映して、今後一層高まっていくと予想される。特に、経済や金融市場の動向についての意見交換・情報交換、中央銀行のバンキング業務についての協力、金融市場の取引や金融機関に対する規制・監督面での基準作成等の分野での協力は重要である。また、そうした協力関係を維持していくうえで、中央銀行の様々なレベルで相互の人的信頼関係が重要になっていくと考えられる。

引 用 文 献

池尾和人（2006）『開発主義の暴走と保身』NTT出版

伊藤智・猪又祐輔・川本卓司・黒住卓司・高川泉・原尚子・平形尚久・峯岸誠（2006）「GDPギャップと潜在成長率の新推計」日銀レビュー 2006-J-8

今久保圭（2006）「効率的な日中流動性の考え方：総投入額・配分・タイミングの考察」（日本銀行「決済レポート2006」所収）

今久保圭・千田英継（2006）「量的緩和政策解除後の日銀当座預金決済」日銀レビュー 2006-J-16

岩田規久男・堀内昭義（1983）『金融』東洋経済新報社

植田和男（2003）「自己資本と中央銀行」（2003年度日本金融学会秋季大会での講演）日銀ホームページ

植田和男（2005）『ゼロ金利との闘い』日本経済新聞社

上田晃三・大沢直人（2000）「インフレ率水準と相対価格変動の関係について」日本銀行調査統計局ワーキングペーパー・シリーズ 00-12

鵜飼博史（2006）「量的緩和政策の効果：実証研究のサーベイ」日本銀行ワーキングペーパー・シリーズ No.06-J-14

鵜飼博史・鎌田康一郎（2004）「マネタリー・エコノミクスの新しい展開：金融政策分析の入門的解説」日銀レビュー 2004-J-8

鵜飼博史・園田桂子（2006）「金融政策の説明に使われている物価指数」日銀レビュー 2006-J-2

鵜飼博史・小田信之・渕仁志（2007）「インフレのコストとベネフィット：日本経済に対する評価」日本銀行ワーキングペーパー・シリーズ No.07-J-8

梅田雅信・宇都宮浄人（2006）『経済統計の活用と論点 第2版』東洋経済新報社

大岡英興・上野陽一・一上響（2006）「クレジット・スプレッドに影響を及ぼすマクロ要因」日銀レビュー 2006-J-6

大岡英興・長野哲平・馬場直彦（2006）「わが国OIS市場の現状」日銀レビュー 2006-J-15

大竹文雄（2005）『日本の不平等』日本経済新聞社

大谷聡・白塚重典・中久木雅之（2004）「生産要素市場の歪みと国内経済調整」『金融研究』第23巻第1号、日本銀行金融研究所

大谷聡・白塚重典・山田健（2007）「資源配分の歪みと銀行貸出の関係について：銀行の金融仲介機能の低下とその影響」日本銀行ワーキングペーパー・シリーズ No.07-J-4

大山慎介・杉本卓哉（2007）「日本におけるクレジット・スプレッドの変動要因」日本銀行ワーキングペーパー・シリーズ No.07-J-1

翁邦雄（1993）『金融政策 中央銀行の視点と選択』東洋経済新報社
翁邦雄（2007）「資産価格バブル・グローバリゼーションと金融政策についての2つの見解」（未定稿）
翁邦雄・白川方明・白塚重典（1999）「金融市場のグローバル化：現状と将来展望」『金融研究』第18巻第3号、日本銀行金融研究所
翁邦雄・白川方明・白塚重典（2001）「資産価格バブルと金融政策」（香西・白川・翁〈2001〉所収）
小田信之・村永淳（2003）「自然利子率について：理論整理と計測」日本銀行ワーキングペーパー・シリーズ No.03-J-5
小田信之・永幡崇（2005）「金融政策ルールと中央銀行の政策運営」日銀レビュー 2005-J-13
加藤涼・川本卓司（2005）「ニューケインジアン・フィリップス曲線：粘着価格モデルにおけるインフレ率の決定メカニズム」日銀レビュー 2005-J-6
河合祐子・糸田真吾（2007）『クレジット・デリバティブのすべて 第2版』財経詳報社
木村武（2002）「物価の変動メカニズムに関する2つの見方――Monetary ViewとFiscal View」日本銀行調査月報 2002年7月号
木村武・藤原一平・黒住卓司（2005）「社会の経済厚生と金融政策の目的」日銀レビュー 2005-J-9
木村武・藤原一平・原尚子・平形尚久・渡邊真一郎（2006）「バブル崩壊後の日本の金融政策――不確実性下の望ましい金融政策運営を巡って」日本銀行ワーキングペーパー・シリーズ No. 06-J-04
京増絹子・高田英樹（2006）「マネーサプライの動向について」日銀レビュー 2006-J-1
呉文二（1973）『金融政策――日本銀行の政策運営』東洋経済新報社
黒田祥子・山本勲（2006）『デフレ下の賃金変動』東京大学出版会
現代経済研究グループ（2003）『停滞脱出 日本経済復活への提言』日本経済新聞社
香西泰・白川方明・翁邦雄（2001）『バブルと金融政策』日本経済新聞社
小宮隆太郎（1988a）「昭和四十八、九年のインフレーションの原因」（小宮隆太郎『現代日本経済』東京大学出版会、1988年、所収）
小宮隆太郎（1988b）「日米貿易摩擦と国際協調」（小宮隆太郎『現代日本経済』東京大学出版会、1988年、所収）
小宮隆太郎（2002a）「日銀批判の論点の検討」（小宮／日本経済研究センター〈2002〉所収）
小宮隆太郎（2002b）「岩田規久男、伊藤隆敏両氏の批判に答える」（小宮／日本経済研究センター〈2002〉所収）
小宮隆太郎（2006）「通貨投機と為替投機――概観と若干の論評」日本学士院会報紀要 第60巻第3号

小宮隆太郎／日本経済研究センター（2002）『金融政策論議の争点』日本経済新聞社
才田友美・高川泉・西崎健司・肥後雅博（2006）「『小売物価統計調査』を用いた価格粘着性の計測」日本銀行ワーキングペーパー・シリーズ No.06-J-02
才田友美・肥後雅博（2007）「『小売物価統計調査』を用いた価格粘着性の計測：再論」日本銀行ワーキングペーパー・シリーズ No.07-J-11
齊藤誠（2000）『金融技術の考え方・使い方 リスクと流動性の経済分析』有斐閣
齊藤誠（2006）『成長信仰の桎梏 消費重視のマクロ経済学』勁草書房
齊藤誠・柳川範之（2002）「序章 流動性の経済学について」（齊藤誠・柳川範之編著『流動性の経済学』東洋経済新報社、2002年、所収）
桜健一・佐々木仁・肥後雅博（2005）「1990年代以降の日本の経済変動──ファクト・ファインディング」日本銀行ワーキングペーパー・シリーズ No.05-J-10
佐々木康一・一瀬善孝・清水季子（2005）「J-REIT市場の拡大と価格形成」日銀レビュー 2005-J-12
下村治（1963）「消費者物価問題の正しい考え方」『週刊・東洋経済』1963年8月24日号（新開陽一・新飯田宏編『リーディングス・日本経済論 インフレーション』日本経済新聞社、1974年、所収）
白川方明（2002a）「『量的緩和政策』採用後1年間の経験」（小宮／日本経済研究センター〈2002〉所収）
白川方明（2002b）「金融政策をめぐる建設的な論争のために」（小宮／日本経済研究センター〈2002〉所収）
白川方明（2004）「国債市場と日本銀行」（金融調節に関する懇談会での講演）日銀ホームページ
白川方明（2005a）「短期金融市場と日本銀行」（金融調節に関する懇談会での講演）日銀ホームページ
白川方明（2005b）「総括パネル・ディスカッション：マクロ経済政策と中央銀行」『金融研究』第24巻第3号、日本銀行金融研究所
白川方明（2006）「総括パネル・ディスカッション：低金利下における金融市場と実体経済」『金融研究』第25巻第4号、日本銀行金融研究所
白塚重典（1998）『物価の経済分析』東京大学出版会
白塚重典（2005）「わが国の消費者物価指数の計測誤差：いわゆる上方バイアスの現状」日銀レビュー 2005-J-14
白塚重典（2006a）「金利の期間構造と金融政策」日銀レビュー 2006-J-5
白塚重典（2006b）「消費者物価指数のコア指標」日銀レビュー 2006-J-7
鈴木淑夫（1993）『日本の金融政策』岩波書店

須田美矢子（2007）「日本経済の現状・先行きと金融政策」（講演）日銀ホームページ
高村多聞・渡辺努（2006）「流動性の罠と最適金融政策：展望」『経済研究』Vol.57, No.4
舘龍一郎・浜田宏一（1972）『金融』岩波書店
中央銀行研究会（1996）「中央銀行制度の改革──開かれた独立性を求めて」内閣官房
敦賀貴之・武藤一郎（2007）「ニューケインジアン・フィリップス曲線に関する実証研究の動向について」日本銀行金融研究所ディスカッション・ペーパー・シリーズ No.2007-J-23
中川幸次（1981）『体験的金融政策論』日本経済新聞社
中山貴司・河合祐子（2005）「クレジット市場の発展に関する一考察」日銀レビュー 2005-J-4
西岡慎一・馬場直彦（2004a）「わが国物価連動国債の役割と商品性について」日銀レビュー 2004-J-1
西岡慎一・馬場直彦（2004b）「量的緩和政策下におけるマイナス金利取引：円転コスト・マイナス化メカニズムに関する分析」日本銀行ワーキングペーパー・シリーズ No.04-J-10
西村清彦（2007）「函館市における金融経済懇話会での挨拶要旨」（講演）日銀ホームページ
二宮拓人・上口洋司（2005）「『物価の先行きに対する見方』の指標」日銀レビュー 2005-J-5
日本銀行（2002）「決済の分野における日本銀行の役割」日銀ホームページ
日本銀行（2005a）「金融システム・レポート：金融システムの現状と評価」日銀ホームページ
日本銀行（2005b）「展望レポート」（2005年10月）日銀ホームページ
日本銀行（2006a）「新たな金融政策運営の枠組みの導入について」日銀ホームページ
日本銀行（2006b）「『物価安定』についての考え方」日銀ホームページ
日本銀行（2007）「経済・物価情勢の展望」（2007年10月）日銀ホームページ
日本銀行企画室（2004）「日本銀行の政策・業務とバランスシート」日銀ホームページ
日本銀行企画局（2006）「主要国の中央銀行における金融調節の枠組み」日銀ホームページ
日本銀行金融研究所（1995）『新版 わが国の金融制度』日本信用調査
日本銀行金融研究所（2000）「公法的観点からみた日本銀行の組織の法的性格と運営のあり方」『金融研究』第19巻第3号、日本銀行金融研究所
日本銀行金融市場局（2005a）「短期金融市場におけるマイナス金利取引」日銀ホームページ
日本銀行金融市場局（2005b）「2004年度の金融調節」日銀ホームページ
日本銀行金融市場局（2006）「金融市場レポート──2005年後半の動き」日銀ホームページ
日本銀行金融市場局（2007a）「2006年度の金融調整」日銀ホームページ
日本銀行金融市場局（2007b）「OIS市場調査の結果（07/5月実施）」日銀ホームページ
日本銀行決済機構局（2006）「決済システムレポート2005」日銀ホームページ
日本銀行国際局（1997）「欧州経済通貨統合（EMU）を巡る最近の動きについて」日銀ホームページ
日本銀行国際局（2007）「2006年末の本邦対外資産負債残高」日銀ホームページ

日本銀行調査統計局（2000）「日本企業の価格設定行動──『企業の価格設定行動に関するアンケート調査』結果と若干の分析」日銀ホームページ
日本銀行調査統計局（2007）「『マネーサプライ統計』の見直し方針」日銀ホームページ
日本銀行調査統計局物価統計課（2001）「物価指数の品質調整を巡って」日本銀行調査統計局ワーキングペーパー・シリーズ No.01-6
鳩貝淳一郎・川添敬（2004）「東京外国為替市場委員会の活動」マーケット・レビュー 04-J-2
早川英男・吉田知生（2001）「物価指数を巡る概念的諸問題──ミクロ経済学的検討」日本銀行調査統計局ワーキングペーパー・シリーズ No.01-5
林文夫（2000）「日本のコール市場における流動性効果について」『金融研究』第19巻第3号、日本銀行金融研究所
原尚子・長野哲平・上原博人・木村武・清水季子（2006）「経済見通しの作成における政策金利の前提」日銀レビュー 2006-J-9
馬場直彦（2006）「金融市場の価格機能と金融政策：ゼロ金利下における日本の経験」『金融研究』第25巻第4号、日本銀行金融研究所
深井英五（1938）『新訂 通貨調節論』日本評論社
福井俊彦（2003）「金融政策運営の課題」（日本金融学会春季大会での講演）日銀ホームページ
藤木裕（1998）『金融市場と中央銀行』東洋経済新報社
藤木裕（2005）「金融政策における委員会制とインセンティブ問題」『金融研究』第24巻第3号、日本銀行金融研究所
古市峰子・森毅（2005）「中央銀行の財務報告の目的・意義と会計処理をめぐる論点」『金融研究』第24巻第2号、日本銀行金融研究所
宮尾龍蔵（2005）『コアテキスト マクロ経済学』新世社
宮尾龍蔵（2006）『マクロ金融政策の時系列分析』日本経済新聞社
宮野谷篤（2000）「日本銀行の金融調節の枠組み」日本銀行金融市場局ワーキングペーパー・シリーズ 2000-J-3
武藤一郎・木村武（2005）「不確実性下の金融政策」日銀レビュー 2005-J-17
武藤敏郎（2004）「決済システムと日本銀行」（金融情報システムセンター〈FISC〉での講演）日銀ホームページ
武藤敏郎（2007）「中央銀行の政策決定と委員会制度」（日本金融学会春季大会での講演）日銀ホームページ
山口泰（1999）「資産価格と金融政策──日本の経験」（カンザスシティ連邦準備銀行主催シンポジウムでの講演）日銀ホームページ
山口泰（2000a）「金融政策の考え方」（日本記者クラブでの講演）日銀ホームページ
山口泰（2000b）「金融システムの世界的な潮流」（ドイツ連銀・BIS共催コンファレンスでの講

演）日銀ホームページ

山口泰（2001）「国際金融情報センター（国際金融セミナー）における講演」（講演）日銀ホームページ

湯山智教・一上響（2007）「金融政策に関する市場の期待抽出とリスク・プレミアム」日銀レビュー 2007-J-8

吉野俊彦（1963）『日本銀行』岩波書店

渡辺努（2003）「グローバルデフレが教えてくれること」富士通総研Economic Review, Vol.7 No.3

渡辺努（2004）「金融政策」（池尾和人編著『入門 金融論』ダイヤモンド社、2004年、所収）

渡辺努・岩村充（2004）『新しい物価理論』岩波書店

渡辺努・細野薫・横手麻里子（2003）「供給ショックと短期の物価変動」『経済研究』第54巻第3号、一橋大学経済研究所

Ahearne, Alan, G. Joseph, E. Gagnon, Jane Haltmaier, and Steven B. Kamin (2002), "Preventing deflation: Lessons from Japan's Experience in the 1990s," International Finance Discussion Paper Series 2002-729, Board of Governors of the Federal Reserve System

Anderson, Richard G. (2006), "Monetary Base," Working Paper 2006-049A, Federal Reserve Bank of St. Louis

Arnone, Marco, Bernard J. Laurens, and Jean-Francōis Segalotto (2006), "Measurement of Central Bank Autonomy: Empirical Evidence for OECD, Developing, and Emerging Market Economies," *IMF Working Paper* WP/06/228

Baba, Naohiko, Shinichi Nishioka, Nobuyuki Oda, Masaaki Shirakawa, Kazuo Ueda, and Hiroshi Ugai (2005), "Japan's Deflation, Problems in the Financial System, and Monetary Policy," Mnetary and Economic Studies, Vol.23, No.1/February 2005, Institute for Monetary and Economic Studies, Bank of Japan

Ball, Lawrence (2006), "Has Globalization Changed Inflation?" NBER Working Paper No.12687

Ball, Lawrence and Niamh Sheridan (2006), "Does Inflation Targeting Matter?" in Bernanke and Woodford eds. (2004)

Bank of Canada (2006), *Renewal of the Inflation—Control Target Background Information*

Bank of England (2002), *The Bank of England's Operations in the Sterling Money Markets*

Bank of England (2004), "The new Bank of England Quarterly Model," *Bank of England Quarterly Bulletin* Summer 2004, pp.188-193

Bean, Charles (2006), "Comments," at the Federal Reserve Bank of Kansas City 30th annual

Economic Symposium, Jackson Hole, Wyoming（カンサス連銀ホームページ）
Bech, Morten L. and Bart Hobijn (2006), "Technology Diffusion within Central Banking: The Case of Real-Time Gross Settlement," Federal Reserve Bank of New York Staff Reports no. 260 September 2006
Bernanke, Ben S. and Merk Gertler (1999), "Monetary Policy and Asset Price Volatility," A symposium sponsored by the Federal Reserve Bank of Kansas City（カンサス連銀ホームページ）
Bernanke, Ben S. (2002a), "On Milton Friedman's Ninetieth Birthday," Remarks at the Conference to Honor Milton Friedman（FRBホームページ）
Bernanke, Ben S. (2002b), "Deflation: Making Sure 'It' Doesn't Happen Here," Remarks before the National Economists Club（FRBホームページ）
Bernanke, Ben S. (2003), "Some Thoughts on Monetary Policy in Japan," Remarks before the Japan Society of Monetary Economics（FRBホームページ）
Bernanke, Ben S. and Vincent R. Reinhart (2004), "Conducting Monetary Policy at Very Low Short-Term Interest Rates," *American Economic Review*, Vol. 94, No.2, pp.85-90
Bernanke, Ben S. and Michael Woodford eds. (2004), *Inflation-targeting debate*, The University of Chicago Press
Bernanke, Ben S. (2004a), "The Great Moderation," Remarks at the meetings of the Eastern Economic Association（FRBホームページ）
Bernanke, Ben S. (2004b), "Gradualism," Remarks at an economics luncheon co-sponsored by the Federal Reserve Bank of San Francisco and the University of Washington（FRBホームページ）
Bernanke, Ben S. (2004c), "Oil and the Economy," Remarks at the Distinguished Lecture Series, Darton College（FRBホームページ）
Bernanke, Ben S. (2006a), "Monetary Aggregates and Monetary Policy at the Federal Reserve: A Historical Perspective," Remarks at the Fourth ECB Central Banking Conference（FRBホームページ）
Bernanke, Ben S. (2006b), "The Benefits of Price Stability," Remarks at The Center for Economic Policy Studies and on the Occasion of the Seventy-Fifth Anniversary of the Woodrow Wilson School of Public and International Affairs（FRBホームページ）
Bernanke, Ben S. (2007a), "The Financial Accelerator and the Credit Channel," Remarks at a Conference on The Credit Channel of Monetary Policy in the Twenty-first Century, Federal Reserve Bank of Atlanta（FRBホームページ）
Bernanke, Ben S. (2007b), "Inflation Expectations and Inflation Forecasting," Remarks at

the Monetary Economics Workshop of the National Bureau of Economic Research Summer Institute（FRBホームページ）

Bernanke, Ben S.（2007c），"Housing, Housing Finance, and Monetary Policy," Remarks at the Federal Reserve Bank of Kansas City's Economic Symposium（FRBホームページ）

Bernanke Ben S.（2007d），"Federal Reserve Communications," at the Cato Institute 25th Annual Monetary Conference（FRBホームページ）

Bernanke, Ben S. Mark Gertler and Simon G. Gilchrist（1999），"The Financial Accelerator in a Quantitative Business Cycle Framework," in Taylor, J. and Woodford, M.（eds），Handbook of Macroeconomics, vol.1, North Holland, Amsterdam

BIS Committee on the Global Financial System（1999a），*Market Liquidity: Research Findings and Selected Policy Implications*, CGFS Publications No.11

BIS Committee on the Global Financial System（1999b），*A Review of Financial Market Events in Autumn 1998* CGFS Publications No.12

BIS Committee on the Global Financial System（2005），"Housing Finance in Global Financial Market," CGFS Publications No.26

BIS Committee on Payment and Settlement Sysem（2003），*The role of central bank money in payment systems* CPSS Publications No.55（BIS支払決済委員会報告書「決済システムにおける中央銀行マネーの役割」日銀ホームページ）

BIS Study Group on Financial Market Volatility（2006），"The Recent Behaviour of Financial Market Volatility" BIS Papers No.29 August 2006

Blenck, Denis and Harri Hasko, Spence Hilton, and Kazuhiro Masaki（2001），"The Main Features of the Monetary Policy Frameworks of the Bank of Japan, the Federal Reserve and the Eurosystem," BIS Papers No.9

Blinder, Alan（1996），"Central Banking in a Democracy," Federal Reserve Bank of Richmond *Economic Quarterly* Volume 82/4 pp.1-14

Blinder, Alan（1998），*Central Banking in Theory and Practice*, MIT Press, Cambridge, Mass（アラン・ブラインダー『金融政策の理論と実践』河野龍太郎・前田栄治訳、東洋経済新報社、1999年）

Blinder, Alan（2004a），*The Quiet Revolution*, Yale University Press

Blinder, Alan（2004b），"The Case Against the Case Against Discretionary Fiscal Policy," CEPS Working Paper No.100

Blinder, Alan（2006），"Monetary Policy Today: Sixteen Questions and about Twelve Answers" in S. Fernandez de Lis and F. Restoy, eds., *Central Banks in the 21st Century*, Banco de Espana

Blinder, Alan and J. Morgan (2005), "Are Two Heads Better Than One? Monetary Policy by Committee," *Journal of Money, Credit, and Banking*, Volume 37, Number 5, pp.789-812

Board of Governors of Federal Reserve System (2005), *The Federal Reserve System Purposes and Functions*

Bordo, Michael and Andrw Filardo (2005), "Deflation in a Historical Perspective," *BIS Working Papers* No.186

Borio, Claudio E. V. (2001), "A Hundred Ways to Skin a Cat: Comparing Monetary Policy Operating Procedures in the United States, Japan and the euro area," *BIS Working Papers* No.9

Borio, Claudio E. V. (2007), "Change and Constancy in the Financial System: Implications for Financial Distress and Policy," *BIS Working Papers* No.237

Borio, Claudio E. V. and Philip Lowe (2002), "Asset Prices, Financial Stability and Monetary Stability: Exploring the Nexus," *BIS Working Papers* No.114

Borio, Claudio E. V. and Gianni Toniolo (2006), "One Hundred and Thirty Years of Central Bank Cooperation: a BIS perspective," *BIS Working Papers* No.197

Borio, Claudio E. V. and Andrew Filardo (2007), "Globalisation and Inflation: New Cross-Country Evidence on the Global Determinants of Domestic Inflation," *BIS Working Papers* No.227

Brainard, Wiiliam (1967), "Uncertainty and the Effectiveness of Policy," American Economic Review, Vol. 57 May 1967, pp.411-425

Bremner, Robert (2004), *Chairman of the Fed*, Yale University Press

Burns, Arthur (1979), The Per Jacobsson 1979 lecture, "The Anguish of Central Banking," 1979, The Per Jacobsson Foundation, The Per Jacobsson

Buzeneca, Inese and Rodolfo Maino (2007), Monetary Policy Implementation: Results from a Survey, IMF Working Paper WP/07/7

Capie, Forrest, Charles Goodhart, and Nobert Schnadt (1994), "The Development of Central banking," in Forrest Capie, Charles Goodhart, Stanley Fischer and Nobert Schnadt eds. *The Future of Central Banking*, Cambridge University Press

Carlson, Mark (2007), "A Brief History of the 1987 Stock Market Crash with a Discussion of Federal Reserve Response," Finance and Economics Discussion Series 2007-13, the Division of Research & Statistics and Monetary Affairs, Federal Reserve Board

Coletti, Don and Stephen Murchison (2002), "Models in Policy-Making," *Bank of Canada Review* Summer, pp.19-26

Council of Economic Advisers (1964), Annual Report. Washington, DC: Government Printing

Office

Danker, Deborah J. and Matthew M. Luecke (2005), "Background on FOMC Meeting Minutes," *Federal Reserve Bulletin*, Spring

Eggertsson, Gauti and Michael Woodford (2003), "The Zero Bound on Interest Rates and Optimal Monetary Policy," *Brookings Papers on Economic Activity*, 1:2003, pp.139-233

English, William B. (2002), "Interest rate risk and bank net interest margins," BIS Quarterly Review, December, pp.67-82

European Central Bank (2000), "The ECB's relations with Institutions and Bodies of the European Community," *ECB Monthly Bulletin*, October

European Central Bank (2004), *The Monetary Policy of the ECB*

European Central Bank (2005a), "Asset Price Bubbles and Monetary Policy," *ECB Monthly Bulletin*, April

European Central Bank (2005b), *The Implementation of Monetary Policy in the Euro Area —General Documentation on Eurosytem Monetary Policy Instruments and Procedures*

European Central Bank (2006), "The Implementation of Monetary Policy in the Euro Area," *ECB Monthly Bulletin*, September

Fatum, Rasmus and Michael Hutchison (2006), Effectiveness of Official Daily Foreign Exchange Market Intervention Operations in Japan, *Journal of International Money and Finance* 25, pp.199-219.

Federal Reserve Bank of New York (2007), "Domestic Open Market Operations during 2006"

Federal Reserve System Study Group on Alternative Instruments for System Operations (2002), "Alternative Instruments for Open Market and Discount Window Operations" Federal Reserve System

Feldstein, Martin (1988), "Distinguished Lecture on Economics in Government: Thinking About International Economic Coordination," *Journal of Economic Perspectives*, 2 (2), pp.3-13

Friedman, Milton (1960), *A Program for Monetary Stability*, Fordham University Press, New York

Friedman, Milton (1963), *Inflation: Causes and Consequences*, Asia Publishing House, New York

Friedman, Milton (1968), "The Role of Monetary Policy," *American Economic Review*, Vol.58, No.1, pp.1-17

Friedman, Milton (2003), Interview, *Financial Times magazine supplement*, issue No.7, June7, pp.12-13

Fuchi, Hitoshi, Ichiro Muto, and Hiroshi Ugai (2005), "A Historical Evaluation of Financial Accelerator Effects in Japan's Economy," June 2005, *Bank of Japan Working Paper Series* No.05-E-8

Galati, Gabriele and Will Melick (2002), "Central Bank Intervention and Market Expectations," BIS Papers No.10

Goodfriend, Marvin (1991), "Interest Rates and the Conduct of Monetary Policy," *Carnegie-Rochester Conference Series on Public Policy 34*, pp.7-30 North Holland

Goodfriend, Marvin (1997), "The Role of a Regional Bank in a System of Central Banks," *Federal Reserve Bank of Richmond Economic Quarterly*, vol. 83, Winter, pp.1-22

Goodfriend, Marvin (2004), "Inflation Targeting in the United States?" in Ben S. Bernanke and Michael Woodford eds. *Inflation-targeting debate*, The University of Chicago Press

Greenspan, Alan (1989), Speech before the Subcommittee on Domestic Monetary Policy of the Committee on Banking, Finance and Urban Affairs, U.S. House of Representative

Gürkaynak, Refet S., Andrew T. Levin and Eric T. Swanson (2006), "Does Inflation Targeting Anchor Long-Run Inflation Expectations? Evidence from Long-Term Bond Yields in the U.S., U.K., and Sweden," Federal Reserve Bank of San Francisco Working Paper Series 2006-09

Hartman, Philipp and Myron Kwast (2004), "Managing Financial Research in Central Banks," *Central Banking*, Vol.xv No.4, pp.73-79

Hayashi, Fumio and Edward Prescott (2002), "The 1990s in Japan: A Lost Decade," *Review of Economic Dynamics*, 5, pp.206-235

Heenman, Geoffrey, Marcel Peter, and Scott Roger (2006), "Implementing Inflation Targeting: Institutional Arrangements, Target Design, and Communications," IMF Working Paper AP/06/278

Hicks, John R. (1967), *Critical Essays In Monetary Theory*, Oxford University Press

Hildebrant, Philipp (2006), "Comments on 'Money and Monetary Policy—the ECB Experience 1999-2006'," Remarks at ECB Central Banking Conference（スイス国民銀行ホームページ）

Hilton, Spence and Warren B. Hrung (2007), "Reserve Levels and Intraday Federal Funds Rate Behavior," *Federal Reserve Bank of New York Staff Reports No.284*, May

Ingves, Stephen (2007), "Housing and Monetary Policy—A View from an Inflation Targeting Central Bank," Remarks at the Federal Reserve Bank of Kansas City's Economic Symposium

Ito, Takatoshi and Tomoyoshi Yabu (2007), "What Prompts Japan to Intervene in the Forex

Market? A New Approach to a Reaction Function," *Journal of International Money and Finance, Elsevier*, vol. 26(2), pp.193-212

Kahn, George A. (2007), "Communicating a Policy Path: The Next Frontier in Central Bank transparency?" *Federal Reserve Bank of Kansa City Economic Review* First Quarter 2007, pp.25-51

Kambhu, John, Scott Weidman, and Neel Krishnab (2007), "Introduction," *Federal reserve Bank of new York Economic Policy Review* Volume 13, Number 2

Kent, Christopher and Philip Lowe (1997), "Asset Price Bubbles and Monetary Policy," Research Discussion Paper. No.9709, Reserve Bank of Australia

Kettl, Donald F. (1986), *Leadership at the Fed*, Yale University Press

Keynes, John Maynard (1936), *The General Theory of Employment, Interest and Money*, London: Macmillan

King, Mervyn (2002), "No Money, No Inflation—the Role of Money in the Economy," *Bank of England Quarterly Bulletin*, Summer

King, Mervyn (2004), "Institutions of Monetary Policy—The Ely lecture," Lecture at the American Economic Association Annual Meeting（BOEホームページ）

King, Mervyn (2005), "Monetary Policy: Practice ahead of Theory," Mais Lecture（BOEホームページ）

King, Mervyn (2006a), Speech at a Dinner for Kent Business Contacts in conjunction with the Kent Messenger Group/Kent Business（BOEホームページ）

King, Mervyn (2006b), Speech at the Lord Mayor's Banquet for Bankers and Merchants of the City of London at the Mansion House（BOEホームページ）

King, Mervyn (2006c), "Trusting In Money: From Kirkcaldy to the MPC," THE Adam Smith Lecture 2006（BOEホームページ）

King, Mervyn (2007a), "The MPC Ten Years On," Lecture to the Society of Business economists（BOEホームページ）

King, Mervyn (2007b), Speech at the Northern Ireland Chamber of Commerce and Industry（BOEホームページ）

Kohn, Donald L. (2000), *Report to the Non-Executive Directors of the Court of the Bank of England on Monetary Policy Processes and the Work of Monetary Analysis*, Bank of England（BOEホームページ）

Kohn, Donald L. (2004), "Comment," in Ben S. Bernanke and Michael Woodford eds. *Inflation-targeting debate*, The University of Chicago Press 2004

Kohn, Donald L. (2006a), "Monetary Policy and Asset prices: A Journey from Theory to

Practice," Remarks at a European Central Bank Colloquium held in honor of Otmar Issing (FRBホームページ)

Kohn, Donald L. (2006b), "Monetary Policy and Uncertainty," Remarks at the Fourth Conference of the International Research Forum on Monetary Policy (FRBホームページ)

Kohn, Donald L. (2007a), "Comments on understanding the Evolving Inflation Process by Cecchetti, Hooper, Kasman, Schoenholtz and Watson," Remarks at the U.S. Monetary Policy Forum (FRBホームページ)

Kohn, Donald L. (2007b), "Success and Failure of Monetary Policy since the 1950s," at a conference to mark the fiftieth anniversary of the Deutsche Bundesbank (FRBホームページ)

Kohn, Donald L. (2007c), "John Taylor Rules," at the Conference on John Taylor's Contributions to Monetary Theory and Policy, Federal Reserve Bank of Dallas (FRBホームページ)

Kroszner, Randall S. (2006), "Innovative Statistics for a Dynamic Economy," Remarks at the National Association for Business Economics Professional Development Seminar for Journalists (FRBホームページ)

Krugman, Paul R. (2000), "Thinking about the Liquidity Trap," *Journal of the Japanese and International Economies*, Vo.14, No.4, pp.221-237

Krugman, Paul R. and Maurice Obstefeld (2006), *International Economics Theory and Policy Seventh Edition*, Addison Wesley

Kuttner, Kenneth N. and Patricia C. Mosser (2002), "The Monetary Transmission Mechanism: Some Answers and Questions," *FRB NY Economic Policy Review*/May

Kydland, Finn E and Edward C.Prescott, (1997), "Rules Rather than Discretion: the Inconsistency of Optimal Plans," *Journal of Political Economy*, 85(3), pp.473-491

Lebow, David E. and Jeremy B. Rudd (2006), Inflation Measurement, Finance and Economics Discussion Series 2006-43, Federal Reserve Board

Levin, Andrew, John Rogers, and Ralph Tryon (1997), "A Guide to FRB/Global," International Finance Discussion Papers No.588, Federal Reserve Board

Lindsey, David E., Athnasios Orphanides, and Robert H. Rasche (2005), "The Reform of October 1979: How It Happened and Why," *Federal Reserve Bank of St. Louis Review*, March/April, Part 2

Lucas, Robert E. (1976), "Econometric Policy Evaluation: A Critique," in K. Brunner and H. Meltzer eds., *The Phillips Curve and Labor Markets*, Amsterdam: North Holland, 19-46

Lybeck, Tnonny and JoAnne Morris (2004), "Central Bank Governance: A Survey pf Boards and Management," IMF Working Paper 04/226

Mackie, David, George Cooper, Vasillos Papakos, Nicola Mai, and Malcolm Barr (2007), "Central Bank Communication Hits Diminishing Marginal Returns," J.P. Morgan Research

Maeda, Eiji, Bunya Fujiwara, Aiko Mineshima, and Ken Taniguchi (2005), "Japan's Open Market Operations under the Quantitative Easing Policy," *Bank of Japan Working Paper Series*, No.05-E-3, April 2005

Mankiew, N. Gregory (2006), "The Macroeconomics as Scientist and Engineer," May, *Journal of Economic Perspective*

Meltzer, Allan H. (2005), "Origins of the Great Inflation," Federal Reserve Bank of St. Louis Review, March/April, 87 (2, Part 2)

Meyer, Laurence (1998), "Economic forecasting," Remarks before the Downtown Economics Club 50th Anniversary Dinner (FRBホームページ)

Meyer, Laurence (2000), "The Politics of Monetary Policy: Balancing Independence and Accountability," Remarks at the University of Wisconsin

Meyer, Laurence (2001), "Does Money Matter?" The 2001 Homer Jones Memorial Lecture

Meyer, Laurence (2004), *A Term at the Fed*, Harper Business

Mikitani, Ryoichi and Patricia Hagan Kuwayama (1998), "Japan's New Central Banking Law: A Critical View," Working Paper No.145, Center on Japanese Economy and Business, Columbia Business School

Mishkin, Frederic S. (2007), "Estimating Potential Output," Remarks at the Conference on Price Measurement for Monetary Policy, Federal Reserve Bank of Dallas, Dallas (FRBホームページ)

Miron, Jeffrey A. (1986), "Financial Panics, the Seasonality of Nominal Interest Rate, and the Founding of the Fed," *The American Economic Review* March , pp.125-140

Nelson, Edward (2007), "Milton Friedman and U.S. Monetary History: 1961-2006," *Federal Reserve Bank of St. Louis Review*, May/June 89(3), pp.153-182

Nordhaus, William. D. (1997), "Do Real-Output and Real-Wage Measures Capture Reality? The History of Lightening suggest Not," in Bresnahan-Gordon *eds. The Economics of New Goods*, The University of Chicago Press

O'Brien, Yueh-Yun C. (2006), "Measurement of monetary aggregates across countries," Finance and Economics Discussion Series 2007-02, Federal Reserve Board

Oda, Nobuyuki and Kazuo Ueda (2005), "The Effects of the Bank of Japan's Zero Interest Rate Commitment and Quantitative Monetary Easing on the Yield Curve: A Macro-

Finance Approach," University of Tokyo, Discussion Paper, CIRJE-F-336

Orphanides, A., R. D. Porter, D. Reifshneider, R. Tetlow, and F. Finan (1999), "Errors in the Output Gap and the Design of Monetary Policy," Finance and Economics Discussion Series 1999-45, Board of Governors of the Federal Reserve System

Orphanides, Athanasios (2007), "Taylor Rules," Finance and Economics Discussion Series 2007-18, Federal Reserve Board

Poole, William (1970), "Optimal Choice of Monetary Policy Instruments in a Simple Stochastic Macro Model," *Quarterly Journal of Economics*, 84, pp.197-216

Poole, William (2006), "The Role of Anecdotal Information in Monetary Policy," The Bank of Korea International Conference on Monetary Policy in a Environment of low Inflation, Conference Cession "General Discussion"(セントルイス連銀ホームページ)

Poole, William (2007a), "Understanding the Fed," *Federal Reserve Bank of St. Louis Review*, January/February, 89(1), pp.3-13

Poole, William (2007b), "Data, Data, and Yet More Data," *Federal Reserve Bank of St. Louis Review*, March/April 2007, 89(1), pp.85-89

Rajan, Raghuram G. and Luigi Zingales (2003), *Saving Capitalism from the Capitalist: unleashing the power of financial markets to create wealth and spread opportunity*, Crown Business(ラグラム・ラジャン、ルイジ・ジンガレス『セイヴィングキャピタリズム』堀内昭義・アブレウ聖子・有岡律子・関村正悟訳、慶應義塾大学出版会、2006年)

Reifshneider, David L. and David J. Stockton (1997), "Econometric Models and the Monetary Policy Process," Carnegie-Rochester Conference Series on Public Policy 47, pp.1-37 North Holland

Romer, Christian D. and David H. Romer (1996), "Institutions for Monetary Stability," NBER Working Paper Series 5557

Romer, Christian D. and David H. Romer (2000), "Federal Reserve Information and the Behavior of Interest Rates," The American Economic Review Vol.90, No.3, pp.429-457

Romer, David H. (2006), *Advanced Macroeconomics* (third edition), McGraw-Hill Irwin

Roosa, Robert V. (1956), *Federal Reserve Operations in the Money and Government Securities Markets*, Federal Reserve Bank of New York, July 1956

Rubin, Robert E. (2005), "Luncheon address," Jackson Hole conference ("The Greenspan Era: Lessons for the Future"), Federal Reserve Bank of Kansas City(カンサス連銀ホームページ)

Sargent, Thomas J. (1982), "The End of Four Big Inflations," in Robert E. Hall eds. *Inflation: Causes and Effects* The University of Chicago Press

Sargent, Thomas J. and Neil Wallace (1981), "Some Unpleasant Monetarist Arithmetic," Federal reserve Bank of Minneapolis Quarterly Review 5(3), pp.1-17

Smaghi, Lorenzo Bini (2007), "The Exchange Rate Policy of the Euro," Speech at the Annual Meeting of Association Françise de Sciences Économiques La Sorbonne（ECBホームページ）

Spencer, Grant (2007), "Recent intervention by the Reserve Bank of New Zealand in the foreign exchange markets," Opinion article（ニュージーランド準備銀行ホームページ）

Summers, Lawrence (1991), "Panel Discussion: Price Stability: How Should Long-Term Monetary Policy Be Determined?" *Journal of Money, Credit and Banking*, Vol.23, No.3, Part 2: Price Stability. Aug, pp.625-631

Sveriges Riksbank (2007a), "Monetary Policy in Sweden"（同行ホームページ）

Sveriges Riksbank (2007b), *Monetary Policy Report 2007*: 1（同行ホームページ）

Taylor, John B. (1993), "Discretion versus Policy Rules in Practice," Carnegie-Rochester Conference Series on Public Policy 39, pp.195-214 North Holland

Taylor, John B. (2007), *Global Financial Warriors*, W.W. Norton & Company

The Advisory Commission To Study the Consumer Price Index (1996), "Toward A More Accurate Measure of the Cost of Living: Final Report to the Senate Finance Committee," The Senate Finance Committee

Tietmeyer, Hans (2005), *Herausforderung Euro* Hanser Fachbuchverlag（村瀬哲司監訳『ユーロへの挑戦』京都大学学術出版会、2007年）

Tucker, Paul (2004), "Managing the Central Bank's Balance Sheet: Where Monetary Policy Meets Financial Stability," lecture

Tucker, Paul (2007), "Central Banking and Political Economy: The Example of the UK's Monetary Policy Committee," Speech at the Inflation Targeting, Central Bank Independence and Transparency Conference, Cambridge（BOEホームページ）

U.S. Treasury (2006), the Federal Reserve System, and the U.S. Secret Service, *The Use and Counterfeiting of United States Currency Abroad, Part 3*

Volcker, Paul (1990), "The Triumph of Central Banking?" Per Jacobsson lecture

Volcker, Paul and Toyoo Gyoten (1992), *Changing Fortunes*（ポール・ボルカー、行天豊雄『富の興亡』江沢雄一監訳、東洋経済新報社、1992年）

Warsh, Kevin (2006), "Financial Markets and the Federal Reserve," Remarks at the New York Stock Exchange（FRBホームページ）

Warsh, Kevin (2007), "Financial Integration and Complete Markets," Remarks at the European Economics and Financial Centre, England

White, William (2006), "Is Price Stability Enough?" BIS Working Paper Series 206

Woodford, Michael (2003), *Interests and Prices*, Princeton University Press

Yellen, Janet (2005), "Concluding Panel Discussion: Macroeconomic Policy and Central Banking," Monetary and Economic Studies, Vol.23, No.S-1/October 2005（総括パネル報告「マクロ経済政策と中央銀行」『金融研究』第24巻第3号、日本銀行金融研究所、2005年10月）

Yellen, Janet (2007), "Implications of Behavioral Economics for Monetary Policy," Panel on: "Behavioral Economics and Economic Policy in the Past and Future," Federal Reserve Bank of Boston Conference（サンフランシスコ連銀ホームページ）

索　引

＜数字・アルファベット＞

２つの柱による点検　253
ABCP（asset-backed CP）　300
autonomous reserve factor　150
BIS　340
CLS決済　342
COGI（Cost Of Goods Index）　63
DSGE（Dynamic Stochastic General Equilibrium）モデル　209
ERM（Exchange Rate Mechanism）　284
FB（Financing Bill）　292
FOMC　112
GDPギャップ　26
　　──の過小推計　88
GDPデフレーター　64
great moderation　43
k％ルール　224
monetization　326
OIS（Overnight Index Swap）　219
PCEデフレーター　66

＜50音順＞

（あ行）
アカウンタビリティー　102, 108
イーブン・キール政策　88
イールドカーブ　177
委員会による意思決定　111
委員の任期　104
一時的オペ　153, 155
一般的受容性　12
一般物価水準　23
イングランド銀行　8, 10
　　──法　28
インターバンク　130
インフレーション・ターゲティング　81, 100, 250, 255, 332, 354, 416
インフレーション・レポート　109, 240
インフレと失業のトレードオフ　88, 94
永続的オペ　153, 155
エコノミスト　336
追い証（margin）　309
オーバーナイト　130, 162
　　──金利　127, 168, 176
　　──資金市場　130
オーバーラップ法　68
オープンエコノミー・トリレンマ　281
オペ先　152
オペレーション　16, 135, 163

（か行）
外国為替安定基金（The Exchange Stabilization Fund）　285
外国為替円決済　165
外為資金特別会計　286
外部金融のプレミアム（external finance premium）　184
カウンターパーティー　313
　　──・リスク　300, 303, 313
価格のシグナル機能　60, 76
価格発見（price discovery）　21, 308
価格変動の粘着性　37, 56
貸出ファシリティー　161
価値の貯蔵手段　12, 13
貨幣的現象　55
刈り込み物価指数　79
刈り込み平均　77

カレンシー・ボード制度　282
為替市場介入　284, 290, 294, 296, 357
為替スワップ　361
　　――市場　341
為替レート・チャネル　185
為替レート制度　281
完備市場（complete market）　192
機械的な信用乗数論　263
企業の価格設定行動　47
企業物価指数　64
企業向けサービス価格指数　64
議事要旨　242
議事録　242
規制上の自己資本　188, 318
キャッシュ流動性（cash liquidity）
　　306, 308
供給ショック　27, 88, 231
競争入札によるオペレーション　159
協調介入　282
共通担保　155
　　――資金供給オペレーション　16, 155
銀行券　12
　　――の独占的発行　9
均衡実質金利　227, 379
金融機関に対する規制・監督　20, 317
金融恐慌　21, 382
金融市場
　　――調節方針　126
　　――の発展　337
　　――のモニタリング　317, 418
金融システム　20
　　――の安定　18, 21, 316, 420
金融政策　11, 20, 21
　　――委員会　126
　　――決定会合　112
　　――と政府の経済政策の関係　106
　　――の位置付け　20
　　――の効果波及経路　176

　　――の効果波及ラグ　199
　　――の失敗　94, 95
　　――の目的　28, 29, 31, 100, 239, 419
　　――の目的をめぐる考え方の変遷　31
　　――ルール　178
金融調節方針　126
金融的不均衡　401, 406
金利スムージング　226
金利チャネル　180
金利の期間構造に関する予想理論　176
クーポンパス　157
クレジット・デフォルト・スワップ
　　182
クレジット・ライン　133
グローバル化　51, 54, 58, 418
景気拡大　26
景気基準日付　27
景気後退　26
景気循環　25, 26
経済活動の安定　40
経済成長　25
経済統計　205, 338
経済の開放度　391
経済変動のコスト　58
経済予測　198, 209
　　――の失敗　86
計算単位　12
計量モデル　209
決済サービス　17
決済システムの運営　11
決済システムのオーバーサイト　421
決済手段　12, 13
決済需要　132
コア物価指数　77, 78, 79
硬貨　13
公開市場委員会　112
公開市場操作　16, 135, 163
考査　316

構造型のフィリップス曲線　53
公定歩合　146, 149
国際決済銀行（BIS）　340
国際政策協調　93, 339
国立銀行条例　10
国会報告　242
固定為替レート制度　281, 284
コリドー（corridor）　162
コンビニエンス・イールド（convenience yield）　175

（さ行）
再構築コスト　303
最後の貸し手　9, 10, 18, 163, 312, 382
財政赤字ファイナンス　324
財政政策　325
財政の「自動安定化装置」　326
財政の制度・レジーム　323
裁定トレーダー　307
債務デフレ　75
サブプライム・ローン　302
　――問題　300, 341
時間軸効果　350, 351, 366
時間的非整合性　94, 95
資金供給オペレーション　135
資金決済　18
シグナル効果　294, 359
資源配分機能　35
資源配分の歪み（dynamic resource misallocation）　398
自己資本比率規制　316
資産価格　412, 413, 419
資産効果　183, 398
資産チャネル　183
市場流動性（market liquidity）　299, 306, 308, 419
システミック・リスク　20, 164, 298, 304, 382, 397

次世代RTGS　167
自然利子率　227
実効為替レート　289
実質為替レート　186
実質金利　181, 187
質への逃避（flight to quality）　174
時点ネット決済　163
支払い完了性　13
資本不足　311, 363
ジャパン・プレミアム　313
需給ギャップ　26, 49, 54, 213, 418
需給要因　320
手段の独立性　100
需要ショック　27
準備預金制度　134
　――に伴う需要　134
　――の平準化機能　144
証券化市場　302
消費者物価指数　63
　――のバイアス　72
所得・資産分配の意図せざる再配分　65
新金融調節方式　88
信用乗数　261
信用スプレッド　182
信用チャネル　183
信用リスク　12, 13, 16
「すくみ」（gridlock）　140, 167, 308
スタグフレーション　86
スタッフ　116
政策金利　129, 218, 241
生産関数　211
政府短期証券　292, 325, 358
政府に対する与信　104, 324
政府の議決延期請求権、議案提出権　108
政府の銀行　9, 20
政府預金　136

索　引　443

「制約された裁量」（constrained discretion）　225
石油価格　80
石油ショック　57, 233
ゼロ金利下限　384
ゼロ金利制約　75, 349, 379, 383
全銀システム　165
潜在GDP　26, 211
漸進主義（gradualism）　226
セントラルバンキングの苦悩　89
全要素生産性　194
即時グロス決済（RTGS）　163, 390
測定誤差　70
ソルベンシー　312

（た行）
ターム・プレミアム　177, 351
ターム物　130
　　──金利　302
対外純資産残高　382
代替効果　67
第2次効果〈second-round effect〉　233
短期金融市場　129, 364
　　──の機能低下　363
知識の不完全性　95
中央銀行
　　──間の協力　338, 422
　　──通貨　12, 15, 17
　　──当座預金　12, 15
　　──の活動　16, 17
　　──の自己資本　106
　　──の設立の経緯　10
　　──の定義　9
　　──の独立　98
　　──の独立性　96, 97, 332
　　──の独立性指数　98
　　──のバランスシート　14, 16
　　──の利益処分　106
　　──法　28
中長期的な物価安定の理解　83, 100, 254
中立金利　227
長期国債買い入れ（オペ）　157, 159, 356
通貨　14
　　──の供給　11
　　──の果たす役割　12
　　──保有主体　14
積み最終日　170
定期性預金　13
テイラー・カーブ　43
テイラー・プリンシプル　228
テイラー・ルール　227, 229, 408
手形交換　165
デフレ　371
　　──・スパイラル　74, 76, 327, 374
　　──の糊代　74, 371
デリバティブ市場　192
店頭取引（OTC）　307
展望レポート　217
動学的非整合性　94
当座預金変動要因　150
「動態的な」責任　11
特融　20
独立性を支える仕組み　102
取引所取引　307

（な行）
内需デフレーター　66
日中与信（daylight overdraft）　165
日本銀行　8, 10
　　──創立の議　10
　　──法　28
ニューケインジアン経済学　49, 51, 65
粘着性　48
ノンリニア・プライシング（非線形価格）　70

（は行）

ハイパーインフレ　45, 321
バスケット　63
バックワード・ルッキングな予想形成　52, 55
バブル　58, 92, 393, 399, 403, 405
　——の崩壊　92, 397
バンキング政策　22, 309, 312
非不胎化介入〈non-sterilized intervention〉　291, 292
非貿易財　418
ビルパス　157
品質調整　68, 73
ファイナリティー〈finality〉　13
ファイナンシャル・アクセラレーター　184
ファイナンシャル・コンディション〈financial conditions〉　185
ファイナンシャル・リタラシー　316
ファンチャート　222, 252
フィスカル・ドミナンス〈fiscal dominance〉　324
フィリップス曲線　47, 51, 52, 53
フェデラルファンド・レート　131
フォワード・ルッキング　52
　——な予想形成　55
不確実性　202
不胎化介入〈sterilized intervention〉　291, 292
札割れ　355
物価安定　20, 21, 35, 60, 83, 404
　——の数値的定義　101
　——のタイムスパン　84
物価指数
　——の概念　62
　——の測定誤差　67
　——の用途　64
物価上昇率　23
　——の決定要因　45, 49
物価水準　61
プライマリー・ディーラー　152
ブラック・マンデー　304
ブラックアウト　244
フリードマン命題　55, 273
プルーデンス政策　401, 406
ブレークイーブン・インフレ率　216
フレキシブル・インフレーション・ターゲティング　256
米国の新金融調節方式　265
ヘドニック法　69
変動為替レート制度　281, 284
「防衛的な」責任　11
貿易財　418
法定準備率　135
ポートフォリオ・リバランス効果　351, 358, 359
ホームメードインフレ　233
補完貸付制度　161, 363
ポジション　320, 397, 419
　——の巻き戻し〈unwinding〉　320

（ま行）

マーケット・メーカー　307
マーストリヒト条約　28, 97
マネーサプライ　14, 92, 263, 268, 271, 276, 358
　——・ターゲティング　224, 267
　——統計　14, 271
マネタイゼーション〈monetization〉　328
マネタリー・コンディション〈monetary conditions〉　185
マネタリーオペレーション・カウンターパート　152
マネタリーベース　137, 260, 270, 358
　——・ターゲティング　260

マンデル・フレミングの理論　328
民間銀行通貨　12, 13
民主主義と中央銀行の独立性　101, 332
無担保コールレート　131
名目賃金の下方硬直性　74, 75, 377
メニュー・コスト　52
目的の独立性　100
目標物価上昇率　60, 81, 100
モデル　209
モラルハザード　311, 364

　　（や行）

誘導型のフィリップス曲線　53
ユニット・プロフィット　50
ユニットレーバー・コスト　50, 52, 55
輸入価格　55
輸入コスト　50
要求払い預金　13
預金ファシリティー　161
予算・財務面の独立性　104

予想された物価上昇率と予想されない物価
　　上昇率　38
予想物価上昇率　49, 54

　　（ら行）

ラスパイレス方式　63
リカード・バローの「中立性命題」
　　323
リスク・プレミアム　177, 186, 188
リスクフリー・レート　182
流動性（liquidity）　18, 310
　──の枯渇　300
両建てオペレーション　313
量的緩和政策　266, 344
ルーカス批判　209
「ルール」対「裁量」　223
レバレッジ　404
連邦準備制度（Federal Reserve System）
　　11, 20, 28
連邦準備法　28

■著者略歴

白川方明（しらかわ・まさあき）
日本銀行総裁
1949年生まれ。72年東京大学経済学部卒業、同年日本銀行入行。日本銀行信用機構局信用機構課長、企画局企画課長、ニューヨーク駐在参事、金融研究所参事、金融市場局審議役、企画室審議役、日本銀行理事、京都大学公共政策大学院教授、東京大学金融教育研究センター客員研究員等を経て、2008年4月より現職。シカゴ大学留学（MA）。
【主著】
『バブルと金融政策』（共編著、日本経済新聞社、2001年）

現代の金融政策──理論と実際

2008年3月17日　1版1刷
2008年8月7日　　5刷

著　者	白川方明
	©Masaaki Shirakawa, 2008
発行者	羽土　力
発行所	日本経済新聞出版社
	http://www.nikkeibook.com/
	〒100-8066　東京都千代田区大手町1-9-5
	電話　03-3270-0251
印刷所	広研印刷
製本所	大口製本

ISBN978-4-532-13344-3
本書の無断複写複製（コピー）は、特定の場合を除き、著作者・出版社の権利の侵害になります。
Printed in Japan